성공으로 이끄는 IDEA 프레젠테이션

최정빈, 강신심 지음

성공으로 이끄는 IDEA 프레젠테이션

발 행 일   2017년 08월 30일
초판인쇄일 2017년 08월 20일

지 은 이   최정빈, 강신심
발 행 인   박영일
책 임 편 집 이해욱

편 집 진 행 염병문
표지디자인 김미숙
본문디자인 김현진, 신해니

발 행 처   시대인
공 급 처   (주)시대고시기획
출 판 등 록 제 10-1521호
주   소   서울시 마포구 큰우물로 75(도화동 538) 성지 B/D 6F
전   화   1600-3600
팩   스   02-701-8823
홈 페 이 지 www.sidaegosi.com

I S B N   979-11-254-3487-2(13000)

정   가   17,000원

※저자와의 협의에 의해 인지를 생략합니다.
※이 책은 저작권법에 의해 보호를 받는 저작물이므로, 동영상 제작 및 무단전재와 복제를 금합니다.
※잘못된 책은 구입하신 서점에서 바꾸어 드립니다.

성공으로 이끄는
IDEA
프레젠테이션

Prologue

프레젠테이션,
지금부터 부담스럽고 막연하게 생각하지 않기!

이 책을 접하고 있는 독자들 중, 지금까지 발표를 한 번도 못 해본 사람이 있나요? 분명 학교에서나 또는 자신이 속해 있는 조직에서 프레젠테이션의 기회는 분명히 있었을 것입니다. 그런데 모두가 만족할만한 성공적인 프레젠테이션을 완수했나요? 물론 개인차가 있겠지만 누구나 발표 후, 아쉬움이 더하지 않았을까 생각됩니다. 필자 역시 직업상 매일 강의를 하고 다양한 무대에서 발표를 합니다. 그렇기 때문에 제 삶에서 프레젠테이션은 늘 일상과도 같습니다. 이제는 긴 세월동안 나름대로 발표의 근력이 생겨 어느 주제가 주어지든지 짧은 연설 및 설득 스피치는 충분히 가능하게 되었습니다. 그러나 제게도 고민은 늘 존재합니다. '어떻게 하면 좀 더 쉽게 내용을 간결하게 전달할 수 있을까', '어떻게 하면 좀 더 재미있고 흥미롭게 주제를 연결시킬 수 있을까', '어떻게 하면 전달하고자 하는 메시지를 청중들이 오래 기억하게 만들까...'
꼬리에 꼬리를 무는 반성적 성찰 질문들이 머릿속을 가득 채웁니다. 그런데 재미있는 사실은 이런 저의 속사정을 모르고 프레젠테이션을 마치고나면 주변에서 "아나운서처럼 말을 너무 잘 한다", "소리의 강약과 음색이 발표에 적합하게 딱 세팅이 되어있다"라는 칭찬을 듣곤 합니다. 사실 저는 프레젠테이션에 치명적인 결함을 갖고 있는 사람 중 하나입니다. 디자인 감각도 별로이고 성격도 내성적이며 심지어 무대 울렁증까지 있습니다. 사실 그러한 이유로 남모를 수많은 시행착오도 많이 겪었습니다. 그러나 회복탄력성으로 위기를 기회로 삼아 남보다 프레젠테이션을 잘하기 위한 피나는 노력을 기울였습니다. 그래서 지금은 주변에서 긍정적인 피드백을 듣고 나면 '내가 결코 그동안 프레젠테이션을 위해 고생한 시간들이 헛되지 않았었구나.' 라는 위안이 들며 자존감이 높아졌습니다.

모든 사람들이 처음부터 완전하지 않습니다. 다만 각자의 노력 여하에 따라 완전함의 깊이가 달라집니다. 저 또한 처음부터 발표를 잘하지 못했습니다. 다만 "어떻게 하면" 이라는 자성적 질문에 답을 구하기 위해 긴 세월 부단히 전략을 구사하고 실천에 응했을 뿐입니다. 이제 그 비법을 이 책에 고스란히 담아 보려합니다.
첫째, PART 1에서는 『IDEA』라는 네이밍을 통해 성공적인 프레젠테이션에 필요한 핵심전략들을 하나씩 녹여내었습니다. 먼저, 'Imagination' 단계를 통해 마음을 긍정화시키고, 'Design' 단계에서는 내용편성과 전달기법을 설계하는 방법에 대해 기술하였습니다. 이어서 'Excercise' 단계는 실제 프레젠테이션에 적합한 외형적(시각 및 청각) 요소를 갖추기 위한 실전연습을 상세하게 담았으며 마지막 'Analysis' 단계에서는 자신의 프레젠테이션을 자가진단하고 개선할 수 있는 방안을 도출하도록 다양한 평가도구를 제시하였습니다.
둘째, PART 2에서는 실제 프레젠테이션 자료를 제작하는 도구를 소개합니다. 프레젠테이션의 대표 저작도구라 할 수 있는 '파워포인트 2016'에 대한 지침서를 마련하였습니다. 대표적인 파워포인트 메뉴 소개와 함께 심화·응용할 수 있는 다양한 예제와 문제들을 수록하여 파워포인트를 능숙하게 제작할 수 있도록 구성하였습니다.
셋째, PART 3에서는 파워포인트를 한 단계 업그레이드 시키는 다양한 기법으로 '인포그래픽', '로고만들기', '파워포인트로 동영상제작' 등 한층 파워포인트를 돋보이게 하는 방법들을 상세하게 소개하였습니다.

프레젠테이션이란 결국 자신의 메시지를 명확하게 전달할 수 있고 듣는 이가 특별한 노력을 들이지 않아도 끝까지 경청할 수 있도록 발표의 맥을 잘 이어가는 능력을 말합니다. 이러한 능력을 기르기 위해서는 훌륭한 프레젠테이션을 자주 접하고 자신도 열심히 실력을 가다듬어 타인의 평가를 받아 수정·보완하는 것이 중요합니다.

누구보다 멋진 프레젠터가 되느냐는 결국 사전 준비와 충분한 연습에서 판가름 납니다. 어떤 이는 발표를 위해 자료에만 온통 신경을 쏟는 경우가 있습니다. 그러다보면 실제 발표 석상에서 청중들과의 호흡을 이어갈 수 없어 독백하듯 혼자 읽고 내려오는 경우가 허다합니다. 반면 스피치에만 너무 주력하다 보면 실제 프레젠테이션 배경이 뒤쳐 보여 세련미가 덜하고 발표자의 준비가 미숙해 보여 신뢰를 잃기 쉽습니다. 결국 프레젠테이션을 잘하기 위해서는 자료제작과 더불어 실전 스피치가 균형을 잘 이뤄야합니다.

 사실 프레젠테이션과 관련된 책은 시중에 많이 소개되어있습니다. 그러나 프레젠테이션의 전반적인 내용 즉, 발표자료 제작하기와 실제 프레젠테이션 훈련 tip을 고루 담고 있는 책은 흔하지 않습니다. 어떤 책은 제작도구에만 집중하고 있고 또 어떤 책은 발표 스킬에만 집중되어 있습니다. 본 책에서는 이점을 고려하여 두 가지 큰 축이 하나로 이어질 때 짧은 시간에 최대의 효과를 누릴 수 있을 것으로 판단하여 내용을 구성하고 집필하였습니다.

두려움은 프레젠테이션의 적! 누구나 멋진 프레젠터가 될 수 있습니다. 기획에서 발표까지 본 책을 지침으로 삼아 하나씩 점검하고 훈련해보길 바랍니다. 분명 매력적인 프레젠터로 거듭날 수 있을 것으로 확신합니다.

마지막으로 힘든 시기에 오로지 학습자들의 성장을 위한 마음 하나로 열정을 다해 집필해주신 강신심 교수님께 깊은 감사를 표합니다. 더불어 편집과정에서 많이 애써주신 염병문 차장님께도 진심 어린 노고에 고마움을 전합니다.

2017년, 가을 문턱에서
대표저자 최정빈 Dream

Contents

Part 1
IDEA 프레젠테이션 전략

Section 01 Imagination : 상상하기

1. 성공적 프레젠테이션 심상화   15
   1) PT를 통해 얻게 될 결과를 미리 생각하기
      - 자기 동기부여(Self Motivation)   16
   2) 실패의 경험은 좋은 자산
      - 성장 믿음(Growth Mindset)   17
   3) 현재 상태와 바람직한 상태 차이(Gap) 확인하기
      - PT 성공 노트 쓰기   18

2. 발표 장면 이미지 트레이닝   20
   1) 관찰자로써 자신 바라보기   20
   2) 발표자료 머릿속에 떠올리기   23

Section 02 Design : 설계

1. 프레젠테이션 분석   24
   1) 요구분석   24
   2) 청중 분석   26
   3) 환경 분석   27
      파워포인트 버전이 다른 경우
      동영상 재생 코덱이 없는 경우
      인터넷이 안되는 경우

2. 프레젠테이션 구조 설계(Intro)   28
   1) Intro   29
      ① Attention _ 시작 인사   29
      ② Index   32
   2) Body   33
      ① Story Line   33
         내용 전개 / 내용 정리 / 내용전달
      여기서 잠깐 Story Line에 도움이 되는 Sketch   40
      ② Impact   45
         화면 디자인 / 간략화 VS 구체화
         PT 자료 디자인 / 색 조합하기
         데이터 시각화하기 / 글씨(Font) 디자인 / 글꼴 적용 사례
      여기서 잠깐 색 추출해서 활용하기(채우기 스포이드 기능)   49
      ③ Summary   55
   3) Outro   56
      Closing / 종합 실습

Section 03 Exercise : 연습

1. 전달력 높이기   58
   1) 메시지 전달기법   58
      ① 시각적 요소   59
         표정, 인상 / 자세 / 시선 / 제스처

② 청각적 요소 65
호흡 / 발성 / 발음 / 보이스 트레이닝 실전
여기서 잠깐 발성 연습 시 주의사항 70
여기서 잠깐 보이스 트레이닝 보너스 훈련 74
2. 프레젠테이션 실습하기 76
　1) 실제 장면 연출 76
　2) 발표 장면 촬영 77

Section 04 Analysis : 분석
1. 사전평가 및 분석 82
　1) 프레젠테이션 역량 확인 82
　2) 사전 프레젠테이션 점검 86
2. 사후평가 및 분석 87
　1) 프레젠테이션 수행력 87
　2) 프레젠테이션 사후성찰 88

Part 2
저작도구 파워포인트

Section 01
파워포인트 화면 구성 및 환경 설정
1. 파워포인트 화면 구성 92
2. 파워포인트 환경 설정 93
　1) 한/영 자동 고침 옵션 93
　2) 실행 취소 최대 횟수 94
　3) 빠른 실행 도구 모음 설정 95
　4) 빠른 실행 도구 모음 파일로 등록하기 95
3. 파워포인트 2016 버전에서 추가 또는
　업그레이드 된 기능 97
　1) 텔미 기능 97
　2) 스마트 조회 97
　3) 협업 99
　4) 수식 101
　5) 투명 도형 스타일 102
　6) 잉크 입력 시작 도구 – 펜 102
　7) 차트 종류 추가 103

Section 02
파워포인트 다양한 서식 파일
1. 예제 서식 파일 106
　1) 'PowerPoint 시작' 예제 서식 파일 106
　2) '비즈니스 대비 프레젠테이션' 예제 서식 파일 108
2. 새로 만들기 테마 110
　1) '비행기 구름' 테마로 새로 만들기 110
　　실전문제 113

Section 03 슬라이드 새로 만들기

1. 슬라이드 레이아웃   114
    1) 제목 슬라이드   114
    2) 슬라이드 크기 지정과 배경 스타일   115
    3) 텍스트 입력하고 종류별 슬라이드
       레이아웃 추가하기   116

2. 슬라이드 마스터를 활용한 레이아웃 구성하기   120
    1) 글머리 기호 목록 편집하기   120
    2) 제목 디자인   123
    3) 전체 배경에 그림 넣기   124
    4) 슬라이드 추가하고 텍스트 완성하기   126

3. 구역을 나누어 슬라이드 정리하기   128
    1) 구역 추가 및 이름 바꾸기   129
    2) 구역 축소 및 확장   131
       실전문제   133

Section 04
텍스트와 도형 및 스마트아트를 활용한 슬라이드 디자인

1. 텍스트는 기본   135
    1) 테스트 작성   135
    2) 텍스트 편집   137
    3) 단락모양 변경하기   139
    4) 슬라이드에 개체 정렬   140
    5) 파일 저장하기   141

2. 도형 만들기 및 편집   141
    1) 도형 만들기   142
    2) 도형 병합   143

3. SmartArt 만들기 및 편집하기   146
    1) 스마트아트 만들기   146
    2) 도형 추가하기   148
    3) 도형 편집하기   149
    4) 고급 도형 설정   151
    5) 스마트아트 편집하고 마무리하기   154
       실전문제   156

Section 05 이미지를 활용한 슬라이드

1. 그림   157
    1) 그림파일 삽입하기   157
    2) 캡션 넣기   158
    3) 그림 스타일 적용하기   159
    4) 그림 도형에 맞춰 편집하기   162
    5) 그림, 도형과 병합하기   165

2. 온라인 그림   168
    1) 새 프레젠테이션 실행하여 제목 슬라이드 만들기   168
    2) 새 슬라이드 추가와 제목 글자서식   172
    3) 도형과 텍스트 상자 추가하고 편집하기   173
    4) 이미지 삽입하고 자르기   174
    5) 디자인을 고려하여 텍스트 크기와 도형 서식 적용하기   175
    6) 개체 복사 및 텍스트 수정하기   176
    7) 그림 바꾸기 및 텍스트 한 줄로 바꾸기   177
    8) 빈 화면 레이아웃 및 개체 재활용하기   178
    9) 온라인 그림 삽입하고 도형에 맞춰 자르기   179
    10) 입체 효과 및 텍스트 입력   182
    11) 콘텐츠 2개 레이아웃 및 텍스트 서식 복사   183
    12) 도형에 텍스트 입력 및 편집하고 텍스트
        슬라이드 마무리하기   184
    13) 제목 및 세로 텍스트 레이아웃   186
    14) 제목 슬라이드 레이아웃으로 마무리하기   187
    15) 파일 저장하기   188

3. 사진 앨범   188
    1) 사진 앨범 만들기   189
    2) 사진 앨범 편집하기   191
       실전문제   193

Section 06 표와 차트를 활용한 슬라이드

1. 표 기능   195
    1) 표 삽입하기   195
    2) 표 셀 편집하기   197

2. 차트 기능   202
    1) 차트 만들기   202
    2) 차트 편집   205
    3) 혼합 차트로 변경하기   209
    실전문제   212

Section 07 비디오와 오디오를 활용한 슬라이드

1. 동영상 파일 제작 및 가져와서 활용하기   213
    1) 비디오 파일 삽입하기   213
    2) 인터넷 동영상에 링크하기   216
    3) 다양한 오디오 삽입 및 활용하기   217
    4) 하이퍼링크로 동영상 다시보기   219
    실전문제   220

Section 08 애니메이션과 전환, 슬라이드 쇼

1. 종류별 애니메이션   221
    1) 나타내기   221
    2) 강조   224
    3) 끝내기   226
    4) 이동 경로   229

2. 전환 효과와 효과 옵션   233
    1) 구역별 전환 효과와 소리 적용   233

3. 슬라이드 쇼   237
    1) 처음부터   237
    2) 슬라이드 쇼 재구성   241
    3) 슬라이드 쇼 설정, 슬라이드 숨기기   243
    4) 예행연습, 슬라이드 녹화   244
    실전문제   246

Section 09 프레젠테이션 공동 작업

1. 맞춤법 검사   248

2. 스마트 조회   250

3. 메모   251
    1) 메모 삽입   252
    2) 메모 편집   253
    3) 메모 삭제   254

4. 잉크 입력 시작   255
    1) 도형으로 변환   255
    실전문제   259

Section 10 머리글/바닥글 설정 및 인쇄 준비

1. 머리글/바닥글   260
    1) 슬라이드   260
    2) 슬라이드 노트 및 유인물   261

2. 인쇄 및 인쇄 설정   262

3. 저장/내보내기   264
    1) PDF/XPS 문서 만들기   264
    2) 비디오 만들기   265
    3) CD용 패키지 프레젠테이션   267
    4) 유인물 만들기   268
    5) 파일 형식 변경(다른 이름으로 저장)   269
    실전문제   271

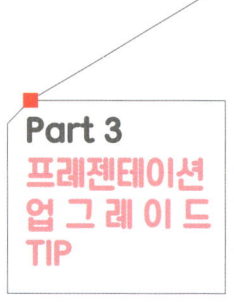

Part 3 프레젠테이션 업그레이드 TIP

Section 01 세련된 파워포인트로 거듭나기

1. 인포그래픽 활용하기 274
   1) 인포그래픽 개요 274
   2) 인포그래픽 활용 사례 276
   3) 인포그래픽을 활용한 프레젠테이션 278
      ① 인포그램(Infogram) 279
      ② 픽토차트(piktochart) 282

2. 자신만의 로고 활용하기 288
   1) 로고 만들기 288
   2) 로고 활용하기 291

Section 02 파워포인트 강력 추가 메뉴

1. Office Mix로 동영상 제작하기 293
2. Slide Recording 297
   1) 슬라이드 준비 297
   2) Slide Recording 메뉴 선택 298
   3) 녹화 시작 298
   4) 미리보기 후 녹화 장면 편집 299
   5) 슬라이드 화면 정리 299
   6) 슬라이드 비디오 파일 만들기 300

▶ 예제 파일 다운로드 방법

인터넷에서 시대인 홈페이지(www.sdedu.co.kr/book)에 접속하여 [로그인] 한 후 아래쪽 [빠른 서비스]의 [자료실]을 클릭합니다. [Data Center]에서 [프로그램 자료실]을 클릭하고 예제 파일을 다운 받으신 후 사용하시면 됩니다.

Part 1

IDEA 프레젠테이션 전략

> 성공적인 프레젠테이션을 위해서는 준비해야할 것이 많습니다. 파워포인트로 자료도 정리해야 되고 발표 실수를 하지 않기 위해 예행 연습도 해야 합니다. 하지만 제일 중요한 것은 프레젠테이션을 하기 위해 준비해야 하는 자료들입니다. 이번에는 성공적인 프레젠테이션 전략을 짜기 위해 생각하고, 설계하고, 연습한 후 분석하는 방법에 대해 알아보겠습니다.

Presentation Strategy

Imagination
상상하기

Design
설계하기

Exercise
연습하기

Analysis
분석하기

"성공적인 프레젠테이션*을 위해서는 단순히 PPT 파일을 제작하는 것에 국한해서는 안됩니다. 우리 모두는 발표의 실패경험이 있지 않은가요? 그리고 혹시 그 이유에 대해 면밀하게 분석해 본 적은 있나요?"

프레젠테이션은 발표 목적을 분명히 인식하고 청중을 분석하는 것에서부터 시작해야 합니다. 그리고 내용에 적합한 PPT를 구성하고 핵심사항 위주로 감동을 주는 세련된 스피치를 통해 완성시킬 수 있습니다. 그렇기 때문에 그저 단순히 자료를 작성해서 읽어내려가는 식의 프레젠테이션은 만족할만한 결과를 이끌어 낼 수 없습니다.

그럼 어떻게 하면 매력적인 프레젠테이션을 할 수 있을까요? 우선 몇 가지 구조화된 단계 안에서 자신들의 생각을 정리하고 체계적인 과정을 거쳐 전략을 수립한다면 충분히 매력적인 프레젠테이션이 가능해질 것입니다.

이제 다시 한 번, 성공적인 프레젠테이션을 위해 기초부터 살펴보는 것은 어떨까요. 이미 당신은 프레젠테이션에 필요한 모든 자원을 가지고 있습니다. 다만 자신만의 전략이 부족할 뿐입니다. 이번 계기를 통해 하나씩 다시 되짚어보고 구조화하여 어떻게 하면 멋진 프레젠터로 거듭날 수 있는지 함께 고민해보길 바랍니다.

---

* 프레젠테이션(Presentation) : 영어권에서는 발음을 '프레젠테이션'과 '프리젠테이션' 모두 허용하지만 우리나라에서는 국어사전과 일반 IT용어사전에서는 '프레젠테이션'을 표준으로 삼고 있음(위키백과 인용). 본 책자에서는 편의상 제목을 제외하고 본문에서는 프레젠테이션을 PT로 표기함.

우리는 일생을 살아가면서 과연 프레젠테이션*을 얼마나 많이 할까요? 우리 주변을 둘러보면 사회, 정치, 경제, 문화 등 PT가 이루어지지 않는 분야가 없습니다. 유치원 재롱잔치부터 국정운영에 이르기까지 그야말로 PT는 매우 폭넓게 활용되고 있습니다. 한 예로, 최근 새 정부가 들어서면서 '국정운영 5개년 계획'을 발표하였습니다. 국정운영 5개년 계획은 국가비전과 국정목표 · 전략, 그에 따른 100대 국정과제 및 복합 · 혁신과제가 포함되어 있습니다. 이와 같이 범국가적 중대 사안을 국민에게 전달하기 위해 정부에서는 국정기획자문위원회 대표자급들이 직접 PT에 나섰습니다. 발표자 모두가 정확한 시간 안에 분명한 메시지를 전달하였고 국민들로 하여금 큰 호응을 받았습니다. 발표는 성공적이었고 어려운 국정에 대한 이해에 PT가 매우 도움이 되었습니다.

국정과제보고대회(대한민국 청와대 - http://www.president.go.kr)

누구나 파워포인트로 발표 자료를 제작하고 PT를 할 수는 있습니다. 그런데 누가 보다 군더더기 없이 세련되고 흥미롭게 발표를 전개해 나가는지에 대한 차이는 분명히 있습니다. 일반적으로 매력적인 PT는 다음과 같은 특징을 가지고 있습니다.

- 전달하고자 하는 메시지가 논리적으로 명료한 프레젠테이션
- 지루하지 않게 시작과 끝이 일관적으로 이어지는 맥락 전개
- 시청각적 요소가 적절히 조합된 발표자료
- 스토리가 담긴 감동적인 메시지 전달
- 청중과 함께 호흡하는 프레젠테이션
- 프리젠터*의 노련하고 세련된 발표 자세

---

* 영국 BBC는 아나운서라는 말 대신 프리젠터(Presenter)라는 이름으로 방송 진행자를 부르고 있음. 본 책자에서는 발표하는 사람을 일컬어 프리젠터라고 표기함.

일반적으로 PT를 준비하는 단계는 가장 먼저 파워포인트 창을 띄워놓고 제목을 쓰고 어떤 내용으로 구성할지 모니터를 보면서 생각하게 됩니다. 그리고 대략 큰 뼈대의 슬라이드 몇 개를 추가하고 곧바로 내용을 작성해 내려갑니다. 그러다 간혹 스스로가 지루함을 느끼게 되면 슬라이드에 이미지나 동영상을 삽입하고 마무리합니다. 마지막으로 실제 발표 몇십 분 전쯤 파워포인트 화면을 바라보면서 한, 두 번의 내레이션을 해봅니다. 과연 결과는 어떨까요? 발표자와 청중 모두가 흡족한 결과를 얻게 될까요? 사람마다 정도의 차이가 있겠지만 분명한 것은 PT의 성패는 준비 기간 동안 들인 시간과 노력에 비례한다는 점입니다.

PT를 잘하기 위해서는 처음부터 단추를 잘 끼워나가야 합니다. 주먹구구식으로 대충 작업하다가는 결정적인 순간 타이밍을 놓치고 원하는 결과를 얻지 못하게 됩니다. 그렇기 때문에 PT를 위한 자신만의 노하우를 개발해두어야 합니다. 그러기 위해서는 다양한 주제로 평소 PT를 많이 경험해야 합니다. 간혹 PT 기회가 주어졌는데도 친구나 동료에게 그 소중한 기회를 넘겨주는 일이 있지 않나요? 보통 대학교에서 이런 사례가 빈번하게 일어나고 있습니다. 요즘 대학에서는 팀을 편성하고 프로젝트 수업을 많이 전개하고 있는데 팀워크로 운영되다 보니 평소 PT를 잘하는(자주하는) 학생이 발표 자료도 만들고 발표까지 혼자 도맡아 하는 경우를 흔히 볼 수 있습니다. 그렇게 되면 개인의 높은 피로도는 물론이거니와 팀 내의 의견을 충분히 담을 수 없는 PT를 하게 되고 결과에 따른 부담도 PT를 진행한 사람이 갖게 마련입니다. 이런 작업은 비효율적일 수밖에 없습니다. 이때 가장 바람직한 방법은 PT를 공동으로 작업하고 발표자를 전략하에 내세우는 방법이 있습니다. 발표 시간이 10분 내외로 주어진다면 필히 팀원 대다수가 각자 맡은 주제에 주도적으로 참여하여 발표하기를 권유합니다. 실제 발표자로 역할을 해 봐야 PT 역량이 향상될 수 있습니다. 더욱이 학교는 훈련과 시험의 장(場)이기 때문에 기회가 주어질 때마다 여과 없이 자신의 역량을 개발하길 바랍니다.

> 프레젠테이션을 잘 하기 위해서는
> '백문불여일견(百聞不如一見)'이 아닌, '백문불여일행(百聞不如一行)' 해야 합니다.

이제 성공적인 PT를 위한 그 첫 단계로 Imagination 상상하기, 즉 마음속으로 멋진 장면을 선행 체험함으로써 자신감을 갖게 하는 방법에 대해 알아보도록 하겠습니다.

Imagination : 상상하기

1. 성공적 프레젠테이션 심상화

　필자는 교수자인 관계로 늘 수업시간에 학생들이 PT를 습관화하도록 발표기회를 주고 있습니다. 대학을 졸업하고 사회에 나가면 가장 먼저 맞닥뜨리는 과제가 바로 논리적 사고를 바탕으로 한 발표임을 누구보다 잘 알고 있기 때문에 수업시간에 무조건 PT는 의무화하고 있습니다. 이러한 수업방식은 대체로 학생들의 만족도는 높은 편입니다. 그런데 언젠가 한 학생이 찾아와 수업을 중도에 포기하고 싶다는 의사를 밝혀왔습니다. 수업의 1/3이 지나가는 시점에서 수강을 포기한다는 것은 그 학생에게 큰 데미지가 생기기 때문에 그 이유에 대해 면밀하게 상담을 할 필요가 있었습니다.

　평소 학업성적도 우수한 편이었고 성격도 활달하여 친구들 사이에서 리더 역할도 곧잘 수행하는 학생이었습니다. 그런데 이런 학생이 왜 중도에 수강을 포기하려 했을까? 그 이유는 다름 아닌 PT에 대한 부담감 때문이었습니다. 학기가 진행될수록 팀 프로젝트가 많아지고 발표 기회가 많아지는 것에 대한 두려움 때문이라며 PT에 대한 압박감으로 수업에 몰입할 수 없다고 심정을 토로하였습니다. 우선 마음을 열게 하고 사연을 들어보니 그 학생에게는 말 못할 고민이 있었는데 지난 학기에 PT로 인한 좋지 않은 경험이 있었던 것입니다. 사연인즉, 평소 경쟁 관계에 있던 학우와 과제발표회에서 토너먼트로 마지막 승부를 겨루던 중 PT에서 참패를 당한 것이었습니다. 경쟁상대였던 학우는 어려서부터 웅변이나 각종 발표대회에서 입상한 경력이 있는 친구였습니다. 문제는 두 학생 모두 팀을 대표하여 프로젝트를 발표하는 역할을 맡게 되었는데 상담 온 학생이 PT도중 어이없는 실수를 통해 발표점수가 많이 떨어져 승부에서 패배했다는 것입니다. 당시를 회고하는 그 학생의 내면의 소리를 들을 수 있었습니다.

"제가 그때 너무 PT에 대해 안일하게 생각했던 것 같아요. 그냥 프로젝트 해왔던 과정을 옆 사람에게 대화하는 식으로 몇 마디만 하면 될 줄 알았거든요. 그런데 그게 아니었어요. 경쟁팀의 리더였던 서준이는 완벽하게 PT를 소화해냈고 반대로 저는 우물쭈물 말도 어눌했고 발표석 컴퓨터 앞에서 꼼짝없이 모니터만 응시할 뿐이었어요. 더욱 한심스러운 건 제

PT가 어찌나 촌스럽던지요. 지금 생각해도 얼굴이 빨개져서 너무 창피한 생각만 들어요. 그때 팀원들에게 너무 미안했고 패배감, 죄책감 같은 걸 느끼게 되었어요. 그 일이 있고나서부터 저는 PT만 하면 그 순간이 떠올라 개미 목소리로 변하고 PT가 끝나고 나면 어김없이 수치심을 느끼게 되더라고요. 다른 거 할 때는 다 자신 있는데 PT 할 때만 약해져서 지난 학기에 이어 교수님 수업이 제게는 맞지 않는 것 같아요. 이제부터 다시는 PT를 하고 싶지 않아요."

30분 남짓 그 학생과 상담하는 동안 오히려 내가 더 미안해서 어찌해야 할지 몰랐습니다. 수업시간에 무턱대고 PT를 요구할 것이 아니고 적어도 한두 시간 정도는 PT에 대해 최신 정보를 알려주고 전략을 전수해주었더라면 '저렇게까지 부정적인 경험을 갖지 않게 할 수 있었을 텐데'라는 후회가 들었습니다. 그 일을 계기로 그 학생의 무의식속에는 PT에 대한 두려움이 내재화 되었습니다. 당연히 대학생 정도면 PT를 잘할 것이라고만 생각했던 것이 나의 큰 오산이었습니다. 앞날이 창창한 그 학생에게 벌써부터 다시는 PT를 하고 싶지 않다는 결심을 하게 만든 것이 어찌나 안타까웠던지 결국 그 계기로 나는 어떤 교과목을 진행하더라도 PT에 대해 쉽고 간단한 전략을 전수하기 시작했습니다. 생각해보면 학생들이나 일반인이 정식으로 PT를 배우고 익힐 여유와 기회가 있었던가요? 그렇지만 늘 PT를 해야만 하는 현실에서 언제까지 학습하지 못한 것에 대해 탓을 하고 포기만 할 수 없습니다. PT를 잘하기 위해서는 왕도가 없습니다. 그렇지만 적어도 잘할 수 있는 방법론은 존재합니다. 그럼 실제 PT를 잘하기 위한 비법들은 무엇일까요. 지금부터 하나씩 살펴보겠습니다.

1) PT를 통해 얻게 될 결과를 미리 생각하기 – 자기 동기부여(Self Motivation)

우리 마음은 신비로움 그 자체입니다. 그럼 마음은 어디에 있는 것일까요? 혹자는 가슴을 가리키며 '마음은 심장에 있다'고 합니다. 마음이 심장에 있다는 것은 동양권 문화에서 한자의 '心'에 그 기원을 두고 하는 말입니다. 반면 서양권 문화에서는 마음은 '뇌'에 있다고 합니다. 그런데 현대의학을 연구하는 신경정신과 의사들이나 뇌 과학자들은 아직도 마음의 근원에 대해 의견이 분분합니다. 사실 마음이 어디에 있는 것은 중요하지 않습니다. 그러나 마음은 우리의 행동을 이끌어 주는 구심점이 되기 때문에 PT를 할 때 어떤 마음을 먹느냐는 매우 중요합니다.

PT를 통해 얻게 될 행복한 상상을 하게 된다면, 즉 좋은 마음을 먹게 된다면 우리 가슴은 뛸 것이며 뇌에서는 행복감을 느끼게 하는 세로토닌이나 도파민이 생성될 것입니다. 그를 통해 우리는 좀 더 잘하고 싶은 동기를 가지게 되고 PT의 성공을 위한 노력과 행동을 하게 될 것입니다. 흔히 PT를 단순하게 생각하는 사람들이 많은데 PT를 준비하는 가장 첫 단계는 바로 PT를 통해 느껴질 행복감을 상상해보는 것에서부터 출발합니다. 이 작은 차이가 큰 결과를 초래합니다. 이제부터 PT를 하기 전에 잠시 눈을 감고 행복한 상상을 해보세요.

프레젠테이션 전, 상상하기	
언제	*2020년 3월 20일*
어디서	*학교 강의실*
몇 명, 누구 앞에서	*36명의 학생들*
어떤 내용을	*4차 산업혁명과 AI(인공지능)에 대한 변화*
얼마만큼	*10분 동안 발표*
PT을 하는 이유는	*학교 과제. 앞으로 우리 세대가 겪게 되는 생활에 대한 변화와 대비책*
기대하는 결과	*내 스스로 미래사회에 대한 해박한 지식을 쌓게 되는 것* *발표평가 10점 만점*
얻게 되는 것들	*미래에 대해 막연히 생각만 하지 않고 차근차근 준비할 수 있는 계기를 마련함* *프레젠테이션을 잘해서 교수님 및 동료친구들에게 호응을 얻고 인정을 받아 좋은 평가점수를 받는 것*

2) 실패의 경험은 좋은 자산 – 성장 믿음(Growth Mindset)

앞서 한 학생과의 상담을 통해 한 번의 PT 실패 경험이 향후 얼마나 큰 악영향을 미치게 되는지에 대해 알아보았습니다. 모든 사람들은 성공을 지향합니다. 그러나 모두가 성공하지는 못합니다. 그렇지만 낙담하고 포기할 필요는 전혀 없습니다. '실패는 성공의 어머니'라는 말이 있듯이 실패를 거울삼아 미래에 더 좋은 결과를 이뤄낼 수 있도록 노력해야 합니다. 그런데 과거 실패 경험이 마음에 걸림돌이 되어서는 안됩니다. 자기 스스로를 위안하고 더 좋은 의도가 숨어 있다고 믿어야 합니다. 누구나 처음부터 발표를 잘하고 자료를 잘 만들어 내지는 못합니다. 모두 경험을 통해 학습하고 성찰하고 성장합니다. 그러다 간혹 실패를 경험하기도 하고 뜻하지 않은 패배의 순간도 맞이하게 됩니다. 그럴 때마다 자책하고 포기해버리면 더 큰 기회를 얻지 못하게 됩니다.

보통 노력하는 사람이 승리한다고 합니다. 이는 '성장형 마인드 세트(Growth Mindset)[*]를 갖추고 있는지 여부에 따라 결과가 달라집니다. 사람이 살다보면 다양한 경험을 하고 실패와 성공을 번복하게 됩니다. 그때마다 모든 것에는 긍정의도가 있다고 생각하고 결과에 대해 늘 겸허히 받아들이고 더 좋아질 수 있는 상황들에 대해 고민하고 준비해야 합니다. 중요한 것은 과정에 대한 노력인 것이고 그러다 보면 역량은 자연스럽게 향상됩니다. 혹시 PT에 대한 부정 경험을 갖고 있나요. 그렇다면 다음에 제시되는 표에 자신의 마음을 솔직히 표현해 보고 다른 시각에서 긍정의도를 찾아보도록 합시다.

---

[*] 미국 컬럼비아 대학의 카롤 드웩(Carol Dweck) 교수가 주장하는 개념으로 '성공 심리학' 관점에서 두 가지 마음의 종류에 따라 성공이 결정지어진다고 함. 첫 번째는 항상 발전하는 것을 당연하게 여기는 사람들은 성장 마인트 셋(The Growth Midset)으로 무장되어 있고, 다른 하나는 현상유지를 당연한 것으로만 여기는 사람들이 주로 고정 마인드 셋(The Fixed Mindset)으로 무장하고 있다는 이론. 결국, 성장 마인드 셋을 유지하는 것이 성공에 도움이 됨.

PT에 대한 부정 경험	긍정 의도
(ex) 시간이 너무 촉박해서 하고 싶은 말을 모두 다 못해서 속상해!	그렇구나(스스로 인정) 그렇지만 반면에 청중들에게 내가 준비한 많은 내용을 꼭 전달하고 싶었던 좋은 의미가 숨어 있던 거야, 다음에는 시간조절을 좀 잘하고 연습을 더 많이 해야겠어!

3) 현재 상태와 바람직한 상태 차이(Gap) 확인하기 – PT 성공 노트 쓰기

　PT를 처음 하는 사람들이라면 파워포인트 메뉴를 익히고 활용하는 데도 많은 시간이 소요됩니다. 그러나 어느 정도 익숙해지면 실제 발표에 대한 스킬을 익혀야 합니다. 발표를 잘하기 위해서는 앞서 제시된 두 가지 심상화 과정을 거쳐야 효과적이며, 향후 전개될 내용들을 참고하면 더욱 성장의 폭이 넓어질 것입니다. 하지만 이때 중간 점검을 하고 넘어갈 필요가 있습니다. 바로 자신의 상태를 점검하고 부족한 것은 무엇인지 스스로에 대한 상황 인지가 필요합니다. PT를 잘하고 싶은 마음이 있다면 현재 자신의 상태를 점검하고 더 좋은 결과를 위한 그 차이(Gap)를 확인하고 세부적으로 해결해나갈 덕목들을 분명히 확인하고 원하는 결과를 얻기 위해 노력하길 바랍니다.

현재 나의 상태	좋은편 3	보통 2	나쁜편 1	바람직한 상태가 되기 위한 노력(다짐)
PT 제작 능력		●		파워포인트 제작 능력이 부족한데 특히 차트나 표 등을 표현하는 것을 더 연습해야 함
정보 수집 능력	●			평소 인터넷 검색을 즐겨하고 있는데 국내 자료만 검색하였음. 앞으로는 다양한 외국 자료도 검색하고자함
말하기 능력			●	사람들 앞에만 서면 떨리고 말이 안 나오는데 발성에 문제가 있는 것 같음. 발성 연습 매일 5분씩 하기
스토리텔링 능력			●	프레젠테이션의 생명은 스토리텔링인데 평소 설명식으로만 읽어 내려갔음. 앞으로는 이야기 뼈대를 구성해서 PT를 재미있게 이어나가야겠음
발표 제스처 능력		●		발표 내내 단상에 의지한 채 PT를 진행하는 모습이 답답해 보임. 세련된 PT를 위해서는 동선을 넓히고 자유도를 높여야겠음
발표시간 관리 능력		●		늘 발표 후반부에 시간에 쫓겨 인사도 제대로 못하고 PT를 마치게 됨. PPT MIX를 통해 파워포인트 자료를 녹화하고 어느 지점에서 시간이 지체되는지 분석한 후 재차 촬영하여 타임라인을 정확히 하겠음
그밖에 생각나는 것 적어보기				

2. 발표 장면 이미지 트레이닝

　PT를 성공적으로 수행한다면 날아갈 듯 기분이 가볍고 성취감과 행복감을 느끼게 될 것입니다. 그런 자신의 모습을 PT 전에 미리 상상해본 적이 있나요? 대부분 많은 사람들이 그것까지는 미처 생각하지 못합니다. PT를 위해서 해야 할 작업이 너무 많기 때문에 한가롭게 상황들은 미리 생각조차 하지 못합니다. 그러나 PT에서 심상화(Imagination) 작업은 긍정 무의식을 발현하기 위한 작업이기 때문에 매우 중요합니다. 다음에 제시되는 구체적인 심상화 방법을 통해 PT전, 행복감을 충분히 경험해 보길 바랍니다.

1) 관찰자로써 자신 바라보기
　현재 이 글을 읽고 있는 독자 여러분, 지금 바로 주변의 물건들을 한 번 둘러보기 바랍니다. 그리고 잠시 눈을 감고 5초 후 눈을 떠주세요. 자, 이제 생각나는 물건들을 하나씩 적어 보기 바랍니다.

> *생각나는 것들 하나씩 구체적으로 적거나 그려보기. 예컨대 시계를 보았다면 시, 분, 초 침이 어디에 머무르고 있었는가. 또는 책꽂이 위 책 제목을 차례대로 적어보기 등*

　그럼, 이제 다시 실험해보겠습니다. 5초간 눈을 감고 자기 자신의 모습을 관찰해보세요. 지금 책을 보고 있는 나를 생각해도 좋고 최근에 기억나는 나의 모습을 떠올려도 좋습니다. 그런 다음 또 다른 눈이 위에서 '바라본다'라는 생각으로 가만히 자신을 지켜보세요. 이제 눈을 뜨고 느끼는 대로 표현해봅니다. 그림을 그려도 좋고 글로 표현해도 좋습니다.

(예시)

오늘도 과제를 위해 밤을 꼬박 새웠는데 끝이 안 나고 있다. 벌써 학교 갈 시간은 얼마 안 남았고.. 발표 결과물이 마음에 들지 않아 끙끙대면서 마무리를 하고 있다. 답답하고 불안하다. 그리고 팀원 친구들에게 미안한 마음이 든다. 그렇지만 열심히 했으니까 좋은 결과가 나올 것이란 믿음이 있다. 조금만 힘내서 잘 완성하자!
그런데 아차차!! 리허설 할 시간이 없잖아!! ㅠㅠ
아~ 이런. 머릿속에서 내용들이 막 꼬인다. 정말 다음부터는 진짜 시간 관리 좀 잘해서 미리미리 연습을 많이 해야겠다!

자, 그럼 이제 상상하기 마지막 훈련으로 현실 속 나의 환경에서 벗어나 미래에 PT를 하고 있는 자신의 모습을 한 번 떠올려 봅니다. 육안이 아닌 심안으로 바라보아야 합니다. 어떤 모습에, 어떤 표정으로 어떻게 서 있나요? 감정은 어떠하며 청중들의 반응은 어떠한가요? 높은 곳에서 PT를 하고 있는 자신을 '바라본다'라고 생각하고 그 모습들을 생생하게 구체적으로 표현해보기 바랍니다.

PT하는 모습 떠올리기		
발표 주제	말하는 대로 이루어진다! (동기부여 강연)	
발표 장소 모습	100석 규모의 대강의실, 높은 천장과 벽면을 가득채운 빔 스크린	
청중의 반응 (표정)	사람들이 웅성거리며 나의 PT를 기다리고 있다. 누군가는 호기심 어린 눈빛으로 발표자인 나의 모습을 관찰하고 있고, 또 누군가는 별 관심 없다는 듯, 발표 자료를 뒤적이고 있다.	
PT 시작 첫 인사말	드디어 발표가 시작되고 나는 당당하고 자신감 넘치는 목소리로 첫 인사를 전한다. "여러분, 제게는 어릴 적부터 꿈이 있었습니다. 바로 누군가에게 선한 영향력을 행사하는 사람이 되자! 라는 꿈입니다. 오늘에서야 비로소 이 영광스러운 자리를 통해 제 꿈을 이룰 수 있게 되었습니다! 꿈을 이룬자!!! 이 서 준 인사드립니다! (3초간 90도 인사)	
PT 진행	전개	최근 사회문제로 대두되고 있는 청년실업에 관한 통계와 기사를 제공하여 주의를 집중시킨다. 청중 대부분이 젊은 대학생이기 때문에 그들이 겪고 있는 마음의 고통을 공감하며 문제해결을 위한 긍정적인 대안들을 제시한다.
	본론	성공을 위한 근본적인 마인드 셋을 위해 무지개원리(차동엽 신부)를 통한 성공이론을 제시하고 청중의 이해를 도모하기 위해 관련 사례를 함께 제시한다.
	마무리	아무리 열악한 환경일지라도 자신의 꿈을 생생하게 그리며 그 꿈을 이루기 위해 부단한 노력을 기한다면 반드시 꿈을 이룰 수 있다는 메시지를 다시 한번 강조하며 사미 기타우(케냐 인권운동가)동영상을 통해 그 의미를 재각인 시킨다. 영상자료 활용: 한권의 책(출처 youtube)
PT 마지막 인사말	"그대의 꿈이 한 번도 실현되지 않았다고 해서 가엾게 생각해서는 안된다. 정말 가엾은 것은, 한 번도 꿈을 꿔보지 않았던 사람들이다."–에센바흐– 꿈에 관한 명언을 인용하며 꿈을 이루기 위해서 꿈부터 꿔보자는 행동 의지를 북돋아 주며 발표를 마무리한다.	

보통 우리는 눈앞에 있는 사물이나 현상에 집중되어 살아가고 있습니다. 그 모든 것들은 모두 현실적인 상황들이 대부분입니다. 그러나 세상은 생각보다 보이지 않는 무언의 우주 질서 안에서 바라는 마음의 현상들이 결과들로 이어지고 있습니다. 선뜻 이해할 수 없게 느껴지겠지만 우리가 교회나 성당에 가서 신에게 기도를 하는 이유, 그리고 법당에 가서 108배를 하며 마음의 도량(度量)을 넓히는 이유와 마

찬가지입니다. 그런데 무언가를 위해서 바라는 마음, 그것은 무조건적으로 잘 되기를 바라는 마음에 앞서 자신을 온전히 바라볼 줄 아는 또 다른 눈에서부터 시작됩니다. 바라본다는 말은 다른 말로 자신을 객관화할 줄 안다는 말과 일맥상통합니다. 그럼 자신을 객관화하면 어떤 일이 생길까요? 바로 더 큰 시야에서 자신의 모습을 바라보게 되고 무언가를 수행하고 있는 모습이 확인되어 집니다. 이때 잘하고 있는 점과 그렇지 못한 점을 판단할 수 있게 됩니다. 그렇기 때문에 잘하고 있는 것들은 더욱 강화하려고 노력할 것이고 못하고 있는 것들은 바로잡기 위해 노력할 것입니다. 이것이 바로 자신을 객관화해야 하는 이유입니다.

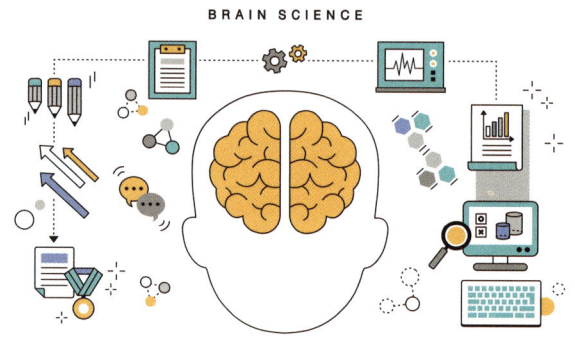

혹시 운동선수들의 '이미지 트레이닝 기법'에 대해 알고 있나요? 운동선수들은 본 경기에 앞서 중요하게 훈련하는 단계가 있습니다. 그건 바로 자신들이 경기에 임하게 되는 순간 이뤄지는 모든 진행 과정과 적용기술들을 하나씩 머릿속으로 점검해가는 과정을 말합니다. 언젠가 세계선수권대회 여자 역도 금메달리스트인 장미란 선수의 인터뷰를 본 적이 있습니다. 장미란 선수는 훈련 기간 동안 늘 명상과 이미지 트레이닝을 병행했다고 전해집니다. 심지어 금메달을 목에 걸게 되는 상상까지 이어지게 했습니다. 구체적인 이미지 트레이닝 방법은 눈을 감고 상상을 통해 자신이 참가할 경기의 모든 장면을 이미지로 떠올렸다고 합니다. 경기대에 올라가서 몇 발자국 걸어가고 역기는 어떻게 잡고 몇 초 후에 들어 올리는지 등에 관한 모든 장면을 생생하게 떠올리는 훈련을 했다고 합니다. 결국 상상은 현실이 되고 차분하게 자신만의 페이스를 유지한 결과 최고의 성과를 거둘 수 있었습니다. 이처럼 우리는 마음먹은 대로 얼마든지 상상을 현실화시킬 수 있습니다. 그러한 상상 속에서 우리 뇌는 행복감을 느끼게 됩니다. 상상을 통해 전해지는 긍정 경험은 무의식으로 내재되어 결정적인 순간에 동기를 유발시키고 그 힘을 발휘하게 합니다. 그런데 이러한 이미지 트레이닝을 할 때는 1인칭 시점으로는 생생하게 재현될 수 없습니다. 그렇기 때문에 자신의 모습을 또 다른 자신이 카메라로 찍어준다고 상상하며 그 모습을 구체적으로 심상화해야 합니다.

이렇듯 PT를 수행하는 자신의 모습을 미리 상상해보는 것만으로도 자신의 수준을 확인할 수 있기 때문에 중요한 PT를 앞두고 꼭 관찰자 시점에서 자신을 바라보는 선행경험을 해보길 바랍니다. 그리고 '생각하면 이루어진다!'라는 말 또한 더불어 기억하길 바랍니다.

2) 발표자료 머릿속에 떠올리기

앞서 설명한 '바라보기' 연습은 자신의 발표 장면을 연상하는 것이라면 지금부터는 실제 PT를 하는데 있어 매우 중요한 자료가 되는 발표자료들에 대한 이미지 트레이닝에 대한 것입니다. 보통 발표 시간대 별로 발표자료의 양이 정해집니다. 길게는 1시간, 짧게는 5분의 PT를 진행하게 되는데 보편적으로 슬라이드 하나에 1분을 넘기지 않아야 청중들이 집중하는 것을 유지시킬 수 있습니다. 그런데 한 장면에서 오랫동안 PT를 해야 할 상황도 발생하는데 만약 사전 내레이션 연습을 충분히 하지 않았다면 시간 관리에 문제가 발생합니다. 또한 장면마다 이어지는 맥락이 매끄럽지 못할 경우에도 당황하게 됩니다. 이 또한 충분히 전체 슬라이드를 기억하지 못하고 슬라이드 장면을 보며 설명하기 때문에 벌어지는 상황들입니다. 이러한 과오를 범하지 않기 위해서는 무엇보다 사전 연습이 필요합니다. 우선, 슬라이드를 여러 장 펼쳐놓은 다음 전체 맥락을 살펴보는 것이 필요합니다.

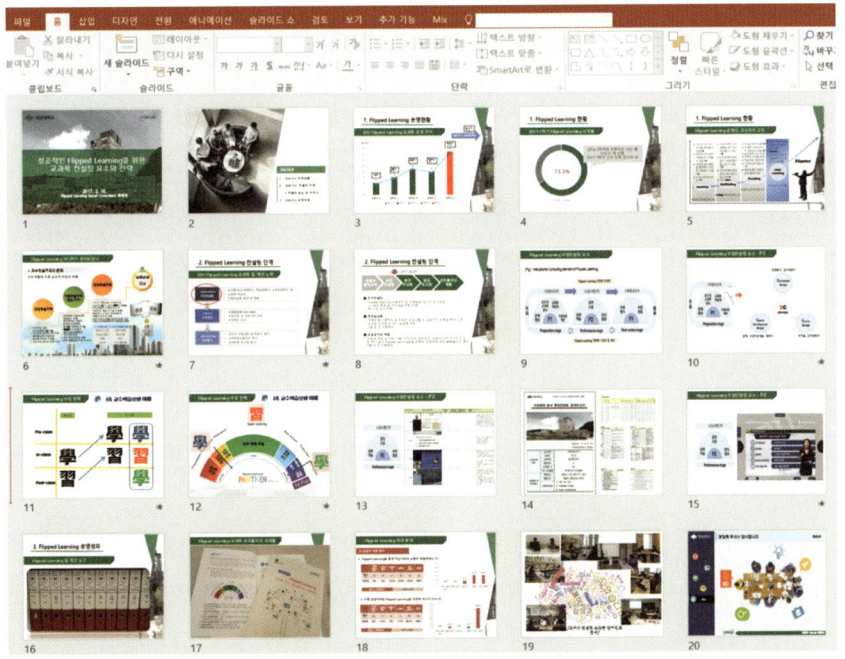

그다음 육안으로 슬라이드를 보지 않고 슬라이드 장면, 장면마다 머릿속에 떠올리고 내레이션을 함께 진행해보는 것입니다. 그렇게 몇 번을 앞, 뒤로 반복합니다. 그럼 전체장면과 적합한 설명 문구들이 정돈되어 무엇보다 실전에 자신감이 생기고 자칫 변수가 생기더라도 대처능력이 향상됩니다. 결론적으로 성공적인 PT를 위해서는 사전에 자신을 바라보고 더불어 발표자료에 대한 이미지 트레이닝 이 두 가지를 꼭 병행하길 권합니다.

Design : 설계

프레젠테이션은 대상과 목적에 따라 그 종류가 구분됩니다. 학생들은 학습 결과물이나 문제해결 과정을 설명할 목적으로 프레젠테이션을 하고, 회사원들은 마케팅이나 홍보, 자사 제품을 제안하는 설득 형태의 프레젠테이션을 주로 진행합니다. 한편 프레젠테이션을 가장 많이 진행하는 대상은 바로 교수자일 것입니다. 수업하는 장면을 떠올려보세요. 교수자들은 학습 관련 정보나 지식을 전달하기 위해 강의를 하는 과정에서 프레젠테이션을 수도 없이 반복합니다. 어찌 보면 강의와 프레젠테이션은 일부분 그 성격이 매우 흡사하여 구분 점을 찾기 어렵습니다.

이처럼 다양한 경우로 프레젠테이션을 하게 되는데 어떤 사례가 되었든지 간에 프레젠테이션을 구성하고 전개하는 과정은 비슷한 절차를 거치게 됩니다. 다만 얼마만큼 청중을 이해하고 그들의 요구를 충족시키며 전달력을 높일 것인지가 관건입니다. 그러기 위해서는 보다 면밀한 프레젠테이션 제작 및 발표에 대해 구조적인 시각을 가지고 접근해야겠습니다. 그럼 지금부터 그 첫 번째 단계로써 PT의 분석 단계를 살펴보겠습니다.

1. 프레젠테이션 분석

1) 요구분석

PT의 성공 여부는 무엇으로 가늠할 수 있을까요? 발표자의 노련한 입담을 통해 청중들의 호감을 불러일으키는 PT일까요? 아니면 청중들의 주의를 집중시킬 수 있도록 제작된 화려하고 멋진 PT 자료가 관건일까요. 사실 두 가지 요소 모두 PT의 중요전략이 될 수 있습니다. 그러나 그에 앞서 근본적으로 PT의 목적을 분명히 하고 얻고자 하는 결과를 도출해 낼 때 성공적인 PT라 할 수 있겠습니다.

우리는 수많은 일과 맞닥뜨리고 해결해나갑니다. 그러한 과정에서 만족할만한 결과를 얻기 위해서는 목적에 부합한 결과를 얻어내야 합니다. PT도 마찬가지입니다. 분명한 방향설정과 그에 따른 목표를 기준 삼아 다양한 전략을 도모할 때 만족할만한 결과를 얻게 됩니다. 결국, 그냥 힘껏 쏜 화살이 아닌 과녁을 향해 정조준해서 활시위를 놓았을 때 명중 여부가 달라지는 이치입니다.

그럼, 목표를 명확히 한다는 것은 어떤 과정을 통해 이루어질까요. 바로 원인을 분석하는 일에서부터 시작됩니다. 즉 청중들의 요구를 분석하는 과정을 말합니다. PT의 종류는 목적에 따라 매우 다양하게 나뉩니다. 먼저 강의나 업무보고, 상품설명회 등의 내용 전달 유형이 대표적이고 상품을 제안하거나 마케팅을 위한 설득형이 있습니다. 더불어 대중의 공감을 얻고 동기를 부여 시킬 수 있는 강연도 좋은 PT의 유형이 됩니다. 마지막으로 학생들이 발표를 통해 자신들의 학업과정을 평가받기 위한 유형도 있습니다.

이를 바탕으로 다양한 PT의 유형을 잘 선별하여 청중들이 원하는 바를 파악하고 자신이 수행해야 할 PT의 목적을 분명히 하는 것이 요구분석의 첫 번째 입니다. 요구분석을 잘하기 위해서는 실제 청중들이 원하는 구체적인 요구사항들이 무엇이 있을까에 대한 실제 희망사항을 조사하는 방법이 있습니다. 사전설문을 통하는 방법과 FGI*를 통해서 가능합니다. 그러나 상황이 여의치 않을 때는 발표자 스스로 자문자답하는 과정에서 목표를 설정해야 합니다.

다음은 목표 진술을 위한 양식을 제시한 것입니다. 분명한 PT의 목적을 설정하기 위해 세부목표를 진술해보기 바랍니다.

PT 요구분석에 따른 목표 진술

PT 목적 분류	청중 – 요구사항	발표자 – 세부 목표 진술
내용 전달형	쉽고 간결하게 핵심 내용만 듣고 싶음 말로만 설명해서는 이해가 잘 가지 않음	신제품에 핵심 기술만 요약해서 이미지를 중심으로 한 기술 당 1분30초를 넘지 않게 설명하고 이해시킬 수 있다.
설득형	신제품이 기존 유사제품과 비교해서 어떤 기능이 보강되었는지 알고 싶어 함.	비교분석 표를 이용하고 다양한 통계를 활용하여 한눈에 이해하기 쉽도록 PT를 진행한다.
동기 부여형	청년실업의 불안감으로 대학생들은 새로운 대안을 찾고자 함	블루오션으로 성공한 청년창업자들의 사례를 소개하여 동기를 부여시킨다. (4차 산업혁명을 대비하는 대학생의 역량 강화 강조)
점수 획득형	종합적 문제해결을 위한 과제의 구체적인 결과물을 요구함	지식적 측면, 기능적 측면, 태도적 측면을 고루 담는 pt를 진행한다.

* 초점집단면접(Focus Group Interview) : 어떤 주제에 대하여 정보를 얻거나 문제를 파악하기 위해 특정 소규모의 집단 및 개인들을 대상으로 의견을 나누고 토의하는 과정

2) 청중 분석

PT는 청중과의 소통입니다. 그런데 보통 소통이라 함은 개인과 개인 사이의 커뮤니케이션을 뜻하지만 PT는 '1:1'이 아닌 '1:多(다)'인 상황이기 때문에 이점을 고려해서 소통의 방식도 달라져야 합니다.

소통의 시작은 상대를 이해하는 것에서부터 시작됩니다. 그렇기 때문에 청중의 사전지식 이해정도, 특성, 선호성향 등을 미리 파악하는 것은 발표자에게 유용한 정보로 활용됩니다. 가령 PT의 전달력을 높이기 위해서 사전에 청중들의 이해수준을 파악하게 되면 적합한 예시 및 용어 선별에 도움이 됩니다. 가령, 또래 학습자 그룹에게 PT를 진행할 경우에는 그들만이 사용하는 용어라든지, 유행어 등을 구사함으로 인해 친근한 느낌을 줄 수 있습니다. 그러나 PT의 대상이 자신들보다 연상이거나 중요한 협상 테이블일 경우에는 매우 축약되고 함축된 표준형 스피치를 구사해야 합니다. 또한 청중들이 선호하는 PT의 취향도 매우 중요한 단서가 됩니다. 어떤 청중 그룹은 시각형 자료에 민감하게 반응하는 경우가 있고 또 어떤 그룹은 청각적 요소에 반응하기도 합니다. 이렇듯 청중들을 이해하는 것에서부터 PT는 시작됩니다. 그런데 사실 PT는 발표 현장에서 청중들을 만나기 때문에 사전에 청중들의 다양한 성향을 파악하기란 쉽지 않습니다. 이때는 해당 관계자에게 사전에 양해를 구해 청중들의 일반적 특성을 알아두는 편이 좋습니다. 실제 노련한 프리젠터들은 사전에 청중들의 특성을 분석하고 본격적인 PT를 시작하기 전 가벼운 질문을 통해 래퍼를 형성하는 과정을 통해서 청중들의 분위기를 읽습니다. 그리고 사전에 준비한 PT 자료 역시 다양한 청중들의 성향을 고려하여 균형 있게 제작합니다.

처음 PT를 진행할 때 여러 가지 변수 사항들로 인해 곤란을 겪기도 합니다. 그럴수록 다양한 계층의 청중들 앞에서 PT를 경험하고 자신의 문제점을 진단하고 개선해 나갈 때 멋진 PT가 완성될 것입니다. 다음은 대표적으로 청중을 이해하기 위한 사전분석표를 제시한 것입니다. 항목마다 깊이 고민하고 그에 따른 전략을 수립하길 바랍니다.

청중분석표

발표 주제	성공의 동력인 '자기성찰지능'을 향상시키자			
분류	내 용			전략 수립
그룹 형태	대그룹 (50명 이상)	중그룹 (30명 이상)	소그룹 (30명 이하)	시선을 고루 분산시켜 모든 청중들에게 아이컨텍 할 예정
		●		
일반적 특성	평균 연령	25세		남성의 비율이 조금 높고 20대 중반의 대학생인 점을 감안하여 설명 위주보다는 주변 실 사례를 통해 주제를 이해시키고자 함
	남녀 성비 남녀 성비	남	여	
		65 %	35 %	
선수학습 능력	대학 졸업을 앞둔 4학년들이므로 전공지식을 모두 습득한 상태임			발표 중간에 해당 전공 관련 퀴즈를 진행함으로써 흥미를 유발시킴
주제 관심 여부	상	중	하	발표자의 개인 사례를 통해 동기부여가 성공에 미친 영향력에 대해 실제 경험담을 소개함. 더불어 강의 도중 칭찬과 격려를 통해 자신감을 불어넣어줌
	●			
주제에 대한 수용도(태도)	동기부여가 필요하다고 인지하나 현실적으로 어디에서 동기를 끌어내야 하는지 막연하게 생각하고 있음. 그렇기 때문에 관심도는 높으나 자신들과의 연계성을 직접적으로 느끼지는 못함			
선호 채널 감각	시각	청각	체감각	시각적 효과와 청각적 요소가 결합된 이미지, 동영상 등을 지루해질만한 시간대에 적절히 삽입하여 주의집중 시킬 예정
	●	●		

3) 환경 분석

　PT를 수행하는 과정에서 결코 간과할 수 없는 사항이 있습니다. 바로 환경요소를 점검하는 것입니다. PT는 컴퓨터나 스마트 기기를 통해 청중들에게 전달됩니다. 물론 과거에는 비전자매체*에 의해 PT를 진행하기도 했지만 현대는 디지털 사회이기 때문에 대부분 전자 및 인터넷 환경에서 PT에 활용하고 있습니다. 대표적인 예가 Power Point, Prezi, Keynote 등이 해당합니다.

　그런데 발표 현장에서 환경요소 때문에 PT를 망쳤던 경험은 혹시 없나요? 필자는 직업적으로 상당히 많은 PT를 수행해야 합니다. 정부 관련 연구를 수주하기 위한 PT, 강의를 위한 PT, 대중강연을 위한 PT 등 다양한 장소에서 다양한 주제로 발표를 진행합니다. 그런데 간혹 난처한 경우가 있습니다. 대략 몇 가지로 그 상황이 압축됩니다.

---

* 전통적 전달매체로써 사진, 그림, 이미지, 차트, 도표, 지도, 괘도, 신문, 슬라이드, 필름스트립 등이 이에 해당함

파워포인트 버전이 다른 경우

그 첫 번째는 PPT의 버전이 맞지 않아 파워포인트 자료가 모두 흐트러져서 불러오는 경우가 있습니다. 최근 파워포인트 사용자들은 보편적으로 '2016' 버전을 많이 사용하고 있지만 간혹 '2010' 버전을 사용하는 발표장도 있습니다. 어느 곳에서 PT를 진행할지 모르는 경우를 대비해서 가능하면 발표 자료의 폰트(font)는 기본 글꼴로 설정하고 혹, 전달력 강화를 위한 경우라면 글꼴 파일을 별도로 저장하고 지참하여 발표장소 PC에 복사한 후 파워포인트를 활용해야 합니다.

동영상 재생 코덱이 없는 경우

또 한 가지 고려할 사항은 학습자들의 흥미를 유도하기 위해 활용되는 동영상에 관한 내용입니다. 보통 파워포인트 자료를 제작할 때 한두 개의 동영상을 삽입하는 것이 일반적인 사례입니다. 그런데 이 동영상이 재생되기 위해서는 코덱이 필요한데 자신이 작업하는 컴퓨터 환경과 발표장에서의 컴퓨터 환경은 다를 수 있으므로 사전에 동영상을 필수로 점검하길 바랍니다. 일반적으로 통합 코덱을 다운로드 받으면 대부분 해결되기도 합니다.

인터넷이 안되는 경우

마지막으로 인터넷이 가능한지에 대한 여부입니다. 몇 해 전부터 파워포인트의 한계를 고려한 입체적인 PT 도구가 소개되었습니다. 바로 Prezi라는 프로그램입니다. 이 프로그램은 웹 클라우드 서비스에 의해 별도의 저작도구를 PC에 설치하지 않고 인터넷 홈페이지에서도 편집이 가능한 툴입니다. 필자는 언젠가 시골 학교에서 학부모 강연을 진행한 적이 있는데 대 강당에서 진행했던 PT로 인터넷 환경이 너무 좋지 않았습니다. 결국, 웹에 접속할 수 없어 무려
100분이란 어마어마한 시간을 온전히 말로써 진행할 수밖에 없었던 기억이 있습니다. 지금 생각해도 아찔한 경험이 아닐 수 없었습니다.

2. 프레젠테이션 구조 설계(Intro)

이제 본격적으로 PT의 뼈대를 구성해보겠습니다. 앞서 프레젠테이션 분석단계에서 점검했던 사항들을 고려하여 실제 PT의 주 맥락을 구성해보겠습니다. PT의 순서는 크게 3단계로 나누어집니다. 도입 부분인 Intro, 발표의 본론 부분인 Body, 그리고 마지막 부분인 Outro 입니다. 이후 이 세 단계를 IBO 설계전략이라 호칭하겠습니다. 그럼 지금부터 각 부분마다 점검하고 준비해야 할 작업들에 대해 자세히 다루도록 하겠습니다.

1) Intro

　최근 한 보도에 따르면 사람들이 콘텐츠의 한 장면에 집중하는 시간이 불과 72초라는 통계를 발표한 적이 있습니다. 적잖이 놀라지 않을 수 없었는데요. 현재 정보의 홍수 속에 살아가고 있는 우리의 지각요소가 시간이 갈수록 민감해지고 있다는 것을 반증하는 결과였습니다. PT를 진행할 때도 마찬가지입니다. PT에서 시작 3분이 발표의 성패를 좌우합니다. 그만큼 도입 부분은 매우 중요합니다. 그렇기 때문에 사람들이 집중할 수 있고 발표의 핵심을 읽을 수 있게 하는 남다른 주의집중 전략이 필요합니다. 먼저 도입 부분에서 발표자가 청중에게 전하는 인사와 발표 순서를 안내하는 방법에 대해 살펴보겠습니다.

① Attention

시작 인사

　PT를 시작할 때 일반적으로 거쳐야 하는 기본절차가 있습니다. 바로 프리젠터의 인사말입니다. 보통 여러분들은 발표 시 어떻게 인사를 하나요?

> "오늘 발표를 맡게 된 저는 OOO입니다. 오늘 주제는 OOO입니다. 잘 부탁드립니다."
> 　또는
> "저는 OO소속의 OOO입니다. 이렇게 발표를 하게 되어서 영광입니다. 준비는 많이 못했지만 끝까지 경청해주시면 감사하겠습니다."

　혹시 위와 같이 시작하나요? 그렇다면 이미 너무나 일반적이고 다소 지루한 발표를 시작하는 것입니다. 그런 인사로는 청중들로 하여금 호기심을 유발시킬 수 없습니다. 보통 PT 자료에 발표 주제와 이름이 언급되어 있기 때문에 굳이 해도 그만, 안 해도 그만인 말들로 시작할 필요가 없는 것입니다. 더구나 비슷한 발표들이 이어질 때는 더더욱 그렇습니다. 또한 소극적이고 빈약해 보이는 발표자의 첫 인상은 절대 금물입니다.

　그럼 어떻게 하면 매력적으로 발표 초반부터 청중들의 이목을 집중시킬 수 있을까요? 바로 자신만의 개성을 표현할 수 있는 재치 있는 인사말이 필요합니다.

　매력적인 발표 방법들이 많이 있겠지만 여기서는 필자가 실제 활용하는 인사방법에 대해 소개하고자 합니다. 필자는 평소 자신의 이미지를 대변할 수 있는 멘트를 개발하여 인사말로 활용하고 있습니다. 먼저, 공손히 허리를 굽혀 천천히 세 방향으로 청중들에게 인사를 합니다. 그럼 청중들은 다소 의아해합니다. 일반적으로 하는 인사 모습과는 대조적이기 때문입니다. 청중을 향해 세 방향을 설정한 후 한 방향씩 고개를 숙이고 일어서면 약 3초간 시간이 흐릅니다. 그 시간을 모두 합치면 9초 정도 되며, 9초라는 시간동안 발표자는 아무런 말을 하지 않고 그저 머리를 조아려 인사를 하게 됩니다. 그 모습을 보면 보통 청중들은 약간 술렁입니다. 혹은 큰 박수를 보내기도 합니다. 사실, 인사를 하는 시간 동안에는 머리를 맑게 하고 호흡을 가다듬는 발표자의 워밍업 시간이기도 합니다. 그러고 나면 이제 본격적으로 자신 있는 눈빛과 말투로 자신을 소개합니다. 그런데 그 소개는 발표 주제와 연결 지어가야 효과적입니다.

필자는 평소 교육혁신에 관한 발표 주제로 PT를 많이 진행하고 있는데 최근 4차 산업혁명이 도래하면서 교수학습의 변화를 꾀해야 한다는 주제로 발표를 합니다. 이를 모티브로 삼아 시작 인사말은 다음과 같이 진행합니다.

"요즘 잠을 자고 일어나면 무서울 정도로 변화되고 있는 이 세상, 너무나 혼란스러우시죠? 저 역시 급변하는 시대에 발맞추고자 4력(四力)을 다해 살아가고 있습니다. 여기서 말하는 네 가지의 힘이라 함은 먼저, 끊임없는 '노력'을 기하자는 힘이고, 두 번째는 노력을 하게 되면 얻게 되는 '뇌력'을 갖추자는 뜻입니다. 세 번째는 뇌력이 생기면 어느새 '지력'이 생겨나 마지막엔 결국 '매력'적인 교수자로 거듭나기 때문에 어제도, 오늘도 또 내일도 늘 4력(四力)을 다해 살아가고 있는 교수자 최정빈 인사드립니다! 오늘 저와 함께 급변하는 이 시대, 혁신을 위한 교수학습을 위해 생각하고 적용해볼 사항들에 대해 알아보는 건 어떠실까요?" 이때, 배경화면에서 다음과 같이 교수자 정보를 한 번 더 풀어 표현해주면 효과 만점입니다.

이와 같이 시작된 도입 부분은 청중들의 주의집중을 끌어내면서 호기심을 유발합니다. "대체 얼마나 열심히 산다는 거야?", "무슨 재미난 주제가 있다는 건가?"라는 식으로 궁금증이 유발됩니다.

그럼 바로 그때, 그 순간을 놓치지 말고 사회적 이슈를 꺼내고 곧이어 발표의 순서를 안내하면서 자연스럽게 본론으로 전개합니다. 자, 그럼 자신만의 개성을 드러내는 인사말과 도입 장면을 연출해 보겠습니다.

나만의 Intro 전략 세우기

나만의 개성 찾아보기	논리적	성실	분석적	통찰력
나만의 매력 포인트 표현하기	▷ 매사에 꼼꼼하며 신중한 성격의 소유자임 ▷ 팀 프로젝트를 수행할 때 늘 리더의 역할을 맡음 ▷ 성실하며 책임감이 강하기 때문에 주변에서 늘 인기가 많음			
Intro 연출하기	▷ 청중을 향해 3번, 공손하게 허리를 숙여 폴더 인사하기 ▷ 첫 슬라이드는 자신을 대변하는 여러 가지 이미지를 제시하고 이를 관련지어 3행시로 이름 알리기 ▷ 두 번째 슬라이드는 PT를 준비하면서 느꼈던 성찰기를 잠시 거론하기(어려웠던 점, 발표의 주안점 등) ▷ 본격적인 발표에 앞서 나만의 무기인 냉철한 분석력을 기반으로 다양한 실제 통계를 제시함으로써 신뢰높은 PT가 될 것임을 예고함			

※ 개성을 표현하는 단어

목표지향적	호기심	창의적	명확함	완벽함	리더십	대처능력
주도적	협상력	부지런함	책임감	유머러스	적극적	진보적
희망적	꼼꼼함	자주적	생명력	소박함	열린사고	자신감
우아함	전문성	가능성	평화	밝음	에너지좋은	따뜻함
추진력	조화로움	전통적	낙천적	검소함	섬세함	건강함
명랑함	우호적	긍정적	논리적	절제됨	쾌활함	포용력
탐구심	결합력	정의로움	민첩함	윤리적	인내심	집념
집중력	유연함	솔직함	공정성	설득력	균형성실	인정이 많음
용기	신중함	승부욕	정직	소신이 강함	자비로움	부드러움
의지력	도전적	결단력	의리	여유로움	박력	열정적
감성적	겸손함	친화력	현실적	명석함	개방적	분석적
배려심	신뢰	독립정신	정확함	이해력	순수함	통찰력
분별력	융통성	재치	사려깊음	화사함	이해심	생동감
순발력	강인함	사랑	카리스마	낭만적	생산성	친절
모범적	적응력	진취적	끈기	탁월함	헌신	충성심

② Index

　PT 도입부에서는 인사말과 함께 본론에 앞서 청중들이 이 발표를 왜 들어야하는지에 대한 당위성을 느끼게 해주는 것이 좋습니다. 그 다음에 PT의 내용 절차는 어떻게 되는지 안내하는 것이 바람직합니다. 만일 인사말이 성공적이었다면 자연스럽게 내용을 연결해나가면 되지만 주의집중에 다소 실패했다고 해서 의기소침할 필요는 전혀 없습니다. 아직 도입부의 Index를 소개하는 절차가 남아있기 때문입니다.

　보통 PT에서는 본론에 앞서 목차를 설명하는데 "순서는 이러저러합니다." 또는 무성의하게 "절차는 앞 화면에서 보시는 바와 같습니다."라며 순간 지나쳐버리는 경우가 많습니다. 그러나 이런 방법은 청중에 대한 예의가 아닙니다. 발표자는 내용에 대해 이미 충분히 숙지하고 있는 사람이고 청중은 발표자에게 모든 전권을 내맡긴 상황이기 때문에 적어도 하나씩 차분히 읽고 넘어가는 편이 좋습니다. 그러나 이 역시도 지루할 수 있기 때문에 인사말이 끝나면 바로 Index로 넘어가지 말고 주제와 관련된 사회 이슈를 거론하며 주의집중을 끝까지 유지시키는 것이 좋습니다. 이때 뉴스 기사나 관련 동영상 등은 매우 좋은 자료원이 될 수 있습니다.

 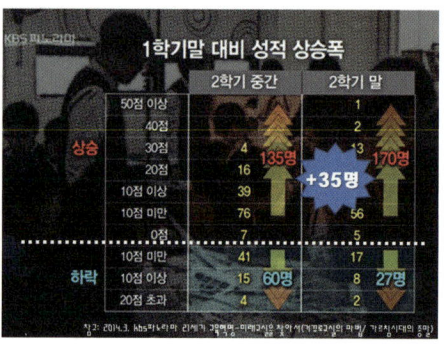

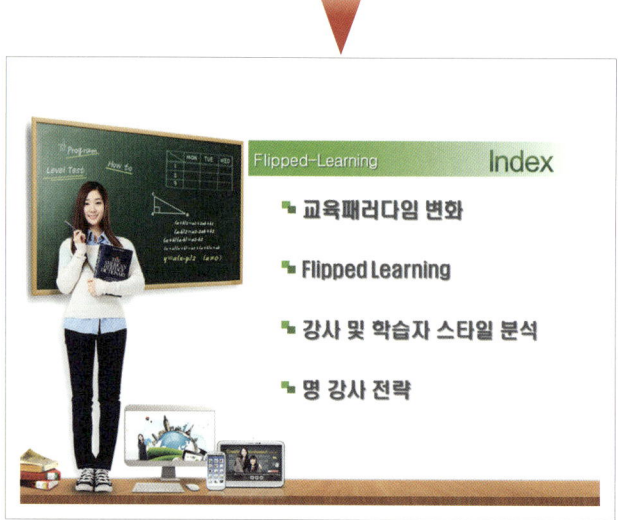

2) Body

이제 PT를 구성할 때 가장 핵심이 되는 본론 단계에 대해 알아보겠습니다.

① Story Line

성공적인 PT를 위해서는 전하고자 하는 내용에 대해 전체적인 구조설계가 필요합니다. 바로 스토리 라인을 잡는 과정을 말합니다. 설계도면 없이 인테리어를 감행할 수는 없는 일, PT도 마찬가지입니다. 전체 맥락 구성없이 부수적인 세부 내용만을 준비하는 것은 비효과적입니다. 어느 정도 PT의 구도를 설정하여 뼈대를 세운 다음 각 단계마다 살을 붙이는 과정이 이어져야 합니다. 그래야만 발표자도 머릿속에 전체 내용의 맥락을 고려해서 PT를 진행할 수 있기 때문입니다. 그러기 위해서는 다음과 같은 내용에 대한 고민이 필요합니다.

내용 전개

PT는 명확한 논리구조로 설계될 때 청중들이 메시지를 명확하게 이해할 수 있습니다. 가장 불편한 PT는 발표자가 무슨 이야기를 하려는지 도통 그 의미를 파악할 수 없는 경우입니다. PT의 생명은 논리적 전개에 따른 일관성과 객관성 확보에 있습니다. 짜임새 있는 PT 구성을 위해 기본적으로 기(起), 승(承), 전(轉), 결(結) 흐름으로 내용을 전개해 나가는 것이 일반적입니다. 말 그대로 이야기의 순서와 흐름을 나타낸 것입니다.

그런데 기·승·전·결 구조에 있어서도 내용을 조직하는 방법은 별도로 고민해야 합니다. 여기서 말하는 내용이라 함은 PT의 내용과 이야기꺼리들을 말합니다. PT를 진행하는 동안에는 참으로 많은 용어와 예시, 핵심내용 및 주장들이 거론됩니다. 그 많은 PT 자료와 이야기들이 체계 없이 구성된다면 청중들은 혼란스러워질 것입니다. 그렇기 때문에 PT 내용들을 어느 정도 요목화해서 묶어 말하거나 우선순위를 두고 설명을 이어나가야 합니다.

그럼 구체적으로 내용 구성에 대해 한번 알아볼까요? PT를 전개해나가는 단계는 몇 가지 형태로 구분 지을 수 있습니다. 먼저 핵심사항(Main Issue)을 처음부터 거론하고 설명을 이어가느냐, 아니면 다양한 사례와 근거 및 상황(Story Source) 등을 나열하고 후반부에 핵심사항을 강조하느냐에 따라 두괄식과 미괄식으로 나뉘게 됩니다. 두괄식은 한자의 '머리 두(頭)'의 뜻이 담겨져 있어 PT 시작 부분에 발표자의 주장을 담는 것입니다. 한마디로 "결론부터 말하겠습니다!"의 스타일입니다. 반면, 미괄식은 한자의 '꼬리 미(尾)'의 뜻이 담겨져 있어 PT 마무리 부분에 발표자의 주장이 드러나게 됩니다.

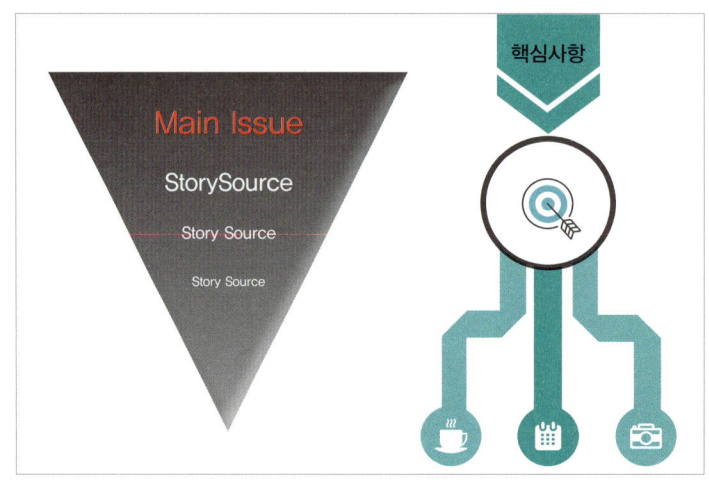

두괄식 내용 전개 구조

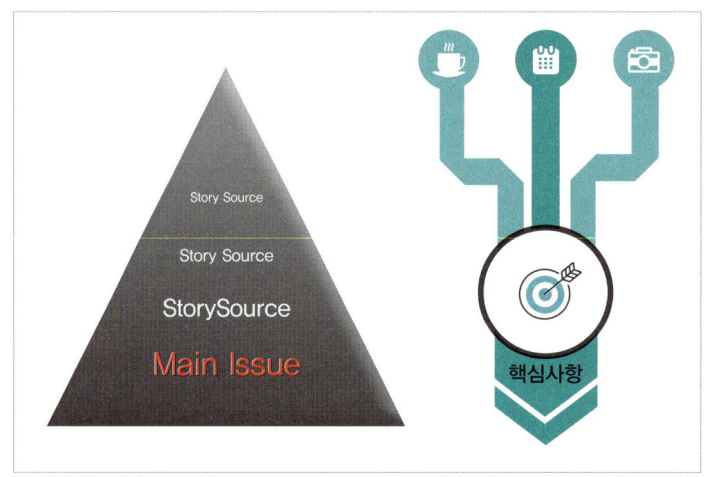

미괄식 내용 전개 구조

　이 두 가지 전개방식은 각각의 특징이 있습니다. 두괄식은 결론을 먼저 거론하고 세부 근거 내용을 제시하기 때문에 PT 시작 부분부터 청중들의 주의를 집중시킬 수 있는 장점이 있습니다. 반면 청중이 포인트를 한번 놓치게 되면 중간에 내용을 따라가기 쉽지 않다는 단점이 있습니다. 한편, 미괄식은 발표자가 결론을 먼저 제시하지 않고 순차적으로 정돈된 내용을 전개하다가 결론을 맺게 되므로 이해를 시키는데 도움이 됩니다. 그러나 내용 전개가 길어지게 되면 결론에 도달하지도 못하고 청중이 지루해할 가능성이 높은 단점을 지니고 있습니다.

　그렇기 때문에 두 가지 전개 방법이 어떤 것은 옳고 어떤 것은 그르다고 판단할 수 없습니다. 다만, PT의 '주제', '대상', '목적'에 따라서 두 가지 방식을 적절히 조합해서 내용을 구성하는 것이 바람직하겠습니다. 이러한 맥락에서 또 다른 차원의 내용 전개 방식을 소개하겠습니다. 바로 중괄식과 양괄식 내용 전개 방식입니다.

  중괄식 내용 전개 방식은 PT 중간 부분에 중심 내용이 담기는 방식을 뜻합니다. 즉 내용이나 근거를 먼저 제시하고 핵심사항(Main Issue)을 강조하고 뒤이어 부수적으로 추가 근거(Story Source)를 더하는 방식을 말합니다.

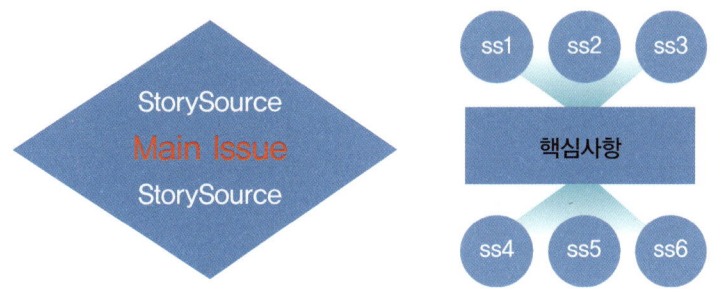

중괄식 내용 전개 구조

  덧붙여 양괄식 구조는 이와 상응되는 개념입니다. 양괄식 구조라 함은 핵심사항(Main Issue)을 강조하고 세부 근거내용(Story Source)을 나열하고 마지막에 다시 한 번 핵심사항에 대해 강조하는 구조를 뜻합니다.

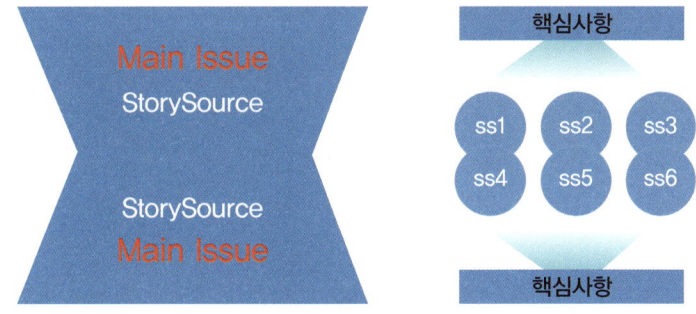

양괄식 내용 전개 구조

  두 방식 역시, 어느 한 방식이 더 PT에 적합 하느냐에 대한 논의는 분명하게 결론을 내릴 수 없습니다. PT는 대상과 발표자의 스타일 등 다양한 변수가 존재하므로 딱히 중괄식이 좋은지, 양괄식이 좋은지에 대한 판단은 발표자가 프레젠테이션 분석단계에서 도출된 요구들을 바탕으로 결정할 사항입니다.

  지금까지 살펴보았듯 PT 내용을 전개하는 방식은 매우 다양합니다. 그렇기 때문에 PT 개발자와 프리젠터는 많은 고민을 통해 내용 전개 방식에 익숙해져야 합니다. PT에 익숙하지 않은 프리젠터는 두괄식과 미괄식, 그리고 중괄식과 양괄식 구조 모두를 한 번씩 구조화하여 경험할 수 있도록 내용 구성을 연습해보는 것이 필요합니다. 그리고 이후에 각각의 전개 방식에 대해 어느 정도 실력이 생기면 응용단계로써 복합적 내용전개 방식을 시도하는 것이 좋겠습니다.

그럼 여기서 한 가지 Tip을 공유하겠습니다. 복합식 내용 전개 방식이란 무엇일까요. PT에서 내용을 전개하는 방식은 한 가지 유형으로만 일관할 필요는 없습니다. 그렇기 때문에 프리젠터의 전략에 의해 슬라이드 및 장면마다 몇 가지 내용 섞어 PT의 흐름을 전개해나가는 것도 방법입니다.

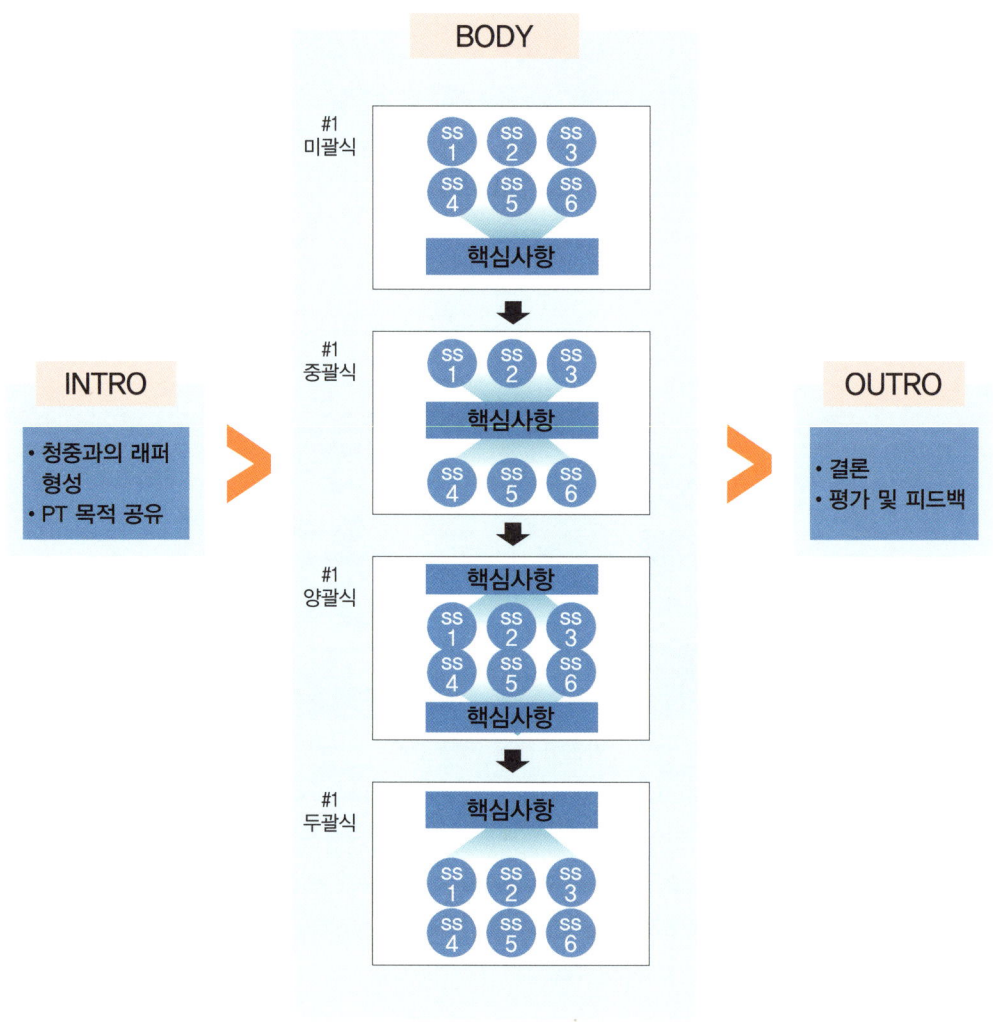

복합식 내용 전개 구조 예시

PT의 시작은 Intro에서부터 시작됩니다. Intro 단계에서는 청중들과의 래퍼를 형성하고 PT의 목적을 밝히게 됩니다. 그리고 바로 본격적인 PT를 진행하게 됩니다. 이 과정에서 다양한 주장과 근거들이 제시됩니다. 이때 비로소 내용 전개 전략이 적용되는 것입니다. 앞서 설명한 네 가지 형식을 적절히 조합하여 본론 내용을 잘 전개하고 나면 Outro 단계는 자연스럽게 이어질 것입니다.

그럼 이제 매끄러운 PT의 스토리 라인을 구성하기 위해 다음에 제시되는 양식을 통해 내용 구성 방식을 훈련하고 익숙해지길 바랍니다.

내용 정리

파워포인트를 활용할 경우 논리적으로 스토리를 구성하려면 슬라이드마다 하나의 스토리를 담아 전체적으로 '스토리보드'를 작성해보는 것이 필요합니다. 스토리보드란 말 그대로 보는 사람들로 하여금 스토리를 쉽게 이해할 수 있도록 메시지를 함축하여 그림이나 글로 정리해 놓은 일종의 계획안을 뜻합니다. 주로 영화나 광고를 제작할 때 '콘티를 짠다'라는 말을 많이 들어 보았을 겁니다. 스토리보드는 실제 촬영에 앞서 감독이나 연기자들이 함께 생각을 모으고 의사소통을 원활하게 할 수 있도록 돕는 수단이 됩니다.

이와 같은 의미로 PT를 위한 사전작업으로 스토리보드를 작성하게 되면 슬라이드 마다 어떤 내용을 담을 것인지, 메시지를 효과적으로 전달하기 위해 어떤 기법들을 사용할 것인지, 내용의 구성 비율은 적합한지 등에 대해 객관적으로 확인할 수 있습니다. PT 초보자들은 필히 스토리라인을 잡기 위해 스토리보드를 활용하는 것을 적극 권유합니다.

▎스토리보드 작성 Tip

- 장면을 너무 세부적으로 잘 그리려고 애쓰지 말기
- 전체 슬라이드는 모두 그려 넣고 요목화 된 슬라이드들끼리는 묶기
- 각 슬라이드마다 화면 제목을 크게 표기하기
- 간단하게 내레이션(설명문)을 함께 작성해두기
- 팀웍으로 슬라이드를 작성할 때는 구성원마다 각기 다른 색의 펜을 사용해서 수정사항 표기하기
- 최적의 슬라이드 장면들이 결정되면 파워포인트 작업 전, 스토리보드만 보고 PT 진행해보기
- 반드시 수정사항들이 생길 것임
- 최종 수정 후 본격적으로 파워포인트 작성하기

스토리보드

표지
- 제목 – 나만 안되는 연애
  (연애를 오래하는 방법)
- 주제와 부합되는 연인의 이미지 삽입
- 밝은 분위기의 색감으로 분위기 연출
- CHAPTER1,2,3 세가지로 구성

#1
- CHAPTER 1 도입
- 주제와 부합되는 연인 사진과 집중을 유도시킬 수 있는 문구 삽입

#1-1
- 프리부르 대학의 아닉대브롯 교수가 진행한 설문의 내용 제시
- 연애 초기와 힘든 시기에서의 스킨십 효과 설명을 통해 스킨십의 중요성 강조
- 스킨십을 했을 시 나타나는 생리적 변화를 설명하면서 신뢰도 형성

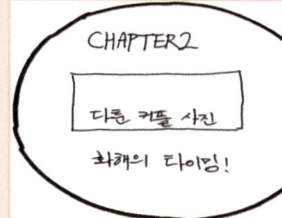

#2
- CHAPTER 2 도입
- 다른 커플 사진 삽입
- 화해의 타이밍 문구를 통해 궁금증 유도

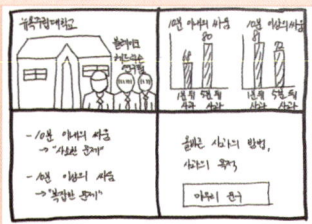

#2-1
- 뉴욕주립대학교 블레이크 쉐드릭슨 연구팀의 연구 소개
- 10분 이내의 싸움 과 10분 이상 싸움에서 화해를 권하는 타이밍에 따른 결과 제시
- 적절한 사과의 타이밍과 사과의 목적 설명

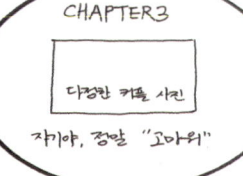

#3
- CHAPTER 3 도입
- 커플사이에 있어서 가장 중요한 말이 무엇인지 퀴즈형식으로 진행

#3-1
- 사라 앨고어 교수의 설문조사 설명
- 13년 커플들의 "고마워" 라는 말의 표현 빈도에 따른 연애만족도 표현
- SNS이미지를 활용하여 특별할 때만 표현하는 것이 아니라 평상시에도 표현을 할 수 있다는 것을 표현
- 사랑은 특별한 방법이 아닌 서로를 위하고 아껴주는 사소한 것부터 시작한다.

예제 1

스토리보드 sketch

7조 (A+이조)

1. 첫 페이지에는 특기를 '아싸'라고 표현하며 프로필 소개 형식으로 만들기 '아싸란 반드시 나쁜 것 인가?'라는 제목과 조원이름으로 구성.

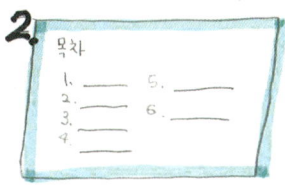

2. 목차 1. 아싸란?
2. 아싸의 장점
3. 아싸의 단점
4. 결론
5. 질의응답
6. 출처

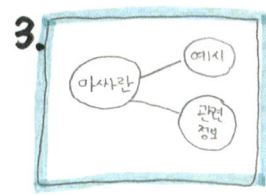

3. 아싸의 정의를 설명하고
- 아싸의 예시 몇가지 제시
- 아싸의 하루 (페북)등 아싸관련 커뮤니티 사이트 소개

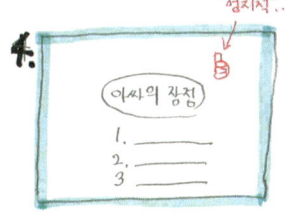

4. 아싸의 단점(장점) 여러가지 소개 '엄지척' 이미지 삽입하기.

5. 아싸의 단점 여러가지 소개. 엄지 거꾸로있는 이미지 삽입하기

5. 결론: 아싸든 아니든 목표 설정이 중요하다는 것을 강조하기 (감동적...)

7. 질의응답 페이지. ? 물음표? 이미지 삽입하기

조원이름 정규철 1번, 8번 제작
박진홍 2번, 6번 제작
황은별 3번, 7번 제작
이슬기 4번, 5번 제작

추가
1. 이미지 삽입 + 자료수집은 (이미지, 장점, 단점) 모두 다 같이 하고 카톡방에 관련정보, 예시들 올려서 각자 맡은 파트 제작하기
→ 제작에 미흡한 점이 있다면 누구나 편집가능

8. 자료 수집 출처 제시하기

예제 2

Story Line에 도움이 되는 Sketch

무언가를 시작할 때 무작정 도구부터 꺼내드는 사람이 있습니다. 집을 지어야 하는데 톱이나 망치를 들고 나서는 사람, 요리를 해야 하는데 무턱대고 냄비에 물을 올리는 사람 등이 그렇습니다. 결과물이 완전해지기 위해서는 무엇보다 단계적으로 계획하고 고민해서 기본을 탄탄히 하는 것이 중요합니다. 그런데 급한 마음이 앞서 큰 그림을 그리지 않고 눈앞에 보이는 작은 일에만 신경을 쓰게 된다면 완성도가 낮은 결과물이 나올 수밖에 없습니다.

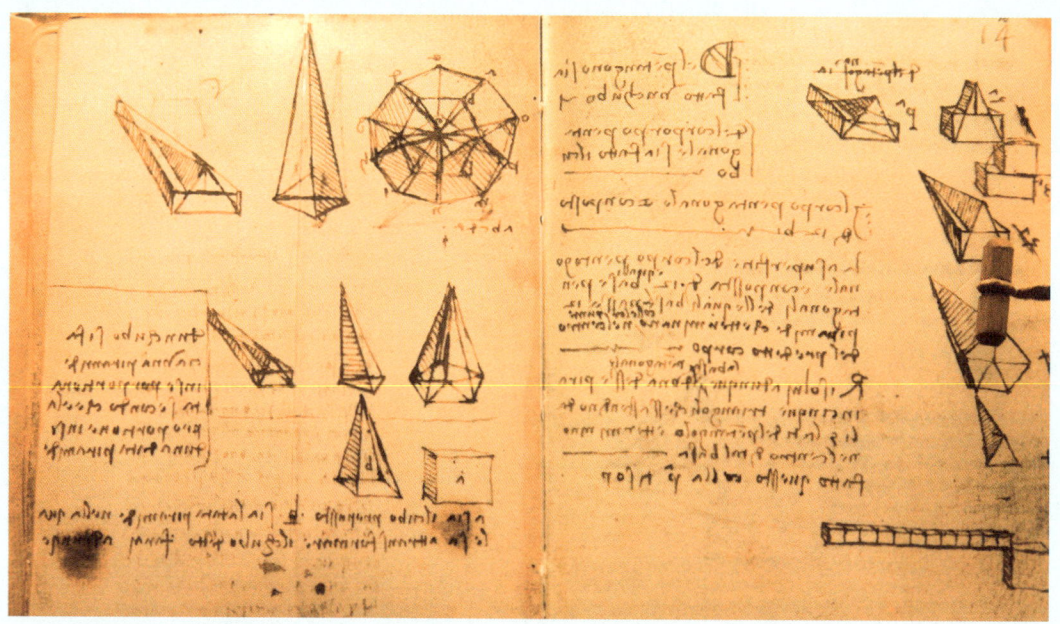

'레오나르도 다빈치의 노트북'을 본 적이 있나요? 그는 우리가 알고 있는 미술가라는 직업 외에 참 많은 일에 종사한 사람이었습니다. 수학자, 물리학자, 해부학자, 조각가, 작가 등 르네상스 시대 최고의 천재였던 다빈치의 연구들은 그의 작품 노트에 생생히 기록되어 있습니다.

다빈치 노트북에는 그가 직접 그린 삽화, 스케치들을 모두 담고 있어 그의 완벽성과 천재성을 여실히 보여주고 있습니다. 다빈치는 평소에 자신의 노트북에 대한 열정과 애착이 유독 남달랐다고 합니다. 그럼 그는 왜 그토록 노트북을 중요시했을까요? 명색이 천재인데 노트에 메모하는 수고로움을 겪지 않고 그냥 머릿속에서 이리저리 생각하다가 바로 작품으로 표현했으면 되지 않았을까요? 그 이유는 바로 '구조화' 때문일 것입니다. 다빈치가 노트북에 기입하는 내용들은 대개 대상물에 대한 구체적인 설명과 스케치가 대부분이었습니다. 특히 스케치를 보면 실사와 거의 흡사할 정도로 사실감이 뛰어납니다. 그만큼 평소 사물에 대한 관찰을 많이 했다는 증거입니다.

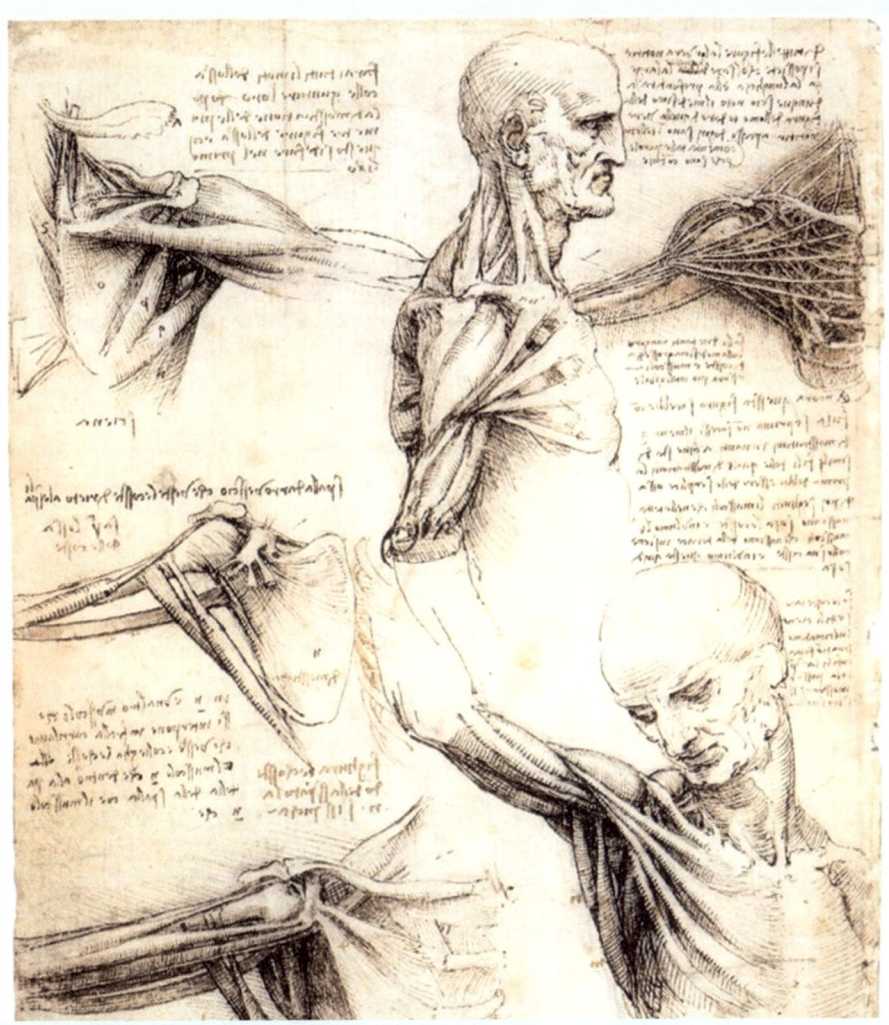

　스케치는 어찌 보면 '시작'이라는 의미를 내포하고 있습니다. 무언가를 만들어내기에 앞서 끊임없이 관찰하고 내용을 수정하는 과정을 통해 비로소 정교화가 됩니다. PT에 있어서도 발표를 위한 자료들을 정비하고 스토리 전개에 필요한 중심 뼈대를 구축하는 과정이 매우 중요합니다. 이때 스케치가 많이 도움이 됩니다. 구조화되어 가는 과정을 한 눈에 확인할 수 있기 때문입니다.

　이토록 중요한 스케치를 우리는 왜 자주 하지 못하는 걸까요. 혹 표현력이 약해서 그림 솜씨 탓으로 돌리고 있지는 않은가요? 결론적으로 스케치를 할 때는 그림 실력과 아무런 관계가 없습니다. 누구나 다빈치처럼 멋진 스케치 노트를 기대하지만 현실은 그렇지 않습니다. 그런데 스케치할 때 굳이 멋지게 표현할 필요는 없습니다. 그저 내가 알아볼 수 있고 전체를 담을 수 있는 그런 형태라면 충분합니다. 지금부터 멋진 PT를 위해 스케치를 습관화하는 건 어떨까요? 바로 노트를 하나 준비해서 스케치에 도전해보기 바랍니다.

내용 전달

'어머니의 부드러움으로 시작해서 아버지의 냉철함으로 맺음 하라'

PT의 목적은 공감과 설득입니다. 발표자가 의도한 목적대로 내용을 전개해 나가면서 청중들의 반응을 이끌어 내야 합니다. 그러기 위해서는 스토리텔링을 통한 감성적 접근이 효과적입니다. 스토리텔링은 'Story'와 'Telling'의 합성어로 상대방에게 말하고자 하는 바를 재미있고 생생하게 이야기 형식으로 설득력 있게 전달하는 것입니다. 좋은 스토리는 청중을 집중하게 만들고 마음을 움직이게 하는 힘이 있습니다. 스토리텔링이 원활하게 전개되면 청중들은 안정감을 갖게 됩니다. 안정감을 취하는 마음은 발표자의 의도와 뜻을 이해하며 공감하고 있다는 증거입니다. 사람의 마음을 움직일 수 있는 것은 이성보다는 감성입니다. 감성은 현대를 살아가는 지금 이 시대에 중요한 핫 키워드로 자리 잡고 있습니다. 각박해진 이 세상에서 마음을 움직일 수 있는 능력은 가장 큰 힘이 아닐까요?

그런데 PT에 스토리텔링을 가미한다는 것은 생각처럼 쉽지 않습니다. 있는 사실 그대로를 전달해야하고 심지어 성패 여부를 가름하는 발표 석상이라면 더욱 어려울 수 있습니다. 그러나 부분적으로 얼마든지 PT에 스토리를 녹여낼 수 있습니다.

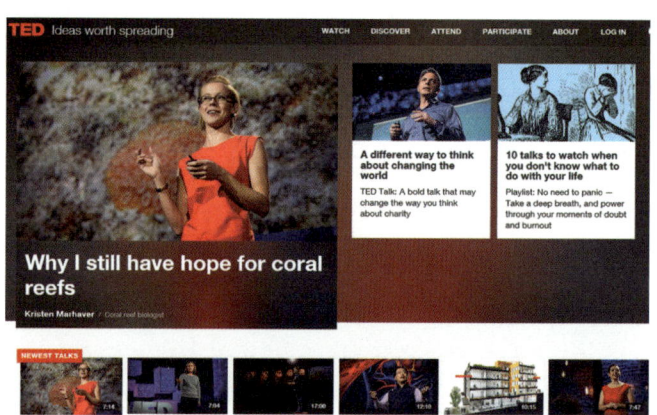

스토리텔링하면 떠오르는 발표 장면이 있지 않나요? 필자는 바로 TED라고 이야기하고 싶습니다. TED*는 전 세계인이 즐겨보는 프레젠테이션입니다. 급기야 최근 대학가에서는 TED식 프레젠테이션 경진대회가 성행할 정도입니다. 그만큼 우리에게 TED는 매력적으로 다가왔습니다. 그 이유가 무엇일까요? 단순히 발표시간이 18분대로 짧아서일까요? 그 부분도 일부 인기 요인이 될 수 있겠지만 필자가 생각하는 핵심 요인은 바로 스토리텔링식 발표 전개입니다. 물 흐르듯 자신들의 일상과 에피

---

* TED(Technology, Entertainment, Design)는 미국의 비영리 재단에서 운영하는 강연회이다. 정기적으로 기술, 오락, 디자인 등과 관련된 강연회를 개최하고 있으며, 최근에는 과학에서 국제적인 이슈까지 다양한 분야와 관련된 강연회를 개최한다. 강연은 18분 이내에 이루어지고 이 강연 하나하나를 'TED TALKS'라 한다. "알릴 가치가 있는 아이디어"(Ideas worth spreading)가 모토이며, 초대되는 강연자들은 각 분야의 저명인사와 괄목할만한 업적을 이룬 사람들이 대부분인데 유명인사와 많은 노벨상 수상자들도 있다. TED는 지난 2005년부터 매년 TED상을 수여하고 있으며 '세상을 바꾸는 소망'을 가진 이들에게 수여된다. (위키백과 발췌)

소드를 섞어 이야기를 전개해나가는데 그 스토리에 빠져있다 보면 어느새 새로운 지식과 정보, 그리고 감동을 느끼게 됩니다. 이것이 바로 TED식, 스토리텔링의 큰 매력이라 볼 수 있습니다.

EVES 기법으로 스토리텔링 훈련하기

누구나 TED형 스토리텔링을 할 수 있습니다. 그리고 그 방식을 얼마든지 PT에 그대로 녹여낼 수 있습니다. 다음은 필자가 TED형 스토리텔링의 특징을 분석하여 핵심 사항들만 정리해서 단계를 구성해 본 것입니다. 일명 'EVES' 기법입니다.

TED형 스토리텔링을 위해서는 무엇보다 자연스러운 도입이 필요합니다. 어찌 보면 앞서 살펴본 미괄식 내용전개에 적합하다고 볼 수 있습니다. TED형 PT는 발표자 대부분이 친근한 대화체로 이야기하듯 자연스럽게 시작합니다. 그런데 그 이야기의 대부분은 자신들이 경험하거나 현재 일어나고 있는 일상에 관한 것들입니다. 그러면서 그 에피소드를 통해 자신이 발견한 가치를 거론합니다. 누구나 살아가면서 몇 번의 중요한 순간을 맞이합니다. 그 과정 안에서 성장의 기회를 맞이하고 또 좌절을 겪기도 합니다. 드라마틱한 일들을 소개하는 과정에서 새로운 가치를 발견하게 되는 과정에 대해 이야기합니다. 그리고 그 가치를 증명하기 위해 다양한 근거를 제시합니다. 이때 우리가 알지 못하는 정보나 지식들이 공유됩니다. 그럼으로써 청중은 그 가치에 대해 더욱 신뢰를 갖게 됩니다. 그리고 마지막 후반부에는 자신이 느끼고 배운 내용을 토대로 의미부여를 하며 PT를 마무리합니다. 이러한 일련의 과정들을 정리한 'EVES'식 접근은 스토리의 틀을 잡고 내용을 전개하는 좋은 가이드라인이 될 수 있습니다.

그런데 TED형 PT에서 스토리텔링을 위해 준비하고 연습할 사항들이 있습니다. 바로 평소 스토리텔링을 자주 실행해보는 것입니다. 그러나 막상 자신들의 주변 일상에서 이슈를 찾고 그것에 의미부여를 하는 일은 쉽고도 어려운 일이 아닐 수 없습니다. 그래서 하나 더 준비했습니다. 일상 속에서 스토리텔링을 훈련하는 방법을 소개하겠습니다. 아래 제시된 절차를 꾸준히 따라하며 노력하다보면 차별화된 나만의 스토리텔링이 가능해질 것입니다.

EVES 스토리텔링

자문		자답
① 에피소드 발생 시점과 내용 Episode	언제	이틀 전 A 대학 교수법 세미나
	어디서	A 컨벤션 센터
	누구와	30여명 전공이 다양한 교수자 그룹
	무엇을	혁신교수법, 협동학습 방법론 세미나 진행
② 에피소드를 통해 경험한 것 Value	새롭게 알거나 발견한 점	아직도 대학수업에서 강의가 차지하는 비중이 높다는 사실을 알게 됨. 그러나 교수자들은 학습자들과 호흡하며 상호작용이 활발한 수업을 원하고 있다는 것 또한 알게 됨
	느낀 점	대다수의 교수자는 학습자가 적극적으로 수업에 참여하기를 원하고 있으나 현실은 그렇지 않음에 답답함을 토로함. 그 마음이 전이가 되어 나 역시 답답함을 금치 못했음. 그러나 새로운 대안으로 협동수업을 추천하였고 실제 방법론을 학습하면서 새로운 대안을 발견하게 되어 매우 보람되고 유의미한 세미나가 되었음
③ 가치를 증명할 근거나 자료 Evidence	출처	배움을 바로잡다. Flipped Learning 교수설계 및 수업전략(2017)
	핵심 내용	협동학습 및 토론의 방법론
④ 나만의 언어로 개념을 정리하고 의미를 부여하기 Sinngebung	의미 부여	협동수업은 학생들을 성장시키는 훌륭한 방법론이며 성찰을 통해 완전한 인간으로 성숙하게 됨
	아포리즘*	교육은 사람을 변화시키고, 성찰은 인간을 완성시킨다!

일상 속 스토리텔링 강화 훈련

- 하루일과를 위트 있게 3분 이내로 요약하여 스피치 하기
- 스피치는 스마트 폰을 이용해서 촬영하며 표정 위주로 자가 평가하기
- 책이나 영화를 보고 스토리를 일축하여 설명하고 핵심 포인트를 찾아 자신만의 정의를 내리기
- 마인드 맵을 자주 활용하여 머릿속 이야기꺼리를 정돈하기
- 감사일기를 쓰며 일상에서 흘려보내는 소중한 감정 일깨우기

* 아포리즘(Aphorism)이란 깊은 체험적 진리를 간결하고 압축된 형식으로 나타낸 짧은 글(두산백과 발췌)

② Impact

　PT의 본론(Body) 부분에서 또 하나 고려할 사항은 핵심 내용을 얼마만큼 인상적으로 잘 전달하느냐 하는 문제입니다. 같은 말을 해도 누군가의 설명은 알아듣기 쉽고 기억에 오래 남는 경우가 있습니다. 반면 같은 내용인데도 불구하고 도통 핵심이 무엇인지 알기 어려운 사람도 있습니다. 여러분은 과연 어떤 스타일인가요? 현실은 어떨지 몰라도 당연히 전자와 같은 프리젠터가 되고 싶겠죠? 저 역시 그렇습니다. 그러나 메시지를 잘 전달하는 것은 엄청난 역량이며 하루아침에 이룰 수 없습니다. 그래서 매일 PT에 대해 연구하고 훈련해야 하는 이유가 바로 이런 이유 때문입니다. 또한 PT에서는 자료 내용을 보기 좋고 세련되게 핵심내용 중심으로 디자인하는 능력도 필요합니다. 이번 장에서는 PT 내용을 그야말로 '임팩트'있게 전달하기 위한 자료화면 구성에 대하여 몇 가지 방법을 소개하겠습니다.

화면 디자인

간략화 VS 구체화

　PT하면 떠오른 인물이 있습니다. 무심한 듯 챙겨 입은 검은 폴라티의 청바지를 입은 그! 바로 스티브 잡스 입니다. 스티브 잡스가 자신의 모든 것을 걸고 개발한 아이폰을 소개하는 PT를 본 적이 있나요? 본적이 있다면 무엇을 느꼈나요? 여러 가지 인상적인 장면들이 있겠지만 스티브 잡스의 뒷면을 가득 채운 스크린이 떠오를 것입니다. 큰 스크린에 채워진 내용은 단어 하나, 이미지 한두 개정도. 적잖은 충격이 아닐 수 없었습니다. 그동안 우리가 봐왔던 PT의 화면 구성과는 너무나 달랐기 때문입니다.

　평소 스티브 잡스는 디자인에 상당히 민감한 사람이었고 또한 그가 평소 지대한 관심을 보였던 캘리그라피[*]의 영향으로 PT 스타일도 너무나 차별화되었습니다. '심플'을 강조하면서 메시지를 함축 할 수 있는 한 단어, 또는 한 장면을 끌어내기 위해 얼마나 많은 고민을 했을까요. 이러한 스타일은 한동안 이슈가 되었던 '젠 프레젠테이션'과 그 맥락을 같이 합니다.

　'젠 프레젠테이션'의 가장 큰 특징은 스토리로 무장하여 발표자 중심으로 전개해나가야 한다는 점입니다. 그렇기 때문에 발표자는 부단히 사전연습을 해야 합니다. 발표자에게 모든 이목이 집중되기 때문에 자칫 말실수나 타이밍을 놓치면 수정의 여지가 없기 때문에 돌이킬 수 없

---

[*] 캘리그라피(Calligraphy)란 '손으로 그린 문자'라는 뜻이나, 조형상으로는 의미 전달의 수단이라는 문자의 본뜻을 떠나 유연하고 동적인 선, 글자 자체의 독특한 번짐, 살짝 스쳐가는 효과, 여백의 균형미 등 순수 조형의 관점에서 보는 것을 뜻한다. [네이버 지식백과 발췌]

는 결과를 초래합니다. 이렇듯 '젠 프레젠테이션'은 세련되었지만 반대로 위험요소가 있음을 기억해야 합니다.

또 하나의 대표 유형은 일반적인 '보고서형 프레젠테이션'입니다. 이 형태는 흔히 여러분이 주로 사용하는 방식으로 젠 스타일 보다는 아무래도 익숙하게 느껴질 겁니다. 특히 제안 발표 석상에서 많이 쓰이는 방식이기도 하고 감성에 호소하는 PT보다는 이성적으로 전략적 문제해결의 내용을 다루거나 보고회 성격의 PT에서 자주 쓰이는 방식입니다.

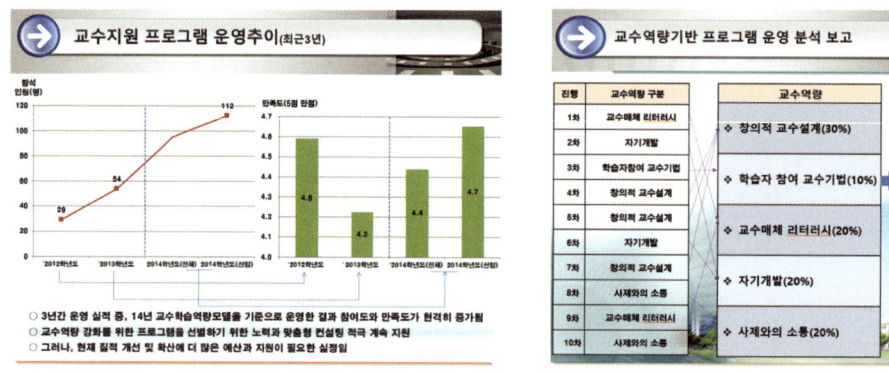

'보고서형 프레젠테이션'은 주제가 명확하게 드러나고 핵심 사항들이 잘 정리되어 있어 보는 사람들로 하여금 편안함을 주어 일명 '친절한' PT입니다. 그러나 자칫 담을 내용이 너무 많아지면 복잡해 보이고 답답해 보인다는 단점이 있습니다. '보고서형 프레젠테이션'은 자료 중심의 PT로써 시청각적 요소와 적절한 내용구성 전략이 필요합니다. 앞서 거론된 내용 전개 구조를 잘 파악하여 적절하게 PT 자료를 설계·개발해야 무리가 따르지 않을 것입니다.

결과적으로 '젠 스타일'과 '보고서 스타일' 두 가지 화면 구성 형태는 어떤 것이 더 좋고 나쁨이 없습니다. 다만 어느 자리에 어느 목적을 가지고 진행하는 PT인지에 따라 어울림이 판가름 나게 될 것입니다. 핵심은 어떻게 하면 청중과 함께 호흡할 수 있는지 PT의 기획과 설계, 스토리보드, 시나리오 구성 등이 그 차이를 만들 것입니다.

PT 자료 디자인

최근 한 조사에 따르면 PT를 위한 파워포인트 슬라이드 개발 시 가장 어려움을 느끼는 점은 무엇인가라는 질문에 1순위로 '슬라이드 디자인'이라는 답변을 확인할 수 있었습니다. 어찌 보면 PT에서 내용을 조직하고 기획하는 과정보다 직접적으로 어려움을 느끼는 부분은 자료 개발 시 시각적 슬라이드 디자인에 대한 고민이 더 클 것이란 생각이 듭니다. 결국 PT는 타인에게 보여줘야 하기 때문인데요, 그럼 어떻게 하면 전달력을 높이고 세련된 PT자료를 디자인할 수 있을까요.

색 조합하기

PT자료 디자인을 위해 가장 먼저 시급한 것은 시각적으로 통일감을 갖게 하는 작업이 우선이 되어야 합니다. 즉 파워포인트를 예로 든다면 슬라이드마다 템플릿 구성요소들의 색감을 일치하는 것이 필요합니다. 옷을 잘 입는 사람과 그렇지 못한 사람을 떠올려보면 색감 일치가 왜 필요하지 인지하게 될 것입니다. PT 슬라이드도 색감을 잘 조합하여 넘치지 않게 색감을 균형 있게 매칭해야 합니다. 내용만큼 색상도 중요합니다. 그러기 위해서는 기본적으로 색감에 대한 감각이 있어야 합니다. 적어도 어떤 색상들이 비슷한 느낌인지 또한 비슷한 계열의 색을 사용함으로써 전체적으로 통일성, 연속성을 갖는가에 대한 더불어 어떤 보색으로 대비시켜야 대상물들이 강조되어 보일지에 대한 이론적 배경도 알아야합니다.

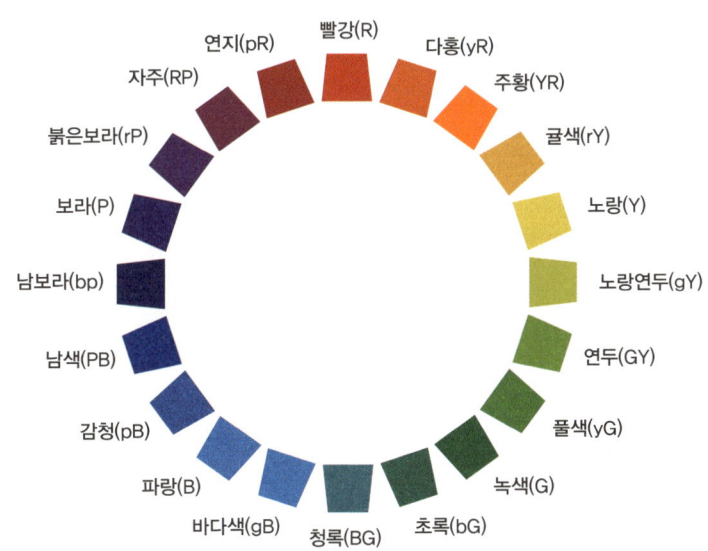

> **TIP 유사대비와 보색대비**
>
> ❶ 유사대비 : 같거나 비슷한 성격을 가진 색이 배색되었을 때 얻어지는 결과는 차분하면서 안정감을 느낄 수 있고 세련되어 보이는 효과가 있음. 예) 빨강 – 다홍 – 주황 – 귤색 – 노랑 – 노랑연두
> ❷ 보색대비 : '보색'이란 서로 반대되는 색을 뜻하며 보색으로 배색되었을 때 얻어지는 결과는 메시지가 분명하게 전달되고 시각적으로 강조되어 보이는 효과가 있음. 예) 빨강 ↔ 청록

우리 모두가 미술 전공자는 아니지만 적어도 기본적인 감각은 익혀두어야 슬라이드를 디자인하는데 유리합니다. 참고 자료로 색 조합에 대한 유용한 정보가 수록되어 있는 사이트를 공유합니다. 많이 보고 배워서 시각적 감각을 높여보기 바랍니다. 보는 것만으로도 엄청난 학습이 이뤄집니다.

https://designschool.canva.com/blog/100-color-combinations/

 **색 추출해서 활용하기(채우기 스포이드 기능)**

Q 파워포인트에서 이미지와 똑같은 색상을 글씨에도 넣고 싶은데요. 이미지 색상이 워낙 오묘해서 어떤 색인지 아무리 찾으려 해도 보이지 않아요. 좋은 방법이 없을까요?

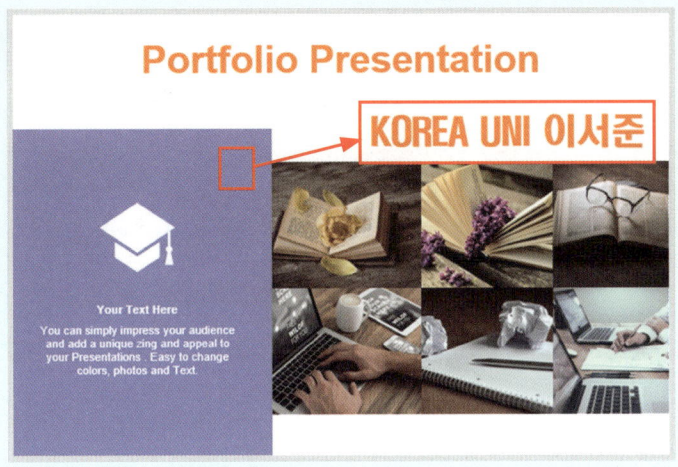

A 물론, 방법이 있습니다. 이미지의 색상과 똑같은 색으로 글자색도 채워 넣을 수 있습니다. 다음 설명을 잘 보고 따라하세요.

Step 1. 추출하고자 하는 색상에서 마우스 오른쪽 버튼을 클릭하면 그림과 같은 메뉴가 활성화됩니다. 이때 [채우기]를 클릭한 후 스포이트를 클릭하세요.

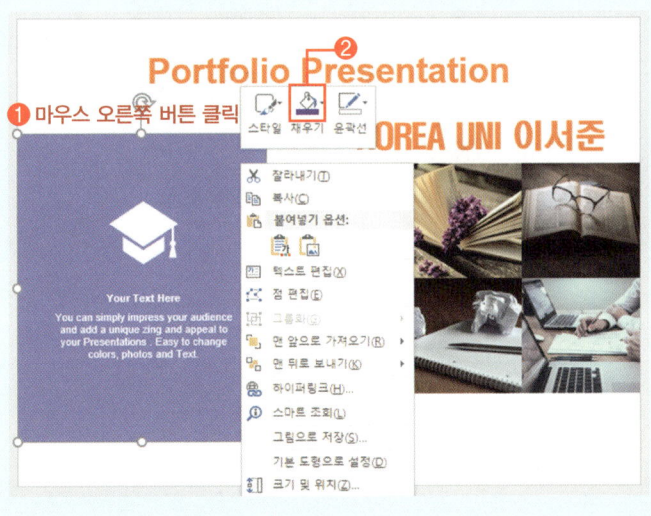

Step 2. 스포이트에 추출하고자 하는 색이 선택되면 채우기 창에 선택된 컬러가 채워져 있는 것을 확인할 수 있습니다.

Step 3. 이제 색을 입히고자 하는 대상을 클릭하여 채우기를 진행하면 됩니다. 너무 간단하죠? 별도의 응용프로그램(포토스케이프 등)을 사용하지 않고서도 파워포인트에서 손쉽게 색감을 추출하고 활용할 수 있답니다.

데이터 시각화하기

PT 내용 중 가장 많이 사용되는 부분은 아마 통계 데이터일 것입니다. 통계란 현상에 대한 분석 값을 뜻합니다. 그렇기 때문에 대표성을 갖기도 하고 비교 순위를 확인시키는 목적도 있습니다. 데이터를 시각화하는 방법은 대표적인 방법으로 '표', '차트', '인포그래픽'이 있습니다. 표의 형식은 이미 다른 문서에서도 많이 표현하는 방식이기 때문에 새로울 것은 없습니다. 그렇지만 PT에서는 단순히 표 하나만 제시하기보다 표 데이터와 차트를 병행하는 것이 바람직합니다. 또한 표와 차트에서 비교와 추세 등을 추가로 표기하는 것이 가독성에 도움이 됩니다.

파워포인트에서는 차트를 구성할 때 콤보형태로 항목별 데이터 값과 추이선을 동시에 확인할 수 있도록 메뉴가 구성되어 있어 활용하기 용이합니다.

데이터를 시각화하는데 최근 많이 활용되고 있는 인포그래픽도 매우 효과적인 방법입니다. 인포그래픽은 인포메이션과 그래픽 두 가지 의미가 내포된 개념입니다.

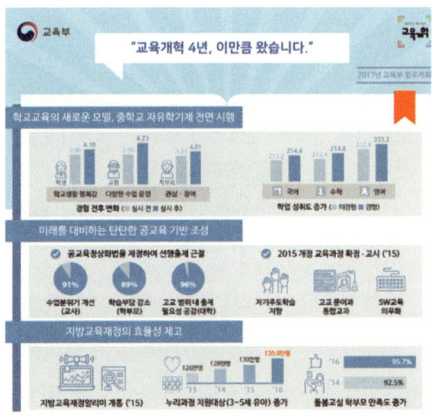

글씨(Font) 디자인

PT 화면 구성요소 중에 간과할 수 없는 부분이 또 하나 있습니다. 바로 글씨체 일명 폰트설정입니다. 파워포인트 프로그램을 사용하다 보면 기본적으로 세팅되어 있는 폰트를 많이 활용하게 되는데 디자인 성격에 따라 간혹 특별한 글씨체를 활용하고 싶을 때가 있습니다. 보통 디폴트로 저장되어 있는 폰트는 다양하지 않아 원하는 폰트가 있을 때는 별도로 컴퓨터 시스템에 폰트를 추가해야 합니다. 다음은 폰트를 추가하는 방법을 알아보겠습니다.

파워포인트에 폰트를 추가하기 위해 원하는 폰트를 [내컴퓨터]에 다운로드 합니다. 본 예제에서는 네이버에서 무료로 제공하는 폰트를 활용하겠습니다.

Step 1. http://hangeul.naver.com 접속 후, 메뉴 중 [나눔글꼴]을 클릭한 후, [나눔글꼴 모음] 설치하기를 클릭합니다. 이때 저장 폴더를 잘 기억해 두세요.

Step 2. 일반적으로 저장 경로를 지정하지 않았다면 [내 PC]-[다운로드] 폴더에 해당 프로그램이 저장되며, 다운 받은 폰트를 더블클릭하여 설치를 진행합니다.

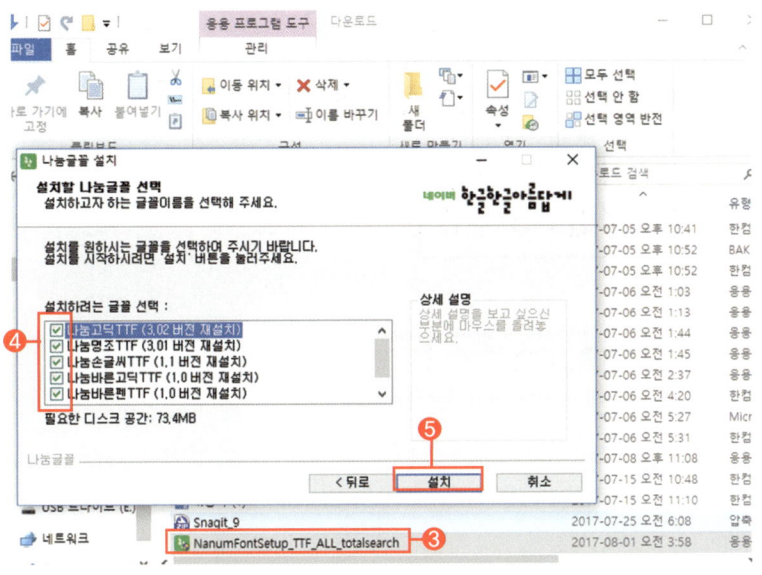

Step 3. 자동 설치가 완료되면 윈도우 창에서 [글꼴]을 확인해보면 [나눔글씨] 그룹이 확인할 수 있고, 파워포인트를 실행하고 [글씨폰트] 종류를 선택 후 설치한 글꼴을 적용합니다(단, 컴퓨터를 재부팅 해야 새로운 폰트가 확인됨).

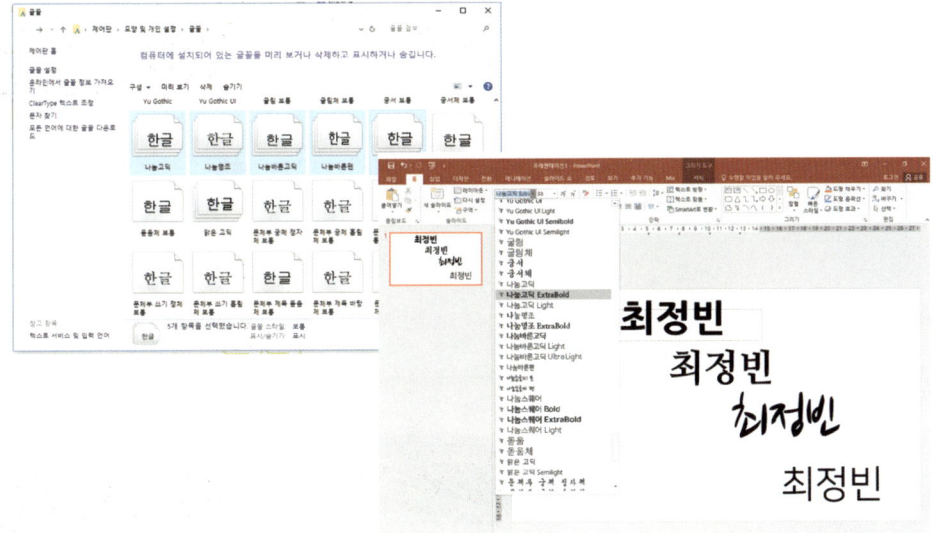

Part.1 IDEA 프레젠테이션 전략 • 53

[글꼴 적용 사례]

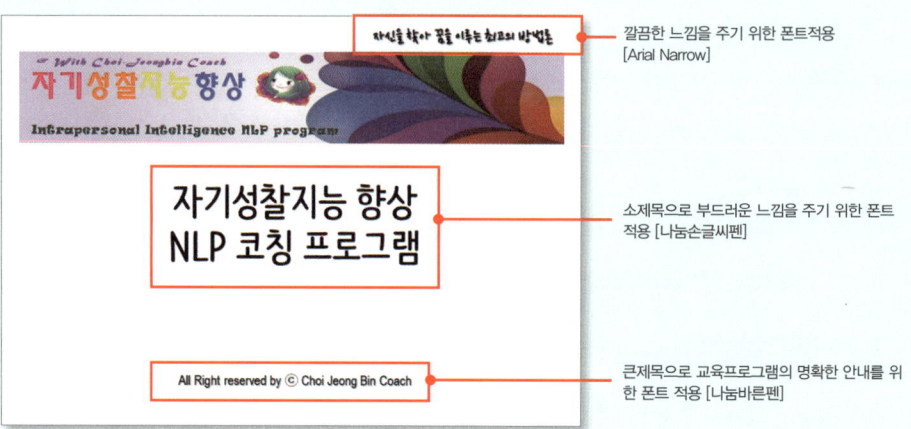

깔끔한 느낌을 주기 위한 폰트적용
[Arial Narrow]

소제목으로 부드러운 느낌을 주기 위한 폰트 적용 [나눔손글씨펜]

큰제목으로 교육프로그램의 명확한 안내를 위한 폰트 적용 [나눔바른펜]

프레젠테이션의 한수!

위, 아래는 같은 배경의 슬라이드이지만 폰트 하나를 바꿈으로 인해 전반적인 느낌이 상당히 다르게 표현됩니다. 이것이 바로 폰트의 위력입니다.

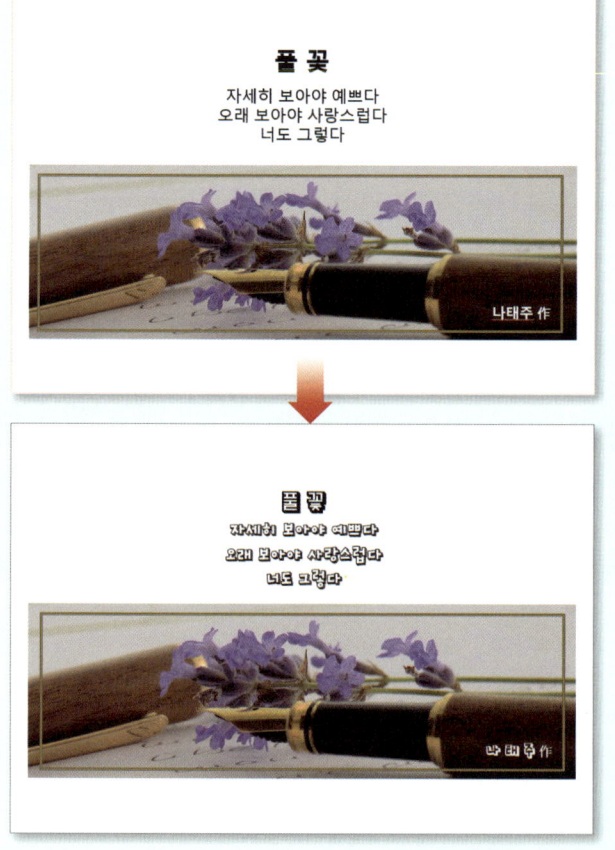

③ Summary

　PT 본문에서 마지막 절차는 내용을 간결하게 요약하는 것입니다. PT가 진행되는 동안에 많은 내용들이 전개되었을 것을 감안해본다면 마무리 단계에서는 그야말로 핵심적인 내용들을 다시 한 번 Review한다는 생각으로 청중들에게 메시지를 재인식 시켜야 합니다. 이때 유용한 방법은 핵심 요약들을 단어별로 함축하여 이니셜로 각인 시키는 것이 효과적입니다. 다음은 필자가 실제 사용하는 예시로서 교수법을 강조하기 위해 'RARE(귀한)'란 단어를 재강조하는 PT의 장면입니다. [출처: 휴넷 e-러닝, HRD 실무전문가 과정]

3) Outro

PT에서 Outro는 말 그대로 발표를 맺음하고 마무리하는 부분을 뜻합니다. 그런데 이때 주의할 점은 본론의 내용을 정리하는 절차가 아닌 마지막으로 청중에게 전하고 싶은 메시지를 각인시키는 단계입니다. 그렇기 때문에 가슴에 남을 만한 메시지를 전달하기 위해 남다른 메시지 전달 기법이 필요합니다.

Closing

PT 전체를 완전히 마무리 하는 단계인 Closing에서는 PT에서 다루고자 했던 핵심사항을 잘 전달했는지에 대한 확인이 필요합니다. Closing은 본론에서의 Summary와 그 의미를 혼동할 수 있는데요, 분명한 차이가 있습니다.

Summary는 PT의 전달 내용들을 정리하는 단계로써 정보나 메시지를 재인식 시키는 과정입니다. 반면, Closing은 발표가 종료되는 시점에서 전반적으로 프리젠터가 전하고자 하는 메시지를 청중들이 완전히 인지했는지에 대한 확인이 필요한 절차입니다. 실제 PT Closing에서 많은 발표자들이 실수하는 부분이 있습니다. 바로 PT의 시간 배분을 잘못해 시간이 부족한 관계로 Closing 단계에서 허겁지겁 인사하고 발표를 끝내버리는 경우가 있습니다. 이런 경우는 청중들이 매우 불편함을 느끼게 됩니다. PT는 처음과 끝, 이 두 순간이 청중들로 하여금 관심을 끌 수 있는 유일한 시간대입니다. 아무리 졸거나 딴청을 피우던 청중들도 마지막 순간은 깨어있고 경청하기 마련입니다. 그렇기 때문에 시간 배분을 정확히 점검해서 마무리 단계에서는 발표 내용에 대하여 총괄적인 질문을 받거나 반대로 청중들에게 PT와 관련된 설문을 실시하면서 완전한 결말을 맺게 됩니다. 그리고 마지막 순간에는 강렬한 인상으로 마무리 인사를 하는 것이 좋습니다.

종합 실습

지금까지 성공적인 PT를 위해서 Design 단계에 대해 자세하게 살펴보았습니다. 그럼 이제 전반적으로 설계의 모든 요소를 고려하여 IBO 단계별로 설계할 사항들에 대해 주어진 양식에 따라 작성해보기 바랍니다.

IBO 프레젠테이션 구조 설계 Sheet

발표 제목	혁신교수법 (학습자 중심 교과목 재설계)				발표자	서 재 민 (교육학과 4학년)	발표시간	15분
발표 유형	내용 전달형	권유 설득형	동기 부여형	점수 획득형	대상	교직과 학생 (예비교사 그룹)	명수	36명
	●			●				
발표 자료	Power Point 2016				템플릿 스타일	교사, 학생 컨셉		
요구 분석	▷ 최근 교육패러다임 변화에 따른 교수학습 구조의 재설계가 필요함							
기대 성과	▷ 제4차 산업시대를 맞이하며 학생 역량을 강화를 위해서는 학습자 중심의 교수설계가 전제되어야 함 ▷ 이에, 예비교사들이 갖추어야 하는 혁신 교수설계 기법을 선행학습 함으로써 시대에 부응하는 효과적인 교육과정을 설계할 수 있음							

단계		내용	발표 전략 및 준비 유의사항
도입 Intro [3분]	Attention	▷ 발표자 소개 ▷ 청중들과 라포를 형성하기 위해 간단한 아이스브레이킹을 진행함	폴더인사, 3행시로 이름 소개하기
	Index	▷ 발표순서 소개 • Preparation(사전 교수설계 준비) • Performance(교육방법) • Post review(사후 교수과정 리뷰)	3P라는 목차 제목을 만들어 전체 내용을 알아보기 쉽게 전달
본론 Body [10분]	Story Line	▷ Style-1(두괄식) 시대가 원하는 인재상을 공유, 학생 핵심 역량을 강화하기 위한 다양한 방안들을 도출함(중요한 이슈를 먼저 인식시키고 세부사항들을 설명함) ▷ Style-2(양괄식) 각 핵심 역량별로 어떠한 학습경험을 담아야 하는지 설명(앞, 뒤로 핵심역량 재차 강조)	크게 2가지 스타일로 내용을 전개함, 본문 총 슬라이드는 6장, & 강조사항이 있을 때는 스토리텔링으로 개인의 사례를 예시함
	Impact	▷ 미래채널 youtube 동영상의 미래사회에 대한 흥미로운 영상을 제공 ▷ 발표내용 중 강조사항이 있을 때 공통의 글자체로 통일감을 줌	동영상 재생여부 확인, & PT구성: 시작과 끝은 Zen 스타일로 감각적으로, 본론은 보고서 스타일로 구체적으로.
	Summary	▷ 3P 단계별 용어를 다시 한번 강조하고 청중에 대해 경청해준 것에 대해 인사를 전하며 마무리	마지막 PPT 화면에 퀴즈를 제시하고 정답자에게는 가벼운 선물을 보상함. 선물은 과하지 않은 것으로 준비.
결말 Outro [2분]	Closing	평생 학습자만이 살아남는 시대, 위기의식 고조시키며 교사라 할지라도 끊임없이 공부해야 한다고 강조하며 끝맺음	

Exercise : 연습

앞서 프레젠테이션의 설계 과정을 통해 발표를 위한 기초적인 사전 작업과 구체적으로 자료를 구성하는 절차와 방법을 알아보았습니다. 지금부터는 프레젠테이션을 위한 실제적인 실천사항들을 안내하겠습니다.

1. 전달력 높이기

프레젠테이션을 수행할 때는 청중들을 설득하기 위한 전달 기술이 필요합니다. 사전에 아무리 멋있게 발표 자료를 만들고 중요한 내용들을 담았다고 해도 청중들이 관심을 갖지 않으면 무용지물이 됩니다. 누군가에게 호응을 이끌어 내거나 관심을 유도한다는 것은 결코 쉬운 일이 아닙니다. 사람은 누구나 자신만의 생각 구조와 체계 안에서 현상을 이해하고 적용하려 하기 때문입니다. 그렇지만 몇 가지의 의사전달 메커니즘을 이해하면 훨씬 효과적으로 자신이 주장하고자 하는 메시지를 전달할 수 있습니다.

성공적으로 프레젠테이션을 이끄는 결정적 요소는 바로 전달력입니다. 지금부터 설득과 이해를 증진시키기 위한 프레젠테이션 전달기법에 대해 알아보겠습니다.

1) 메시지 전달기법

전달은 언어적 요소와 비언어적 요소를 통해 이루어집니다. 흔히 메시지를 전달할 때 청중들이 내용에 관심이 많을 것 같지만 실제는 그렇지 않습니다. 심리학자인 메러비언(Albert Mehrabian)의 연구(Silent Messages, 1971)에 따르면 커뮤니케이션 즉, 의사소통에 영향을 미치는 요소는 각기 다르다고 합니다. 가장 큰 영향을 미치는 요소는 표정이나 몸짓 등으로 시각적 요소가 55%를 차지합니다. 다음으로 목소리의 크기나 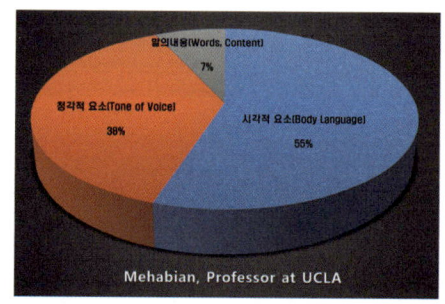 음색 등이 38%, 그리고 메시지 내용인 언어가 7%를 차지한다는 결과를 밝혔습니다.

이 결과에서 여러분은 이상한 점을 발견하지 않으셨나요? 발표를 하거나 상대방과 이야기를 나눌 때, 제일 중요한 것은 말의 내용일 텐데 불과 7%에 지나지 않다니 생각보다 적은 수치라고 생각되어질 겁니다. 그런데 청중들은 실제 발표자의 다양한 비언어적 요건들을 통해 집중하고 메시지를 전달받게 됩니다. 그렇기 때문에 전달하고자 하는 언어적 요건도 중요하지만 상대적으로 비언어적 요건 등을 잘 고려하여 평소 전달력을 높이는 노력을 해야 합니다.

언어적 요소	비언어적 요소	
전달 메시지, 내용	시각적 요소	*표정, 인상, 자세, 시선, 제스처 등*
	청각적 요소	*목소리 발성, 발음, 부가적 요소(호흡, 음색, 톤, 강약, 속도) 등*

언어적 요소는 프레젠테이션을 이루는 내용이기 때문에 이번 장에서는 거론하지 않고 비언어적 요소에 대해 하나씩 살펴보겠습니다.

① 시각적 요소

표정, 인상

프레젠테이션 자리에서 발표자는 청중들을 압도할만한 자신만의 무기가 필요합니다. 그런데 여기에서 말하는 무기란 엄청나게 대단한 전략을 말하는 것은 아닙니다. 기본적이지만 강력한 무기가 될 수 있는 것이 바로 발표자의 표정입니다. 평소 여러분은 주변에서 아래와 같은 말을 들어본 적이 있나요?

"저 친구는 인상이 참 좋아", "자네는 참 자신감이 넘쳐 보이는군!"

사람에게 호감을 표현하는 위와 같은 말을 듣게 되면 기분이 참 좋아지게 됩니다. 그런데 평소 그런 칭찬을 자주 듣는 사람들은 공통점이 하나 있습니다. 그것은 바로 얼굴 표정에서부터 밝고 긍정적인 분위기가 감지된다는 점입니다. 그렇기 때문에 자연스럽게 인상이 좋아 보이는 것입니다.

인상을 좌우하는 것은 표정입니다. 표정은 마음속에 품은 감정이나 생각 등이 겉으로 드러나게 되므로 매우 중요합니다. 평소 어떤 생각을 하고 어떤 감정을 느끼고 있는지가 그대로 얼굴에 표현되기 때문입니다. 유치원 아이들과 일반 회사원들의 얼굴을 비교해보면 표정에 대한 차이가 명확히 드러납니다. 유치원 아이들은 누구나 할 것 없이 모두가 밝고 행복한 표정을 띠고 있습니다. 그런데 회사원들의 얼굴 표정은 희비가 여실이 드러납니다. 만족할만한 삶을 사는 사람도 있겠지만 대부분의 회사원들은 사회일원으로 살아가면서 스트레스를 받고 살아갈 수밖에 없는 것이 현실이기 때문입니다.

보통 나이가 들어가면서 자신의 표정을 돌아볼 기회는 많지 않습니다. 하지만 평소 꾸준히 자신의 인상과 분위기를 점검하는 것은 매우 중요한 일입니다. 마지막 결정의 순간 의외로 인상에서 결정되는 경우가 발생하기 때문입니다. 특히 프레젠테이션과 같이 설득을 호소하는 발표 자리에서 청중의 호감을 끌어내느냐 못하느냐가 발표자의 인상에 달려 있기 때문입니다.

인상을 좋게 보이려고 보톡스를 맞거나 성형의 힘을 빌릴 수도 있습니다. 그러나 이런 방법은 정말 어리석은 일입니다. 인상은 인위적으로 만들어지는 것이 아니기 때문입니다. 링컨이 말하길 "사람은 나이 40세가 되면 자기 얼굴에 책임을 져야 한다."라고 했습니다. 이처럼 평소 자신을 늘 돌아보며 마음의 상태를 점검하고 긍정적으로 정신력을 유지하는 것이 매우 중요하겠습니다. 다음은 간단한 얼굴 스트레칭을 통해 표정을 관리하는 방법에 대해 알아보겠습니다. 시간이 있을 때마다 꾸준히 연습하여 부드러운 인상을 유지하기 바랍니다.

프레젠테이션 표정, 인상 관리

- ☑ "아! 에! 이! 오! 우!" 발음을 하면서 입 모양을 크게 벌린다. 이 발음들은 얼굴 근육을 이완시키기 위한 방법이므로 가능한 크게 한다. 그리고 마지막에는 "옹!" 발음을 통해 전체 얼굴 근육을 중심부로 모이게 하는 느낌으로 한다.
- ☑ 눈썹을 위, 아래로 움직인다. 이때 눈동자는 되도록 가만히 두되, 눈썹만 위·아래로 움직이도록 한다.
- ☑ 입 꼬리를 올리는 동작을 반복한다. 이때 미소를 살짝 머금는 표정을 하면 자연스럽게 표정이 연출된다.
- ☑ 양쪽 손가락의 약지(네 번째 손가락)로 눈썹 안쪽에서 바깥쪽으로 눈 부위를 원형을 그리듯 눌러가는 동작을 반복한다. 이때 너무 세게 누르지 말고 부드럽게 마사지 하듯이 지압을 한다. 이 방법은 시력 향상에도 도움이 되며 긴장 완화에도 좋은 방법이다.
- ☑ 위쪽과 유사한 방법을 통해 입 주변 근육도 이완시켜준다. 특히 입꼬리 주변에 양 손가락을 대고 위로 올리는 동작을 반복한다.

자세

표정 못지않게 중요한 것이 바로 자세입니다. 앞서 이야기한 인상은 사람에게 느껴지는 전반적인 느낌이기 때문에 자세도 한몫을 합니다. 바른 자세는 바른 생각과 바른 행동을 이끌어 낸다고 합니다. 이처럼 자세는 매우 중요한 자기관리 요소입니다.

프레젠테이션할 때 발표자의 첫 등장과 동시에 청중들은 발표자를 판단하기 시작합니다. 그 첫 번째가 표정을 읽을 것이고 두 번째가 발표자의 자세나 태도적인 면을 살펴보게 됩니다. 이때 발표자가 구부정하게 서 있고 손과 발은 부자연스러우며 시선을 어디에다 둘지 몰라 두리번거리게 된다면 발표의 내용과는 별개로 프레젠테이션은 하향평가 될 것이 자명합니다. 어찌 보면 프레젠테이션은 온전히 자신을 청중들에게 드러내 보이는 일입니다. 그렇기 때문에 긴장되고 어려울 수밖에 없습니다. 하지만 여러분도 역지사지로 생각해보면 발표 석상에서 어떤 자세를 갖추어야 하는지 판단될 것입니다.

우선 프레젠테이션의 첫 번째 자세는 인사하는 순간부터 확인됩니다. 청중을 향해 인사할 때는 두 발을 모으고 공손하게 손을 가지런히 하는 것이 기본입니다. 보통 인사를 말로써 '안녕하세요.

제 이름은 OOO입니다'라고 순간 지나치는 경우가 많은데 첫 인상부터 예의 없어 보일 수도 있으므로 각별히 주의해야합니다. 인사는 상체를 굽혀 분명하게 청중에 대한 예를 갖추는 것이 기본입니다. 두 번째, 본격적으로 프레젠테이션을 진행하는 동안에는 안정감 있게 두 발을 어깨너비로 벌리고 서서 몸의 중심을 가운데 둡니다. 당연히 허리와 가슴을 곧게 펴고 바르게 서야 합니다. 이러한 자세를 보는 청중들은 발표자에게서 당당함과 안정감을 느끼게 됩니다. 단, 발표 중간에 너무 많이 움직이거나 필요 이상 행동반경을 넓히는 것은 주의해야 합니다. 또한 여성의 경우, 치마 정장을 입는 경우가 많은데 다리를 어깨너비로 벌리는 것은 보기에 불편하므로 적당한 보폭을 유지하는 것이 좋겠습니다.

프레젠테이션 자세

- 평소 절 운동이나 허리 강화 운동을 통해 척추를 바로 세우는 운동을 한다.
- 등과 가슴을 곧게 펴고 바르게 선다.
- 고개를 빳빳이 세우지 않고 턱을 살짝 목 안쪽으로 당긴다.
- 강조할 사항이 있을 때는 손동작을 활용한다.
- 청중과의 거리는 적당하게 유지한다.
- 호흡관리를 하며 평정심을 유지한다.
- 긴장을 풀고 온화한 미소를 전하며 여유 있는 모습을 보인다.

시선

프레젠테이션을 할 때 외형적인 모습으로 자세와 표정 등을 고려했다면 이제 디테일한 부분인 시선처리에 대해 신경을 써야 합니다. 일명 '아이컨텍(Eye Contact)'이라고 들어본 적이 있나요? 아이컨텍이란 청중과의 눈맞춤을 일컫는 용어로써 누군가와 대화를 하거나 발표를 할 때 매우 중요한 요소로 작용됩니다.

사람은 입으로도 말을 하지만 눈으로도 말을 합니다. 제 아무리 수려한 말솜씨를 자랑한다고 해도 눈빛으로 의도를 전달하지 않으면 건조한 스피치가 됩니다. 실제 프레젠테이션에서 가장 큰 복병이 바로 아이컨텍이기도 합니다. 보통 청중들이 적게는 10명 내외 많게는 100여 명이 될 수도 있는 상황이 벌어지기 때문입니다. 대인기피와 무대공포증이 없는 사람이라 할지라도 많은 사람들과 눈을 맞춰가며 자신의 뜻을 전달하기란 여간 어려운 일이 아닙니다. 그렇지만 평소 아이컨텍 연습을 통해 시선 맞춤에 대비할 수 있습니다.

프레젠테이션 시선 처리

- ☑ 거울을 앞에 두고 발표자료를 순간순간 쳐다보며 시선은 정면에 고정시킨다.
- ☑ 청중 모두에게 시선을 고루 분배하기 위해 의도적으로 3초씩 방향을 바꾼다(시선1, 시선2, 시선3).
- ☑ 청중들 배석 위치를 고려하여 앞좌석, 중간좌석, 뒷좌석을 번갈아 가며 시선을 둔다(시선3, 시선4, 시선5).

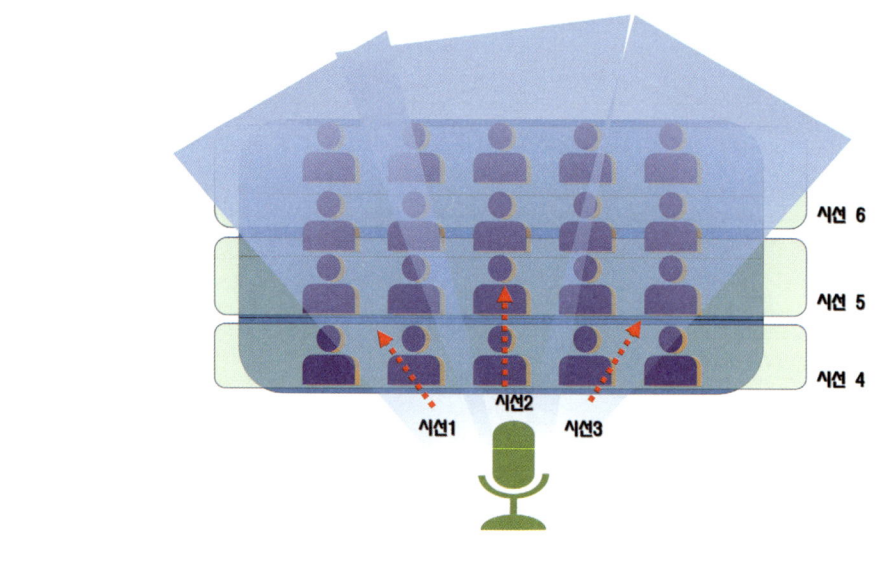

제스처

제스처는 사전적 의미로 몸짓, 손짓 등으로 이해할 수 있으나 프레젠테이션에서는 단순히 몸이나 손의 움직임을 의미하는 것이 아닙니다. 제스처를 통해 얼마든지 메시지를 전달할 수 있기 때문에 포괄적 의미로 발표자가 취하는 행동, 포즈, 동선 등이 함께 포함됩니다.

제스처의 요소들을 고려하여 프레젠테이션에 잘 활용한다면 청중들의 몰입감을 증가시킬 수 있습니다. 다음에 제시되는 제스처의 유형별 대응 행동을 보고 몸에 익숙해질 정도로 수차례 연습하기 바랍니다.

프레젠테이션 제스처

☑ 발표자의 기본적인 자세

프레젠테이션에서는 발표자의 다양한 동선이 발생한다. 기본적으로 발표할 때 스크린 옆에 서 있는 경우가 대부분일 것이며 간혹 단상이 있을 경우도 있다. 먼저 스크린 옆에 서야할 경우에는 자연스럽게 자세를 유지하고 여유 있는 모습으로 안정되게 서 있으면 된다. 그리고 청중과의 호흡을 맞추기 위해 청중석으로 자리를 이동
하는 경우도 좋은 방법이다. 이 모든 상황에서 어느 것이 정답이고 오류인지 일일이 분석하고 따질 수 없지만 유연하게 대처하고 청중들이 부담스럽게 느끼지 않으면 된다. 그러나 분명한 몇 가지의 금기 사항은 존재한다. 가령 비스듬히 선다든지, 짝다리 하기, 팔장을 끼는 자세는 절대 금한다. 특히 남성들의 경우 허리띠에 손을 걸치는 경우와 한쪽 주머니에 손을 넣고 스피치를 하는 경우가 있는데 좋지 않은 모습이므로 주의해야 한다.

한편 단상이 있는 경우에 주의할 사항들이 있다. 단상에 너무 몸을 의지하여 기대거나 단상 위에 대본을 두고 읽어 내려가는 모습은 좋지 않다. 특히 처음과 마지막 발표 인사를 할 때는 단상 옆으로 몇 발짝 나와서 정중히 인사를 해야 한다.

☑ 강조사항이 있을 경우

발표 내용 중 강조하고 싶은 내용이 있을 때는 손가락을 붙이고 팔을 높여 해당 화면을 향해 지목해주는 것이 좋다. 스크린이 멀리 있을 경우에는 프레젠테이션 포인터의 빔을 사용하는 것도 방법일 수 있다.

그러나 주의할 점은 손가락 하나만 펴서 지목하듯이 하는 모습은 지양해야 한다.

☑ 비교사항이 있을 경우

프레젠테이션을 하는 도중에는 다양한 주제의 내용들이 거론된다. 보통 이해를 높이기 위해 다양한 예시를 들거나 비교를 하는 경우가 일반적인데 이 경우에는 제스처를 통해 알아보기 쉽게 내용을 전달할 수 있다. 보통 발표 내용이 '성장의 의도'를 내포하고 있을 경우에는 수직 방향으로 두 손바닥을 벌려 공간의 차이를 보여주면 좋다. 반면
'확장의 의도'를 제시할 경우에는 수평 방향으로 두 손바닥을 벌려 의도를 전달한다.

일반적으로 프레젠테이션을 할 때 수평 방향으로 손바닥을 벌려 이야기를 전개하는 모습이 의외로 많은데 이 모습으로만 일관하는 것을 지양해야 한다. 열정적 모습의 설득을 위한 제스처로 보일 수 있지만 계속 이 모습이 지나치면 청중들이 강요받는 듯 불안감을 느낄 수 있기 때문이다.

☑ 질의응답의 경우

발표 도중, 의도하지 않게 청중들에게서 질문을 받기도 한다. 이때 발표자는 순간 발표를 우선 멈추고 청중의 질문을 잘 경청해야 한다. 그리고 경청 자세도 매우 중요한데 질문자 이외의 다른 청중들은 발표자의 모습에 이목을 집중하기 때문이다. 이때는 질문을 받는 도중에 자연스럽게 고개를 끄덕이며 적극적인 경청 자세를 유지하는 것이 좋다. 질문 내용이 어려울지라도 불안한 눈빛과 표정을 지어서는 안 된다. 우선, 경청의 자세를 보여주고 뒤이어 질문자의 질문 내용을 요약해서 "○○○○○○○에 대한 의문점을 말씀하신건가요? 질문 감사합니다."라고 질문의 요지를 명확히 할 필요가 있다. 한편, 질문에 대한 답변이 길어질 경우에는 발표 시간이 한정되어 있음을 인지시키고 질문자에게 양해를 구하고 발표를 이어가는 것이 바람직하다.

☑ 판서를 해야 하는 경우

간혹 프레젠테이션을 진행할 때 필기를 해야 할 경우가 있다. 이때 사전에 미리 체크하지 않으면 당황하기 마련이다. 다음 제시되는 체크 리스트를 통해 판서와 관련하여 미리 점검하기 바란다.

준비 사항	발표 전 판서에 필요한 모든 도구(보드마카, 지우개 등)가 준비되었는가?
	칠판, 보드가 어둡거나 반사되지는 않는가?
내용 제시	중요한 사항을 중심으로 판서하였는가?
	요점만 간단하게 작성하였는가?
	내용을 정확하게 작성하였는가?
	발표 내용을 이해시키기 위하여 색분필(색 보드마카)를 골고루 사용하였는가?
	핵심 내용을 중심으로 그림, 도표 등을 이용하여 내용을 잘 구조화 하였는가?
판서 양	판서의 양은 적당한가?
	칠판, 보드를 지우는 횟수는 적당한가?
판서 위치	판서의 위치는 적합한가?
	전체 청중들이 판서 내용을 모두 볼 수 있는가?
판서 글자	글자의 크기는 적당한가?
	글씨를 쉽게 알아볼 수 있는가?
발표자의 태도	판서하는 과정에서 지속적으로 청중들에게 이야기를 하는가?
	판서 중에도 가끔 돌아서서 청중과 한 번씩 눈을 맞추면서 작성하였는가?

② **청각적 요소**

사람은 누구나 제각기 다른 얼굴의 생김새가 있습니다. 그리고 목소리에도 역시 각자의 분명한 색깔이 있습니다. 사람들이 호감을 갖는 외형적 요소는 일차적으로 얼굴의 생김새일 수 있지만 더욱 오래 기억되고 매력을 느끼는 요소는 목소리에 있습니다.

프레젠테이션의 경우 시각적으로 청중들이 발표자의 외형적 요소를 스캐닝하여 대략적인 성향을 파악하는데 목소리는 듣지 않고서 가늠하기 어렵습니다. 멋진 복장과 마스크를 자랑하며 등장하는 발표자가 갑자기 쉰 목소리를 낸다던지, 톤이 너무 높거나 낮은 소리를 내게 되면 여간 실망스러운 일이 아닐 수 없습니다. 게다가 혀짧은 소리까지 낸다면 정말 설상가상 입니다. 이처럼 발표에 있어 목소리는 매우 중요한 요소입니다. 그렇기 때문에 멋진 스피치를 위해서는 목소리에 대한 올바른 이해와 개선을 위한 실천적 노력이 필요합니다.

호소력 짙은 목소리를 내기 위해서는 몇 가지 원리가 작용합니다. 결론적으로 말하면 깊은 호흡을 통한 풍부한 발성과 정확한 발음이 스피치의 핵심 키워드라고 말할 수 있습니다.

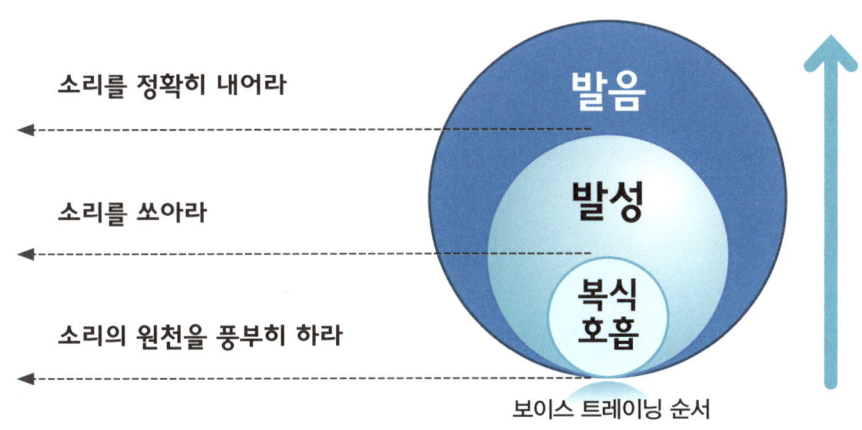

보이스 트레이닝 순서

무엇보다 좋은 소리, 깊은 소리의 원천은 풍부한 호흡량에 달려있습니다. 그렇기 때문에 평소 복식호흡 생활습관을 유지하고 긴 호흡을 위해 의도적으로 노력해야 합니다.

두 번째로 소리를 쏘는 발성에 대해 정확히 이해하고 소리를 내야 합니다. 발성이란 '목소리를 내는 것', 또는 '말을 꺼내는 것'을 뜻합니다. 폐로부터 나온 숨이 성문(聲門)을 통과할 때 성대를 진동시켜서 근육과 성대를 충분히 풀어줘야 좋은 소리가 나게 됩니다.

마지막으로 발표 시 청중들이 정확히 말의 뜻을 이해할 수 있도록 명확한 발음을 내는 것이 필요합니다. 발음은 '혀, 이, 입술 등을 이용하여 말을 이루는 소리를 내는 일'로써 전달하고자 하는 메시지를 명확하게 이해시키기 위한 매우 중요한 요소입니다. 발음을 정확히 내기 위해서는 모음에서 자음으로 꾸준한 반복 훈련이 필요합니다.

목소리는 결코 타고나는 것은 아닙니다. 후천적 노력에 의해 얼마든지 좋은 소리를 연출할 수 있습니다. 다음은 앞서 이야기한 세 가지 좋은 소리를 내기 위한 핵심키워드를 좀 더 상세하게 설명하겠습니다. 모쪼록 각 요소별 숙지해야 하는 사항들을 잘 이해하고 매일 생활 속에서 실천하여 매력적인 목소리를 만드시기 바랍니다.

호흡

사람들은 보통 일상생활에서 가슴으로 하는 흉식 호흡을 많이 합니다. 흉식 호흡은 말 그대로 가슴으로 쉬는 숨으로 호흡이 짧고 얕습니다. 그렇기 때문에 발표 및 강의와 같이 대량의 에너지를 필요로 하는 스피치를 할 때 흉식 호흡은 부족합니다. 호흡이 짧아지면 목소리 톤이 일정하지 않고 떨리게 되며 말의 속도는 빨라질 수밖에 없고 발음은 부정확하게 됩니다. 흔히 좋은 소리를 내기 위해서 무작정 발음연습이나 피치연습, 말의 강, 약을 훈련하는데 사실 가장 중요한 것은 호흡에서부터 시작됩니다.

깊고 풍부한 숨이 필요할 때는 복식 호흡에서 그 해법을 찾을 수 있습니다. 복식 호흡은 흉식 호흡과 달리 복부를 이용하는 호흡법입니다. 복식 호흡은 흥분을 가라앉히며 심신의 안정을 찾을 수 있도록 도와주는 호흡법으로 요가나 명상 시 기본이 되는 호흡이기도 합니다. 여러분도 한 번쯤은 복식 호흡에 대해 들어본 적이 있을 것입니다.

호흡법의 종류

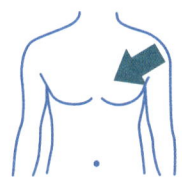

흉식 호흡
- 가슴으로 짧고 가파른 숨을 쉬는 것
- 격한 운동을 하고 난 다음 숨을 헐떡거리는 것

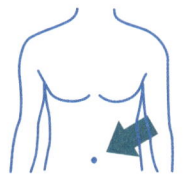

복식 호흡
- 뱃속 깊숙하게 숨을 들이 마시는 호흡
- 요가나 명상을 할 때 안정된 상태에서 심호흡을 하는 것

혹시 복식 호흡을 제대로 할 수 있나요? 만일 정확한 이해가 없다면 다음에 제시되는 방법을 잘 따라 해보기 바랍니다.

복식 호흡 하는 방법

(1) 숨을 들이마실 때는 신경을 아랫배에 집중하고 공기가 충분히 들어갈 때까지 천천히 코로 숨을 들이마신다. 이때 아랫배가 풍선처럼 불룩해지는 상상을 한다.
(2) 들이마신 숨은 3~5초 정도 잠시 참는다.
(3) 반대로 숨을 내쉴 때는 복부가 등 쪽으로 붙는다는 느낌으로 입으로 조금씩 길게 숨을 완전히 내뱉어 준다.

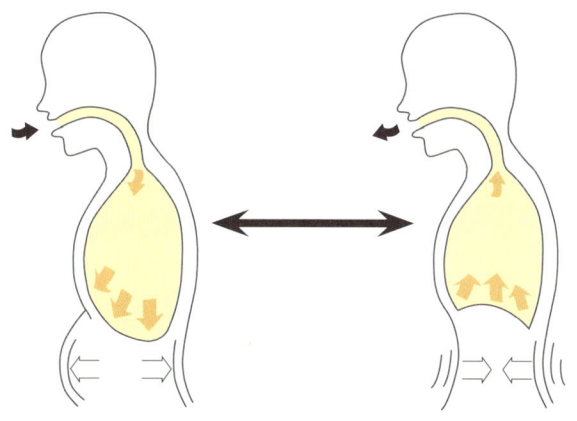

숨을 들이마시면 배가 불룩해진다.   숨을 내쉬면 배가 들어간다.

※ 누운 상태로 복식 호흡 하는 방법

서 있는 상태에서 복식 호흡이 어려울 경우에는 누워서 해보도록 하자. 원리는 같으며 누운 상태에서 두 손을 아랫배에 올리고 숨을 충분히 코로 들이마시고 입으로 내 쉬기를 반복해 본다.

이제 복식 호흡에 대해 어느 정도 익숙해지셨나요? 그렇다면 다음 단계로 호흡의 대표적인 종류인 교차 호흡과 박스 호흡을 소개하겠습니다. 두 방법 모두 복식 호흡을 기본으로 하며 호흡이 잘 이루어졌을 때 심신의 안정과 에너지를 축적시킬 수 있는 좋은 방법이기 때문에 잘 읽고 따라 해보기 바랍니다.

호흡 종류	방법
교차 호흡	• 손가락을 이용하여 한쪽 콧구멍을 막고 다른 한쪽으로 숨을 들이쉼 • 이때, 들이쉰 코를 막고 반대쪽 코로 숨을 내쉼 • 이 과정을 교차 반복함
박스 호흡	• 4 x 4 x 4 x 4 형태로 4회에 걸쳐 숨을 들이쉰 후 4초간 숨을 참고 4회에 걸쳐 숨을 내쉰 후 4초간 숨을 참음 들숨 멈춤 4초간 → ↑ 들숨(코) 4초간　　날숨(입) 4초간 ↓ ← 날숨 멈춤 4초간

발성

호흡은 목소리를 내는데 필요한 에너지를 공급하는 것이라면 발성은 목소리에 색을 넣는 것이라고 할 수 있습니다. 한 예로, 발표자의 목소리가 갈라지거나 쉰 목소리를 낼 경우 또는 목소리가 얇고 심하게 떨리는 소리를 낸다면 발표에 치명타가 될 것입니다. 이렇듯 발성 즉, 소리를 내는 것은 발표에 있어 매우 중요한 의미를 갖기 때문에 발성 훈련을 통해 목소리를 조절하고 제어 하는 능력을 갖추어야 합니다.

발성을 잘하기 위해서는 앞에서 소개한 복식 호흡이 전재가 되어야 합니다. 발성은 들숨에 의해 호흡 기관에 저장된 공기를 의도적으로 성문 아래로 모이게 하고 다시 날숨으로 압력을 가해 공기가 닫힌 성문을 지나 성대를 자극하면서 내는 소리를 뜻합니다. 이때 발성을 통해 목소리의 높고 낮음, 소리의 강약, 말의 빠르기 등을 조절할 수 있게 됩니다.

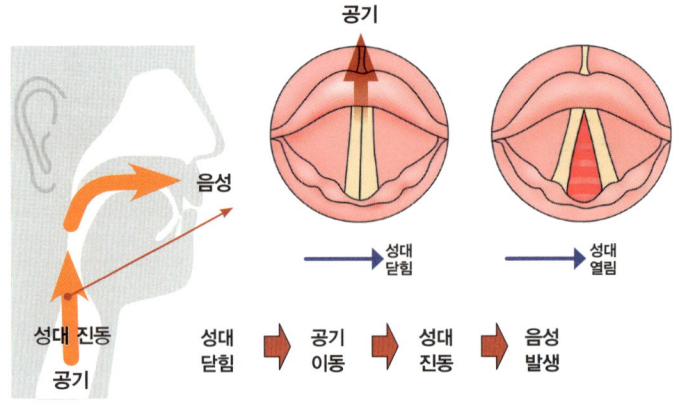

음성 = 공기가 후두를 지나가면서 닫혀 있는 성대를 진동 시켜 소리가 나는 원리

스피치를 위해 거두절미하고 단순히 목소리에 변화를 갖으려고만 애쓴다면 사상누각이 될 것이며 자 칫 잘못하면 성대를 다칠 수도 있습니다. 복식 호흡을 통해 충분히 소리를 낼 에너지원을 모았다면 구 체적인 발성기법을 통해 멋진 목소리를 연출하기 바랍니다.

발성 하는 방법

훈련 0. 체크하기(큰숨 쉬고 입 벌리고 유지)
훈련 1. 허리를 구부린 상태에서 아~ (5초, 10초, 그 이상)
훈련 2. 성대 풀기
(날숨 : 강하게 훗! X 6회) + (들숨 : 집중해서 츕! X 6)
훈련 3. 복식 호흡 후, 모음 소리내기
아~에~이~오~우~(늘이기)
아! 에! 이! 오! 우!(스타카토)
훈련 4. 한쪽 다리 들고 서서 공명(울리는 소리)으로 책 읽기

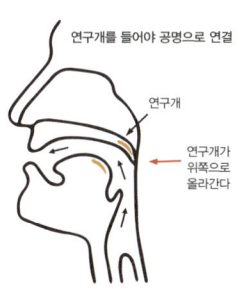

※ **공명을 통해 더욱 풍부하고 맑은 소리 내기**
　발성에서 공명은 목소리를 증폭하는 역할을 한다. 실제 아무리 복식 호흡을 깊이 한다고 해도 성대를 통해 나올 수 있는 목소리의 크기는 한계가 있다. 이때 작은 소리로 발성하면서 크게 증폭시키는 공명 기법을 통해 더욱 더 맑고 탁 트인 매력적인 음색을 연출할 수 있다. 먼저, 공명을 내기 위해서는 연구개를 위쪽으로 올리는 연습을 해야 한다. 연구개는 입천장 안쪽에 뼈가 아닌 물컹한 부분을 일컫는다. 육안으로 확인할 수 없는 연구개를 들어 올리라는 말은 자칫 뜬구름 잡는 소리처럼 들릴 수도 있다. 그러나 마음으로 집중해서 연구개를 의식하면 훈련을 통해 얼마든지 연구개를 들어 올릴 수 있다. 비법 한 가지를 공개한다면 바로 '후두'를 내리면 연구개가 들린다는 것이다. 그런데 그 말이 더 황당하게 들릴 수도 있겠다. 연구개도 복잡한데 후두를 또 어떻게 또 내리라는 것인지. 후두는 목소리를 내는 성대를 포함한 숨길의 일부이다. 목 앞쪽에 위치하고 흔히 울림통이라고도 하며, 말을 하고 숨을 쉬는데 가장 중요한 기능을 한다. 이런 후두를 내리는 방법은 의외로 간단하다. 하품을 하게 되면 후두가 내려가면서 연구개가 동시에 들려진다는 사실. 지금 바로 하품을 시도해보길 바란다. 입천장 안쪽(연구개)이 들리는 느낌을 받을 수 있을 것이다. 그 순간을 놓치지 말고 바로 입을 다물고 '~음, ~음, ~음' 소리를 내보는 것이다. 분명 평소 자신의 무미건조한 음색보다는 울림이 있는 소리가 날 것이다. 보다 구체적으로 실제 공명을 연습하는 방법을 소개하면 다음과 같다.

(1) 복식 호흡으로 숨을 고른 다음, 입을 닫은 상태에서 입안에 탁구공이 들어가 있다고 상상하고 공간을 만든다. 그 상태에서 소리를 내어보자. " 옹~" 소리가 나게 될 것이다. 이때 소리가 울리는지 즉 공명이 진행되는지 의식하면서 10회 정도 반복해서 연습한다. 여기서 잠깐! 공명이 잘 되지 않는다면 공기가 입속에 충분히 차있지 않은 상태이다. 그러므로 자주 깊은 복식 호흡을 통해 공기를 충분히 마련해 둬야 한다.

(2) (1)번으로 충분히 소리가 정돈이 되었다면 이제 "옹~", "음~"을 낮은 음, 중간 음, 높은 음의 순서로 반복해서 오르내리는 연습을 한다. 이때 주의할 점은 계속 입을 닫은 채로 탁구공이 들어가 있는 상상의 공간 내에서 소리를 내어보는 것이다.

(3) 마지막으로 (1)번과 (2)번을 충분히 연습했다면 이번에는 공명으로 동요 부르기를 한다.
혹시 '얼룩송아지' 라는 동요를 아는가?
"송아지~ 송아지~ 얼룩송아지~ 엄마소도 얼룩소 엄마 닮았네~"
위 동요의 음을 공명훈련으로 따라하되 가사는 모음으로 다양하게 연습하는 것이다. 이때, 위 연습에서는 입을 모으고 닫힌 상태에서 공명 훈련을 했다면 이번에는 발음을 넣어 모음으로 공명을 내어보는 것이다.
"아아아~ 아아아~ 아아아아아~ 아아아아~ 아아아~ 아아 아아아~"
"에에에~ 에에에~ 에에에에에~ 에에에에~ 에에에~ 에에 에에에~"
"이이이~ 이이이~ 이이이이이~ 이이이이~ 이이이~ 이이 이이이~"
"오오오~ 오오오~ 오오오오오~ 오오오오~ 오오오~ 오오 오오오~"
"우우우~ 우우우~ 우우우우우~ 우우우우~ 우우우~ 우우 우우우~"

발성 연습 시 주의사항

열정이 넘쳐 발성 연습을 과도하게 하면 다음과 같은 질병을 초래할 수 있으니 참고하기 바랍니다.

a. **급성 후두염** : 감기와 같은 바이러스성 상기도염이나 과도하게 소리를 질러 생기는 성대의 심한 마찰의 원인.
b. **성대결절** : 장기간 지속적으로 음성을 과도하게 사용하여, 발성 시 진동하는 부위에 굳은살 같은 작은 혹이 생기는 것.
c. **성대폴립** : 성대에 작은 물혹이 생기는 것. 과도한 발성, 흡연, 음주로 인해 발생.

성대를 위한 건강 관리법

a. 촉촉한 성대를 유지해야 하는 이유
미세한 점막으로 덮여 있는 성대는 점막이 촉촉해야 제 기능을 다할 수 있다. 건조해지면 발성 시 마찰열에 의해 점막이 손상되므로, 평상시 건조하거나 먼지가 많은 환경을 피하는 것이 좋다. 또한 하루에 8잔 이상의 물을 자주 마셔주는 것도 좋은 습관이다.

b. 성대를 건조하게 만드는 원인
성대의 가장 큰 적은 바로 흡연! 담배는 성대에 직접적으로 영향을 미친다. 목이 항상 건조한 사람은 반드시 금연을 권장하며, 그 외 과도한 발성이나 카페인 섭취, 이뇨제 복용도 성대를 건조하게 만드는 원인 중의 하나다.

발음

프레젠테이션에서 가장 중요한 것은 분명한 의사전달입니다. 그런데 분명하게 의사전달을 한다는 것은 정확히 어떤 뜻일까요. 어렵게 생각할 것 없이 또박또박 알아듣기 쉽게 정확한 발음으로 메시지를 잘 전달한다는 것입니다.

우리는 모두 매일 수많은 말을 하고 살아가고 있습니다. 일상에서 대화도 하고 발표도 하고 가끔 중요한 자리에서 마이크를 잡고 사회를 보는 경우도 있습니다. 그런데 평소의 말투와 공식적인 자리에서의 말투는 분명 달라야 합니다. 늘 긴장을 늦추지 않고 대외적 스피치를 할 수는 없지만 적어도 불시에 어떤 자리에서든지 세련된 스피치를 할만큼의 말하기 역량은 쌓아놓고 있어야 합니다.

그런데 스피치를 할 때 발음에 취약한 사람들이 많습니다. 평소에는 의식하지 못하다가 중요한 발표 자리가 되면 괜히 긴장되고 입안이 바짝 마르는 경우를 우린 모두 경험해보았을 것입니다. 거기에다 덧붙여 어려운 전공개념이나 시사성 전문용어를 거론할 때면 평소 잘되던 발음도 새는 경우가 있습니다. 발음은 음성언어인 낱말, 문장 등을 소리로 표출하는 소릿값이라고 할 수 있습니다. 발음이 부자연스러운 사람들 중 선천적인 결함을 안고 있는 사람들은 더욱 불편함을 겪을 것입니다. 그러나 필자의 개인적인 소견은 치명적인 결함이 아니고서는 훈련을 통해 최상의 스피치를 구현해낼 수 있다고 믿고 있습니다. 이러한 믿음의 근거는 실제 제가 끊임없는 훈련을 통해 발음을 교정한 사례자이기 때문입니다.

중학교 때까지, 저는 평소 혀짧은 소리를 많이 낸다고 주변서 질책을 많이 받아왔습니다. 특히 교실에서 선생님이 책을 읽으라고 지시하면 저는 두 줄도 못 읽는 경우가 많았습니다. 그 이유는 발음이 좋지 않아 듣기 불편하여 "다음 학생이 읽도록!"이란 선생님의 무언의 질타가 이어졌기 때문입니다. 마음의 상처도 받았고 누군가 앞에서 말하는 것을 극도로 꺼리게 되어 매사에 소극적이고 성격도 내성적으로 바뀌게 되었습니다. 결국, 어머님의 권유로 병원에 가서 진단을 받아본 결과, '설소대 단축증'이란 진단명을 받았습니다. 설소대는 혀끈을 뜻하는 말로써 한마디로 혀가 짧아 특정 발음들이 어렵다는 소견이었습니다. 수술은 두려움이 앞서 언감생심 꿈도 꾸지 못하고 스스로 훈련을 할 수밖에 없었습니다. 꾸준히 책을 소리 내 읽고 발성과 호흡을 통해 소리에 색을 입히는 연습을 통해 발음의 취약점을 어느 정도 극복할 수 있었습니다. 그러한 연습이 지금까지도 습관이 되어 매일 책을 독송(讀誦)하며 발성연습을 하고 공명을 내는 연습을 하고 있습니다. '1만 시간의 법칙'의 원리를 따라 지난 십수 년 동안 본격적인 스피치의 노력은 결국 빛을 바랬습니다. 요즘은 강의를 마치고 나오면 강의 내용보다도 목소리가 좋고 발음이 정확하다는 칭찬을 많이 받곤 합니다. 혹시 이 글을 보고 있는 독자 중 저와 같은 고민이 있다면 용기를 내어 자신만의 훈련법을 개발하여 끊임없이 노력해보길 바랍니다. 다음은 실제 제가 발음을 위해 연습하는 내용을 수록한 것입니다. 발음이 평소 좋은 분일지라도 꼭 한번 연습해보기를 권유합니다.

발음 연습하는 법

1. 자음, 모음 발음법

[입안을 혀로 마사지 하고 입을 크게 벌려 발음기 주변 근육을 이완시킴]

훈련 1 – 큰 소리로 또박또박 입을 벌려 배를 두드리며 한 발음씩 정확하게 발음

훈련 2 – 배를 두드릴 때 소리를 내 뱉는다.

훈련 3 – 거울을 보며 입 모양을 보고 발성을 겸한다.

- 가 나 다 라 마 바 사 아 자 차 카 타 파 하
- 게 네 데 레 메 베 세 에 제 체 케 테 페 헤
- 기 니 디 리 미 비 시 이 지 치 키 티 피 히
- 고 노 도 로 모 보 소 오 조 초 코 토 포 호
- 구 누 두 루 무 부 수 우 주 추 쿠 투 푸 후

2. 크래시아 발성법

[발성, 발음, 호흡을 동시에 연습할 수 있는 발성 연습법]

훈련 – 먼저 정확한 발음을 한 후, 공명을 실어서 다시 한 번 연습한다.

- 로얄 막파 싸리톨
- 쥬피탈 캄파 큐을와
- 셀레우 아파쿠사
- 푸랜 마네푸 슈멘헤워제
- 깅강후리와 디다스코
- 바시레이아 게겐네타이
- 페레스테란 포로소 폰
- 파라클레세오스 쏘테라이스
- 카타루사이 마카리오스
- 에코루데산 디카이오수넨

3. 발음과 피치(음 높이) 연습

[발음과 피치를 동시에 연습할 수 있는 발성 연습법]

훈련 – 한 단어를 읽을 때마다 한 글짜만 음을 높여 읽어본다. TV프로그램에서 '절대음감'이라는 게임의 형태와 유사함

- 로 얄 막 파 싸 리 톨
- 로 얄 막 파 싸 리 톨
- 로 얄 막 파 싸 리 톨
- 로 얄 막 파 싸 리 톨
- 로 얄 막 파 싸 리 톨
- 로 얄 막 파 싸 리 톨
- 로 얄 막 파 싸 리 톨

4. 일반적인 발음 연습

[빠른 속도로 문장을 읽는다]

- 신진 샹송 가수의 신춘 샹송 쇼우
- 서울특별시 특허 허가과 허가과장 허과장
- 한국관광공사 곽진광 관광과장
- 경찰청 쇠창살 외철창살, 검찰청 쇠창살 쌍철창살
- 고려고 교복은 고급교복이고
- 고려고 교복은 고급원단을 사용했다
- 저 분은 법학박사이고 이 분은 박 법학박사이다

5. 의태어 발음 연습

[빠른 속도로 문장을 읽는다]

- 호동이 문을 도로록, 드르륵, 두루룩 열었는가
- 도루륵, 드로록, 두르룩 열었는가
- 땅바닥 다진 닭발 바닥 발자국
- 땅바닥 다진 말발 바닥 발자국
- 육통 통장 적금통장은 황색 적금 통장이고
- 팔통 통장 적금통장은 녹색 적금 통장이다
- 작은 토끼 토끼통 옆에는 큰 토끼 토끼통이 있고
- 큰 토끼 토끼통 옆에는 작은 토끼 토끼통이 있다

 보이스 트레이닝 보너스 훈련

(1) 볼륨 조절 훈련 [목소리의 강, 약 조절을 위한 연습]
훈련 – 단계별로 목소리의 세기를 다르게 내어본다.

저기요. (약 : 옆에 있는 사람에게)

저기요. (중간 : 문 앞에 있는 사람에게)

저기요. (강 : 길거리에 있는 사람에게)

(2) 감정 조절 훈련 [스피커의 감정을 이입시켜 청중과의 공감대를 형성하기 위한 연습]
훈련 – 먼저 정확한 발음을 한 후, 감정을 실어서 표현해본다.

봄바람에 다홍치마가 펄럭펄럭 날립니다. (상쾌하게)

맨주먹으로 권총 든 강도를 때려잡았습니다. (날카롭게)

어젯밤에 할머니가 돌아가셨어요. (슬프게)

반갑다. 친구야~!! (반갑게)

아이~ 예뻐라 (사랑스럽게)

열심히 운동한 선수들의 모습은 진한 감동을 줍니다. (진지하게)

보이스 트레이닝 실전

지금까지 좋은 목소리를 내기 위한 핵심적인 요소들에 대해 알아보았습니다. 이전 내용을 모두 고려하여 스피치를 위한 실전 종합훈련을 수행해보기 바랍니다.

As if! *마치 아나운서와 기상캐스터가 되었다라고 생각하고 실전연습하기*

1. 아나운서 스피치

[아나운서와 같이 분명하고 정확한 어휘를 구사하기 위해 호흡을 조절하고 발성 및 공명 등을 유념해서 말해본다]

/ 뉴스기사 대본 /

세계박람회를 우리나라로 유치하기 위한 장외 외교전이 한창입니다. 정부가 박람회 유치활동을 위해 공식 초청한 인사는 도미니카의 피에르 찰스총리, 팔라우의 토미 레멩게사우 대통령, 세인트 킷츠 네비스 연방의 덴질 더글라스 총리, 나미비아의 하게 게인곱 총리 등 정상급 인사가 9명입니다.

또한 미겔앙헬 로드리게스 코스타리카 전 대통령, 빅토르 오르반 전 헝가리 총리와 각국 각료급 21명도 함께 초청됐습니다.

2. 기상캐스터 스피치

[생활과 밀접한 날씨 정보를 짧은 시간 내 정확하게 전달해 본다. 이때 기상캐스터 멘트 스타일은 일반 아나운서와 달리 친근한 모습을 보이는 특징을 살려 표현해본다.]

오늘까지는 고온현상이 계속되겠습니다. 어제만큼 따뜻하다고 보셔야겠는데요. 낮 기온은 조금 낮아지겠습니다. 서울은 21도, 광주는 25도까지 오르겠고요. 여전히 평년기온을 3도에서 7도 가량 크게 웃돌겠습니다. 오후에는 일부 중부지방에서 약한 빗방울이 떨어지는 곳이 있겠고요, 밤에는 남해안 지방부터 비가 시작되겠습니다. 주말인 내일과 모레에 걸쳐 전국에 비가 내리겠습니다. 현재 기온서울이 16도, 철원 10도로 어제 같은 시각보다 조금 올랐습니다. 낮 기온은 어제보다는 조금 낮아지겠지만 무척 따뜻하겠습니다. 서울 21도, 청주와 대전 23도, 광주와 전주는 25도까지 오르겠습니다. 물결은 제주 남쪽 먼바다에서 2.5m까지 다소 높게 일겠습니다. 날씨였습니다.

※ 이밖에 다양한 기사 멘트는 각 방송사 홈페이지에 방문하여 기사 다시보기를 통해 얼마든지 확인할 수 있습니다.

2. 프레젠테이션 실습하기

지금까지 앞에서 거론된 사항들을 잘 수행했다면 프레젠테이션을 위한 모든 작업을 완료한 것입니다. 분석을 통해 청중과 환경을 이해하여 내용을 구조적으로 잘 구성했을 뿐만 아니라 매력적으로 메시지를 전달할 노하우를 갖추게 된 것입니다. 이제 실전에 앞서 마지막으로 자신이 준비한 발표자료를 토대로 프레젠테이션을 연습하기 바랍니다.

발표 연습을 위해서는 발표자료(PPT, Prezi 등)를 컴퓨터 화면에 띄워놓고 설명하듯이 내용을 읽어 내려가는 것도 좋지만 청중들이 인지하는 비언어적 요소를 고려해본다면 다소 불안감이 존재합니다. 그렇기 때문에 한두 번 내용을 읽어봄으로써 머릿속에 내용을 기억해두고 다음으로 반드시 실전과 같은 발표 자리를 경험해봐야 합니다.

1) 실제 장면 연출

첫 번째 방법은 화면을 띄운 상태로 일어서서 자세를 바로하고 발표자료에 시선을 두지 않은 채 실제 청중들이 앞에 있다고 생각하고 발표를 진행해보는 것입니다. 이때 프레젠테이션 포인터(빔 포인터)가 있으면 다음 장면을 넘기기 위해 불필요한 시간을 허비하지 않을 수 있습니다. 그리고 무엇보다 가장 좋은 경험은 발표 장소에 미리 가서 연습해보는 것입니다. 상황이 여의치 않을 경우에는 집이나 자신만의 공간에서 꼭 사전 예행연습을 하기 바랍니다.

더불어 발표를 진행하는 도중에 내용을 놓쳐버릴 위험이 있거나 어려운 용어들을 표현해야 할 때는 미리 발표카드를 만들어서 자연스럽게 카드를 보며 내용을 전개해 나가도 자연스럽습니다. 발표 석상에서는 항상 변수가 발생하기 때문에 만반의 준비를 갖춰야 합니다.

발표카드를 본다고 해서 발표자의 전문성이 낮아 보이거나 그 자세가 불안해 보이지는 않습니다. 물론 가볍게 빨리 카드를 쳐다보고 시선은 바로 청중을 향해야 합니다. 그런데 발표카드를 작성할 때도 유의할 점이 있습니다. 핵심 단어 위주로 바른 글씨체로 크게 적어 두어야 합니다. 그 반대로 빼곡히 깨알 같은 글씨로 너무 많은 내용을 써놓게 되면 자신이 적은 글자도 한눈에 확인할 수 없게 되므로 허둥지둥하며 당황할 수 있습니다.

유명 인사들도 프레젠테이션 할 때 발표카드를 손에 들고 있는 모습들이 자주 확인됩니다. 오히려 자신만만하다가 내용을 놓쳐 당황하는 모습을 보이는 것보다는 사전에 발표카드를 준비하는 편이 훨씬 바람직하겠습니다.

부가적으로 발표자의 간결하고 명확한 어휘구사력도 중요한 연습사항입니다. 세련되고 여유 있는 내용 전달을 위해서는 발표 내용을 완전히 숙지하고 있어야만 가능합니다. 완전한 연습이 이루어지지 않았을 때 보통 PPT를 보고 읽게 되는데, 절대로 자료내용을 전달하는 식의 프레젠테이션은 금물입니다.

내용을 전달하기 위해 발표 자료들은 이미 청중들에게 제시가 되었기 때문에 똑같은 내용을 읽게 되면 집중도와 흥미도는 급격히 떨어지게 됩니다. 따라서 핵심주제를 분명히 제시하고 사례와 비유, 또는 청중들이 이해하기 쉬운 예시 등을 관련지어 쉽게 설명해야 합니다. 다음에 제시되는 사항들을 보고 연습 시, 자가진단해 보기 바랍니다.

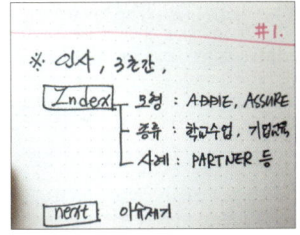

> ☑ 단순하고 알기 쉬운 언어로 표현하는가?
> ☑ 부정적인 예시보다 긍정적인 예시를 더 많이 사용하는가?
> ☑ 짧은 문장으로 간결하게 제시하되, 전체를 아우르는 핵심 사항을 반복하였는가?
> ☑ 청중의 특성을 감안해서 일반화된 사례와 근거를 제시하는가?
> ☑ 습관적인 반복어(말버릇)를 사용하지 않았는가?
> ☑ 주제와 관련한 유머요소를 적절히 사용하는가?

2) 발표 장면 촬영

프레젠테이션 예행연습에 효과적인 방법을 하나 더 추천하고자 합니다. 바로 자신의 발표 모습을 더욱 생생하게 확인해 볼 수 있는 '프레젠테이션 콘텐츠 제작'에 관한 내용입니다.

지금은 바야흐로 '1인 콘텐츠 시대' 입니다. 누구나 자신이 만든 자료를 영상화하여 내레이션을 입히거나 실제 라이브방송을 진행하기도 합니다. 또는 일상에서의 이벤트를 스마트 폰으로 녹화하는 것은 일상이 되었습니다.

이러한 촬영과 기록과정은 프레젠테이션 예행연습에서 매우 유용하게 쓰일 수 있습니다. 하나의 예를 통해 설명하도록 하겠습니다. 요즘 학교현장에서는 팀 단위로 프로젝트를 많이 수행하는데 프로젝트의 결과물을 발표하기 위해 프레젠테이션을 준비할 때가 많습니다. 이때 특정 발표자의 모습을 모니터링해주기 위해 팀원인 동료 학습자들이 한마디씩 피드백을 해주기도 합니다. 누군가에게 피드백을 받는다는 것은 발전적인 일이긴 하지만 간혹 상처를 받을 때도 있습니다. 더욱이 동료 학습자들은 프레젠테이션 전문가가 아니기 때문에 직관적인 의견을 가감 없이 말할 때가 있습니다. 그럴 때 간혹 발표자는 당황스러운 지적을 받기도 합니다. 그렇게 되면 본 발표를 하기도 전에 발표자는 상당히 위축되고 부정적 마음이 들기도 합니다. 이럴 때 효과적인 방법은 바로 자신의 모습을 자기 스스로가 확인해 보는 것입니다. 바로 객관화를 해보자는 취지입니다. 백 마디 말보다 한 번의 영상을 통해 자신이 어떤 문제가 있고 어떻게 하면 자연스러운 발표 모습이 연출될지 확인할 수 있기 때문에 적극적으로 발표 모습을 촬영해보기를 권유합니다.

발표 장면을 촬영할 때는 발표 모습을 스마트 폰이나 디지털 카메라를 통해 찍어보는 것이 가장 쉬운 방법입니다. 이때 외형적인 자세나 태도, 시선 등을 확인할 수 있습니다. 그러나 보다 세부적으로 발표 장면마다의 메시지를 점검하기 위해서는 PPT를 띄워놓고 화면과 음성을 동시에 녹화하는 방법*을 추천합니다. 발표자료 영상물을 스스로 모니터링해보면 평소 자신의 어투와 발음 등을 면밀하게 분석할 수 있습니다. 많은 사람들이 자신의 모습을 영상화해서 보게 되면 공통적으로 어색하고 불편하게 느낍니다. 그러나 수차례 반복하고 콘텐츠를 자료화하는 경험을 통해 질 높은 결과물을 얻을 수 있습니다.

교수자를 위한 tip

프로젝트 수업 후 결과 발표를 진행하기 위해서는 많은 시간이 소요됩니다. 이때 조금 더 시간을 효율적으로 활용할 수 있는 방법에 대해 소개하고자 합니다. 바로 발표자료를 영상물로 제작하여 웹(LMS:학습관리 시스템, 학급 홈페이지, 블로그, 카페)에서 사전 공유하고 교수자뿐만이 아닌 동료들에게도 평가를 실시하는 방법입니다. 이때, 동료 평가의 비율은 30%를 넘어서는 안됩니다. 비전문가의 평가가 과반수가 넘게 되면 학생들은 평가에 대해 불신하게 되므로 학습자간 평가는 30% 미만, 교수자의 평가는 70% 이상이 바람직합니다. 또한 평가 우수자 상위 그룹은 학교 수업시간에 다시 실제 프레젠테이션을 진행하게 하여 최후의 우승팀을 선별하는 것이 흥미를 높이는데 도움이 됩니다.

---

* 이러한 방법은 Part3-PPT의 동영상 제작하기 단원에서 상세하게 설명이 되어 있으므로 참고하기 바랍니다.

◆ 설득을 위한 프레젠테이션을 위하여 프로젝트 결과를 영상으로 제작하여 LMS에 탑재함. 내용 구성 면에서는 구체적인 통계 및 다양한 실 사례를 탐색, 연구한 이후에 새로운 가치를 부여하여 결과물을 구성함

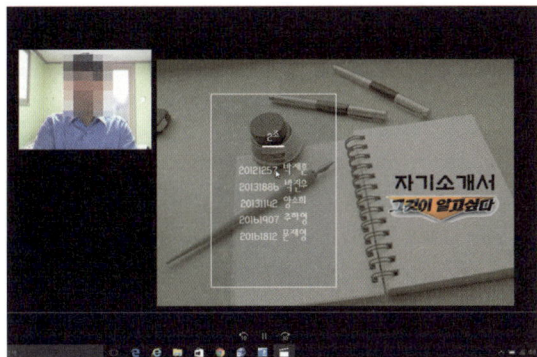
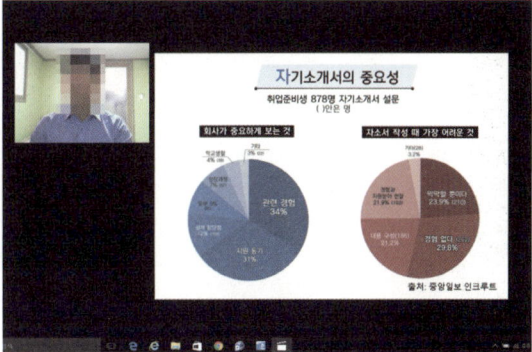
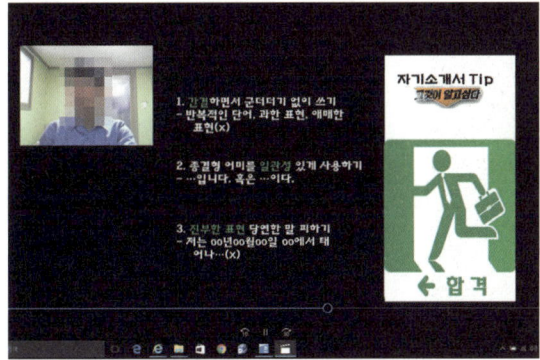
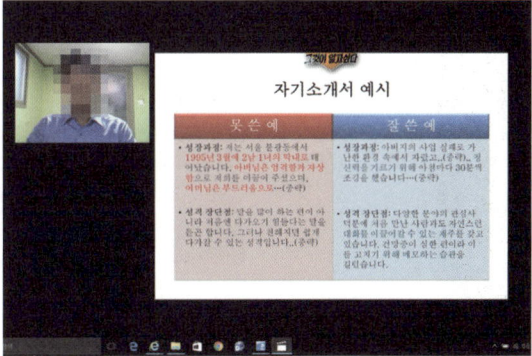
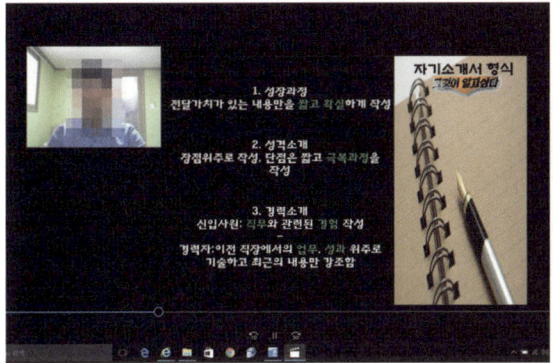
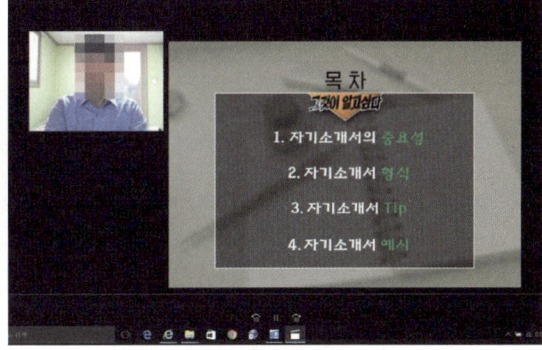

◆ 동영상 편집 또는 이미지 편집 도구를 학습하여 강의 형태로 콘텐츠를 제작한 후, 학습자들에게 공개하여 활용할 수 있도록 상세히 동영상을 제작함. 이러한 자료는 차기 학기에 좋은 학습의 예제물이 될 수 있음

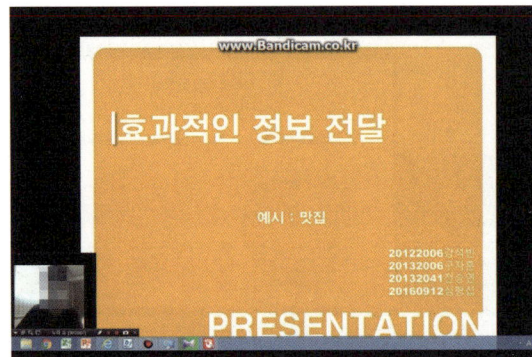

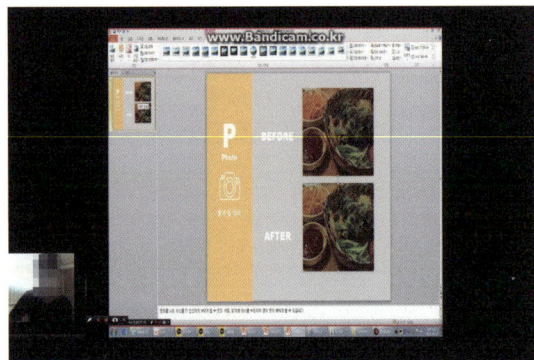

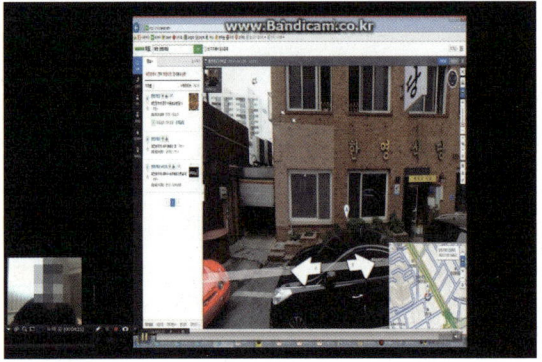

◆ 협력하여 과제를 수행하고 각 Chapter별로 팀원 모두가 수업결과를 발표함으로써 무임승차를 방지할 수 있음.

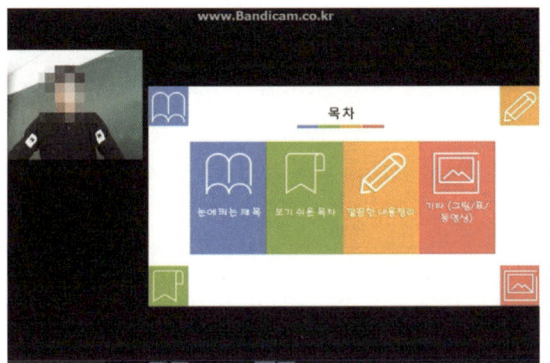

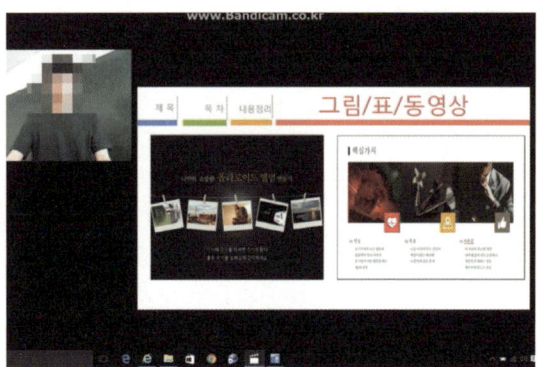

Analysis : 분석

이제 마지막으로 성공적인 프레젠테이션을 위한 점검단계가 남아있습니다. PT를 준비하는 것에서부터 실제 PT를 수행하고 난 이후 평가를 통해 결과를 분석하는 일은 매우 중요합니다. 그래야만 다음 프레젠테이션에서 시행착오를 줄일 수 있기 때문입니다.

평가를 진행하고 나면 그 결과를 통해 자신의 프레젠테이션을 분석할 수 있습니다. 평가의 종류도 여러 가지로 세분할 필요가 있습니다. 다음에 제시되는 각 단계별 평가 유형에 따라 자신의 프레젠테이션을 분석하고 차후 개선된 PT를 위한 근거자료로 활용하기 바랍니다.

1. 사전평가 및 분석

1) 프레젠테이션 역량 확인

평소 자신의 PT에 대해 얼마만큼 확신을 가지고 있나요. 어떤 내용이 주어지더라도 유연하게 PT를 진행할 수 있나요? 선뜻 자신 있게 '그렇다'라고 대답할 수 있는 사람은 드물 것입니다. 그런데 자신이 없다는 것은 자신을 정확히 이해하고 있지 않다는 뜻이기도 합니다. 스스로의 PT 역량을 확인할 때 무엇이 부족하고 무엇이 강점인지를 알아낼 수 있습니다. 그것으로 인하여 부족한 점은 보완하고 강점은 강화하면 멋진 프리젠터가 될 수 있습니다.

프리젠테이션 역량 진단표

역량 구분		진단 문항	평가척도					소계
			SA	A	U	D	SD	
			5	4	3	2	1	
논리적 사고 역량	①	현상(주제)을 체계적으로 분석한다.			✓			
	②	분석결과를 발표 내용에 포함시킨다.			✓			
	③	제시된 주장에 대한 논리가 타당하다.			✓			
	④	설득을 위한 근거자료가 충분하다.				✓		11
자료 수집 역량	⑤	평소 독서를 많이 하는 편이다.		✓				
	⑥	고급정보 사이트를 많이 알고 있다.			✓			
	⑦	매스컴을 통해 주요이슈를 잘 도출한다.			✓			
	⑧	주변사람과의 정보교류가 활발하다.			✓			12
자료 구성 역량	⑨	스토리라인을 구상하고 내용을 전개한다.			✓			
	⑩	스토리텔링으로 이야기전개 훈련을 한다.					✓	
	⑪	내용구성은 도입, 전개, 결말이 명확하다.		✓				
	⑫	전달하고자 하는 메세지의 양은 적절하다.			✓			11
디자인 역량	⑬	템플릿은 발표주제 및 내용과 조화롭다.			✓			
	⑭	시각자료는 이해하기 쉽게 구성한다.	✓					
	⑮	효과적으로 동영상 자료를 활용한다.	✓					
	⑯	PT 저작도구(ppt,prezi)를 능숙하게 다룬다.	✓					19
스피치 역량	⑰	열정과 진정성이 느껴지는 발표를 한다.	✓					
	⑱	청중반응을 잘 감지하고 적절히 대응한다.		✓				
	⑲	언어적·비언어적* 요소를 효과적으로 사용한다.	✓					
	⑳	시작에서 끝맺음까지 시간관리가 정확하다			✓			18
자가분석		디자인과 스피치 역량은 높은 편이나 실제 발표 자료를 준비과정에서 중요한 논리적 사고, 자료수집 및 구성 능력이 상대적으로 부족하다는 것을 느꼈다.	총 합계					71
개선사항		평소 어느 정도 ppt 능력은 갖추고 있어 .자료를 만드는 것은 자신 있었으나 실제 내용을 구성하는 전략이 취약한 점을 인지하게 되었다. 이를 보완하기 위해 앞으로는 독서를 많이 하고 스토리텔링 훈련도 강화하겠다.						

※ SA: Strongly Agree / A: Agree / U: Undecided / D: Disagree / SD: Strongly disagree

* 언어적 표현: 목소리 강약조절, 발음, 속도 등 / 비언어적 표현: 표정, 인상, 시선, 제스처, 동선 등

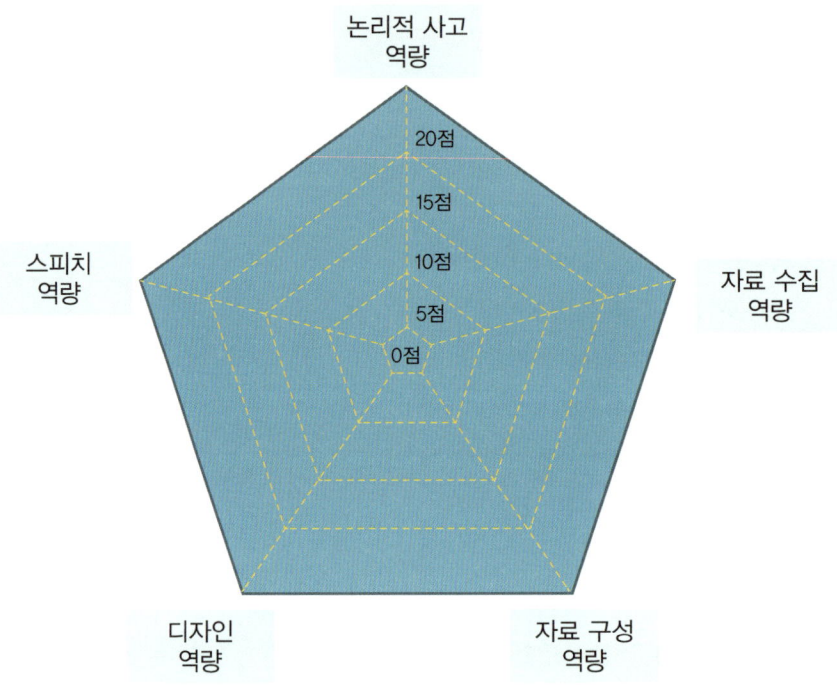

프레젠테이션 역량 프로파일링

[활용 및 해석 방법]
(1) 역량 진단표를 통해 확인된 점수를 각 역량에 표시한 다음 선분으로 연결
(2) 시각적으로 역량별 강점, 약점을 한눈에 인지할 수 있게 되면 점수가 낮은 역량에 대해 세부 개선 방안을 도출함
(3) 전체적으로 역량을 상향조정하여 균형 잡힌 역량 프로파일이 될 수 있도록 노력해야 함

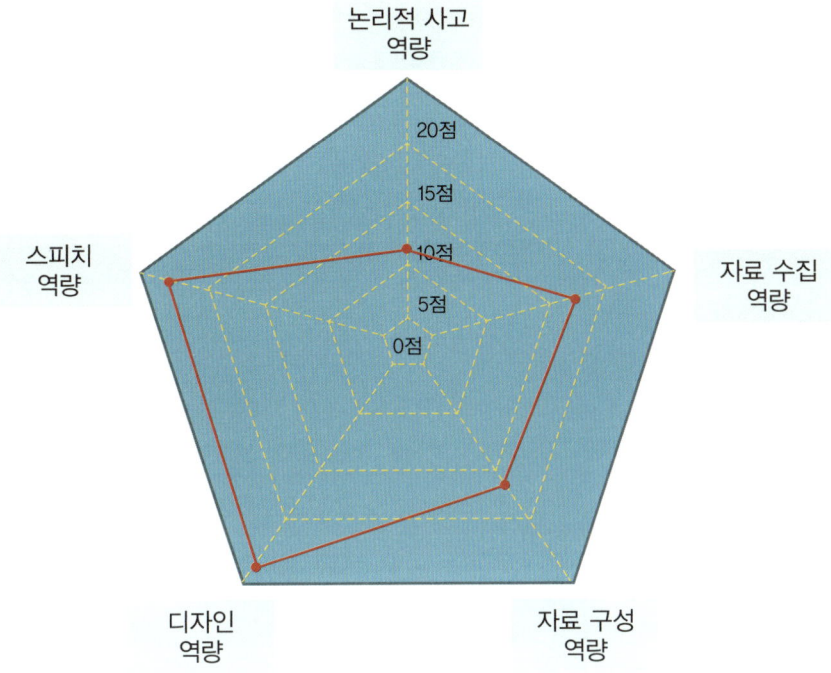

(샘플 프로파일: 논리적 사고, 자료수집, 자료 구성 역량이 상대적으로 낮아 전체적인 균형이 안 맞음)

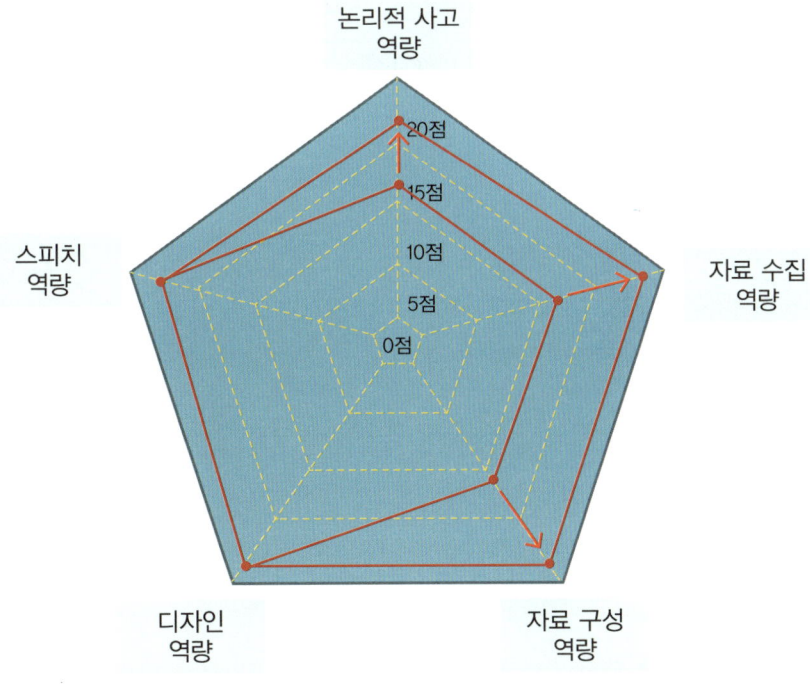

(지향점: 약점 역량을 보완하여 전반적으로 균형 있는 프로파일이 완성됨)

2) 사전 프레젠테이션 점검

완벽한 프레젠테이션을 위해서는 세심한 부분까지 신경을 써야합니다. 발표는 종합예술이기 때문에 내용 구성, 설득력 있는 스피치, 유연한 자세 등 어느 한 가지도 소홀히 할 수 없습니다. 그중에서도 실전 발표장에서 벌어질 수 있는 돌발 상황에 대비한 사전 점검은 필수입니다. 발표전 발표자료 및 매체와 환경에 관한 체크 사항을 살펴보고 PT전에 꼭 한번 검토해보기 바랍니다.

프레젠테이션 사전 점검표

내용 구분	점검 사항	Check(✓)
발표자료	사용하고자 하는 저작도구(Power Point, Prezi 등)가 발표장 컴퓨터에 설치되어 있는가?	
	저작도구의 소프트웨어 버전은 일치하는가?	
	본문에 사용한 글꼴은 깨지지 않는가, 별도의 글꼴파일을 저장해두었는가?	
	본문에 사용한 동영상은 정상적으로 재생되는가?	
	자료에 삽입한 링크가 제대로 연결되는지 인터넷은 확인하였는가?	
발표장 환경	프로젝터는 제대로 작동하는가?	
	스피커(볼륨 적절히)가 제대로 작동하는가?	
	마이크 상태는 양호한가, 무선일 경우 배터리는 충분한가?	
	조명이 지나치게 밝거나 어둡지 않은가?	
	무대에 발표자의 동선에 방해될 만한 장애물은 없는가?	
	무대에 패인 부분이나 위험한 곳은 없는가?	
준비물	노트북을 별도로 지참하고 배터리는 충분한가?	
	빔 포인터는 지참하였는가?	
	청중에게 제공할 보상 선물은 준비해두었는가?	
	발표카드(스크립트)는 작성해두었는가?	

※ 발표 한 시간 전에는 미리 발표장에 도착해서 여러 가지 점검 사항을 체크해야 합니다. 30분은 물리적 환경이나 시스템을 점검하는 시간이고 30분은 발표자료를 다시 한 번 살펴보고 내용을 정리하며 마음의 준비를 하는 시간입니다. 발표시간에 임박해서 도착하게 되면 상대적으로 불안감이 앞서기 때문에 성공적으로 PT를 완수할 수 없습니다.

2. 사후평가 및 분석

1) 프레젠테이션 수행력

프레젠테이션을 마치고 난 이후에는 자신의 PT에 대해 자가진단해 볼 것을 권유합니다. 진단 결과, 부정적인 요인이 발견되면 원인이 무엇인지 찾아보고 반드시 잘못된 행동은 개선하려고 노력해야 합니다. "세살 버릇 여든까지 간다."는 속담이 있습니다. PT도 마찬가지로 처음부터 잘못 길을 들여놓으면 여간해서 그 스타일이 변하지 않기 때문에 처음부터 제대로 습관을 바로잡아야 합니다. 실전 발표 후 아래 양식을 바탕으로 자신을 객관적으로 평가하고 자신의 장점과 단점을 파악하여 프레젠테이션 역량을 높이기 바랍니다.

구분	평가 항목	판단여부(○, △, ×)
기획	☐ 프레젠테이션의 목적과 의도는 정확히 전달되었는가?	
	☐ 요구분석을 토대로 적절한 내용을 구성하였는가?	
	☐ 주장에 대한 논리적 근거는 충분히 제시하였는가?	
	☐ 청중이 공감할만한 사례나 비유를 제시하였는가?	
시간관리	☐ 발표장에 미리 도착하여 충분한 준비시간을 가졌는가?	
	☐ 발표진행 시간은 잘 지켰는가, 특히 마무리 시간에 여유가 있었는가?	
발표자료	☐ 내용을 전달하는데 발표자료의 양은 적절하였는가?	
	☐ 청중들이 알아보기 쉽게 발표자료를 디자인하였는가?	
	☐ 발표자료의 컨셉(템플릿 등)은 발표주제와 어울렸는가?	
주의집중	☐ 첫인사는 인상적이며 청중들의 이목을 집중시켰는가?	
	☐ 발표주제와 관련하여 이슈를 제시하였는가?	
	☐ 마무리는 감성적 접근으로 설득을 강화시켰는가?	
전달	☐ 열정적 자세로 발표 내내 미소를 잃지 않았는가?	
	☐ 시선은 고루 분산하여 아이컨텍을 잘 하였는가?	
	☐ 행동반경은 적절히 유지하였는가?	
	☐ 발표목적(설득, 호소, 강조 등)에 따라 적절한 제스처를 취했는가?	
	☐ 호흡은 안정되었는가?	
	☐ 말의 속도와 발성은 안정되었는가?	
	☐ 분명한 발음으로 전달력을 높였는가?	
	☐ 청중들이 이해하기 쉬운 용어로 개념을 전달하였는가?	
	☐ 슬라이드와 멘트는 동시적이었나?	
	☐ 청중과의 상호작용(참여유도, 질의응답 등)은 원활하였는가?	

2) 프레젠테이션 사후성찰

지금까지 프레젠테이션을 분석하기 위한 양적평가(설문형태)를 진행해보았습니다. 그런데 한 템포 더 나아가 심층적 질문을 통해 자신이 평소 PT에 대해 생각하고 있는 것과 앞으로 개선할 사항들을 고민해보기 바랍니다. 아래 제시되는 Open Question을 통해 자문자답해보면서 자신만의 PT 전략과 실천사항 등을 도출해보기 바랍니다.

---

a. 프레젠테이션을 수행할 때 가장 중요시 되어야 하는 부분은 무엇인가?

✓ 청중 분석
✓ 발표 주제 요구분석
✓ PPT 제작 능력
✓ 청중을 사로잡는 무대매너

---

b. 프레젠테이션을 위한 자신만이 가지고 있는 장점은 무엇인가?

✓ 어릴 적 웅변을 배운 경험이 있어 호소력 짙은 음색과 정확한 발음을 구사할 수 있다.
✓ 컴퓨터를 다루는 능력이 남달라 다양한 저작도구를 통해 발표자료를 개발할 수 있다.
✓ 사람들과 대화하는 것을 좋아해서 누군가의 말에 호응해주는 스킬이 남다르다.

---

c. 프레젠테이션을 수행할 때 자신의 단점은 무엇인가?

✓ 발음은 정확한 편이나 평소 성격이 급해 말이 좀 빠른 편이다.
✓ 자료를 개발하는 능력은 뛰어나지만 색감이나 색채에 대한 감각은 떨어진다.
✓ 임팩트 있게 내용을 전달하기 위해 내용을 요목화하는 능력이 떨어진다.
✓ 표정이 늘 굳어있어 발표할 때에도 좋은 인상을 주는 편은 아닌 것 같다.

d. 프레젠테이션 할 때 자신만의 성공전략이 있다면 무엇인가?

✓ 청중들과의 다양한 Ice Breaking을 통해 집중력과 흥미를 유발시킨다.
✓ PPT 전 화면에 진행되고 있는 목차를 표시하여 발표의 흐름 및 진행상황을 인지시킨다.
✓ 발표 주제와 관련된 사회이슈를 거론하면서 이해를 증진시킨다.

e. 전반적으로 성공적인 프레젠테이션을 위해 개선할 사항이 있다면 무엇인가.

✓ 평소 목 관리를 철저히 해야겠다. 특히 발표 전 목을 마르게 하는 녹차는 마시지 않겠다.
✓ 청중과의 호흡을 위해 유머스피치를 연마하겠다. 그러기 위해서는 TED나 강연관련 프로그램을 보고 명강사들의 스피치를 연구해볼 생각이다.
✓ 논리적 사고가 부족하여 하나의 주제를 전개해 나갈 때 그저 나열식으로 내용을 전개했다. 이점을 보완하기 위해서는 논리력을 높일 수 있는 관련 서적을 탐독하고 콘텐츠를 구조화하는 연습을 많이 해야겠다.

Part 2

저작도구 파워포인트

프레젠테이션을 위해 많이 사용되는 파워포인트는 교육기관뿐만 아니라 업무현장에서도 보편적으로 알려진 프로그램입니다. 다양한 프레젠테이션 도구들 중 파워포인트를 많이 사용하는 이유는 오랫동안 사용해 온 장점이 있습니다. 최근 국회 시정연설에서 프레젠테이션이 활용되면서 공무원들의 필수 프로그램으로 인식되고 있는 추세입니다. 본 파트에서는 파워포인트 프로그램을 이용해 PPT 예제를 따라하면서 배울 수 있고 실무 예제를 사용하여 바로 활용할 수 있습니다.

파워포인트 화면 구성 및 환경 설정

파워포인트 2016은 하위 버전에서 사용하던 기능들을 사용할 수 있고, 새로운 기능을 부분별로 추가하여 이전 버전 사용자들도 어렵지 않게 프로그램을 사용할 수 있습니다.

1. 파워포인트 화면 구성

파워포인트 2016의 화면 구성을 알아보겠습니다. 각 용어를 기억해두면 작업하는데 좀 더 빠르게 작업할 수 있습니다. 2013 버전과는 크게 다르지 않으며, 그 하위 버전에서도 유사하게 구성되어 있습니다.

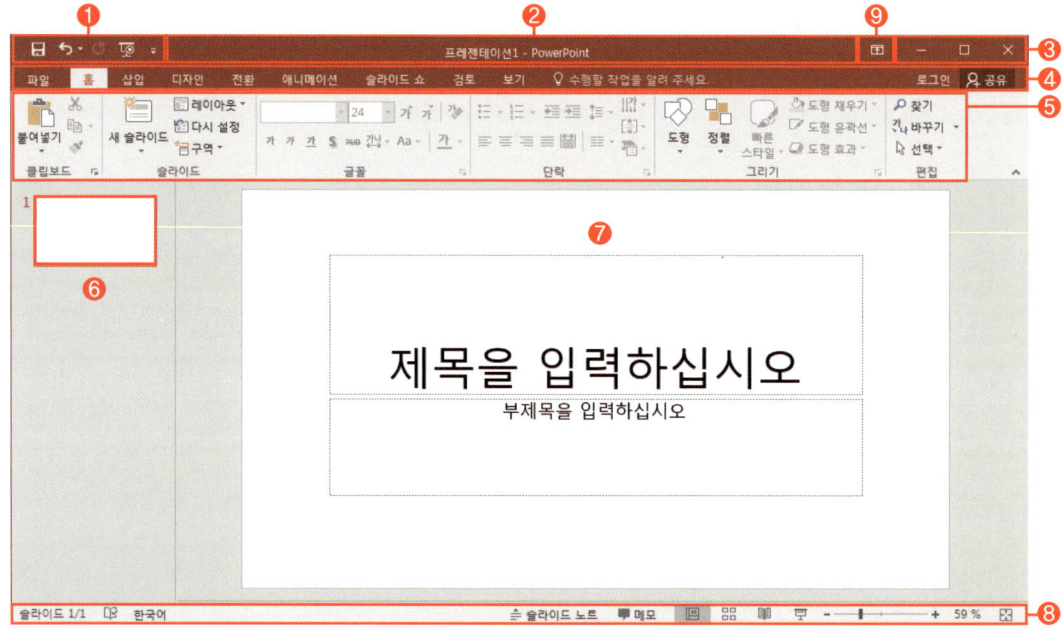

❶ **빠른 실행 도구 모음** : 명령을 빠르게 실행하기 위해서 모아 놓은 도구들로 사용자가 자주 사용하는 도구들을 추가해서 사용할 수 있습니다. 기본적으로 저장, 실행 취소, 다시 실행, 처음부터 시작(F5)으로 구성되어 있습니다. 저장 아이콘 왼쪽 빈 영역은 창 제어 메뉴가 있습니다. 더블클릭하면 창이 닫힙니다. 또한 리본 메뉴 아래로 이동할 수 있습니다.

❷ **제목 표시줄** : 파일명과 프로그램 이름이 표시되는 곳입니다.

❸ **창 제어 단추** : 최소화, 최대화/이전 크기로 복원, 닫기로 이루어져 있습니다.

❹ **탭 메뉴** : 파워포인트의 메뉴들이 있는 곳입니다. 2016 버전에는 메뉴를 검색해서 바로 적용

할 수 있는 '수행할 작업을 알려 주세요' 텔미 기능이 추가되어 있습니다. 로그인은 어디서나 Office.com에 로그인하여 문서를 사용하고 어떤 장치에서도 더욱 향상된 나만의 환경에서 작업할 수 있습니다. 공유 기능은 작업 중인 사용자를 보고 공유 옵션을 가져옵니다.

❺ **리본 도구 모음** : 탭 메뉴를 선택하면 활성화되는 곳으로 각각의 메뉴들이 그룹으로 구분되어 쉽게 찾아 사용할 수 있습니다.

❻ **미리보기 창** : 슬라이드 작업 창의 내용을 축소해서 표시합니다. 슬라이드를 빠르게 이동할 수 있습니다.

❼ **슬라이드 작업 창** : 프레젠테이션을 실제 작업하는 영역으로 다양한 파워포인트 기능을 수행하는 영역입니다.

❽ **상태 표시줄** : 전체 슬라이드 중 현재 슬라이드의 위치, 맞춤법 검사, 언어, 슬라이드 노트 열기/닫기, 메모 창 열기/닫기, 보기 모드, 확대/축소 등이 있습니다.

❾ **리본 메뉴 표시 옵션** : '리본 메뉴 자동 숨기기, 탭 표시, 탭 및 명령 표시'로 선택해서 변경 가능합니다. 화면의 넓이를 조절할 수 있습니다.

2. 파워포인트 환경 설정

파워포인트를 설치하면 기본으로 설정된 옵션들이 있습니다. 사용자가 좀 더 편리하게 변경 가능한 내용들을 몇 가지 설명하겠습니다.

1) 한/영 자동 고침 옵션

사용자가 'cm'와 같은 단위를 입력할 경우 한글의 '츠'로 자동 변경되어 입력이 불편할 경우, 입력 중 오타가 발생하면 한글은 영어로 영어는 한글로 바뀌는 경우 '한/영 자동 고침' 옵션을 해제하고 사용할 수 있습니다. 필요에 의해서 다시 설정해서 사용할 수도 있습니다.

01 설정하는 방법은 파워포인트 [파일] 탭 – [옵션] 메뉴를 클릭해 [PowerPoint 옵션] 대화상자를 열고 [언어 교정]을 선택 후 '자동 고침 옵션'을 클릭합니다.

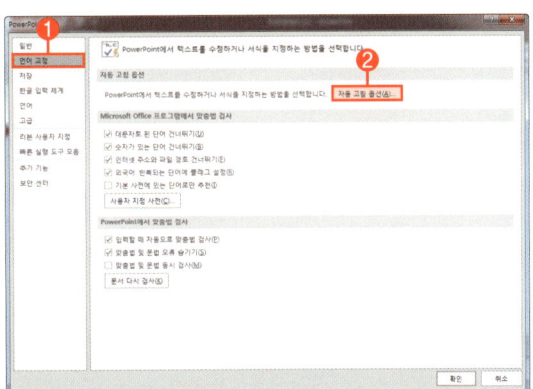

02 [자동 고침] 대화상자의 [자동 고침] 탭에서 '한/영 자동 고침'의 선택을 해제한 후 [확인]을 클릭합니다.

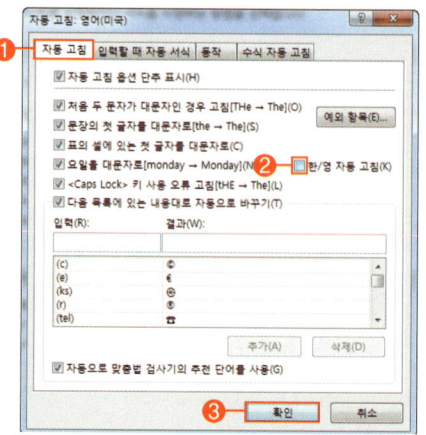

03 [PowerPoint 옵션] 대화상자의 [확인]을 클릭해 적용합니다.

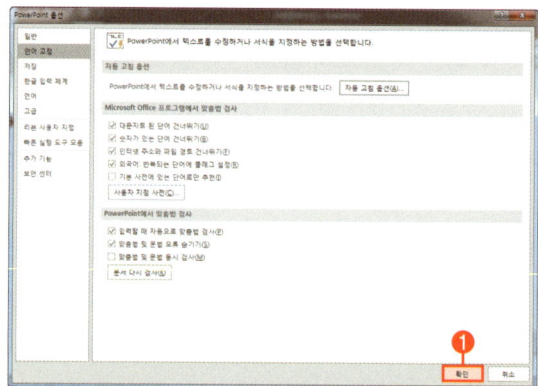

2) 실행 취소 최대 횟수

이전에 실행한 내용을 취소할 경우 Ctrl + Z 나 ↶를 이용하여 실행 취소를 합니다. 이때 최대 횟수를 기본값 '20'에서 원하는 횟수로 변경할 수 있습니다. 횟수는 3~150까지 변경 가능합니다.

01 [파일] 탭 [옵션] 메뉴를 클릭하고 [PowerPoint 옵션] 대화상자에서 [고급]을 클릭한 후 '편집 옵션' 그룹의 '실행 취소 최대 횟수'를 '100'으로 입력하고 [확인]을 클릭해 적용합니다.

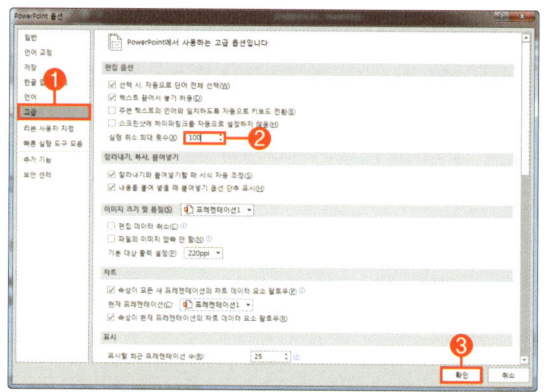

3) 빠른 실행 도구 모음 설정

빠른 실행 도구 모음은 자주 사용하는 메뉴를 등록한 후 사용하는 방법으로 명령어 찾는 시간을 절약할 수 있습니다. 빠른 실행 도구 모음을 리본 도구 아래로 이동하고 설정하는 것이 편리합니다.

01 [파일] 탭 – [옵션] 메뉴를 클릭하여 [PowerPoint 옵션] 대화상자를 열고 [빠른 실행 도구 모음] 선택합니다. 오른쪽 '저장'을 선택 후 왼쪽 '명령 선택' 영역의 '새 파일' 명령을 찾아서 더블클릭합니다. 오른쪽에 등록된 명령을 ▲[위로 이동] 버튼을 눌러 자리를 배치합니다.

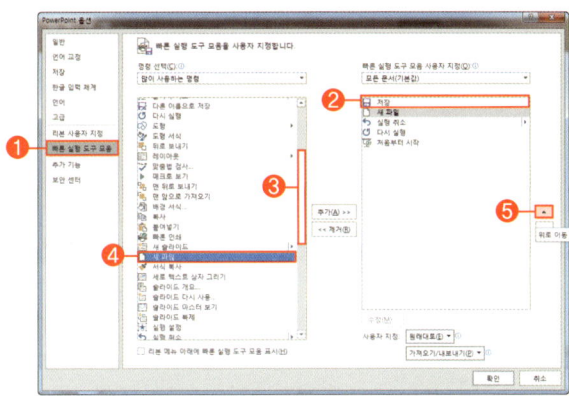

02 변경된 결과를 확인할 수 있습니다.

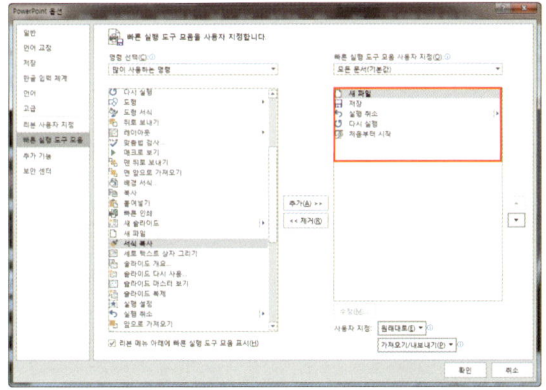

4) 빠른 실행 도구 모음 파일로 등록하기

자주 사용하는 명령을 같은 방법으로 등록한 후 파일로 저장해 다른 컴퓨터에서도 사용하는 방법을 알아보겠습니다. 나만의 명령 배치를 만들어 등록하고 다시 불러오는 방법입니다. 여기서는 미리 만들어진 도구 모음을 파일로 제공하였습니다.

01 [파일] 탭 – [옵션] 메뉴를 클릭하고 [Power Point 옵션] 대화상자에서 [빠른 실행 도구 모음] 선택 후 아래쪽에 '리본 메뉴 아래에 빠른 실행 도구 모음 표시'를 선택합니다. 오른쪽 '가져오기/내보내기' 클릭하고 '사용자 지정 파일 가져오기'를 클릭합니다.

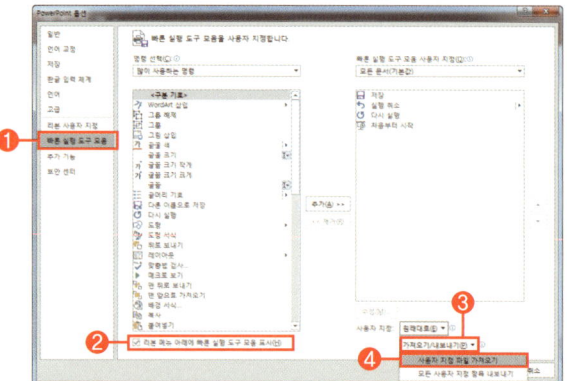

02 지정된 폴더 위치에서 'PowerPoint Customizations.exportedUI' 파일을 선택하고 [열기]를 클릭합니다.

예제 : 01/PowerPoint Customizations.exportedUI

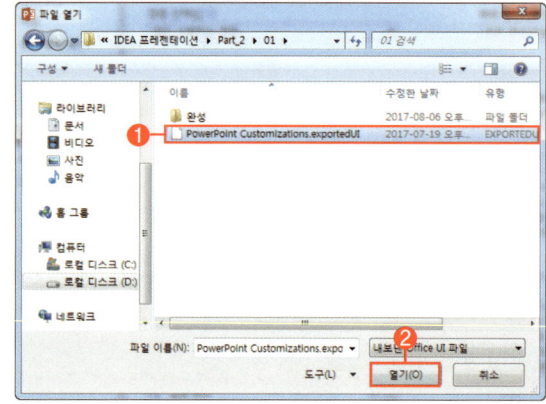

03 기존 리본 메뉴 및 빠른 실행 도구 모음을 바꿀지 물어봅니다. [예]를 클릭합니다.

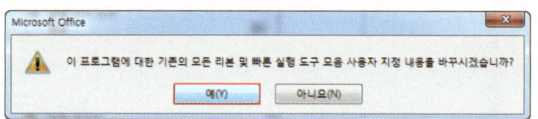

04 오른쪽 메뉴 배열이 변경된 것을 확인하고 [확인]을 클릭합니다.

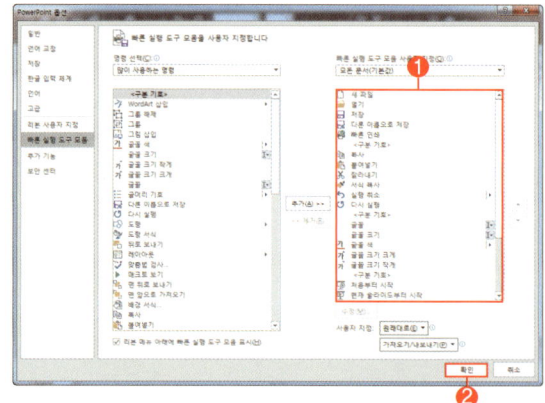

05 다음은 불러온 결과 화면입니다.

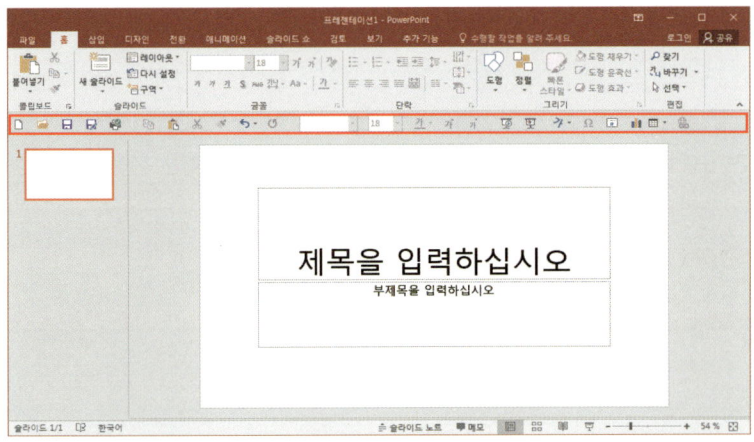

3. 파워포인트 2016 버전에서 추가 또는 업그레이드 된 기능

1) 텔미 기능

[텔미] 기능은 〈전구〉 모양의 아이콘과 함께 '수행할 작업을 알려주세요.'라고 표시되어 있으며, 텍스트 입력을 기본으로 하고 마우스 클릭과 터치 모드 지원 시 손가락으로 '탭'하여 해당 기능을 동작할 수 있습니다. 키보드 Alt + Q 단축키를 눌러서 동작할 수 있으며, 사용자가 작업내용을 짧은 구(Phrases)나 단어(Word)를 입력하여 작업을 간편하게 이어나갈 수 있는 기능입니다.

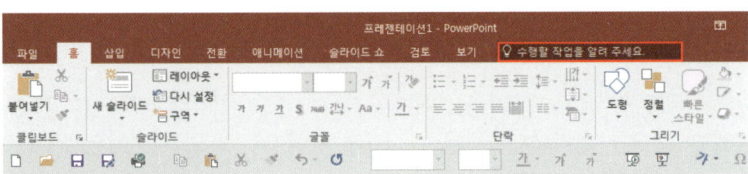

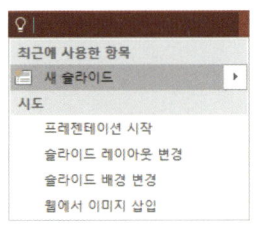

[텔미] 기능은 데스크톱용 파워포인트 2016 버전뿐만 아니라 터치 지원 모바일 장치의 파워포인트에서도 유용하게 사용할 수 있습니다. 클릭하면 최근에 사용한 항목과 새 슬라이드 추가 메뉴가 지원되어 메뉴의 위치를 잘 모르는 초보 사용자들도 쉽게 사용할 수 있도록 도와주는 역할을 합니다.

2) 스마트 조회

스마트 조회 기능은 파워포인트에서 벗어나거나 기타 웹브라우저를 이용하여 검색을 하지 않고서도 단어의 정확한 정의를 찾을 수 있도록 도와주는 역할을 합니다. 스마트 조회 기능은 마이크로소프트 검색 엔진인 'Bing'을 기반으로 하고 있고 PowerPoint 2016(또는 Office 365)의 인증 Activated 사용자가 이용할 수 있습니다. 또한 스마트 조회 기능은 이전 버전의 파워포인트에서는 '리서치'란 이름으로 유사한 기능이 제공되고 있었습니다.

스마트 조회 기능을 사용하기 위해서는 검색하고자 하는 단어나 짧은 구를 선택한 다음 마우스의 오른쪽 버튼을 클릭한 후 [스마트 조회]를 클릭하면 됩니다.

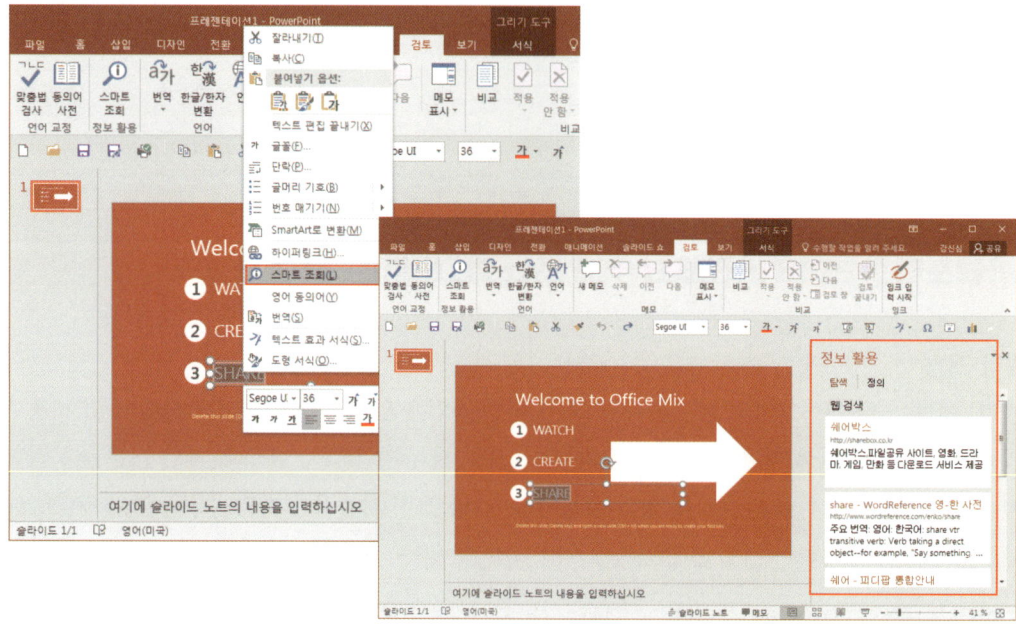

또 다른 방법으로는 단어나 짧은 구를 선택한 후 [검토] 탭 – [정보 활용] 그룹의 [스마트 조회] 도구를 클릭해도 사용할 수 있습니다.

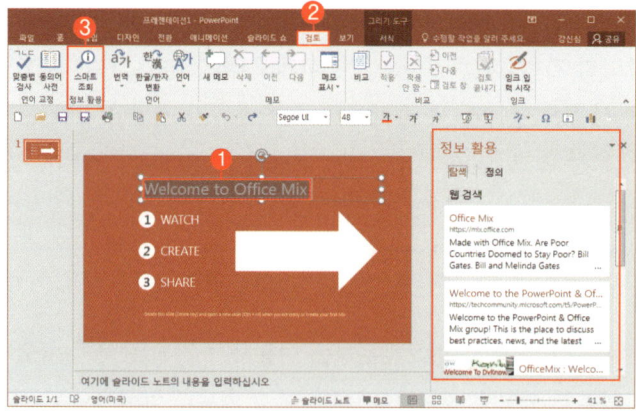

파워포인트 2016에서 [리서치] 기능을 사용하기 위해서는 단어를 선택한 후 [검토] 탭 – [언어] 그룹의 [번역] – [선택한 텍스트 번역] 도구를 클릭한 다음, 파워포인트 오른쪽 [리서치] 작업 창에서 '번역' 드롭다운 메뉴에서 모든 리서치 사이트 메뉴 중 하나를 선택하면 됩니다.

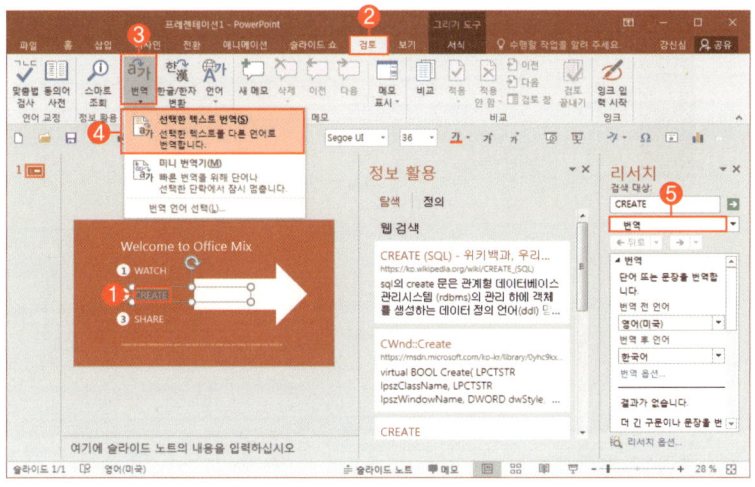

스마트 조회 기능의 결과물은 마이크로소프트 검색엔진인 'Bing'의 결과를 가져옵니다. Bing 검색 결과로 제한된 것은 조금의 아쉬움이 남습니다. 이를 보안할 수 있는 기능의 하나는 [삽입] 탭 – [추가 기능] 그룹의 [내 추가 기능]을 통해서 검색 관련 추가 기능을 이용할 수도 있으니 참고하기 바랍니다.

3) 협업

오피스 2016은 강력해진 협업 기능을 가지고 있습니다. [공유]를 클릭하면 파워포인트 오른쪽에 [공유] 작업 창이 표시됩니다. 파워포인트 파일을 공유하기 위해서는 마이크로소프트 클라우드인 OneDrive에 해당 파일이 먼저 저장되어야 합니다.

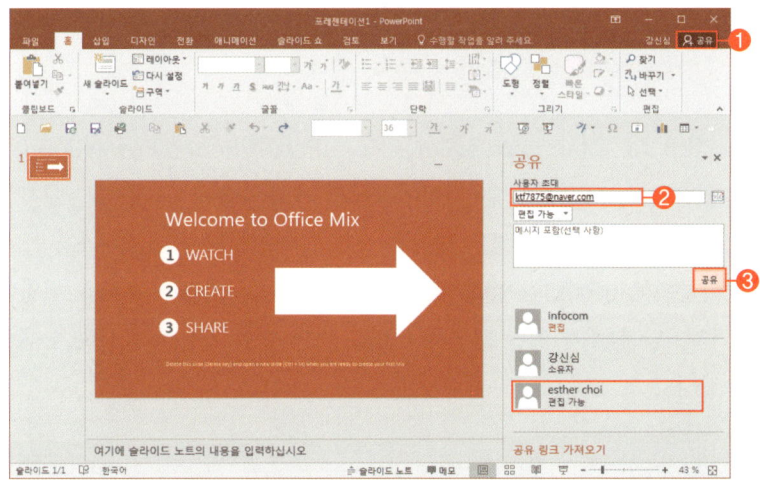

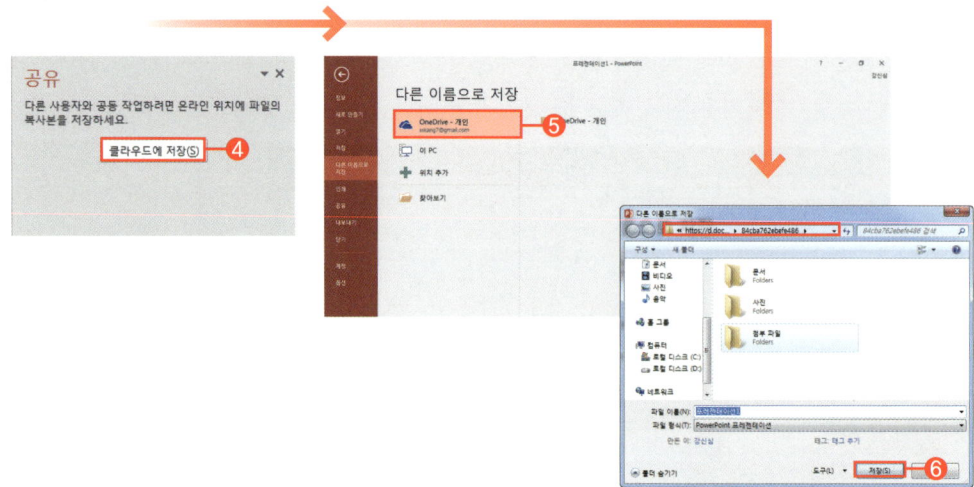

공유 대상 파일이 OneDrive 클라우드에 업로드가 되었다면 [공유] 작업 창에 해당 파일을 공유할 수 있도록 표시가 됩니다. 이메일 주소를 입력하여 공유가 가능하며, 공유 권한을 설정할 수도 있습니다.

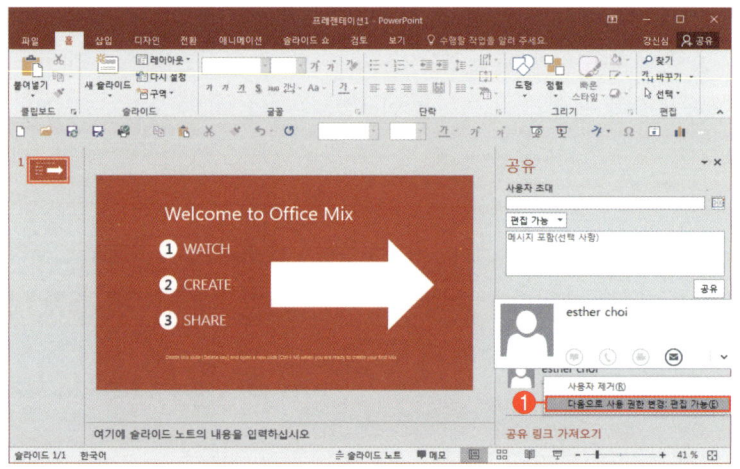

윈도우는 물론 PowerPoint 2016 for Mac, PowerPoint for iPad/iPhone, PowerPoint for Android 버전도 이미 출시되어 있습니다. 이제는 모든 디바이스에서 파일 공유가 쉬워지고, 실시간으로 내용 변경이 가능하다는 것입니다. 협업 기능의 경우 개인용 오피스 버전보다는 비즈니스용 스카이프와 쉐어포인트(SharePoint), 아웃룩(Outlook) 기능과 함께 사용할 수 있는 기업용 오피스 버전에서 더 강력하게 지원되고 있습니다. 하지만 한계가 있는 개인용 버전도 기본 협업 기능에 충실하기 때문에 목적에 맞게 충분히 사용이 가능합니다.

4) 수식

　마이크로소프트 파워포인트는 제안 발표 등 비즈니스뿐만 아니라 교육용으로도 훌륭하게 사용되는 도구입니다. 앞에서 설명한 협업 기능을 통해 협동 학습이 가능하며, 마이크로소프트 스카이프를 통해 선생님과 학생들의 원격 학습이 가능합니다. 2010 버전부터 향상된 수식 기능은 그 기능을 많이 사용하는 선생님들이나 관련 학습자에게 많이 도움이 되는 기능 중 하나입니다. 수식 기능은 2016 버전에서 더 업그레이드되었습니다. 특히, 파워포인트 2013 버전과 파워포인트 2016 버전의 수식 입력 기능에서 눈에 띄게 달라진 부분은 새롭게 추가된 [잉크 수식] 기능입니다. [삽입] 탭의 [기호] 그룹의 [수식] - [잉크 수식]을 클릭해 실행합니다.

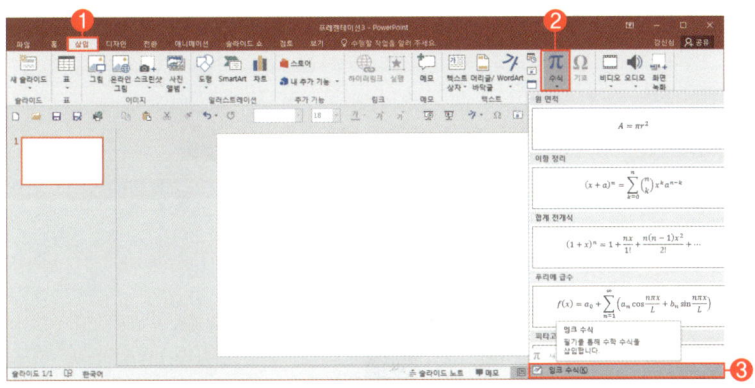

　[잉크 수식] 기능은 복잡한 수식을 손으로 직접 입력하면 자동으로 문자를 인식해서 파워포인트에 삽입됩니다. 인식이 제대로 되지 않는 경우에는 입력한 부분을 선택하여 수정할 수도 있습니다. 이 기능은 터치가 지원되는 노트북 또는 태블릿 사용자들에게는 작업 속도를 높일 수 있습니다.

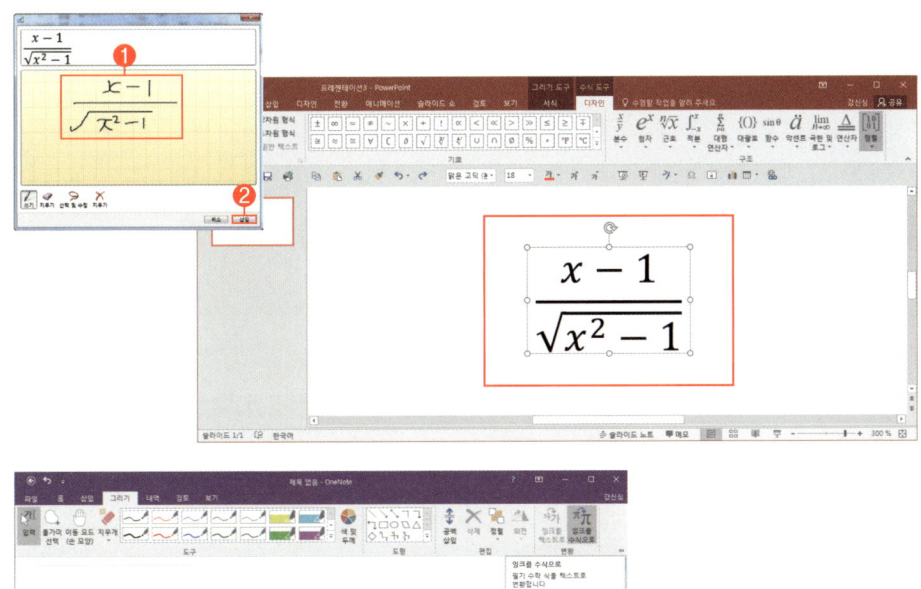

[잉크 수식] 기능은 원래 마이크로소프트 원노트의 [그리기] 탭 - [변환] 그룹의 [잉크를 수식으로] 메뉴가 파워포인트 2016의 [수식] 입력 기능에 포함된 것입니다.

5) 투명 도형 스타일

파워포인트 작업 시 도형 개체를 투명하게 만들어 사용하는 경우가 있습니다. 투명 개체 도형은 배경 이미지를 도형에 투영시켜 가독성을 높이고자 할 때 사용합니다. 배경에 글씨만 입력된 것보다 도형을 활용하면 글씨도 강조 되어 보이고 뒤에 이미지와 중첩되는 부분을 투명 개체 도형으로 하여 디자인적 요소도 적용할 수 있습니다.

6) 잉크 입력 시작 도구 - 펜

파워포인트 2016 버전에서는 경우에 따라 업데이트가 되지 않을 경우 [검토] 탭 - [잉크 입력 시작] 도구 - [펜] 기능으로 사용해야 하고 업데이트된 경우 [그리기] 메뉴가 탭으로 추가 되어 있습니다.

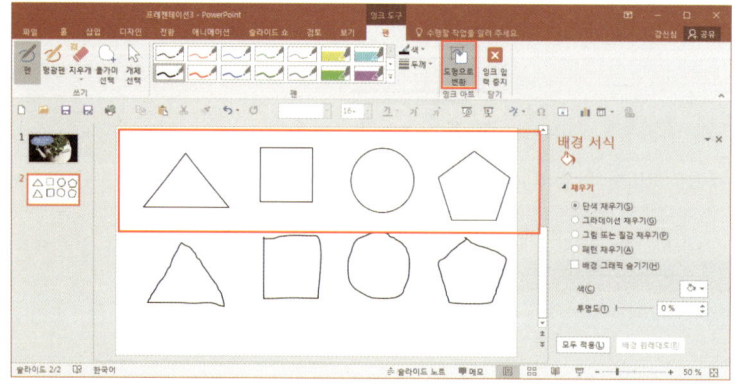

7) 차트 종류 추가

1. 트리맵 (Tree Map)

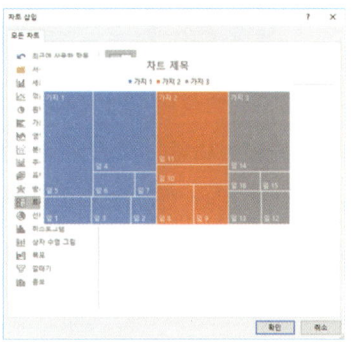

   트리맵 차트는 많은 계층 구조 즉, 트리 구조 데이터를 표시하는데 적합합니다. 가장 큰 상위 계층과 하위 계층의 구조를 쉽게 볼 수 있도록 시각화 해줍니다. 예를 들어 각 지점별로 어떤 항목이 많이 판매되었는지 트리맵으로 시각화할 수 있습니다.

   트리맵 차트는 데이터를 계층 구조 보기로 제공하므로 다른 범주 수준과 비교하는 간편한 방법이 될 수 있습니다. 트리맵 차트는 색과 근접성을 기준으로 범주를 표시하며 다른 차트 유형으로 표시하기 어려운 많은 양의 데이터를 쉽게 표시할 수 있습니다. 트리맵 차트는 계층 구조 안에 빈(공백) 셀이 있는 경우에만 그릴 수 있으며 계층 안에서 비율을 비교하는데 유용합니다.

2. 선버스트 (Sunburst)

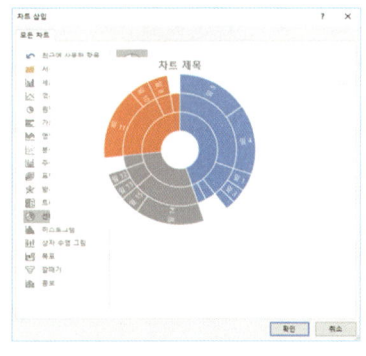

   선버스트는 〈트리맵〉과 마찬가지로 계층 구조를 가진 데이터를 시각화하는데 적합한 차트입니다. 트리맵이 계층 구조의 비율을 표현하는데 알맞다면 선버스트는 계층 구조가 어떻게 구성되어 있는지를 표시하는데 적합합니다.

   선버스트 차트는 계층 구조 안에 빈(공백) 셀이 있는 경우에만 그릴 수 있습니다. 하나의 고리 또는 원이 계층 구조의 각 수준을 나타내며 가장 안쪽에 있는 원이 계층 구조의 가장 높은 수준을 나타냅니다. 계층 구조가 없는(하나의 범주 수준) 선버스트 차트는 도넛형 차트와 모양이 유사합니다. 하지만 범주 수준이 여러 개인 선버스트 차트는 외부 고리와 내부 고리의 관계를 보여줍니다. 선버스트 차트는 하나의 고리가 어떤 요소로 구성되어 있는가를 보여주는데 가장 효과적입니다.

3. 📊 히스토그램 (Histogram)

세로 막대그래프와 많이 닮아 있는 히스토그램은 통계 도표의 하나로 순차적인 값의 빈도를 막대그래프로 간격 없이 표시한 것입니다. 히스토그램의 대표 사용 목적은 분포 모양을 파악하는데 있습니다. 히스토그램 차트에 표시된 데이터는 분포 내의 빈도를 보여 주며, 계급 구간이라고 하는 차트의 각 열을 변경해 데이터를 보다 세부적으로 분석할 수 있습니다.

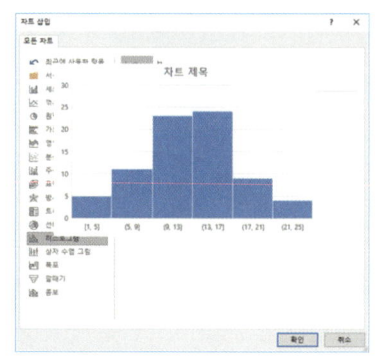

4. 📊 상자 수염 그림 (Box-Whisker's Plot)

상자 수염 그림 차트는 통계 분석에서 가장 일반적으로 사용되는 수치를 표현하는 그래프입니다. 자료의 특성을 파악하기 위해 가장 많이 사용되는 5개의 통계량인 최소값, 하위 25%수(Q1, 1사분위수), 중앙값(Q2, 2사분위수), 상위 25%수(Q3, 3사분위수), 최대값을 알 수 있습니다. 부수적으로 대칭 정도, 특이값(outlier)의 존재까지 알 수 있습니다.

상자 수염 그림 차트는 데이터 분포를 사분위로 나타내며 평균 및 이상값을 강조해 표시합니다. 상자에는 수직으로 확장되는 '수염'이라는 선이 포함될 수 있습니다. 이 선은 제1사분위수와 제3사분위수 외부의 변동성을 나타내며 이와 같은 선 또는 수염 외부의 모든 점은 이상값으로 간주됩니다. 이 차트 종류는 서로 특정 방식으로 관계가 있는 여러 데이터 집합이 있는 경우에 사용됩니다.

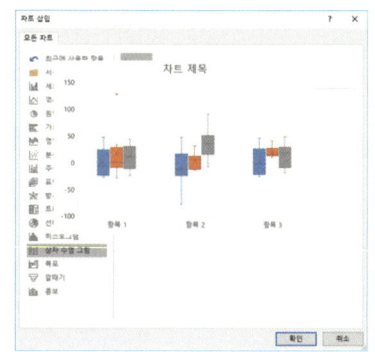

5. 📊 폭포 (Waterfall)

폭포 차트는 '진행형 세로 막대형 차트'라고도 하며 각 카테고리에 따라 누적값과 기여도를 동시에 볼 수 있습니다.

폭포 차트는 값을 더하거나 빼는 경우의 재무 데이터 누계를 나타내며 초기값이 일련의 양의 값 및 음의 값에서 어떤 영향을 받는지 이해하는데 유용합니다. 막대는 색으로 구분되므로 양수와 음수를 빠르게 구분할 수 있습니다.

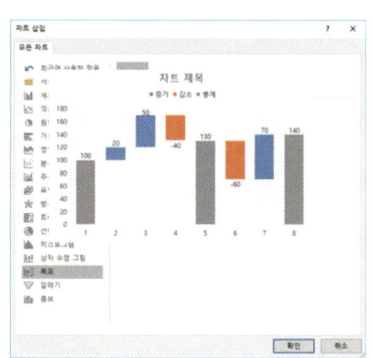

6. **깔대기 (Funnel)**

깔대기 차트는 일반적으로 데이터를 흐름과 프로세스로 보여주는데 사용됩니다. 표시 측면에서 보면 이 차트는 원형 차트와 유사합니다. 이 차트는 세그먼트 높이/너비 또는 데이터에 비례하는 세그먼트 면적으로 표시할 수 있습니다. 데이터 포인트를 무시하고 동일한 세그먼트 높이/너비로 차트를 그릴 수도 있습니다.

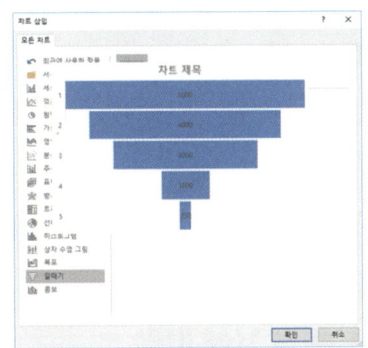

※ 파워포인트를 동영상 교육 자료로 만들 수 있는 추가 기능인 Office Mix도 동영상 제작 툴로 훌륭합니다.

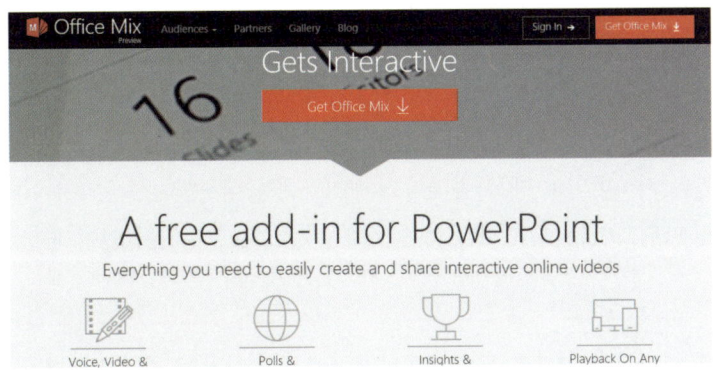

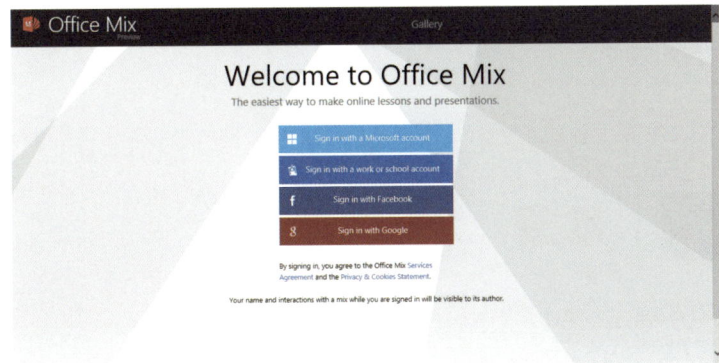

파워포인트 다양한 서식 파일

파워포인트 2016에서는 추천 검색어를 이용하여 새로 만들기를 할 수 있습니다. 프레젠테이션, 비즈니스, 학력, 산업, 테마, 다이어그램, 자연을 주제로 기본 제공하고 온라인 서식 파일을 검색하여 새로 만들기를 바로 시작 할 수 있습니다.

1. 예제 서식 파일

 기본으로 제공되는 예제 서식 파일을 이용하여 간단한 프레젠테이션을 시작해 보겠습니다. 초보자의 경우 사용하면 디자인이나 구성을 크게 신경 쓰지 않고 사용할 수 있습니다.

1) 'PowerPoint 시작' 예제 서식 파일

 6장의 슬라이드가 미리 디자인된 서식파일로 제목 슬라이드 레이아웃을 비롯한 4종류의 레이아웃으로 마스터가 만들어져 있습니다. 파워포인트 2016 버전의 인트로에 핀으로 고정되어 있어 항상 첫 번째 서식 위치에 있습니다.

01 파워포인트 2016을 실행하면 나타나는 인트로 화면에서 [PowerPoint 시작]을 클릭합니다.

02 다음과 같이 다른 서식을 탐색할 수 있는 화면이 나타납니다. 작업할 서식을 선택하고 [만들기]를 클릭합니다.

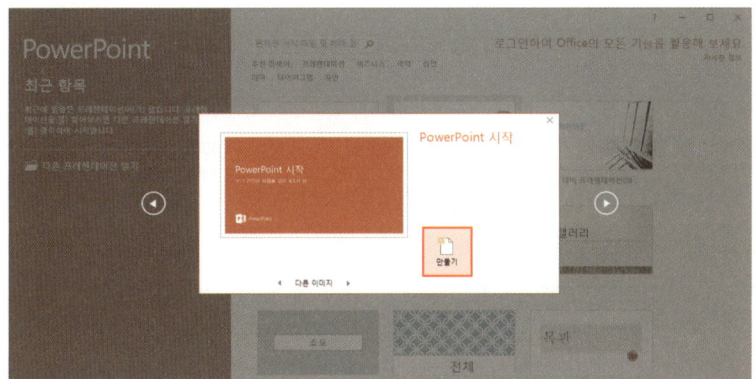

03 심플한 예제 파일로 텍스트 및 이미지를 변경하여 원하는 프레젠테이션을 간단하게 완성할 수 있습니다.

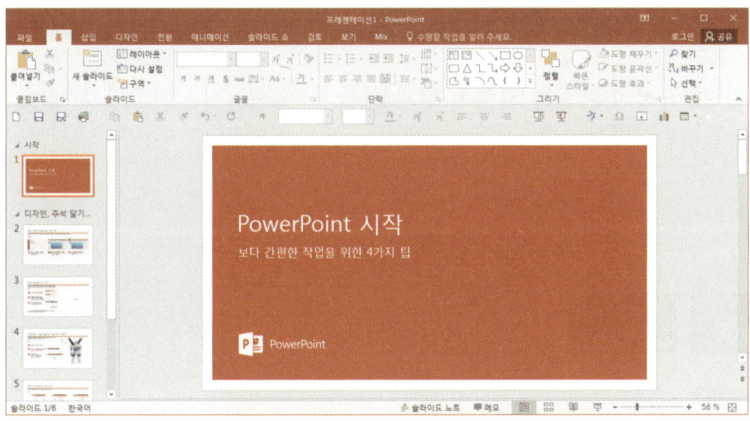

04 마지막 6번 슬라이드를 선택하고 [홈] 탭 – [슬라이드] 그룹 – [레이아웃]을 클릭합니다. '구역 머리글' 레이아웃으로 구성된 것을 볼 수 있습니다.

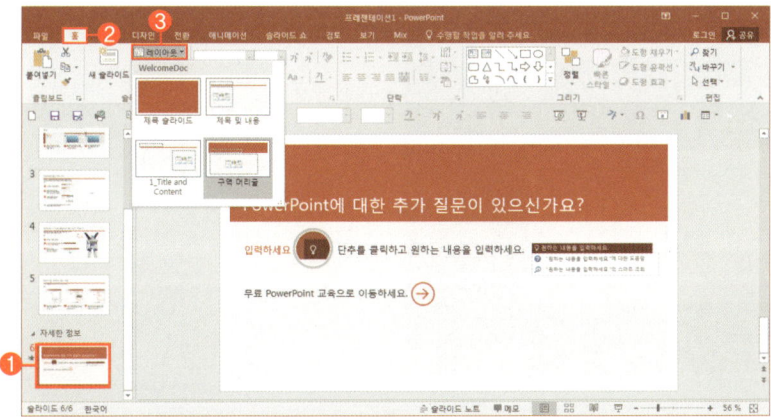

주어진 텍스트나 그림 등을 수정해서 원하는 프레젠테이션을 만들 수 있습니다.

2) '비즈니스 대비 프레젠테이션' 예제 서식 파일

11장의 레이아웃으로 구성된 비즈니스 대비 프레젠테이션 예제 서식 파일은 추천 검색어 프레젠테이션에서 제공하는 다양한 예제 서식 중 하나입니다.

01 파워포인트 실행 후 인트로 화면 상단에 '추천검색어: 프레젠테이션'을 클릭합니다.

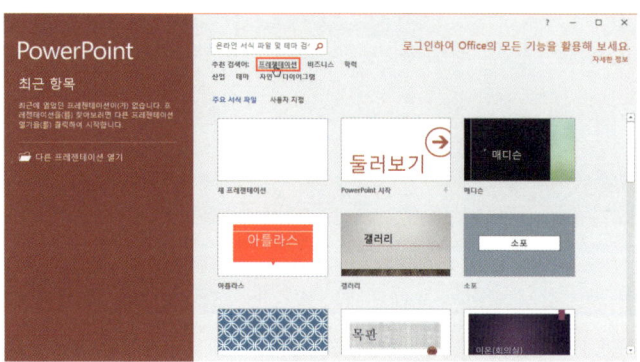

02 '프레젠테이션'으로 155개의 예제 서식 파일이 검색된 결과를 볼 수 있습니다. '비즈니스 대비 프레젠테이션(와이드스크린)'을 클릭합니다.

03 새로 만들 프레젠테이션의 레이아웃을 확인하고 [만들기]를 클릭합니다.

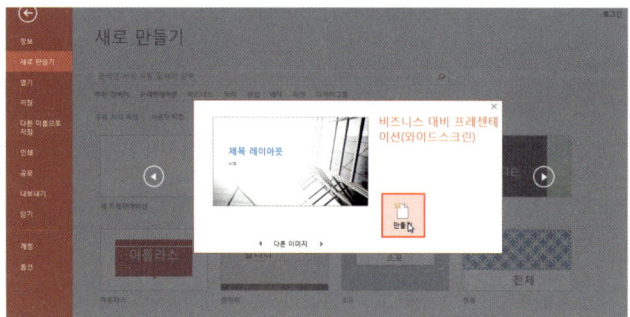

> **TIP**
>
> 디자인 변경 창의 하단 '다른 이미지'의 화살표를 클릭하면 새로 만들기 전에 전체 레이아웃을 미리 확인할 수 있습니다.
>
>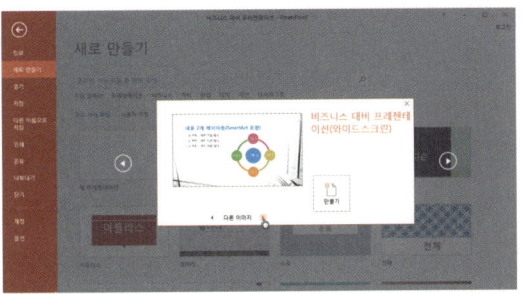

04 11장의 슬라이드로 구성된 새 프레젠테이션을 확인할 수 있습니다.

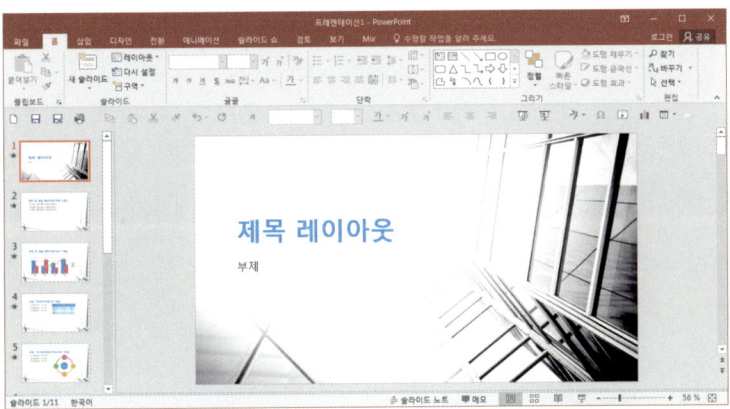

05 5번 슬라이드로 이동한 후 레이아웃을 확인합니다. '내용 2개' 레이아웃에 왼쪽은 텍스트 오른쪽은 스마트아트가 구성된 것을 확인 할 수 있습니다.

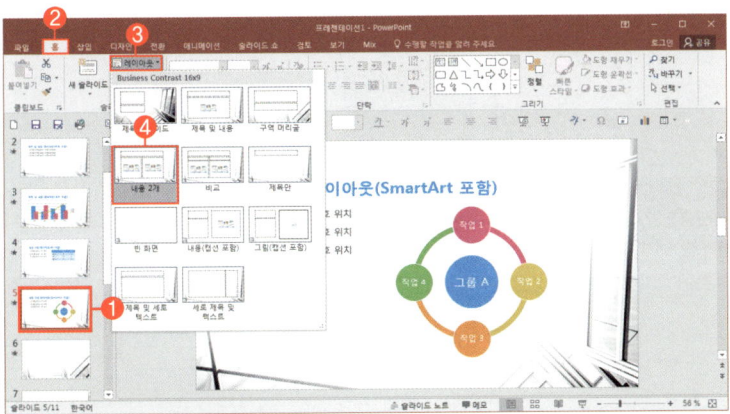

06 11번 슬라이드의 레이아웃은 '그림(캡션 포함)'인 것을 확인합니다. 구성에 필요 없는 슬라이드는 삭제하고 필요한 레이아웃의 슬라이드는 추가해서 프레젠테이션을 완성할 수 있습니다.

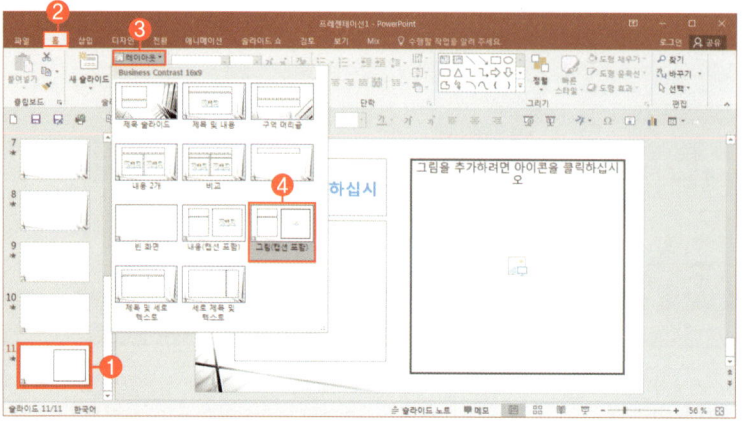

2. 새로 만들기 테마

파워포인트 2016에서는 다양한 테마를 제공합니다. 테마의 활용법은 빈 슬라이드에서 프레젠테이션을 만들고 테마를 적용하는 경우도 있고 미리 테마를 선택한 후 내용을 만들어가는 경우도 있습니다.

1) '비행기 구름' 테마로 새로 만들기

01 파워포인트를 실행하고 스크롤을 이용하여 '비행기 구름' 테마를 찾아 선택합니다.

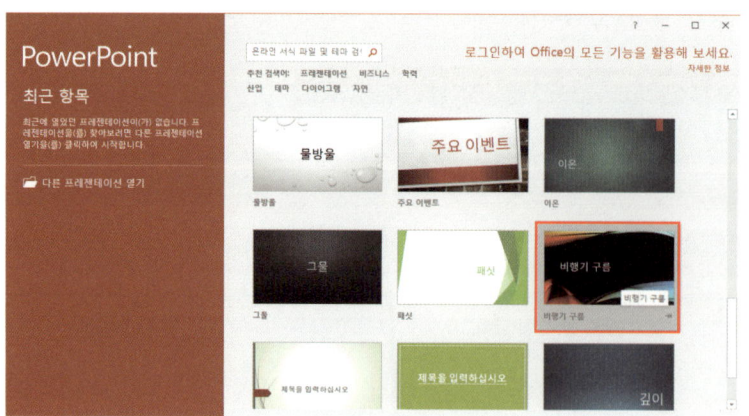

02 '비행기 구름' 테마 배경색 옵션이 나타나고 다른 테마로 변경할 수도 있습니다. [만들기]를 클릭해 '비행기 구름' 테마로 프레젠테이션을 시작합니다.

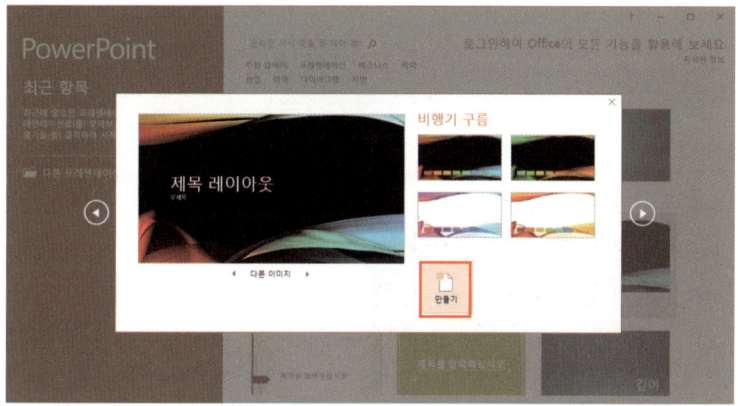

03 '비행기 구름' 테마의 제목 슬라이드 하나가 생성되어 있습니다.

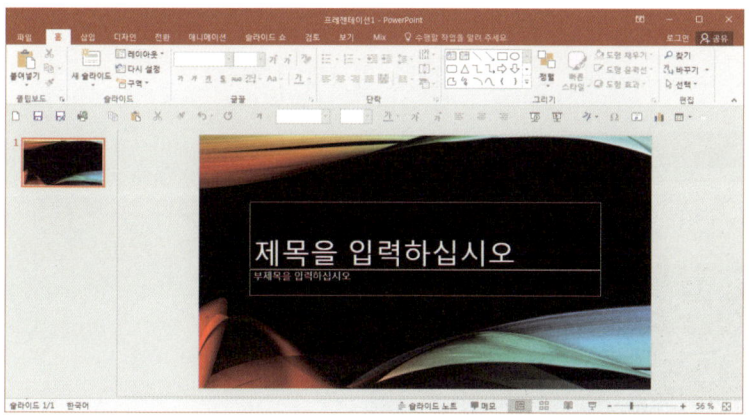

04 [홈] 탭 – [슬라이드] 그룹 – [새 슬라이드]를 클릭합니다.

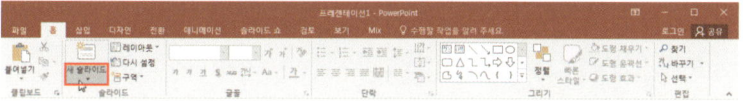

05 '제목 및 내용' 레이아웃 슬라이드를 클릭해 추가합니다. 기본적으로 레이아웃 선택 없이 Ctrl+M 이나 새 슬라이드 버튼( )을 눌러 새로 만들기 할 경우 이전에 생성된 레이아웃이 자동으로 만들어집니다. 만든 경우가 없으면 '제목 및 내용' 레이아웃이 만들어집니다.

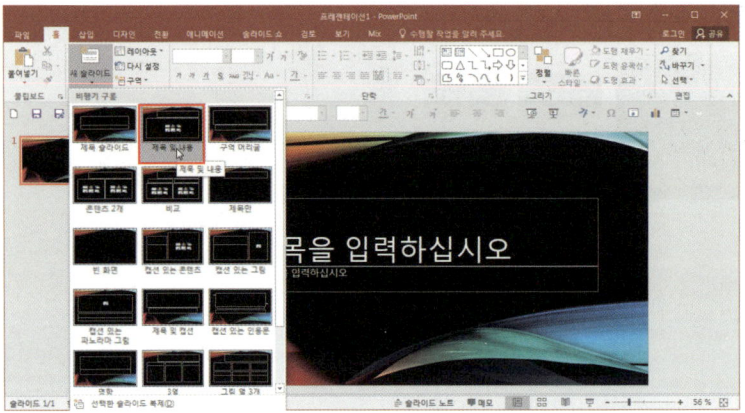

06 같은 방법으로 원하는 슬라이드를 추가해서 프레젠테이션을 완성해 나갑니다.

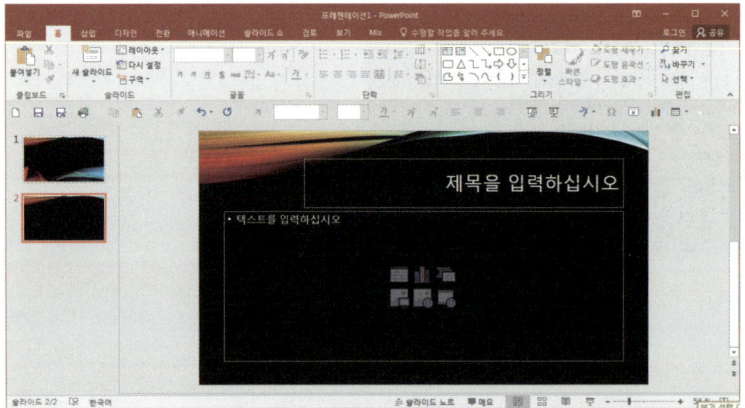

1. 다음 출력 형태와 조건을 처리해서 '비즈니스 디지털 파란색 터널 프레젠테이션' 예제 서식 파일을 완성하시오.

   출력 형태

   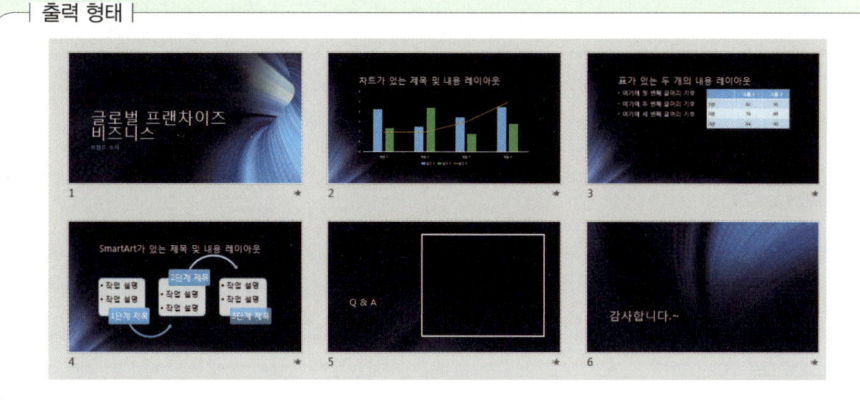

   ① 추천 검색어 : 비즈니스
   ② 1번 슬라이드 제목 : '글로벌 프랜차이즈 비즈니스', 부제목 : '브랜드 소식'
   ③ 2번, 6~10번 슬라이드는 삭제
   ④ 5번 슬라이드 제목 : 'Q & A'
   ⑤ 6번 슬라이드를 구역 머리글 레이아웃으로 추가, 제목 : '감사합니다.~'

2. 다음 출력 형태와 조건을 처리해서 '패싯' 테마를 완성하시오.

   출력 형태

   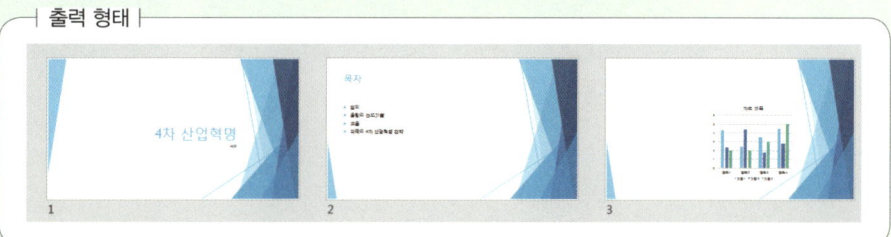

   ① 주요 서식 파일 : 패싯
   ② 1번 슬라이드 제목 : '4차 산업혁명', 부제목 : '4IR'
   ③ 2번 슬라이드 : 제목 및 내용 레이아웃 추가, 제목 : '목차', 내용 : '정의, 융합의 선도기술, 고용, 각국의 4차 산업혁명 전략'
   ④ 3번 슬라이드 : 콘텐츠 2개 레이아웃 추가, 오른쪽 콘텐츠에 차트 추가(단, 기본 설정 차트)

   ▶ 참고 : 02/완성/실전1-비즈니스.pptx, 실전2-4차 산업혁명.pptx

슬라이드 새로 만들기

새로운 프레젠테이션을 만들기 위해서는 목적에 맞게 프로젝트를 시작해야 합니다. 발표용인지 단순하게 정보를 공개할 목적인지 동영상 정보 전달용인지에 따라 프레젠테이션의 크기와 내용이 달라집니다. 이번에는 새로운 프레젠테이션 디자인 시 고려해야 할 것들을 챙겨보겠습니다.

1. 슬라이드 레이아웃

[새로 만들기] – [새 프레젠테이션]을 이용하면 흰 종이에 정보를 기록하듯이 새로 만들기를 할 수 있습니다. 각 슬라이드에 다른 디자인을 적용할 수도 있고 통일된 디자인을 이용하여 빠르게 프레젠테이션을 완성할 수 있습니다.

결과 미리 보기

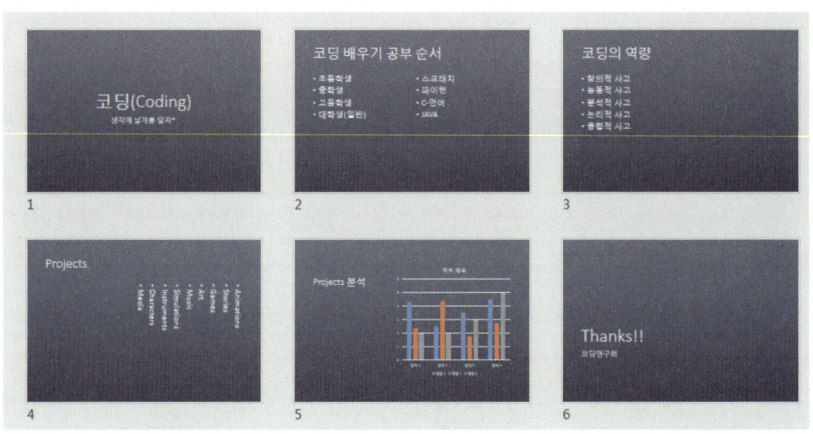

1) 제목 슬라이드

01 파워포인트를 실행하고 [새 프레젠테이션]을 클릭합니다.

02 '제목 슬라이드' 레이아웃의 새 프레젠테이션이 하나 만들어 집니다.

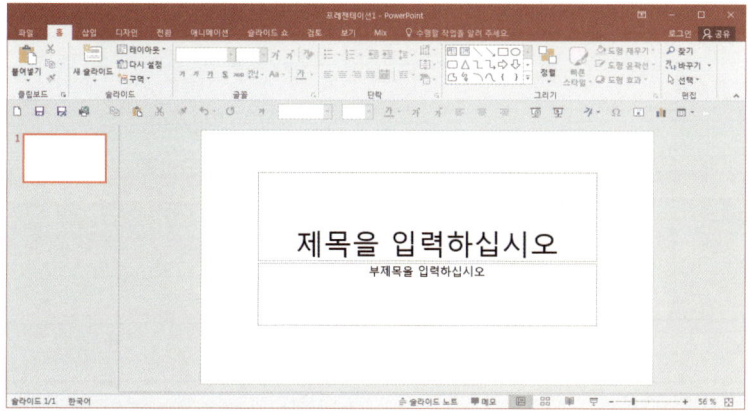

2) 슬라이드 크기 지정과 배경 스타일

01 [디자인] 탭 – [사용자지정] 그룹 – [슬라이드 크기]를 클릭하고 '사용자 지정 슬라이드 크기'를 실행합니다.

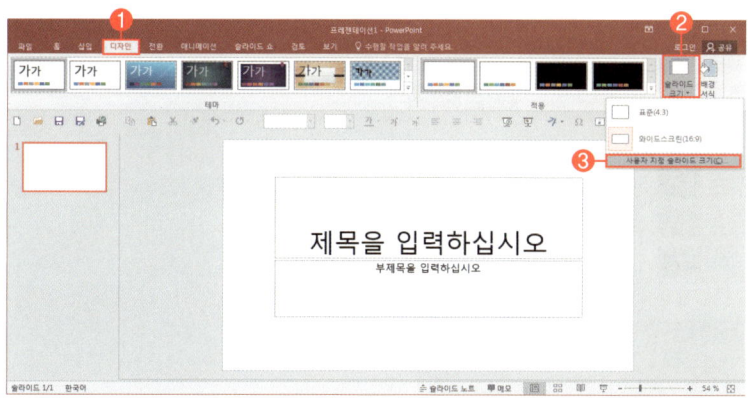

02 [슬라이드 크기] 대화상자의 슬라이드 크기를 'A4 용지(210×297㎜)'로 선택하고 다른 설정은 기본값으로 설정하지 않고 [확인]을 클릭합니다.

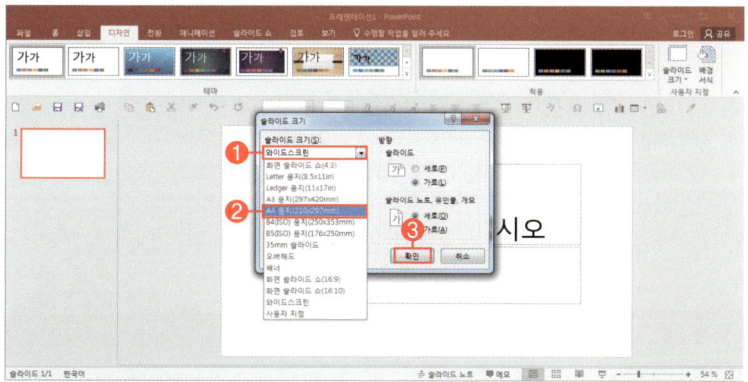

03 기본값이 와이드이기 때문에 일부 그림을 잘라내기 할 것인지, 전체를 모두 삽입하고 여백을 만들 것인지 물어봅니다. 기본적으로 작업한 내용이 없기 때문에 아무것이나 선택해도 무방합니다. [최대화]를 클릭합니다.

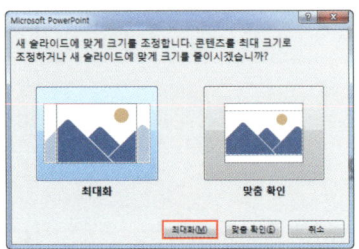

> **TIP**
> 파워포인트 2016은 기본 슬라이드 크기가 16:9로 스마트 폰의 화면 비율이 기본값으로 설정되어있습니다. 다른 크기로 변경하면 최적화 경고 창이 나타나며 삽입되어 있는 그림을 기본으로 유지할 것인지(맞춤 확인), 일부 그림을 삭제하고 최적화할 것인지 (최대화) 선택하게 됩니다.

04 [디자인] 탭 – [적용] 그룹 – [배경스타일]의 '스타일11'을 클릭합니다.

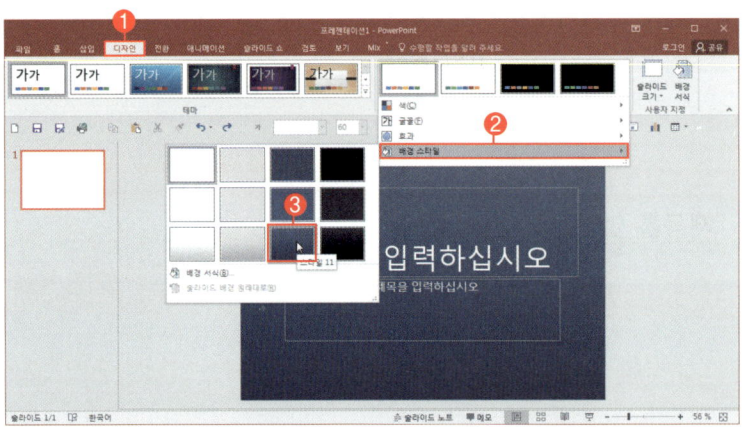

3) 텍스트 입력하고 종류별 슬라이드 레이아웃 추가하기

01 1번 슬라이드 제목에 '코딩(Coding)'을 입력합니다. 부제목에는 '생각에 날개를 달자~'를 입력합니다.

02 [홈] 탭 – [슬라이드] 그룹 – [새 슬라이드]에서 새로운 슬라이드를 '콘텐츠 2개'를 추가합니다.

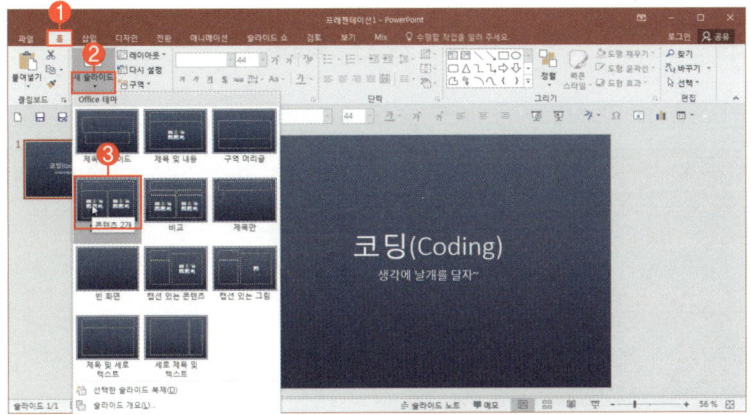

03 제목과 각 콘텐츠에 다음과 같이 입력합니다.

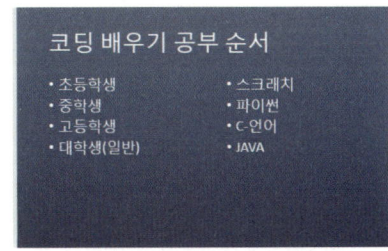

04 [홈] 탭 – [슬라이드] 그룹 – [새 슬라이드]에서 '제목 및 내용'으로 3번 슬라이드를 추가합니다.

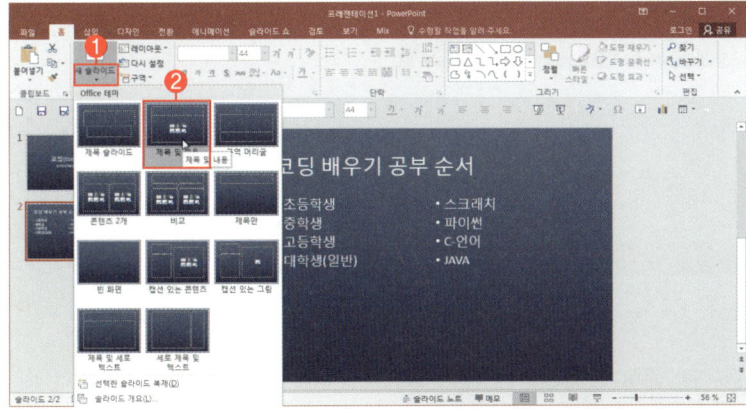

05 제목 및 내용에 다음과 같이 입력합니다.

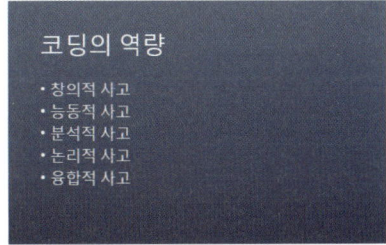

06 [홈] 탭 – [슬라이드] 그룹 – [새 슬라이드]에서 '제목 및 세로 텍스트'를 4번 슬라이드로 추가합니다.

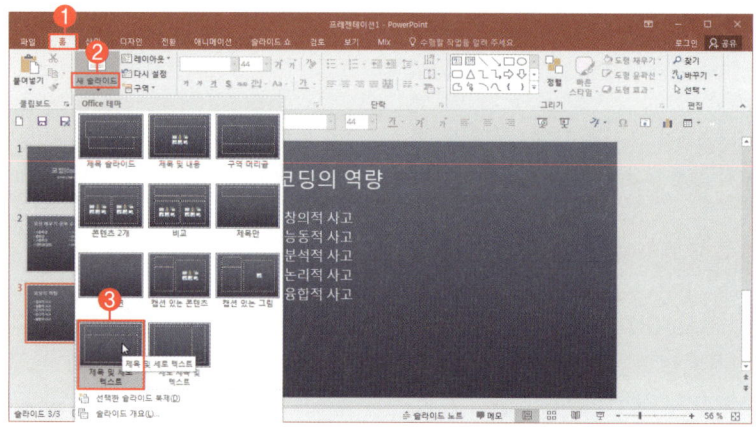

07 다음과 같이 내용을 입력합니다.

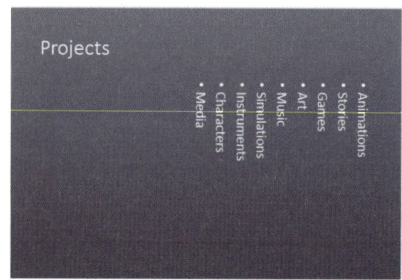

08 [홈] 탭 – [슬라이드] 그룹 – [새 슬라이드]에서 5번 슬라이드는 '캡션 있는 콘텐츠'로 추가합니다.

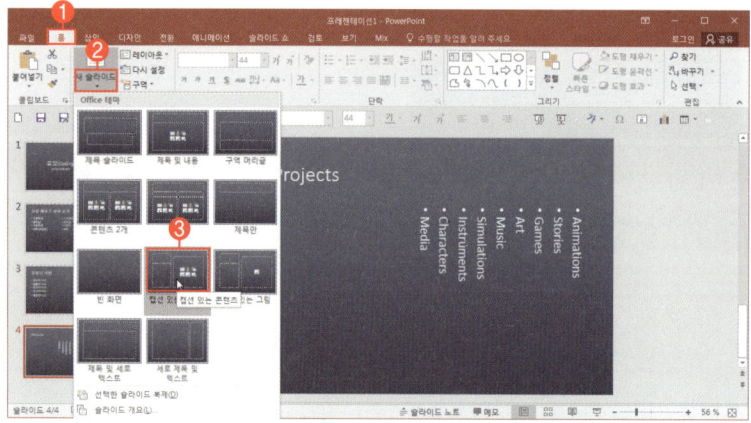

09 제목에 'Projects 분석'을 입력하고 콘텐츠의 [차트 추가]를 눌러 기본 차트를 추가합니다.

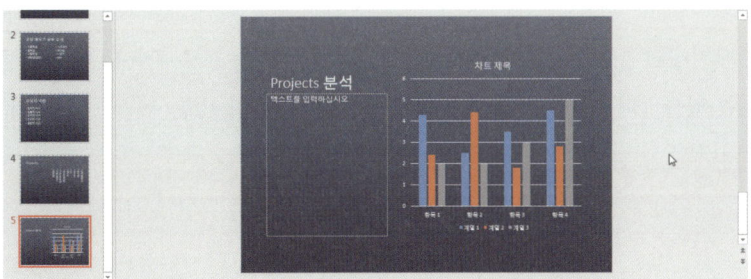

10 [홈] 탭 – [슬라이드] 그룹 – [새 슬라이드]에서 6번 슬라이드는 '구역 머리글' 레이아웃을 추가합니다.

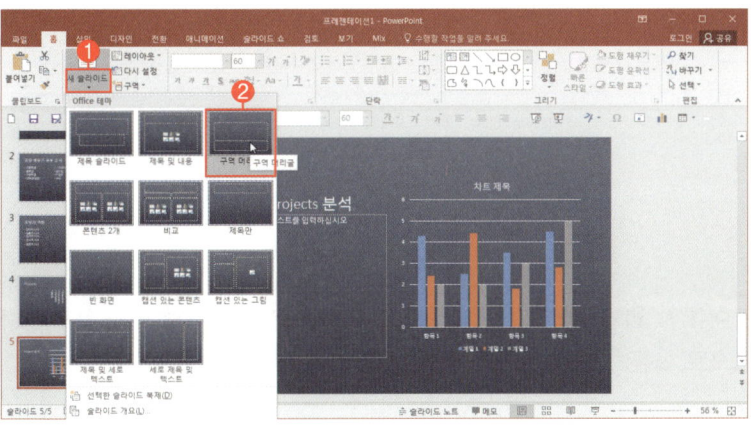

11 제목에 'Thanks!!', 부제목에 '코딩연구회'를 입력하고 슬라이드를 마무리합니다.

지금까지 여러 슬라이드 레이아웃을 추가하며 프레젠테이션을 만들어 보았습니다. 이렇듯 간단하게 원하는 정보를 추가하여 쉽게 프레젠테이션을 완성할 수 있습니다.

2. 슬라이드 마스터를 활용한 레이아웃 구성하기

슬라이드 마스터는 전체 프레젠테이션 디자인에 통일감을 줄 수 있는 기능으로 반복되는 작업을 마스터를 통해 한 번에 변경할 수 있습니다. 특히 배경 그림이나 글머리 기호가 있는 텍스트 슬라이드를 반복적으로 삽입할 때 편리합니다.

결과 미리 보기

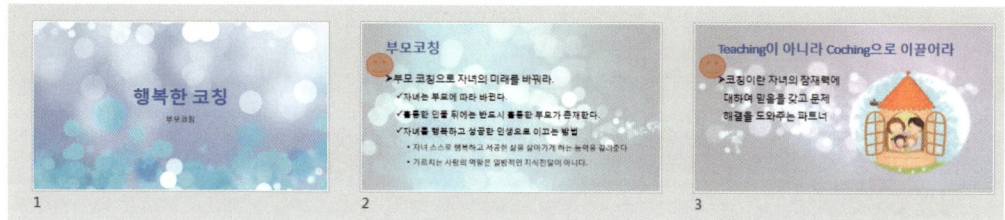

1) 글머리 기호 목록 편집하기

수준별 글머리 기호나 번호 모양을 미리 디자인한 후 쉽게 텍스트 상자를 입력할 수 있습니다. 마스터에서 작업하면 한 번의 작업으로 모든 슬라이드를 한 번에 변경할 수 있습니다.

01 새 프레젠테이션을 이용하여 새 파일을 시작합니다.

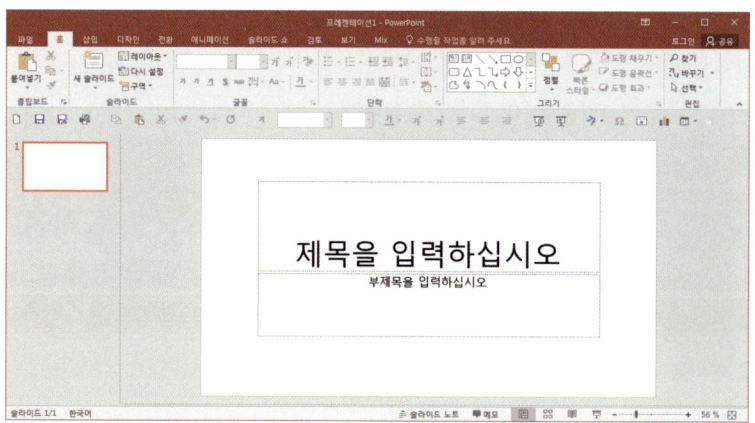

02 [보기] 탭 – [마스터 보기] 그룹 – [슬라이드 마스터]를 클릭합니다.

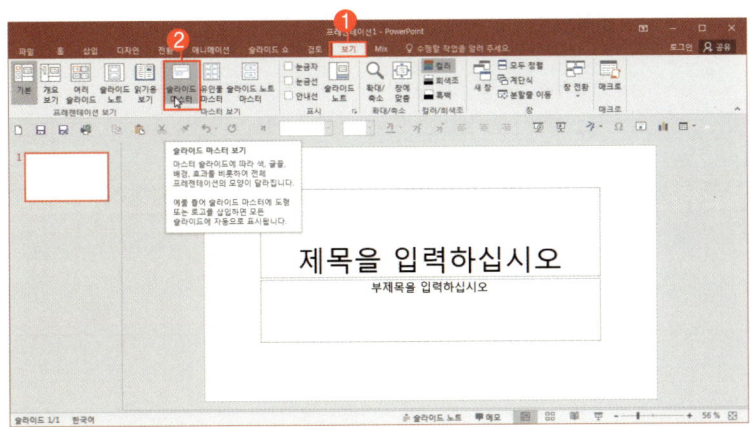

03 슬라이드 마스터 영역으로 들어온 것을 확인 할 수 있습니다. 제목 슬라이드에서 시작했으므로 제목 슬라이드 마스터에 위치합니다. 위쪽 1번으로 표시된 부분을 클릭합니다. 글머리 기호 목록의 첫째 수준을 마우스 오른쪽 버튼으로 클릭하고 글머리 기호 메뉴의 서브 메뉴 중 '화살표 글머리 기호'를 클릭합니다.

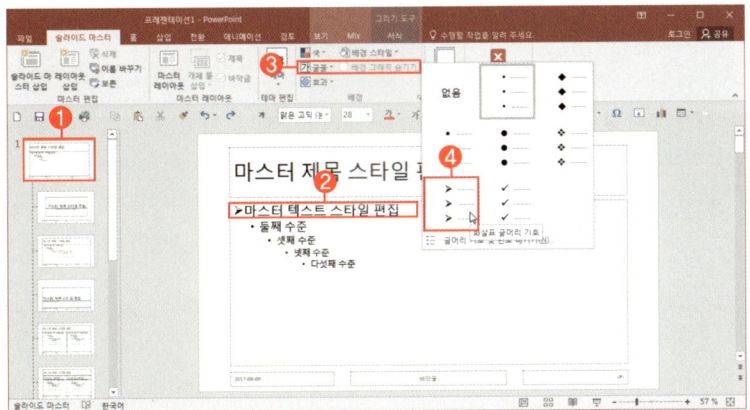

04 둘째 수준도 같은 방법으로 '대조표 글머리 기호'를 선택합니다.

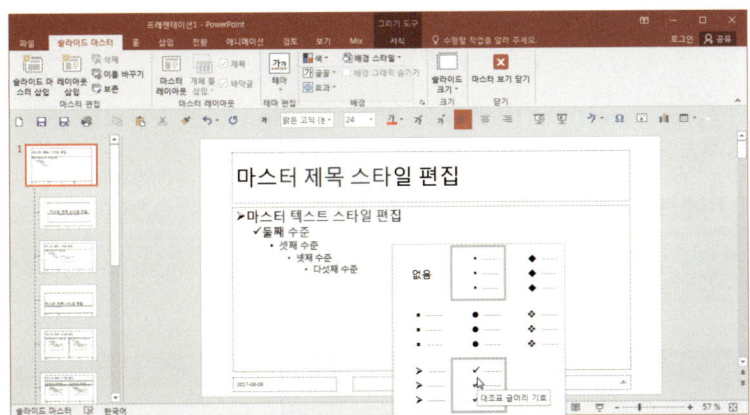

05 셋째 수준도 같은 방법으로 '속이 찬 정사각형 글머리 기호'를 선택합니다.

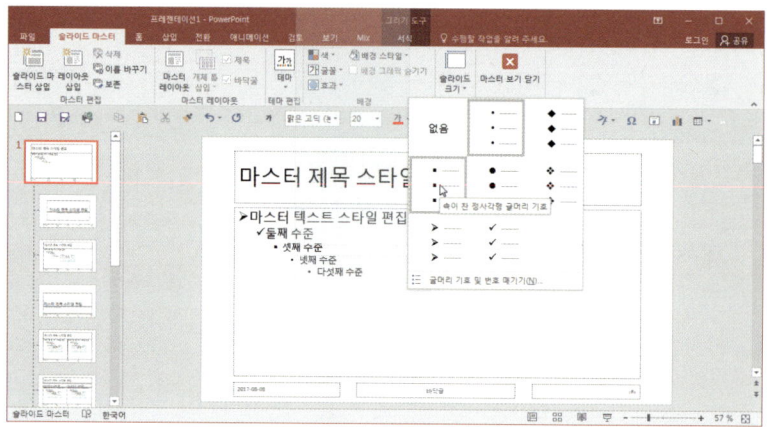

06 글머리 기호 목록 상자를 테두리에서 선택하고 [홈] 탭 - [글꼴] 그룹 - [글꼴 크기 크게]를 한번 클릭합니다. 모든 글머리 기호 목록의 텍스트 크기가 한 수준 크게 변경됩니다.

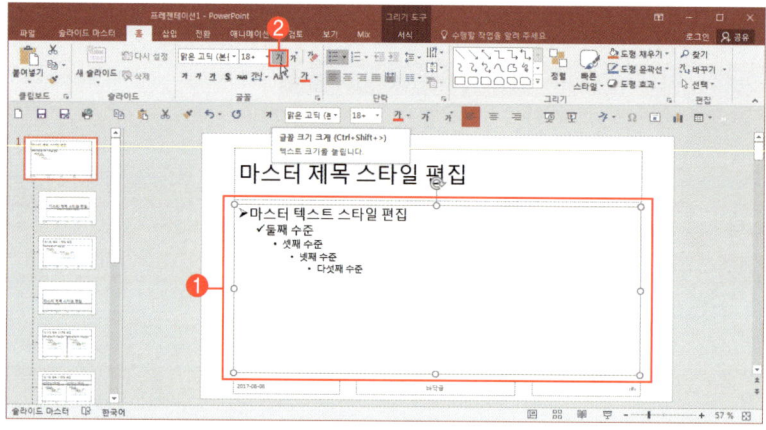

07 [단락] 그룹에서 [줄간격]을 '1.5'로 변경합니다.

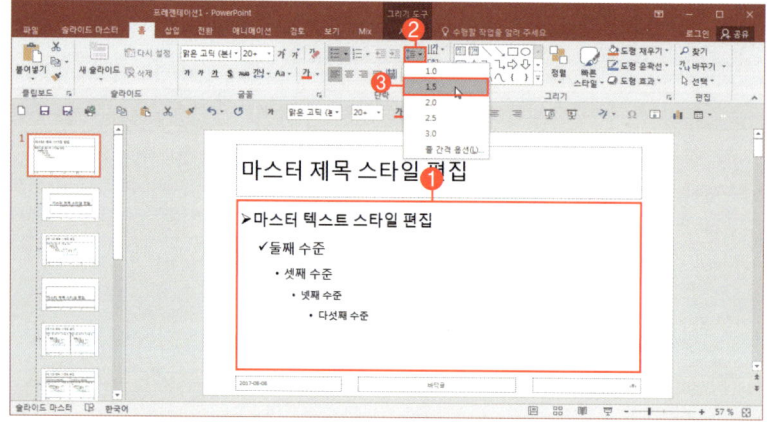

2) 제목 디자인

제목 디자인은 전체 슬라이드 제목에 영향을 주는 요소입니다. 전체 디자인에 맞게 색과 모양을 디자인합니다.

01 제목 테두리 클릭하고 [홈] 탭 – [글꼴] 그룹에서 [글꼴 색]을 '파랑'으로 변경합니다.

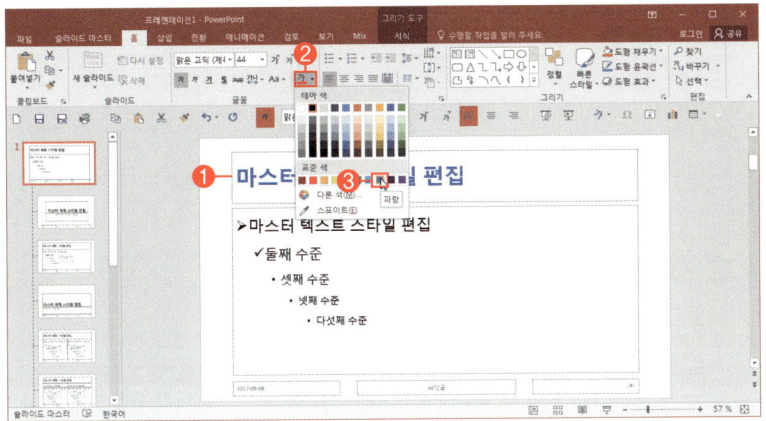

02 제목 앞에 [홈] 탭 – [그리기] 그룹의 '웃는 얼굴' 도형을 삽입하기 위해 기본 도형 그룹에서 '웃는 얼굴'을 클릭하고 슬라이드 왼쪽의 제목과 글머리 목록 상자 사이에서 드래그합니다.

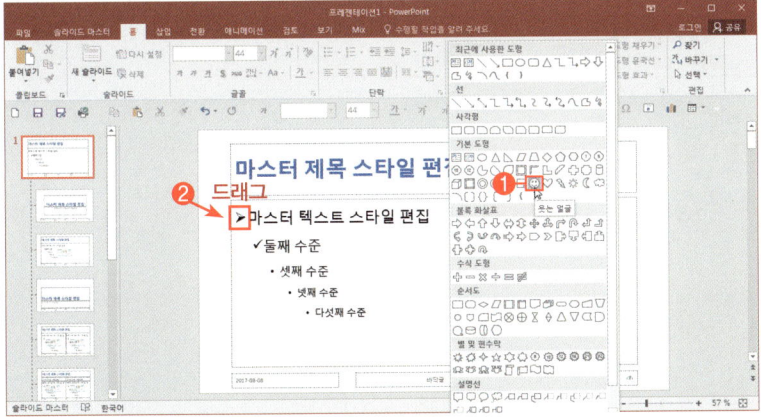

03 '웃는 얼굴' 도형을 슬라이드에서 드래그하여 그리고 [그리기 도구]-[서식]탭-[도형 스타일] 그룹에서 '자세히'를 클릭하여 '반투명 - 주황, 강조 2, 윤곽선 없음'을 선택합니다.

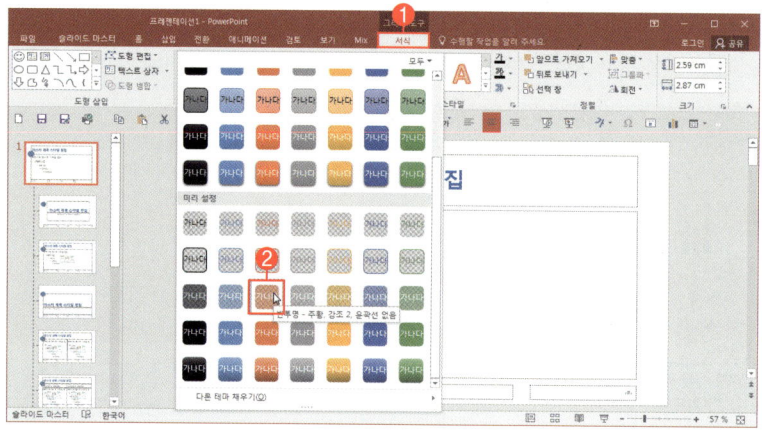

04 도형 윤곽선은 '주황 강조 2'를 선택합니다.

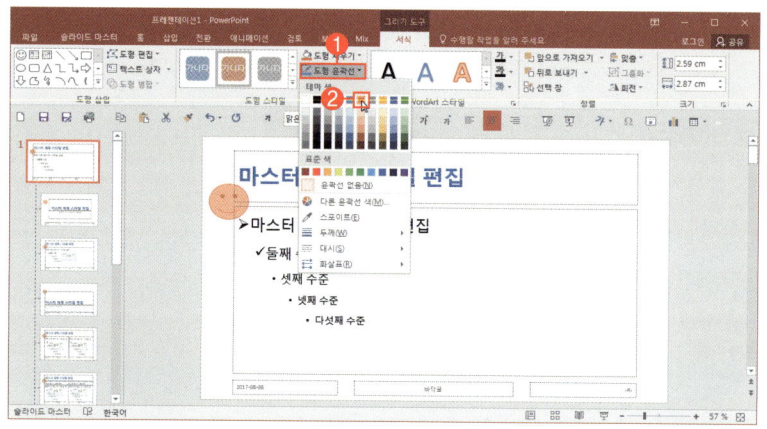

3) 전체 배경에 그림 넣기

슬라이드 레이아웃에 따라 다른 그림으로 배경을 디자인할 수 있습니다. 주로 많이 사용하는 '제목 및 내용' 레이아웃, '제목 슬라이드' 레이아웃, '콘텐츠 2개' 레이아웃의 배경을 변경해보겠습니다.

01 제목 슬라이드로 이동합니다. '웃는 얼굴'을 숨기기 위해 [슬라이드 마스터] 탭 - [배경] 그룹의 '배경 그래픽 숨기기'를 클릭합니다.

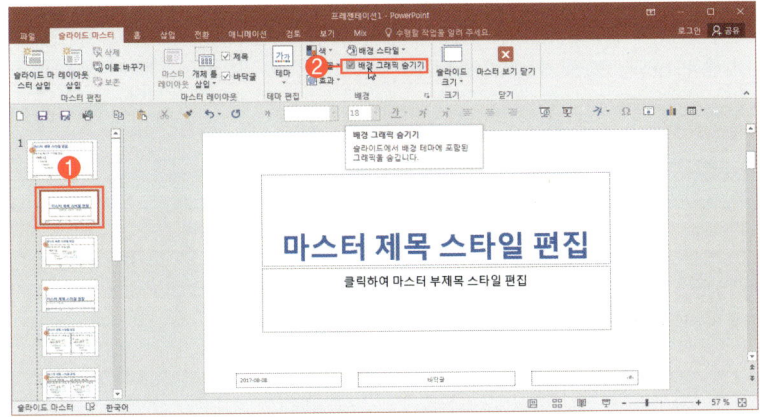

02 [배경] 그룹의 [배경 서식]을 클릭합니다. [배경 서식] 작업 창에서 '그림 또는 질감 채우기' 옵션을 선택하고 [파일]을 클릭합니다. [그림 삽입] 대화상자에서 '배경1.jpg'를 선택합니다.

03 '제목 및 내용' 레이아웃으로 이동합니다. 같은 방법으로 '배경2.jpg' 파일을 배경으로 삽입합니다. '투명도'를 '80%'로 변경합니다.

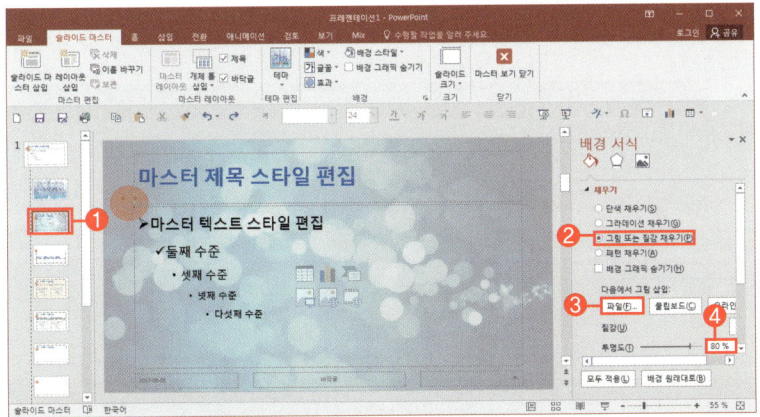

04 '콘텐츠 2개' 레이아웃으로 이동하고 [배경 서식] 작업 창에서 그림 파일을 '배경3.jpg'를 선택하여 삽입합니다. '투명도'는 이전에 입력된 '80%'가 유지되어 있습니다.

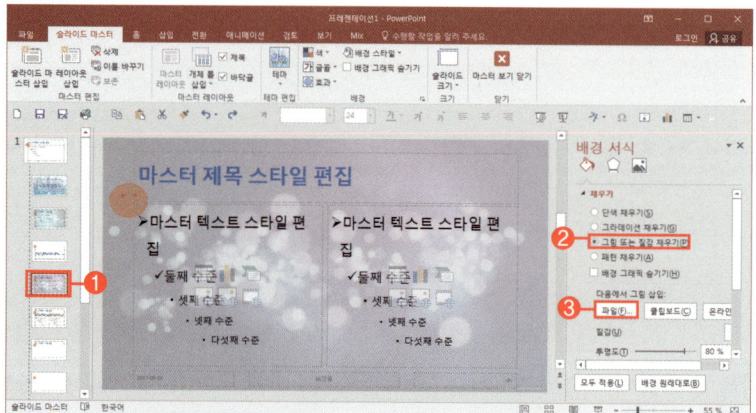

05 [마스터 보기 닫기]를 클릭합니다.

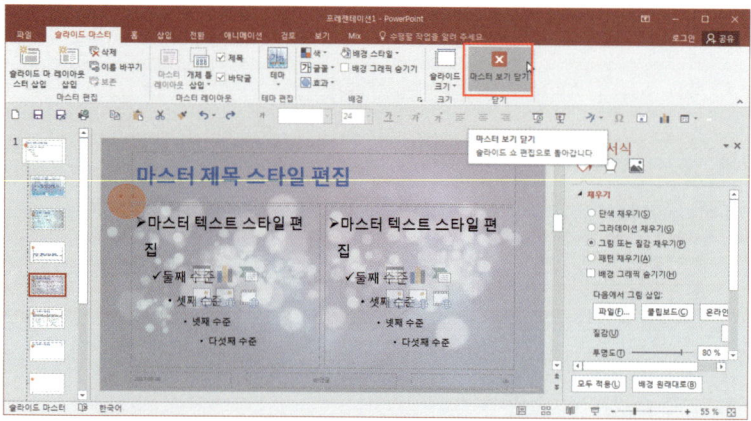

4) 슬라이드 추가하고 텍스트 완성하기

마스터 작업을 마치고 작업 영역에서 원하는 레이아웃을 선택하고 슬라이드를 완성하면 됩니다. 같은 디자인의 레이아웃은 다시 디자인하지 않아도 됩니다.

01 1번 슬라이드의 제목을 선택하고 '행복한 코칭'을 입력합니다. 같은 방법으로 부제목도 클릭하고 '부모코칭'을 입력합니다.

02 Ctrl + M 을 눌러 2번 슬라이드를 생성하고 다음 내용을 입력합니다. 첫째 수준을 입력한 후 Enter 로 줄바꾸기를 합니다. 둘째 수준, 셋째 수준은 [홈] 탭 – [단락] 그룹의 목록 수준 늘림(≡)을 눌러 이동한 후 입력합니다.

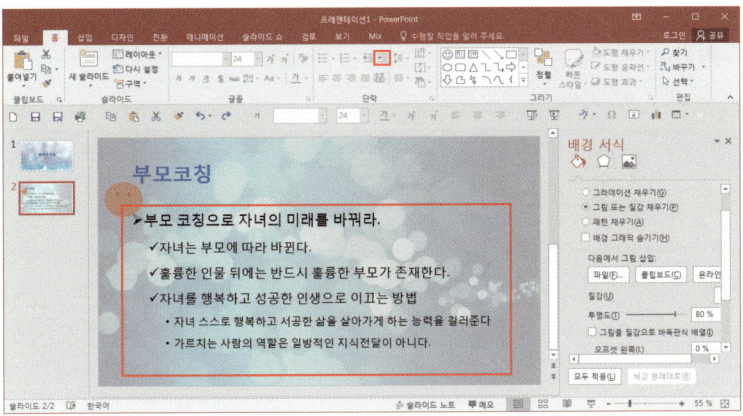

03 3번 슬라이드는 '콘텐츠 2개' 레이아웃을 선택해서 추가합니다. 제목과 왼쪽 콘텐츠에 텍스트를 입력합니다.

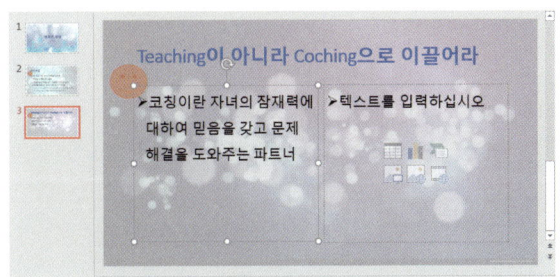

04 오른쪽에 그림을 넣기 위해 [그림] 버튼을 클릭합니다.

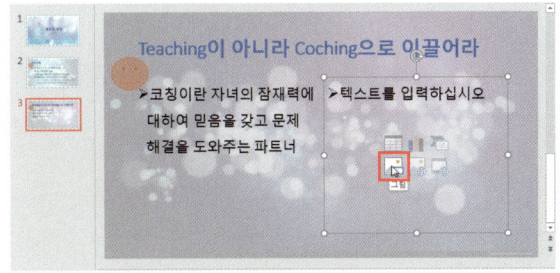

05 [그림 삽입] 대화상자에서 '그림1.jpg'를 선택합니다.

06 [그림 도구] - [서식] 탭에서 그림 스타일을 '부드러운 가장자리 타원'으로 변경합니다.

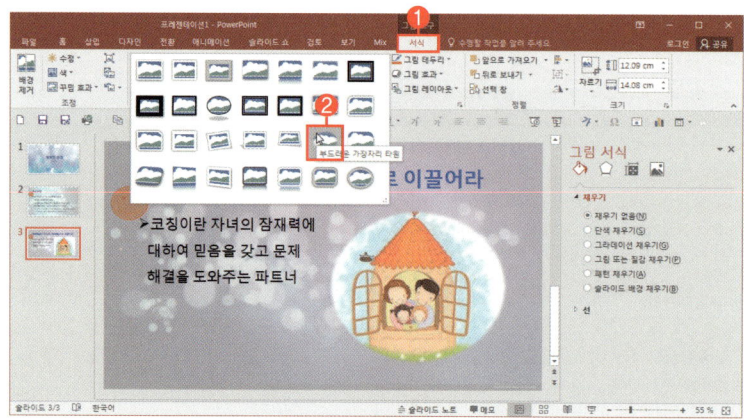

3. 구역을 나누어 슬라이드 정리하기

구역 나누기는 같은 슬라이드 종류끼리 묶어서 관리하면 편리한 기능으로 슬라이드 장수가 많을 경우 구역을 지정하여 관리할 수 있습니다.

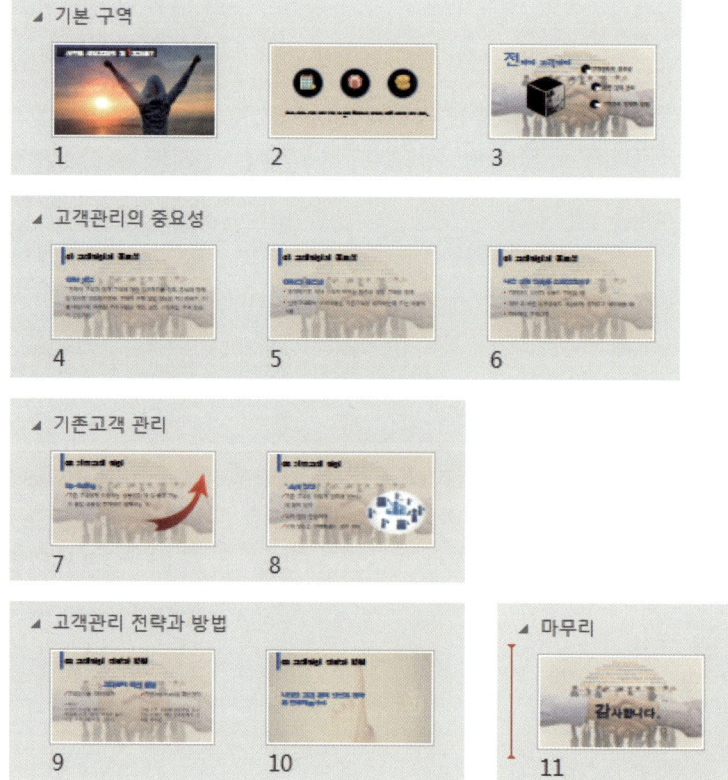

결과 미리 보기

1) 구역 추가 및 이름 바꾸기

'세일즈 판매 전략.pptx'를 불러와 구역 나누기 실습을 진행하겠습니다.

01 '세일즈 판매 전략.pptx' 파일을 불러옵니다. 4번 슬라이드를 선택하고 [홈] 탭 – [슬라이드] 그룹의 [구역]을 선택한 후 '구역 추가'를 클릭합니다.

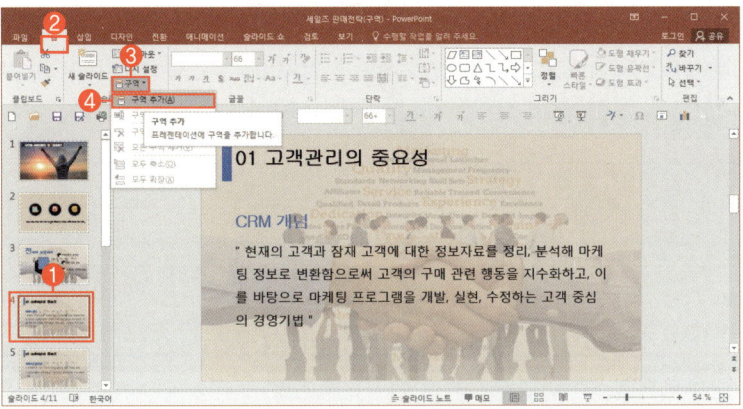

02 1~3번 슬라이드 영역은 '기본 구역'으로 4번 슬라이드부터 '제목 없는 구역'으로 구분됩니다. '제목 없는 구역' 이름을 바꾸기 위해 구역 이름 위에서 마우스 오른쪽 버튼을 클릭하고 '구역 이름 바꾸기'를 선택합니다.

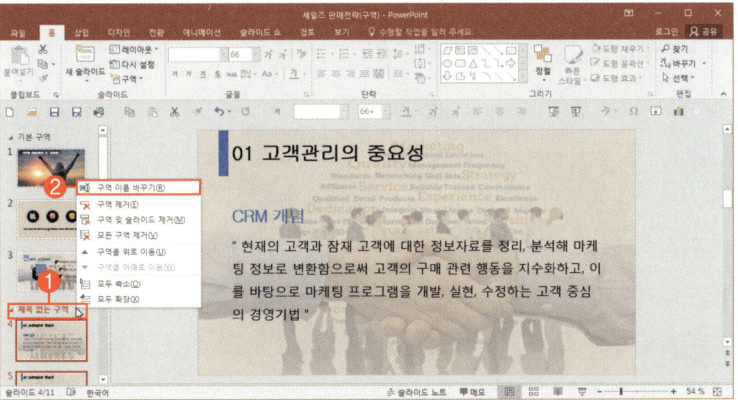

03 [구역 이름 바꾸기] 대화상자에 구역 이름을 '고객관리의 중요성'이라고 입력하고 [이름 바꾸기]를 클릭합니다.

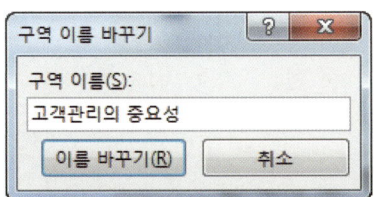

04 같은 방법으로 7번 슬라이드를 선택하고 구역을 추가합니다.

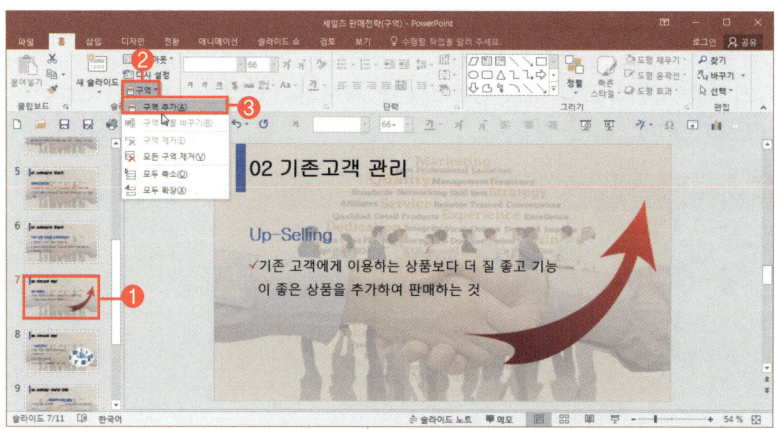

05 7번 슬라이드부터 새로운 구역이 생성됩니다. '이름 없는 구역' 위에서 마우스 오른쪽 버튼을 클릭하고 '구역 이름 바꾸기'를 선택합니다.

06 구역 이름을 '기존고객 관리'로 입력합니다.

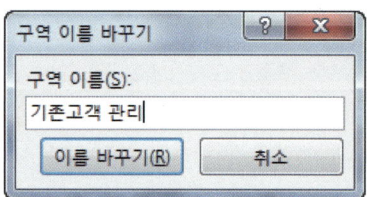

07 9번 슬라이드부터 같은 방법으로 '고객관리 전략과 방법'을 구역 이름으로 설정합니다.

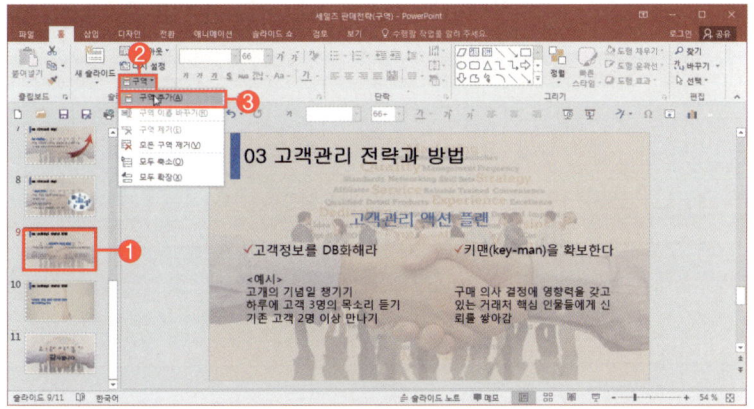

08 11번 슬라이드를 선택하고 '마무리'로 구역 이름을 설정합니다.

2) 구역 축소 및 확장

완성된 구역의 이름 앞에 삼각형을 클릭하면 구역 축소와 확장을 할 수 있습니다.

01 구역 이름에서 마우스 오른쪽 버튼을 클릭하고 '모두 축소'를 선택합니다. 구역을 모두 축소한 결과입니다. 전체 프레젠테이션 구성을 확인할 수 있습니다.

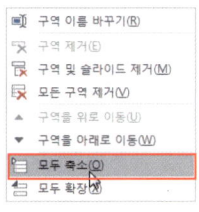
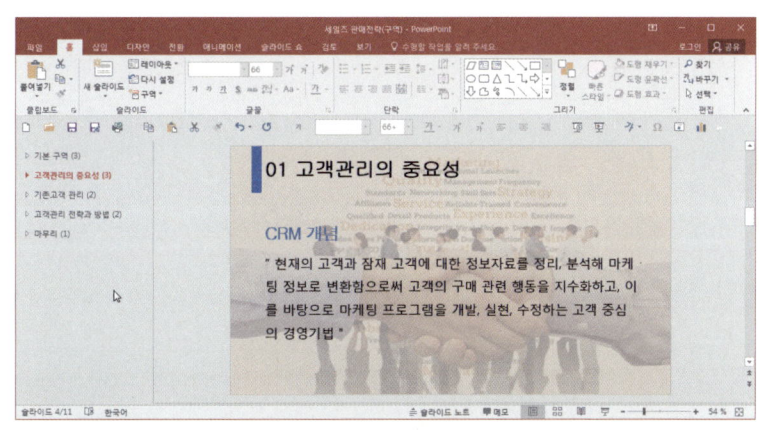

02 '고객관리의 중요성' 구역에서 아이콘을 클릭하여 확장하였습니다.

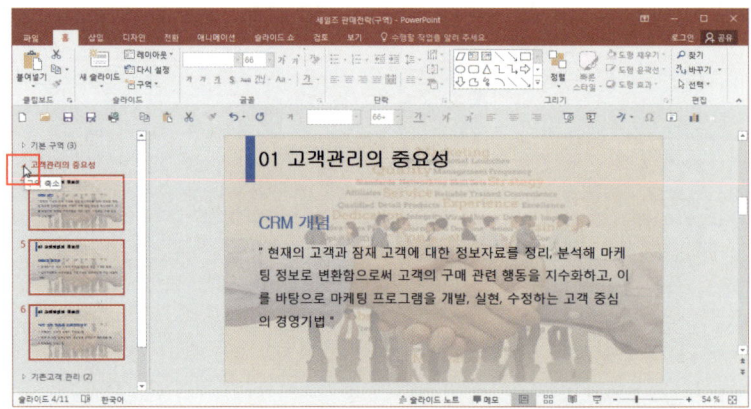

이와 같이 관련된 슬라이드들을 구역으로 나누고 구역을 알기 쉬운 이름으로 지정하면 구역별로 이동 및 인쇄가 가능합니다. 또한 다른 사람과 공동 작업 시 담당자별 구역을 맡아 작성하고 다시 병합할 수 있습니다.

> **TIP**
>
> 구역 관리는 기본 보기의 축소 슬라이드 영역이나 여러 슬라이드 보기에서 가능합니다. 다음은 여러 슬라이드 보기에서 구역을 관리하는 그림입니다.
>
>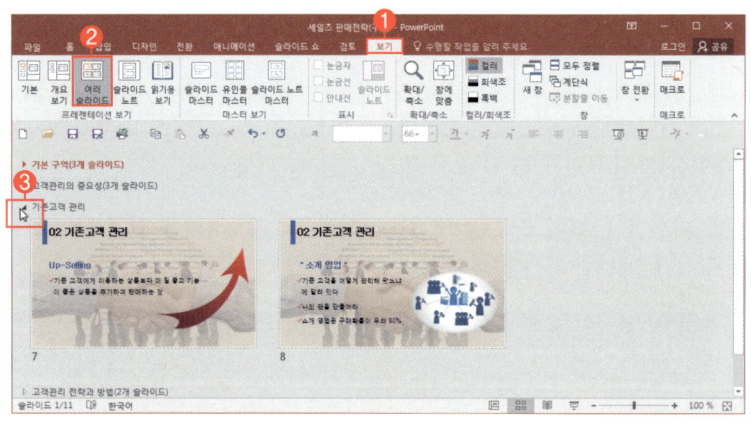

1. 다음 출력 형태와 조건을 처리해서 새 파일을 완성하시오.

① 파일 : 새 프레젠테이션으로 시작
② 슬라이드 크기 : 화면 슬라이드 쇼(16:10)
③ 슬라이드 마스터 : 전체 슬라이드 제목(글꼴 – 굴림, 빨강, 굵게, 크기 – 40pt), 배경(그러데이션 채우기, 종류 – 제목 음영), 첫째 수준 글머리기호(❏), 둘째 수준 글머리기호(✓), 줄 간격 1.5, 제목 슬라이드 레이아웃(배경 – 그림4.jpg), 구역 머리글 레이아웃(배경 – 그림5.jpg)
④ 1번 슬라이드 : 제목 슬라이드, 제목 – IoT(Internet of Things)
⑤ 2번 슬라이드 : 구역 머리글 레이아웃, 제목 – '사물 인터넷 서비스', 내용 – 인터넷으로 사물은 물론, 현실과 가상 세계의 모든 정보와 상호 작용하는 개념
⑥ 3번, 4번 슬라이드 : 제목 및 내용 레이아웃, 제목 – 사물 인터넷, 내용 – 출력 형태 참고, 목록 수준 늘림 사용

2. 다음 출력 형태와 조건을 처리해 '사진첩' 파일을 완성하시오.

① 3번 슬라이드부터 '봄' 구역 이름으로 새로운 구역을 만듭니다.
② 7번 슬라이드부터 '여름' 구역 이름으로 새로운 구역을 추가합니다.
③ 9번 슬라이드부터 '가을' 구역 이름으로 새로운 구역을 추가합니다.
④ 10번 슬라이드부터 '겨울' 구역 이름으로 새로운 구역을 추가합니다.
⑤ 12번 슬라이드를 '끝' 구역 이름으로 새로운 구역을 추가합니다.
⑥ 여러 슬라이드 보기로 변경하고 '여름', '겨울' 구역을 축소합니다.

| 출력 형태 |

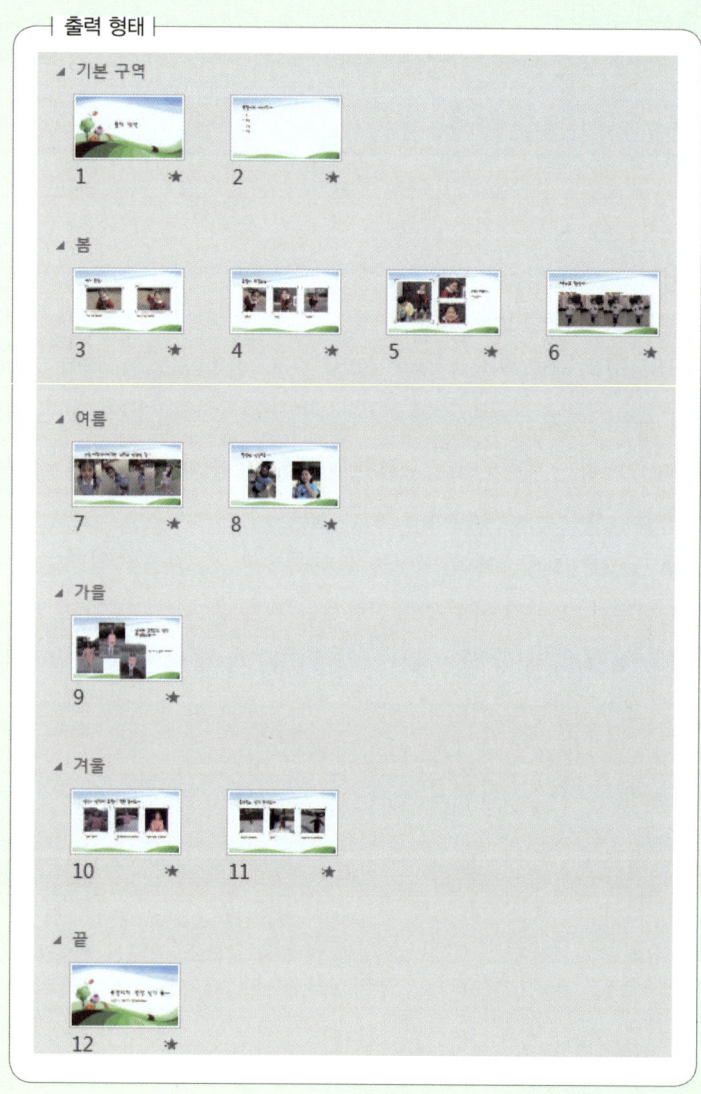

▶ 참고 : 03/완성/실전1-IoT(Internet of Things).pptx, 실전2-사진첩.pptx

텍스트와 도형 및 스마트아트를 활용한 슬라이드 디자인

파워포인트에서 가장 많이 활용하는 것은 텍스트와 도형이며, 텍스트와 도형을 더 활용할 수 있는 기능이 스마트아트입니다. 스마트아트는 텍스트를 입력하거나 정돈된 프레젠테이션을 만들기 위한 요소로 많이 활용되고 있습니다. 다음 예제는 텍스트와 도형 및 스마트아트를 활용한 슬라이드 예제입니다. 따라 하기로 실습해보겠습니다.

1. 텍스트는 기본

텍스트 작성은 슬라이드 레이아웃에서 제공하는 개체 틀을 이용하거나, 사용자가 직접 텍스트 상자를 만들어 사용할 수 있습니다. 텍스트 상자의 글꼴 서식, 단락 서식, 글머리 기호, 번호 매기기, 워드아트, 스마트아트로 변환까지 폭넓은 영역의 활용을 보입니다. 또한 텍스트 상자는 주로 가로 방향의 텍스트 상자가 사용되지만 필요에 따라 세로 텍스트 상자도 활용됩니다.

결과 미리 보기

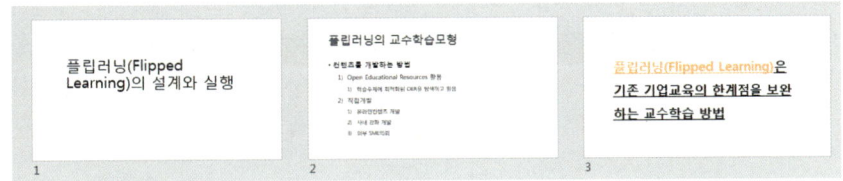

1) 테스트 작성

레이아웃에서 제공되는 개체를 활용하는 방법과 텍스트 상자를 활용하는 방법을 살펴보겠습니다.

01 새 프레젠테이션으로 파일을 시작한 후 제목을 클릭하고 '플립러닝(Flipped Learning)의 설계와 실행'을 입력합니다.

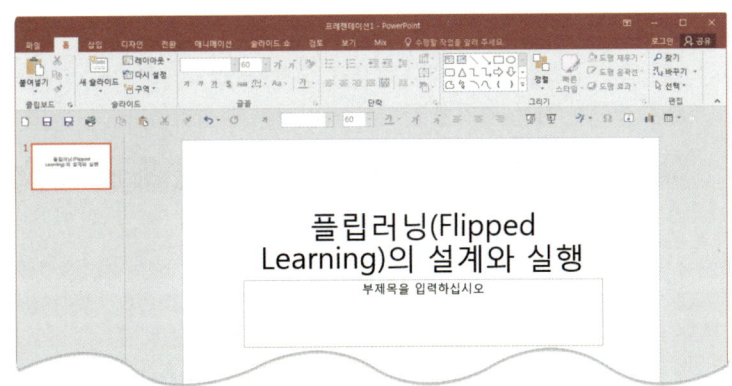

02 Ctrl + M 을 눌러 새 슬라이드를 삽입합니다. 제목 및 내용 레이아웃의 제목에는 '플립러닝의 교수학습모형'이라고 입력하고 내용은 화면과 같이 입력합니다.

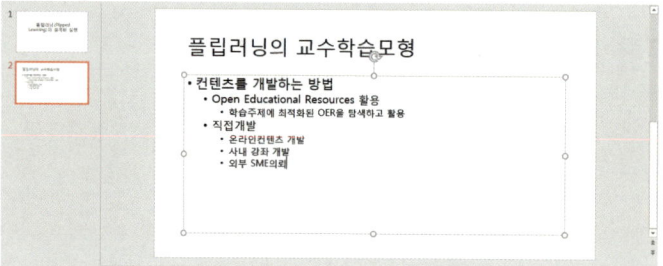

> **TIP** 단락 입력 단축키
> - Enter : 단락 바꾸기
> - Shift + Enter : 단락 유지 줄 바꾸기
> - Tab ( ) : 목록 수준 늘림
> - Shift + Tab ( ) : 목록 수준 줄임

03 [홈] 탭 – [슬라이드] 그룹 – [새 슬라이드]를 클릭해 3번 슬라이드는 '빈 화면'으로 추가합니다.

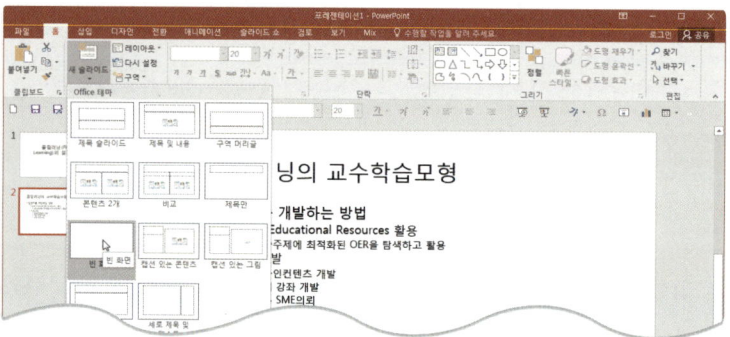

04 [홈] 탭 – [그리기] 그룹의 [텍스트 상자]를 클릭하고 마우스 포인터가 텍스트 입력모드로 변경되면 글을 쓰고자 하는 위치에 클릭하여 커서를 생성합니다.

05 '플립러닝(Flipped Learning)은 기존 기업교육의 한계점을 보완하는 교수학습 방법'을 입력합니다.

2) 텍스트 편집

01 입력된 '글상자 테두리'를 클릭합니다. 텍스트 상자가 선택된 것을 확인하고 글꼴 크기를 '50'으로 변경합니다.

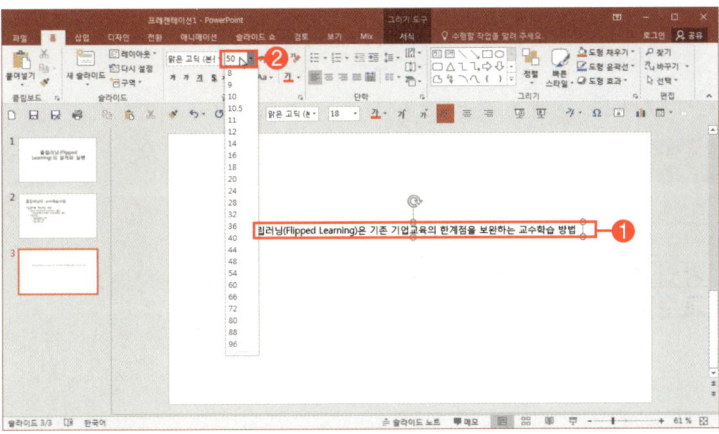

02 텍스트 상자는 기본적으로 자동 개행이 되지 않습니다. 텍스트 상자 오른쪽 끝으로 이동하여 좌/우 폭을 출력 형태와 같이 줄입니다.

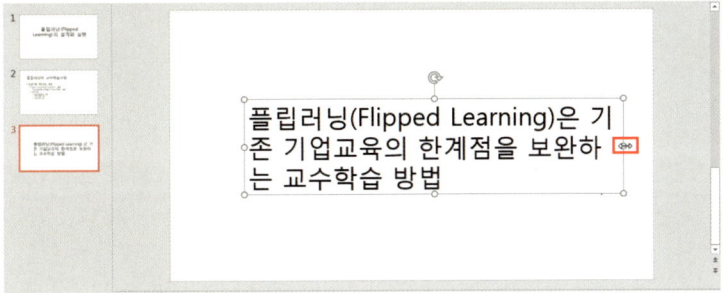

Part.2 저작도구 파워포인트 • 137

03 글꼴 스타일은 '굵게', '밑줄'을 선택합니다.

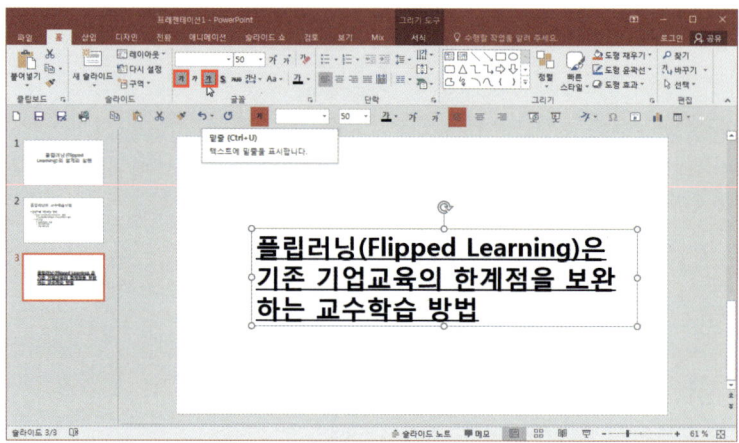

04 '플립러닝(Flipped Learning)'을 블록을 설정하고 글꼴 색을 '주황'으로 선택합니다.

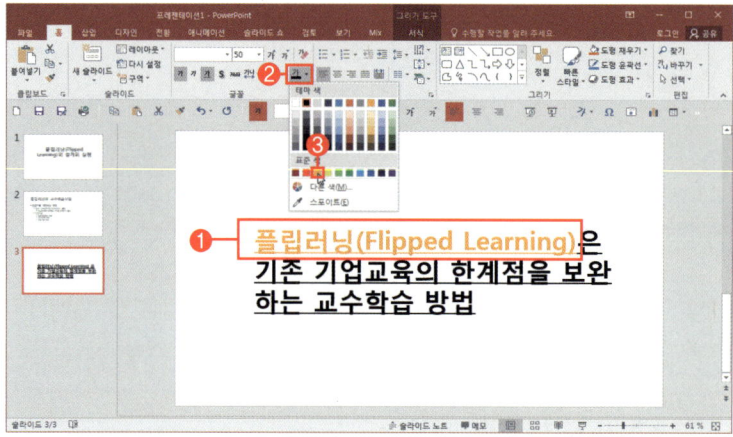

3) 단락모양 변경하기

01 1번 슬라이드의 제목을 선택하고 [단락 그룹]에서 '왼쪽 맞춤'을 선택합니다.

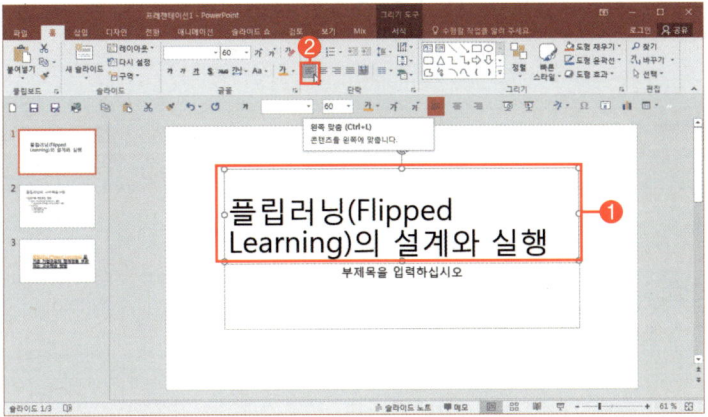

02 2번 슬라이드의 글머리기호 목록 개체를 선택하고 줄 간격을 '1.5'로 변경합니다.

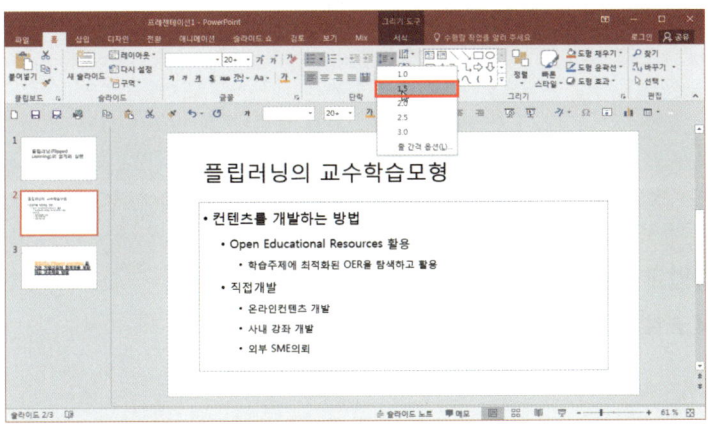

03 글머리 기호 목록의 둘째 수준과 셋째 수준을 모두 선택하고 단락 그룹의 번호 매기기를 '1)___ 2)___ 3)___' 형식을 선택합니다.

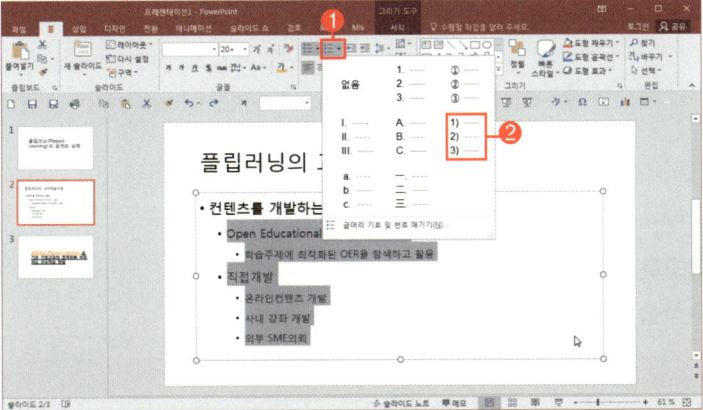

4) 슬라이드에 개체 정렬

01 3번 슬라이드에서 텍스트 상자를 선택하고 [단락] 그룹의 줄 간격을 '1.5'로 변경합니다.

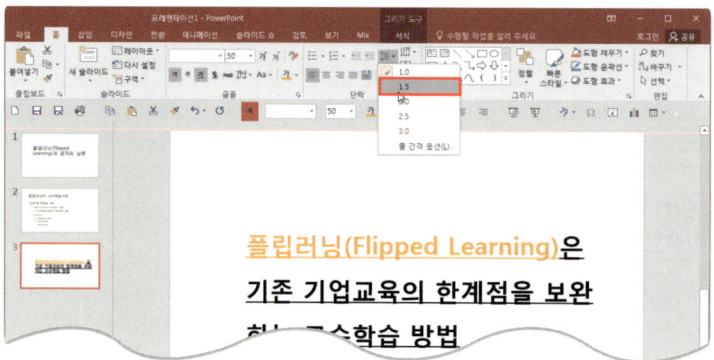

02 [그리기] 그룹 – [정렬] – [맞춤]의 [가운데 맞춤]을 선택합니다. 슬라이드를 기준으로 가로 가운데 정렬이 됩니다.

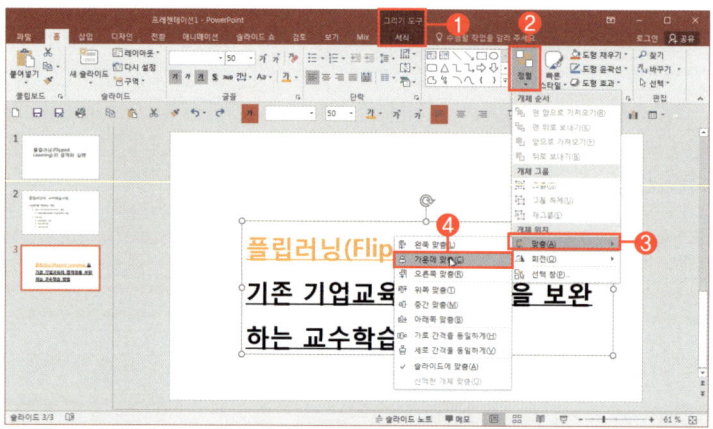

03 [그리기] 그룹 – [정렬] – [맞춤]의 [중간 맞춤]을 선택합니다. 이번에도 슬라이드를 기준으로 세로 중간 맞춤이 됩니다.

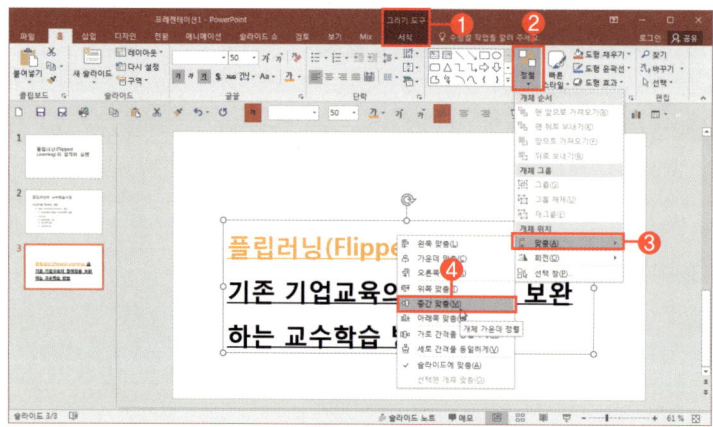

> **TIP** 슬라이드에 맞춤
>
> 개체를 하나 선택하고 정렬 명령을 실행하면 기준 도형이 없기 때문에 '슬라이드에 맞춤' 옵션이 기본으로 선택되어 있습니다. 두 개 이상의 개체를 선택하고 정렬할 경우 가장 왼쪽, 가장 오른쪽, 가장 위, 가장 아래쪽 개체를 기준으로 각각 정렬할 수 있습니다.

5) 파일 저장하기

01 빠른 실행 도구모음의 [저장]을 클릭합니다([파일] 탭 - [저장]을 클릭해도 됩니다).

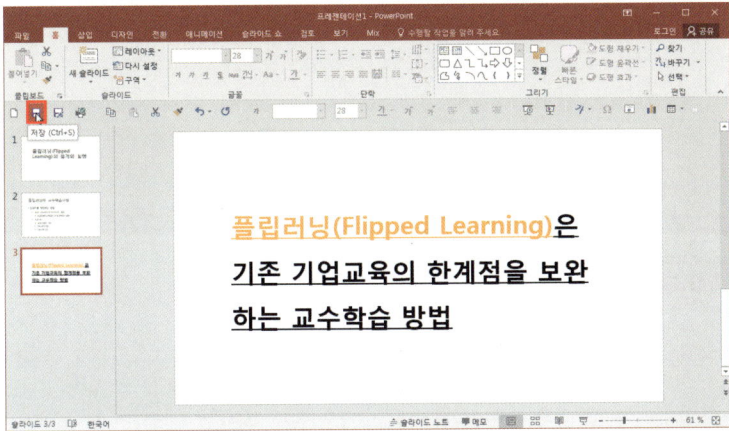

02 제목 슬라이드의 제목으로 파일명이 생성됩니다. 원하는 위치에 저장합니다.

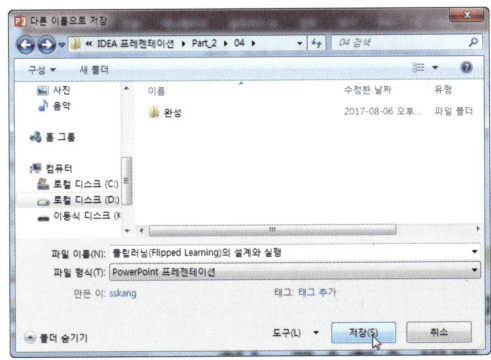

2. 도형 만들기 및 편집

파워포인트에서 제공되지 않는 도형은 온라인 그림을 검색해서 해결할 수 있습니다. 그러나 검색된 결과가 없을 경우 기본으로 제공되는 도형을 편집해서 만들어 사용할 수 있습니다. 365 버전은 [삽입] 탭의 [일러스트레이션] 그룹에 [아이콘] 메뉴를 제공하여 다양한 모양을 삽입할 수 있습니다.

결과 미리 보기

1) 도형 만들기

01 새 프레젠테이션을 열고 [홈] 탭 - [슬라이드] 그룹 - [레이아웃]을 '빈 화면'으로 변경합니다.

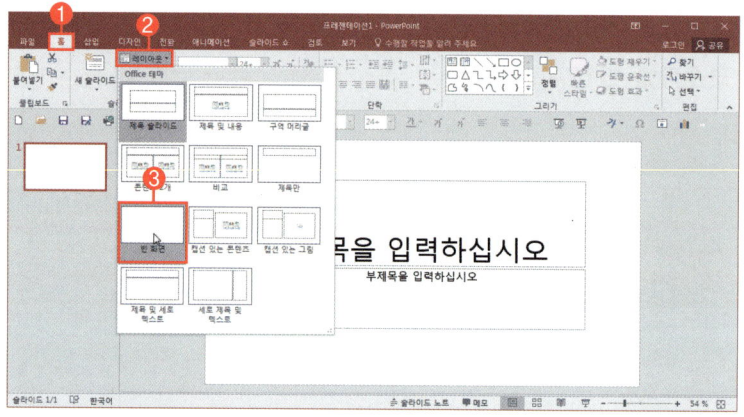

02 [홈] 탭 - [그리기] 그룹에서 [별 및 현수막]의 '포인트가 10개인 별'을 선택하여 그립니다.

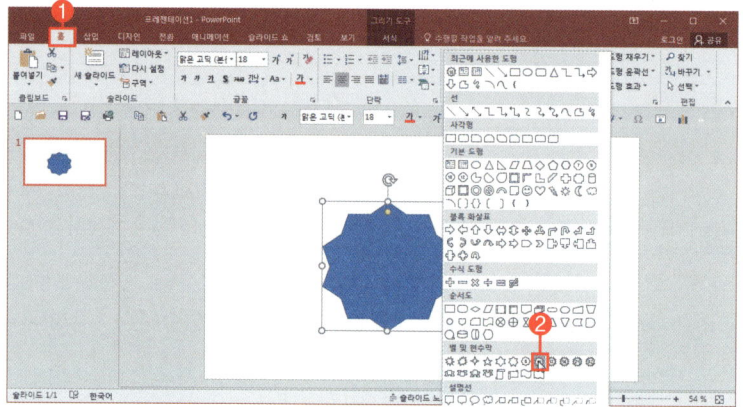

142 · IDEA 프레젠테이션

03 별의 뾰족한 정도를 조절하는 노란색 조절점을 아래로 끌어서 뾰족하게 변경합니다.

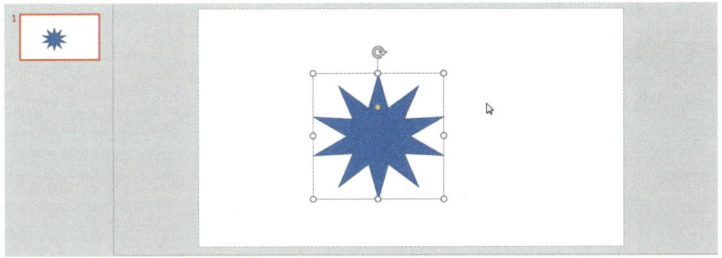

04 [홈] 탭 – [그리기] 그룹에서 [기본 도형]의 '타원'을 별 안쪽에 그려줍니다.

05 [홈] 탭 – [그리기] 그룹에서 [기본 도형]의 '도넛'을 별의 크기보다 크게 그리고 별 위에 올려놓습니다. 도넛의 조절점을 이용하여 톱니 모양의 두께를 결정합니다.

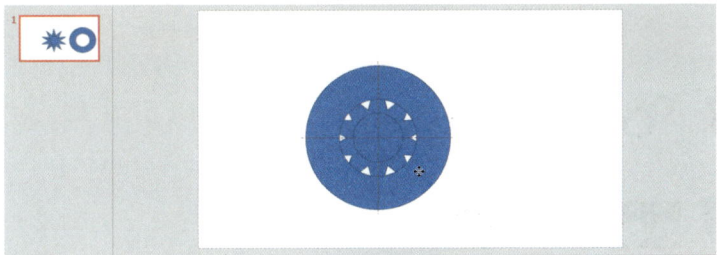

2) 도형 병합

01 그려진 3개의 도형을 마우스로 드래그하여 모두 선택합니다.

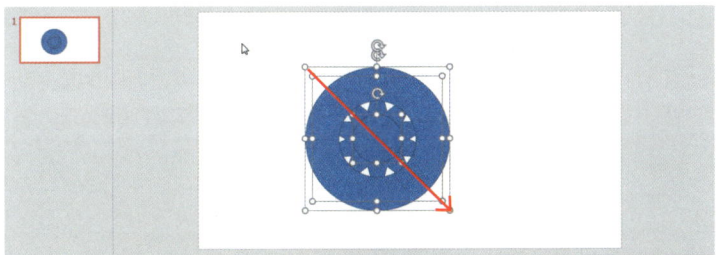

02 [그리기 도구] – [서식] 탭 – [도형 삽입] 그룹 – [도형 병합]에서 '빼기'를 선택합니다. 첫 번째 삽입한 별 도형을 기준으로 추가로 그려진 도형의 모양을 제거합니다.

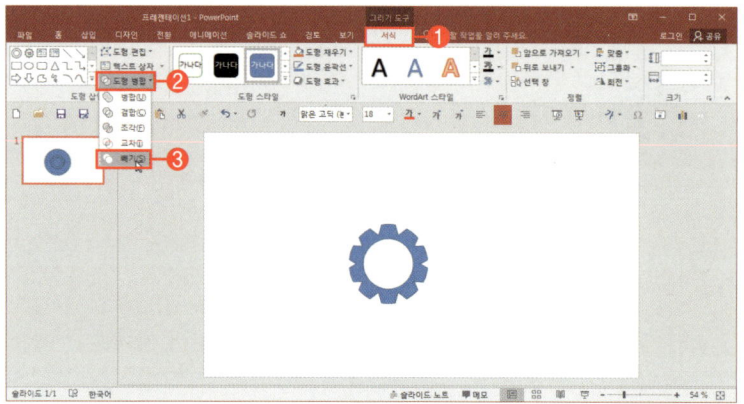

03 완성된 도형은 [그리기 스타일] 그룹에서 – [도형 채우기]를 '검정'으로, [도형 윤곽선]을 '윤곽선 없음'으로 설정합니다. 완성된 톱니 모양을 복사하고 크기를 조절해 두 개로 이루어진 톱니 모양을 구성하고 [도형 병합]의 '병합'을 설정해 하나의 도형으로 완성합니다. 나머지 휴대폰, 모니터, 프린터, 스피커, 육면체, 지구본 도형을 차례로 그려봅니다.

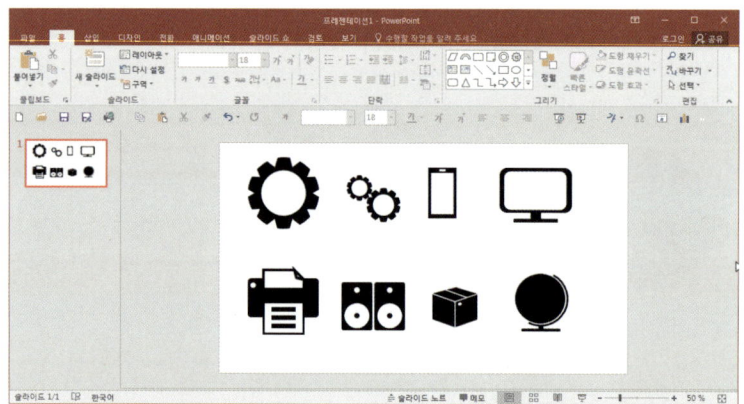

> **TIP** 기본 도형으로 설정

- 도형 채우기와 도형 윤곽선을 설정한 색으로 계속해서 도형을 삽입하고 싶을 경우 그려진 도형을 선택하고 팝업 메뉴의 '기본 도형으로 설정' 명령을 실행하면 이후에 그려지는 도형은 같은 설정값으로 삽입됩니다.
- 만들어진 도형에서 마우스 오른쪽 버튼 클릭해 '그림으로 저장' 메뉴를 이용해서 그림파일로 활용할 수 있습니다.

> **TIP** 도형 병합

- 원을 이용하여 각각의 도형 병합 명령을 실행한 결과를 아래와 같이 확인할 수 있습니다.
- 도형 병합 명령을 실행하기 전에 도형 선택을 하게 됩니다. 동시에 선택하면 먼저 그려진 도형 서식으로 병합 결과가 만들어집니다. 아래 그림처럼 노랑 도형으로 결과를 만들고 싶으면 노랑 도형을 선택한 후 뒤에 도형을 Shift 키를 누르고 추가 선택하면 먼저 선택된 도형으로 병합 결과가 만들어집니다.

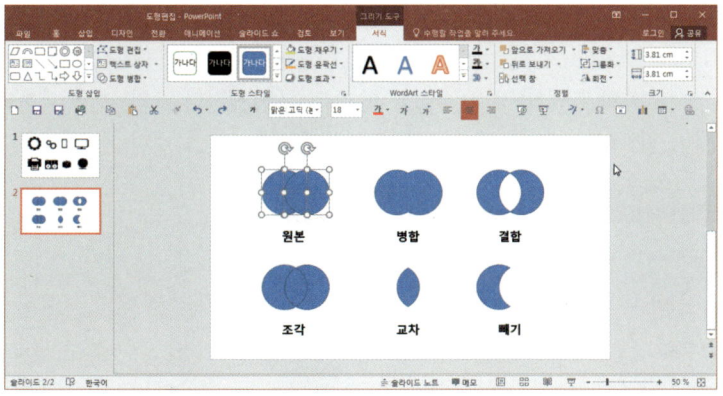

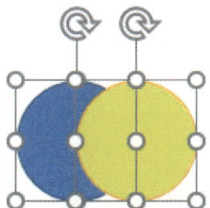 

3. SmartArt 만들기 및 편집하기

SmartArt는 미리 정의되어 있는 다양한 다이어그램으로 누구나 쉽고 빠르게 전문적인 디자인을 구성할 수 있습니다. 목록형, 프로세스형, 주기형, 계층구조형, 관계형, 행렬형, 피라미드형 등 다양한 종류로 구분되어 있으며 [SmartArt] – [도구] – [디자인] 및 [서식] 탭을 이용하여 고급스럽게 꾸밀 수 있습니다.

결과 미리 보기

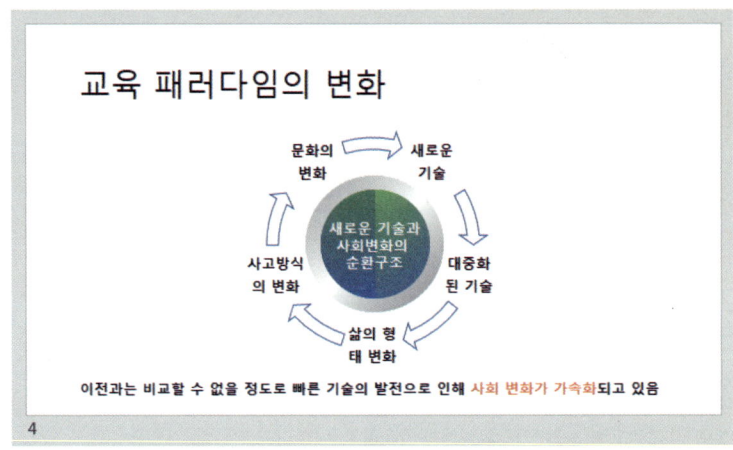

1) 스마트아트 만들기

01 저장한 '플립러닝(Flipped Learning)의 설계와 실행.pptx' 파일을 불러옵니다. [홈] 탭 – [슬라이드] 그룹 – [새 슬라이드]의 '제목 및 내용' 레이아웃으로 4번 슬라이드를 추가합니다.

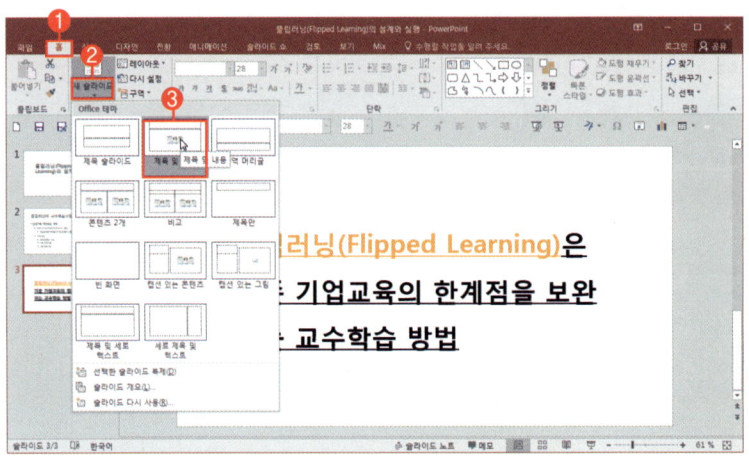

02 제목에 '교육 패러다임의 변화'를 입력합니다. 내용 개체 틀에 SmartArt 그래픽 삽입을 선택합니다.

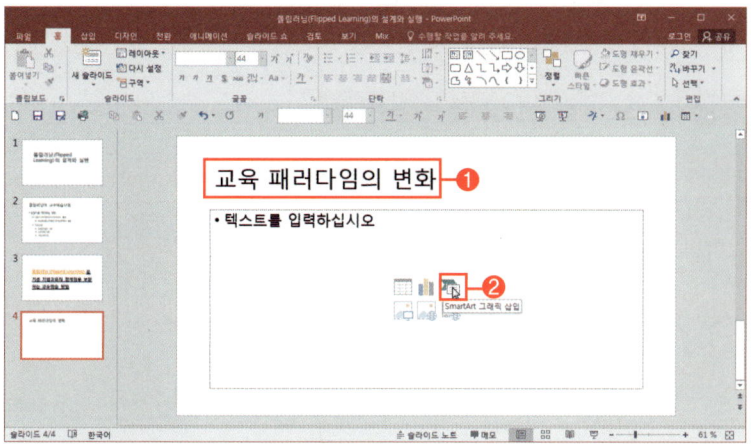

03 [StartArt 그래픽 선택] 대화상자의 [주기형] 그룹의 '텍스트 주기형'을 선택하고 [확인]을 클릭합니다.

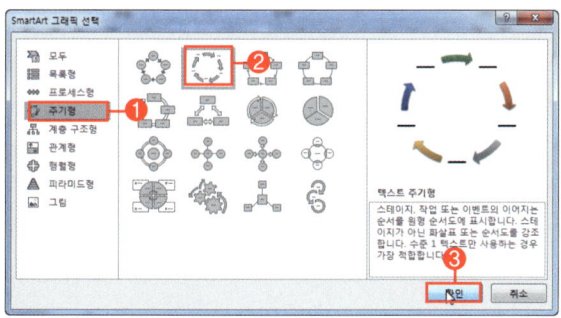

04 텍스트 상자에 각각 '새로운 기술', '대중화된 기술', '삶의 형태 변화', '사고방식의 변화', '문화의 변화'를 입력합니다.

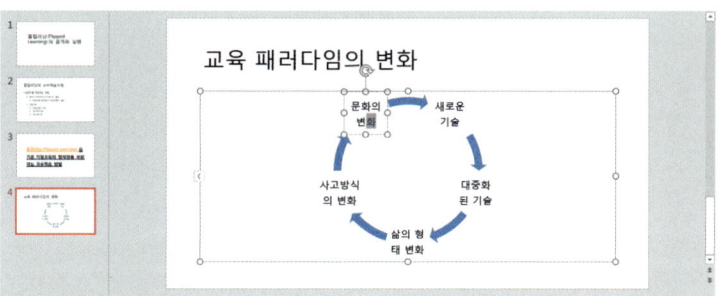

2) 도형 추가하기

01 [홈] 탭 – [그리기] 그룹에서 [기본 도형]의 '타원'을 선택합니다.

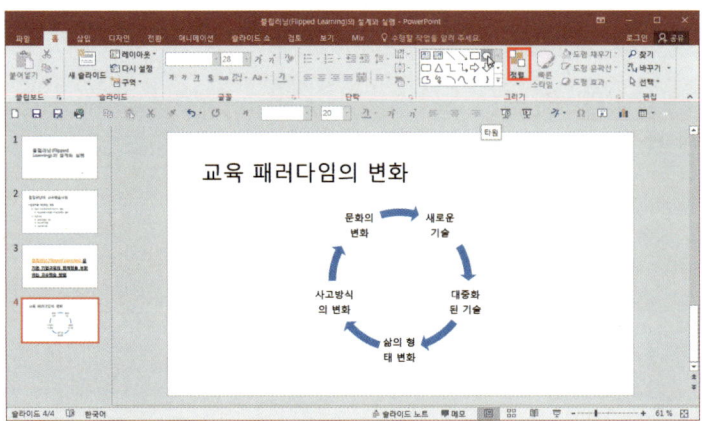

02 스마트아트를 중심에서 Ctrl+Shift+마우스 드래그로 도형을 그립니다.

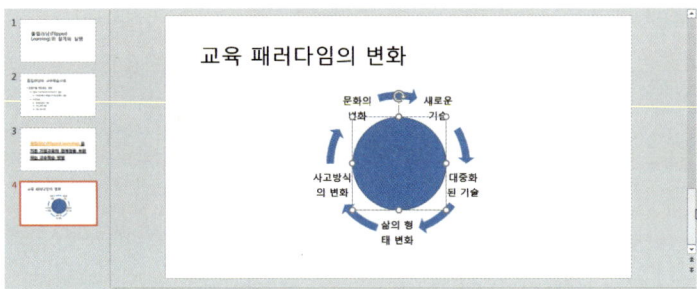

03 Ctrl+D 를 눌러 원을 하나 더 복사하고 Shift 를 이용하여 대각선 방향으로 크기를 축소합니다.

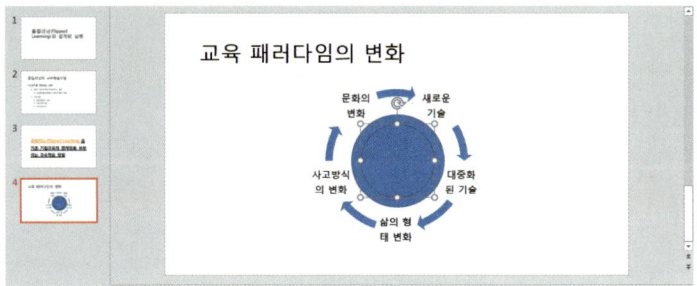

3) 도형 편집하기

01 원본 타원을 선택합니다. [그리기] 그룹의 [도형 채우기] - [그라데이션] - [밝은 그라데이션] 그룹에서 '선형 대각선 - 왼쪽 위에서 오른쪽 아래로'를 선택합니다.

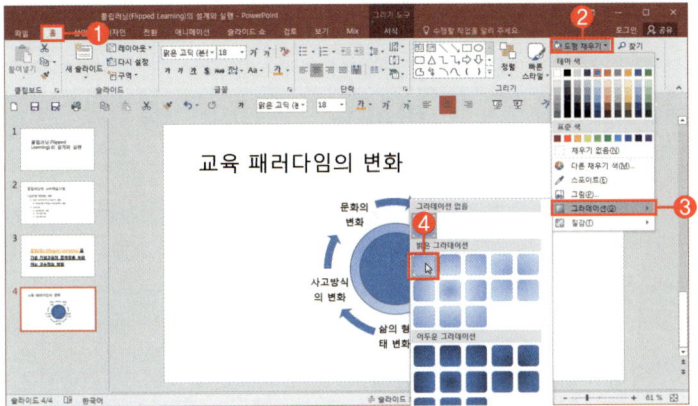

02 다시 한 번 [그리기] 그룹의 [도형 채우기] - [그라데이션]의 [기타 그라데이션] 메뉴를 선택합니다.

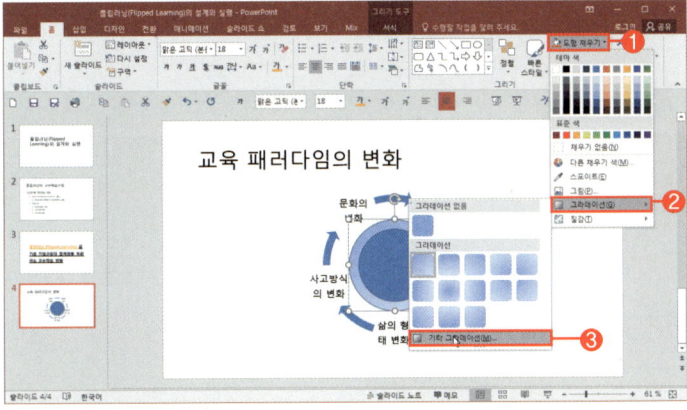

03 [도형 서식] 작업 창의 '그라데이션 편집'에서 첫 번째 그라데이션 색상을 '흰색, 배경 1, 25% 더 어둡게'를 선택합니다.

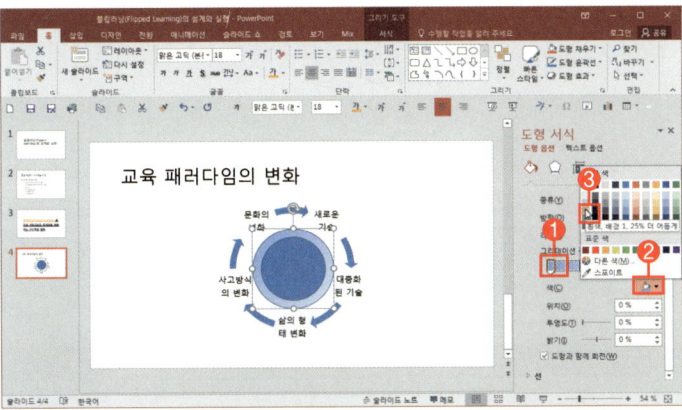

04 두 번째 그라데이션 색상은 '흰색, 배경1'을 선택합니다.

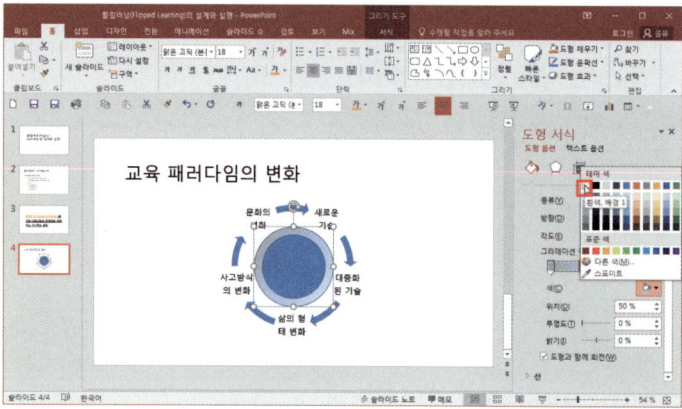

05 세 번째 그라데이션 색상은 '흰색, 배경1, 35% 더 어둡게'를 선택합니다.

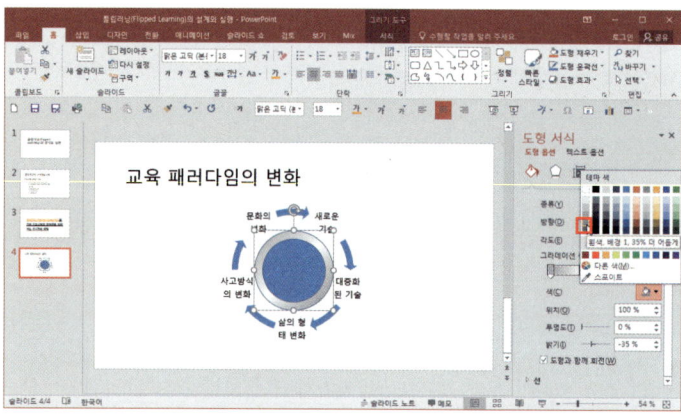

06 [그리기] 그룹의 [도형 윤곽선] – [윤곽선 없음]을 선택합니다.

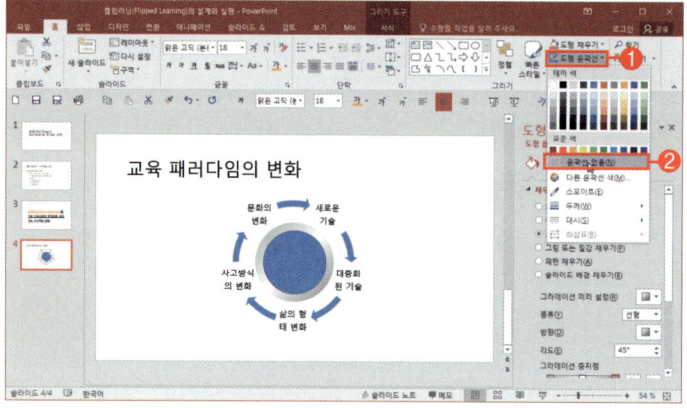

07 [그리기] 그룹의 [도형 효과] – [그림자] – [바깥쪽] – [오프셋 오른쪽]을 선택합니다.

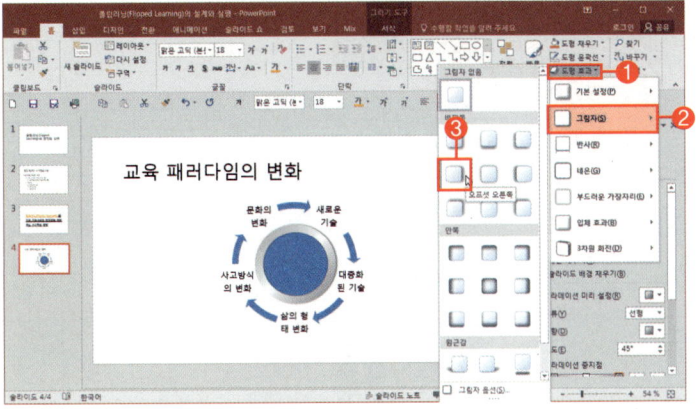

4) 고급 도형 설정

01 [그리기] 그룹의 [기본 도형]에서 '원형'을 선택합니다.

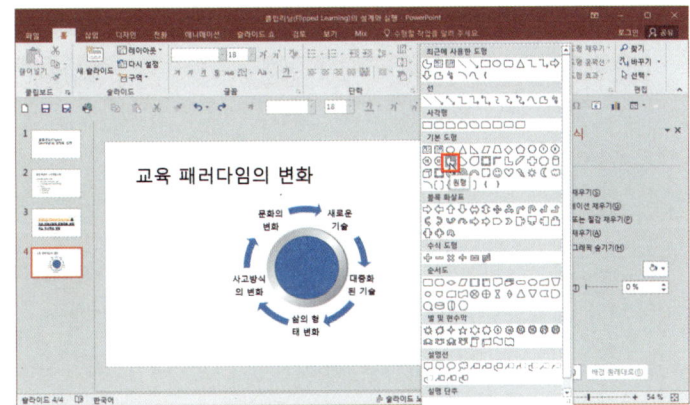

02 안쪽 원 위에 겹쳐서 원형을 그립니다.

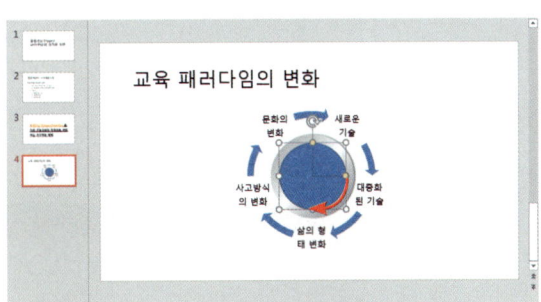

03 원형의 제어점을 조절하여 반원으로 만듭니다.

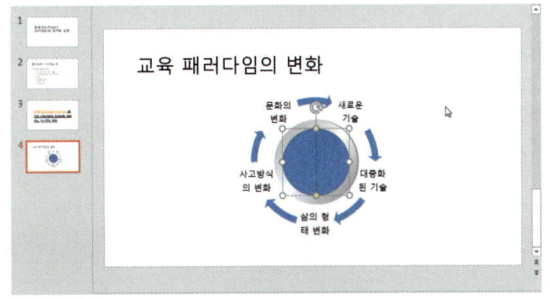

04 [도형 서식] 작업 창의 그라데이션 채우기 옵션의 '그라데이션 미리 설정'의 '위쪽 스포트라이트 강조5'를 선택합니다.

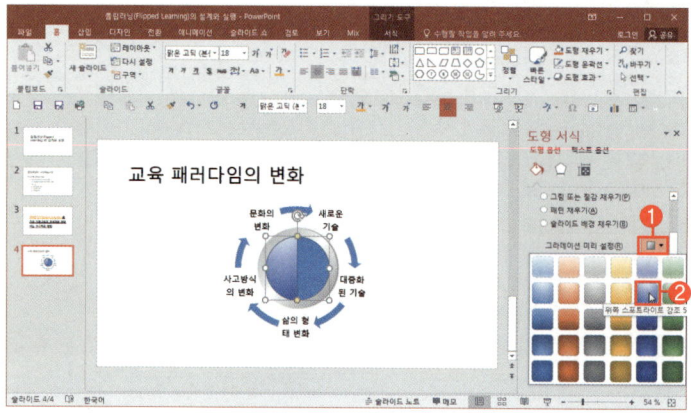

05 두 번째 그라데이션 색을 선택하고 '녹색, 강조6'을 선택합니다.

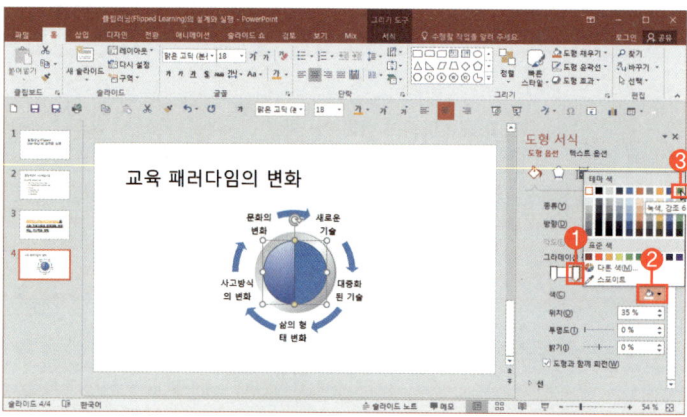

06 뒤에 가려진 타원 복사본을 선택합니다. 그라데이션 채우기를 선택하고 두 번째 그라데이션 색을 '연한 녹색'으로 변경합니다.

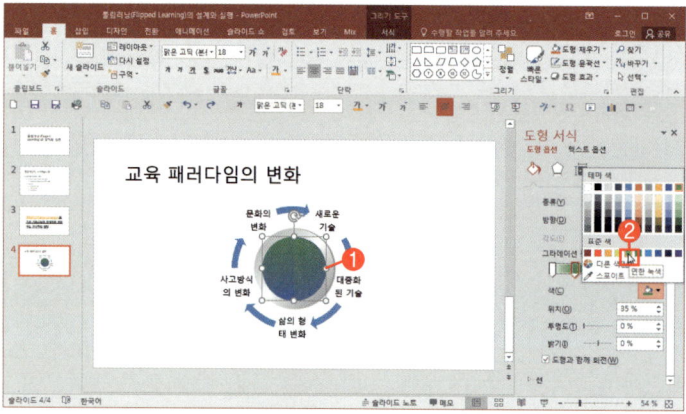

> **TIP** 색상 자동 채우기
>
> 파워포인트 2016 버전은 채우기 옵션을 변경하면 이전에 설정되었던 옵션이 기본으로 적용됩니다. 위 그림에서처럼 이전 그라데이션 색상이 다음 도형에 자동으로 적용되는 것을 볼 수 있습니다.

07 타원, 원형 두 도형을 Shift + 클릭으로 선택한 다음 [그리기] 그룹의 [도형 윤곽선] – [윤곽선 없음]을 선택합니다.

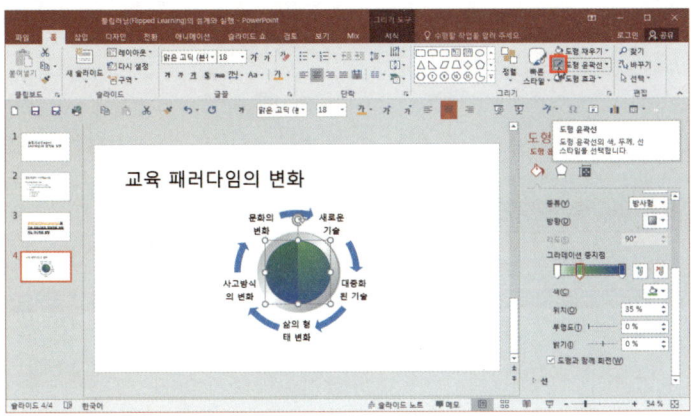

> **TIP** 이전 선택 유지
>
> 리본 메뉴의 옵션을 선택할 때 Office 프로그램의 모든 메뉴에서 이전에 설정된 옵션이 선택되어 있습니다. 서브 옵션을 열지 않아도 바로 선택 가능합니다.

08 [그리기] 그룹의 [도형 효과] – [그림자] – [안쪽 대각선 왼쪽 위]를 선택합니다.

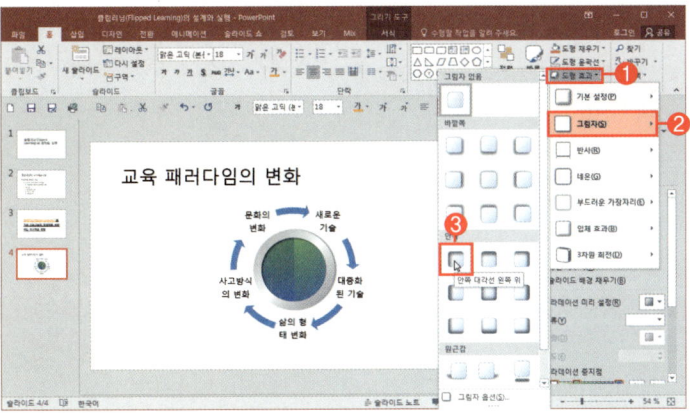

09 텍스트 상자를 추가하고 '새로운 기술과 Enter 사회변화의 Enter 순환구조'를 입력합니다.

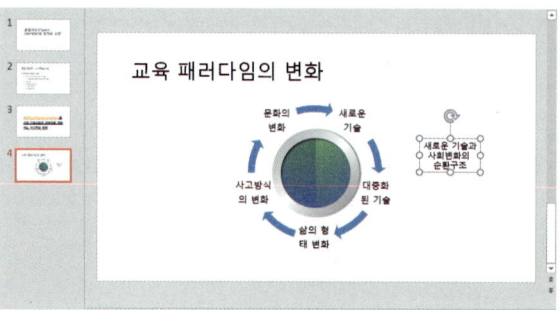

10 텍스트 상자를 도형 가운데로 이동하고 글꼴 색은 '흰색, 배경 1', 글꼴 크기 '20', '굵게'를 적용합니다.

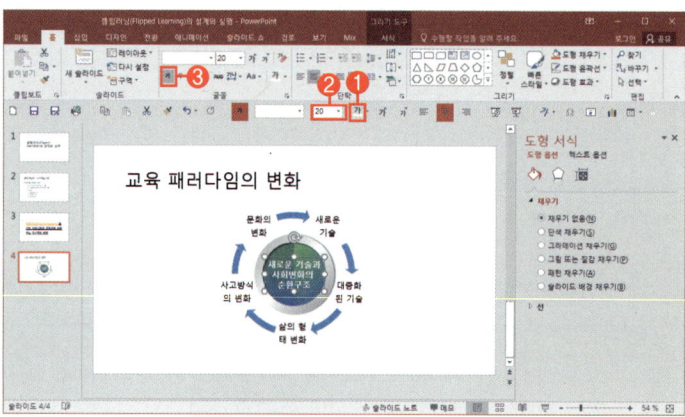

5) 스마트아트 편집하고 마무리하기

01 완성된 도형에 맞춰서 SmartArt 디자인을 편집해보겠습니다. SmartArt 개체를 선택합니다. [SmartArt 도구] - [디자인] 탭 -[색 변경] - [강조 5]의 '색 윤곽선 - 강조5'를 선택합니다.

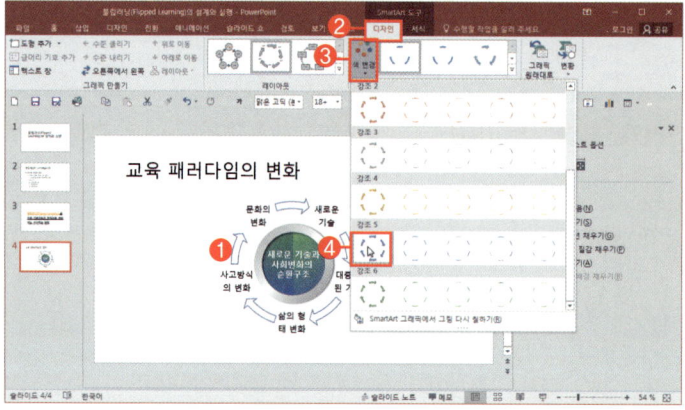

02 완성된 스마트아트와 도형을 확인할 수 있습니다.

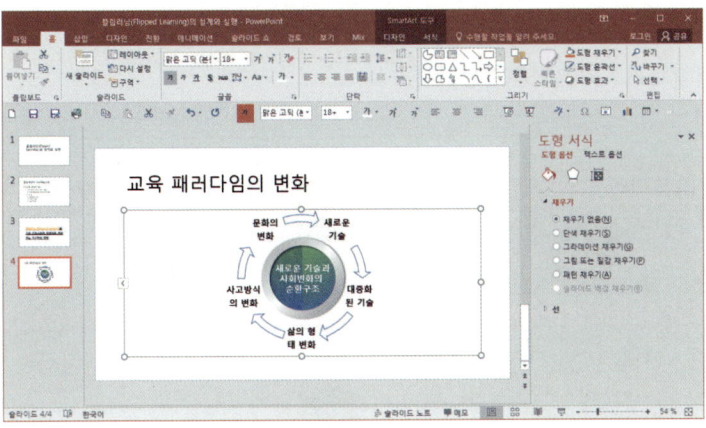

03 텍스트 상자를 추가하고 '이전과는 비교할 수 없을 정도로 빠른 기술의 발전으로 인해 사회 변화가 가속화 되고 있음'을 입력합니다. '사회 변화가 가속화'까지 블록을 지정하고 글꼴 색 '주황, 강조 2'를 설정합니다.

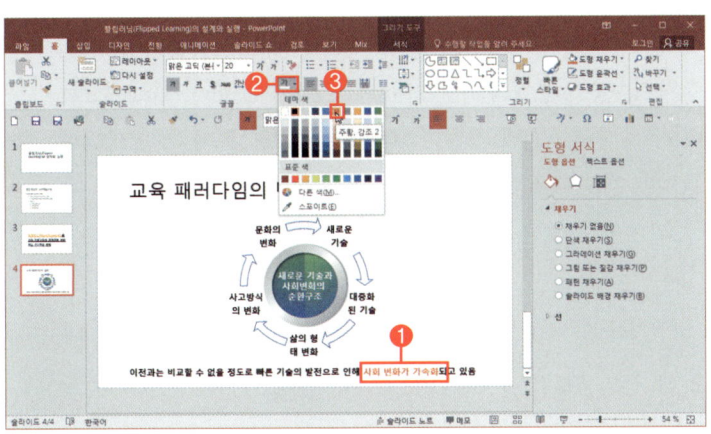

> **TIP 텍스트 블록 지정**
>
> 일반적으로 텍스트를 블록 지정할 경우 마우스를 많이 사용합니다. '사회 변화가 가속화'까지만 마우스로 블록을 지정하는 경우 '되고'까지 블록이 자동으로 선택됩니다. 이런 경우 Shift +방향키(← →)를 이용하여 한 글자 단위로 블록을 지정할 수 있습니다. 즉 모든 응용프로그램에서 Shift +방향키(← →)로 빠른 블록을 설정할 수 있습니다.

1. 다음 출력 형태와 조건을 처리해서 새 파일을 완성하시오.

출력 형태

① 파일 : 새 프레젠테이션으로 시작
② 배경 파일 : 그림1.gif(1, 2, 3, 5번 슬라이드)
③ 1번 슬라이드 : 제목 – 'Ncs국가직무능력표준', 글꼴 – Arial Black, 맑은고딕, 글꼴 크기 '80pt, 60pt', 글꼴 색 – 파랑, 검정 부제목 – 'National Competency Standards'
④ 2번 슬라이드 : 도형 – 육각형, 자주, 진한 파랑, 연한 녹색, 청록, 녹색, 투명도 40%, 맑은 고딕, 24pt, 굵게, 그림자, 모든 텍스트 270도 회전
⑤ 3번 슬라이드 : 도형 – 사각형(슬라이드 크기), '녹색, 강조 6' 테마 색, 투명도 50%, 글꼴 색 – 검정, 빨강, 흰색, 맑은 고딕
⑥ 4번 슬라이드 : 제목 – 맑은 고딕, 44pt, 굵게, 그림자, 진한 파랑, 배경 – 단색 채우기, '녹색, 강조 6, 40% 더 밝게' 테마 색, 투명도 20%, 도형을 이용하여 출력 형태와 유사한 색과 스타일을 적용해서 완성
⑦ 5번 슬라이드 : 제목 – 맑은 고딕, 글꼴 크기 '44pt, 28pt', 굵게, 그림자 SmartArt – 세로 강조 목록형, 원형 화살표 프로세스형
⑧ 6번 슬라이드 : 제목 – 맑은 고딕, 54pt, WordArt 스타일 – 채우기 '검정, 텍스트 1, 윤곽선', '배경1, 진한그림자 –배경1'

▶ 참고 : 04/완성/실전–NCS.pptx

이미지를 활용한 슬라이드

프레젠테이션에서 중요한 전달 도구 중 하나가 그림입니다. 그림을 삽입하는 방법은 크게 네 가지로 저장되어 있는 그림파일을 삽입하는 방법과 온라인 그림파일을 찾아서 활용하는 방법, 현재 작업 중인 컴퓨터의 화면을 캡처하여 사용하는 스크린 샷, 여러 장의 사진을 손쉽게 삽입할 수 있는 사진 앨범 기능으로 구분할 수 있습니다. 각각의 사용 방법을 알아보겠습니다.

1. 그림

프레젠테이션 작업 시 직접 촬영된 사진이나 웹에서 검색된 그림파일을 내 컴퓨터에 저장하여 가져오는 방법이 있습니다. 저장된 그림파일을 슬라이드에 삽입하여 편집하는 방법을 알아보겠습니다.

결과 미리 보기

1) 그림파일 삽입하기

01 새 프레젠테이션에서 [홈] 탭 – [슬라이드] 그룹 – [새 슬라이드] – [빈 화면] 레이아웃으로 변경합니다. [삽입] 탭 – [이미지] 그룹 – [그림]을 선택하여 [그림 삽입] 대화상자를 호출합니다.

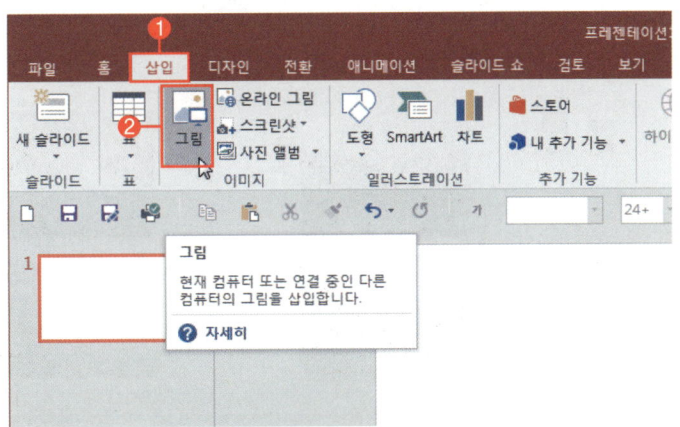

02 예제파일에서 '봄', '여름', '가을', '겨울' 이미지 파일을 Ctrl+마우스 클릭으로 선택하고 [삽입]을 클릭합니다.

03 삽입된 이미지를 다음과 같은 크기를 줄이고 슬라이드 모서리에 위치시킵니다.

2) 캡션 넣기

01 [홈] 탭 – [그리기] 그룹의 '텍스트 상자'를 선택합니다.

02 봄 이미지 오른쪽 영역을 클릭하고 '봄' 텍스트를 입력한 후 글꼴 크기 '40', '굵게', 글꼴 색은 [테마 색]에서 '녹색, 강조 6'을 적용합니다.

03 '봄' 텍스트를 Ctrl + Shift + 드래그로 복사하여 여름, 가을, 겨울 이미지 옆에 복사합니다.

04 각 글자를 '여름', '가을', '겨울'로 입력하고 순서대로 글꼴 색을 '파랑', '빨강', '검정'을 적용합니다.

3) 그림 스타일 적용하기

01 왼쪽 슬라이드 축소 영역에서 슬라이드를 마우스 오른쪽 버튼으로 클릭하고 '복사'를 선택합니다.

02 [홈] 탭 – [클립보드] 그룹 – [붙여넣기]를 클릭합니다.

03 1번 슬라이드가 복제된 것을 확인할 수 있습니다.

04 '봄' 이미지를 선택하고 [그림 도구] – [서식] 탭 – [그림 스타일] 그룹의 자세히 버튼을 클릭하고 '사각형 그림자' 스타일을 적용합니다.

05 '여름' 이미지를 선택하고 '회전, 흰색' 스타일을 적용합니다.

06 '가을' 이미지를 선택하고 '부드러운 가장자리 타원'을 적용합니다.

07 '가을' 이미지를 선택하고 [그림 스타일] 그룹의 [그림 효과] – [기본 설정] – [미리 설정]의 '기본 설정 11'을 클릭합니다.

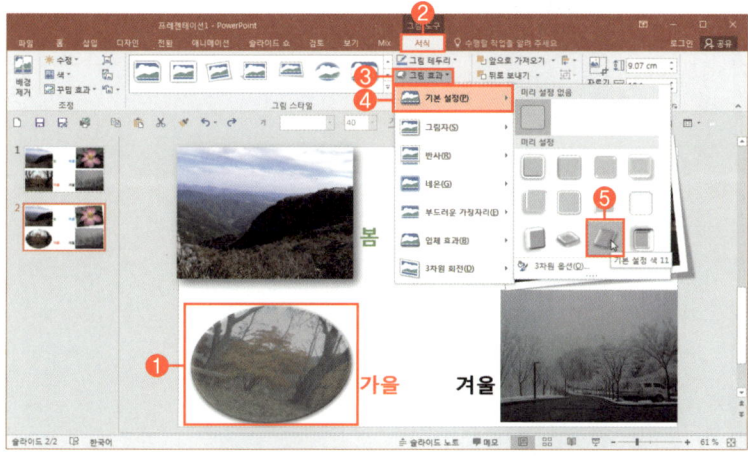

08 '겨울' 이미지를 선택하고 '낮은 수준의 원근감, 흰색'을 적용합니다.

09 각 이미지와 캡션의 위치를 다음과 같이 안쪽으로 이동하여 2번 슬라이드를 마무리합니다.

4) 그림 도형에 맞춰 편집하기

01 1번 슬라이드를 복사하여 3번 슬라이드를 만듭니다.

02 '봄', '여름', '가을', '겨울' 캡션을 이미지 모서리로 옮깁니다.

03 [홈] 탭 - [그리기] 그룹 - [기본 도형]에서 '원형'을 클릭합니다.

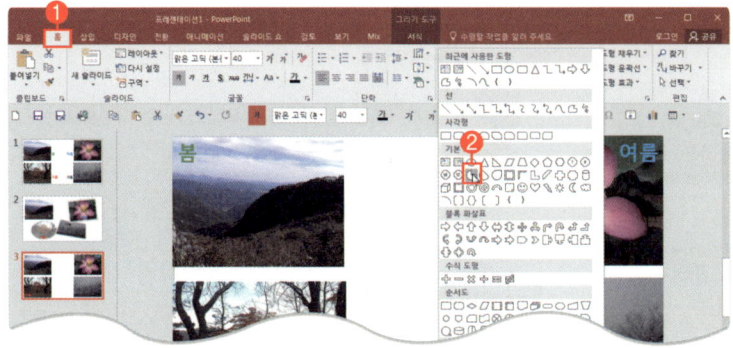

04 슬라이드 가운데에 크게 원형을 그립니다.

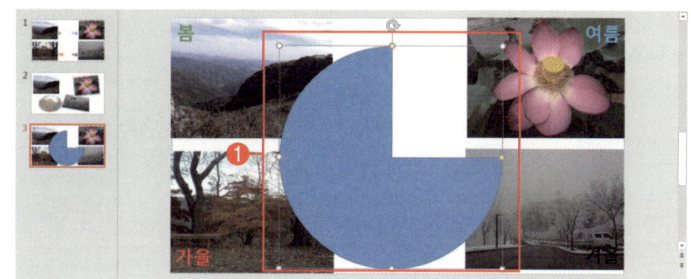

05 ¼ 크기의 원을 그리기 위해 [보기] 탭 – [표시] 그룹의 '안내선'을 체크합니다.

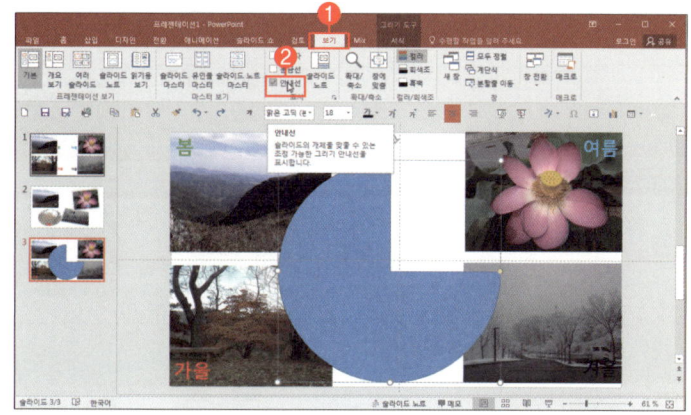

06 원형 도형을 안내선의 중심에 맞추고 오른쪽 ¼지점을 선택한 후 호의 크기를 조절합니다.

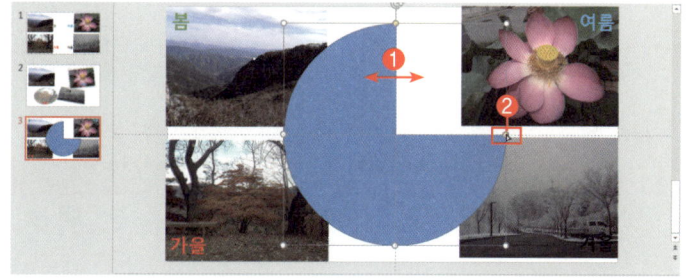

07 안내선을 참고하여 호의 크기를 ¼로 맞춥니다.

08 Ctrl+Shift+마우스 드래그하여 옆으로 호를 하나 더 복사합니다. 다른 방법으로는 Ctrl+D를 눌러 복사할 수 있습니다.

09 복사본 호를 [정렬] 그룹에 [회전] - [좌우 대칭]을 선택하여 모양을 완성합니다.

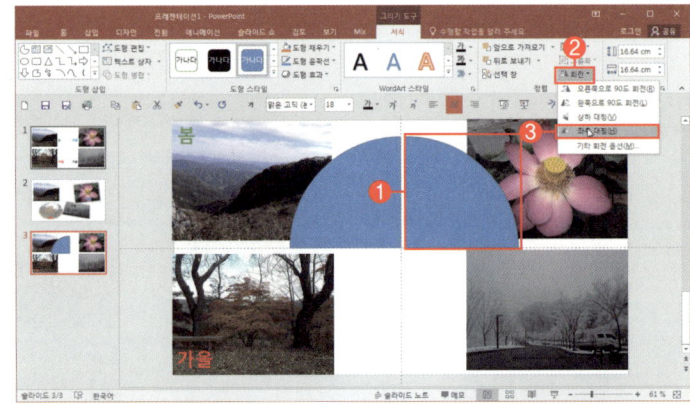

10 만들어진 두 개의 도형을 선택하고 Ctrl+D를 눌러 복사합니다.

11 [정렬] 그룹에 [회전] - [상하 대칭]을 이용하여 아래로 대칭시킵니다.

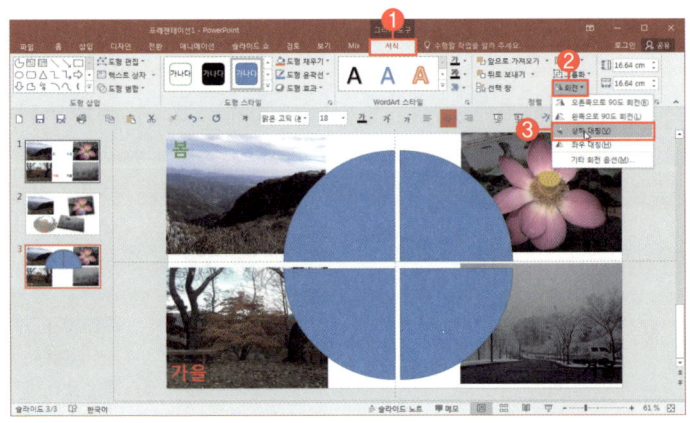

5) 그림, 도형과 병합하기

01 '봄' 이미지를 첫 번째 원형 위치로 이동합니다. 그림이 선택된 상태에서 Shift 를 누르고 원형을 추가 선택합니다(꼭 그림이 먼저 선택되어야 합니다).

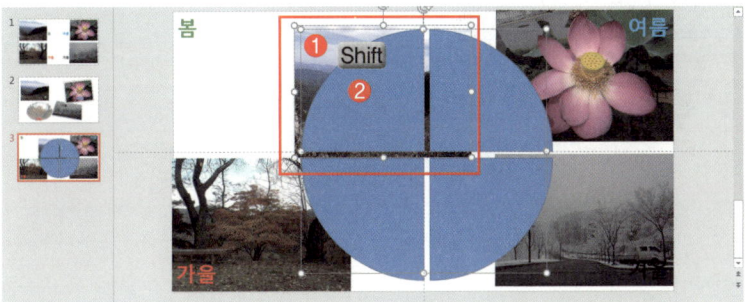

02 [그리기 도구] - [서식] 탭 - [도형 삽입] 그룹 - [도형 병합] - [교차]를 클릭합니다. 먼저 선택된 봄 이미지가 원형 모양만큼만 남고 나머지는 잘라집니다.

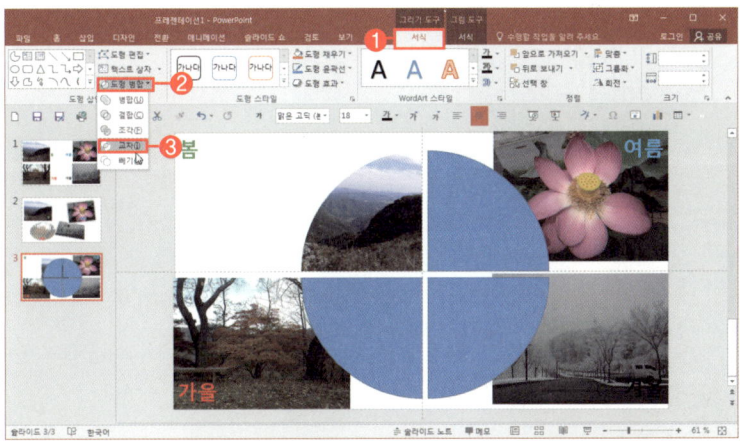

03 '여름' 이미지를 두 번째 원형 위치로 이동합니다. 원형을 추가로 선택하고 [교차]를 적용합니다.

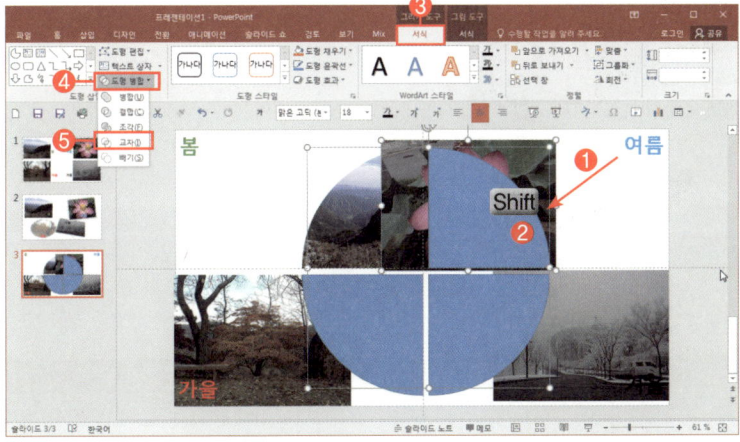

04 '가을' 이미지도 같은 방법으로 완성합니다.

05 겨울 이미지도 쉽게 완성할 수 있습니다.

06 이번에는 이미지의 색조를 바꿔보도록 하겠습니다. '봄' 이미지를 선택하고 [서식] 탭 – [조정] 그룹의 [색] – [다시 칠하기] 메뉴 중 '녹색, 어두운 강조색 6'을 클릭합니다.

07 완성된 4개의 이미지를 선택하고 [그림 스타일] 그룹의 [그림효과] – [기본 설정] – [미리 설정]에서 '기본 설정 2'를 선택합니다.

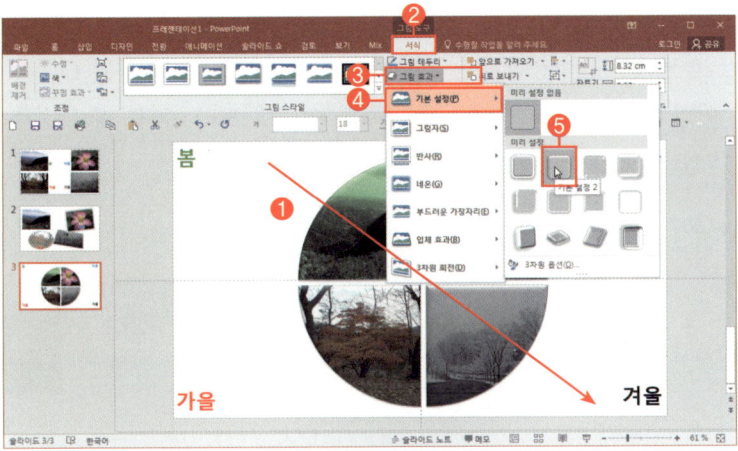

08 안내선을 기준으로 왼쪽으로 마우스나 방향키를 이용해 조금 이동해서 이미지를 가운데 맞춥니다. 미세하게 이동할 때는 방향키를 이용하면 효과적입니다.

09 화면을 정리하기 위해서 [보기] 탭 – [표시] 그룹 – '안내선'을 해제합니다.

2. 온라인 그림

파워포인트는 다양한 그림을 무료로 사용할 수 있는 사이트를 제공하고 있습니다. [삽입] 탭의 온라인 그림 메뉴는 기본으로 Bing 검색엔진을 이용합니다. Microsoft 계정으로 로그인하면 OneDrive, Flickr 및 다른 사이트에 있는 이미지를 삽입할 수 있습니다. 특히 인터넷 브라우저를 따로 실행하지 않고 이미지를 찾아서 삽입할 수 있습니다.

결과 미리 보기

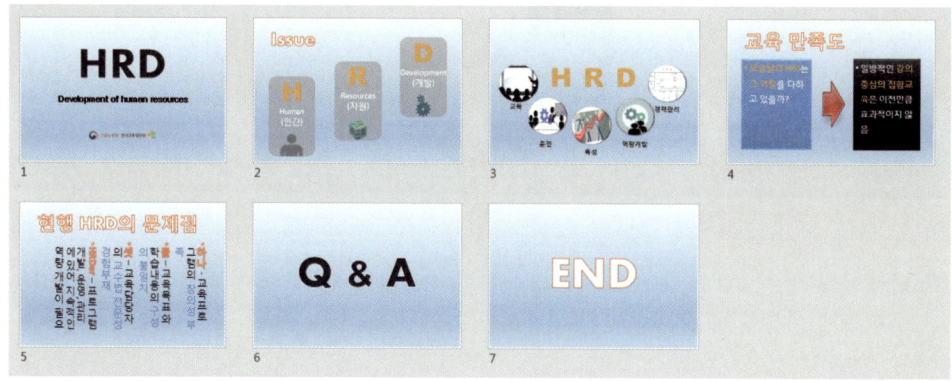

1) 새 프레젠테이션 실행하여 제목 슬라이드 만들기

01 파워포인트에서 '새 프레젠테이션'을 클릭합니다.

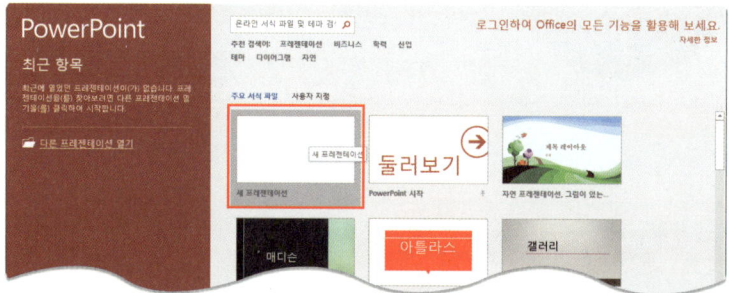

02 새 프레젠테이션 창이 열리면 [디자인] 탭 – [사용자 지정] 그룹 – [슬라이드 크기]에서 [사용자 지정 슬라이드 크기]를 클릭합니다.

03 [슬라이드 크기] 대화상자의 슬라이드 크기를 'A4 용지(210×297㎜)'로 선택하고 다른 설정은 기본 값 그대로 두고 [확인]을 클릭합니다.

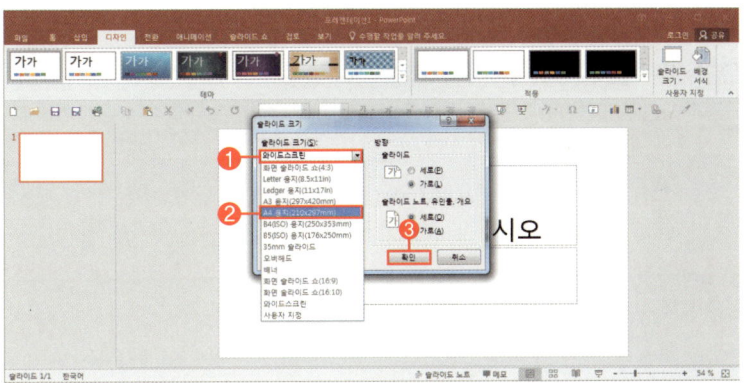

04 [최대화]를 클릭합니다.

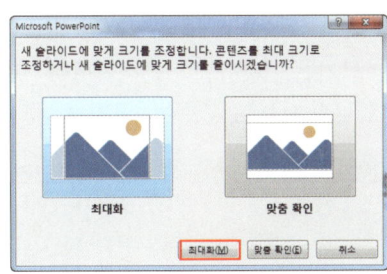

05 배경서식을 변경하기 위해 [디자인] 탭 – [사용자 지정] 그룹 – [배경 서식]을 클릭합니다. 작업 영역 오른쪽의 [배경] 작업 창에서 '단색 채우기'를 '그라데이션 채우기'로 변경하고 [모두 적용]을 클릭합니다.

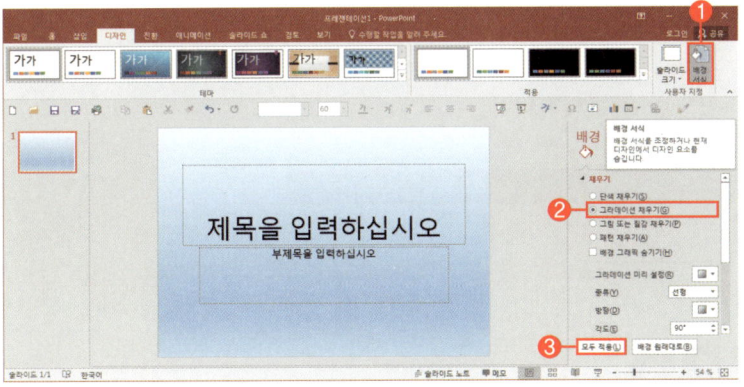

> **TIP** [배경] 작업 창의 [모두 적용]
> 앞으로 새로 만들기 하는 모든 슬라이드의 배경을 현재 변경한 스타일로 적용합니다.

06 제목 텍스트에 'HRD'를 입력한 후 글상자 테두리를 클릭합니다. [그리기 도구] – [서식] 탭– [WordArt 스타일] 그룹의 디자인 자세히 버튼을 클릭하고 '채우기 – 검정, 텍스트 1, 윤곽선 – 배경 1, 진한 그림자 – 강조 1'을 선택합니다.

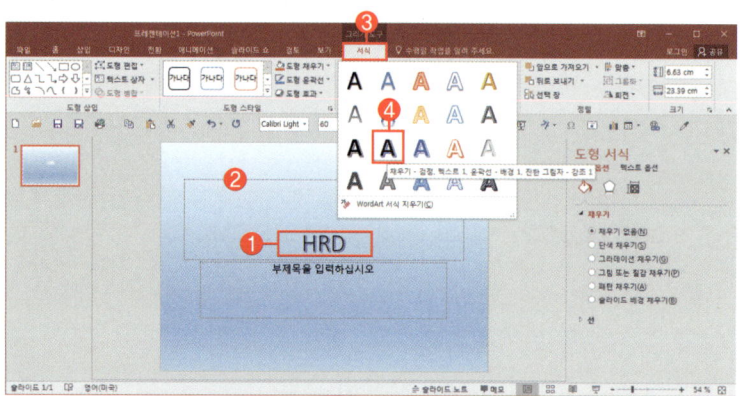

07 제목의 글꼴은 'Aharoni', 크기는 '166'으로 변경합니다. 부제목을 클릭하고 'Development of human resources'를 입력합니다. 글꼴은 '굴림', 크기는 '32', '굵게'로 변경합니다.

08 [삽입] 탭 – [이미지] 그룹 – [그림]을 클릭합니다.

09 '그림1.jpg'를 선택하고 [삽입]을 클릭합니다. 작업 영영에 삽입하고 위치를 조절합니다.

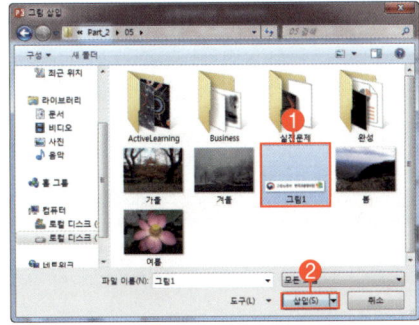

10 삽입한 그림을 선택하고 [그림 도구] - [서식] 탭 - [조정] 그룹 - [색]을 클릭하고 [투명한 색 설정]을 선택합니다.

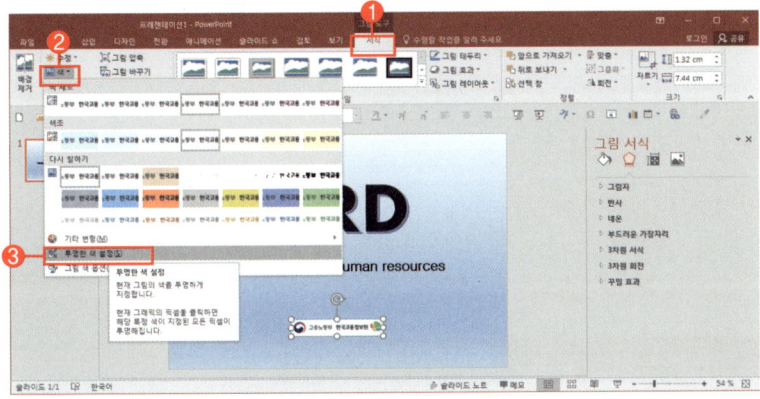

11 마우스로 이미지 배경 흰색 부분을 클릭하면 배경의 흰색이 지워지고 로고만 남는 것을 확인할 수 있습니다.

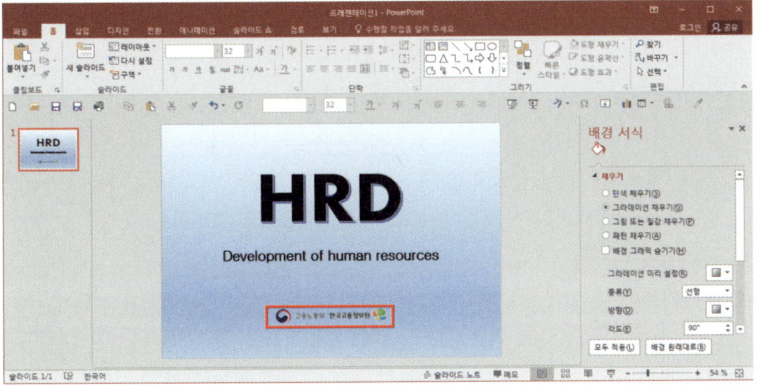

2) 새 슬라이드 추가와 제목 글자서식

01 2번 슬라이드는 제목만 레이아웃으로 추가해 보겠습니다. [홈] 탭 – [슬라이드] 그룹 – [새 슬라이드] 클릭 후 '제목만'을 선택합니다.

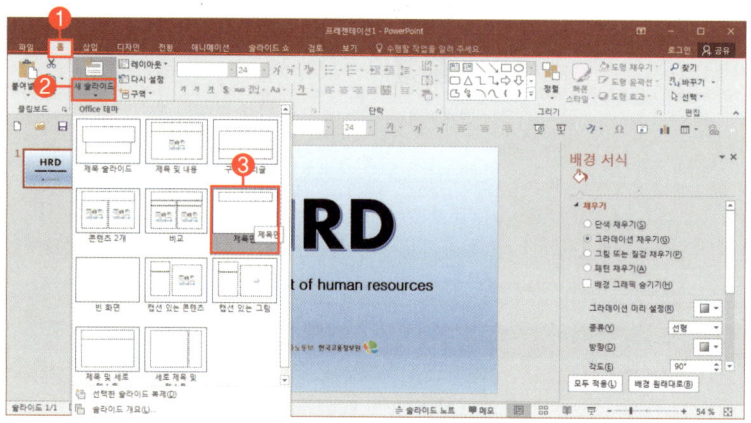

02 제목 텍스트에 'Issue'를 입력하고 [그리기 도구] – [서식] 탭 – [WordArt 스타일] 그룹에서 자세히 버튼을 클릭해 '채우기 – 흰색, 윤곽선 – 강조 2, 진한 그림 – 강조 2'를 선택하여 스타일을 적용합니다. 글꼴은 'Aharoni', 크기는 '77'로 변경하여 제목을 완성합니다.

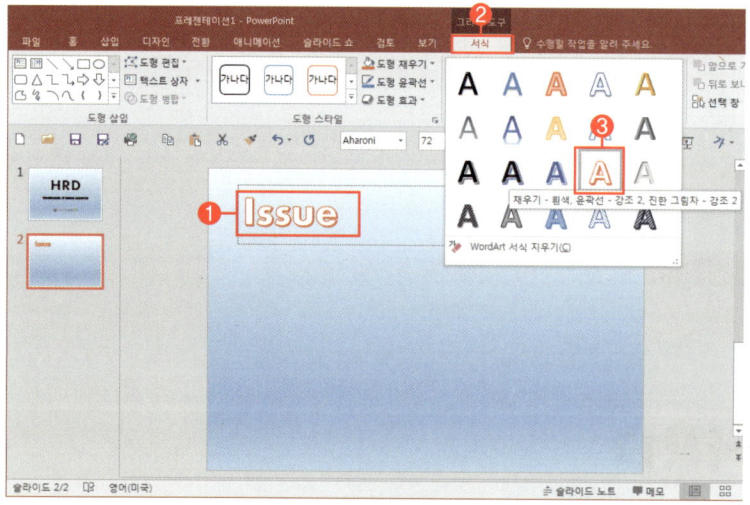

3) 도형과 텍스트 상자 추가하고 편집하기

01 [홈] 탭 – [그리기] 그룹에서 '모서리가 둥근 직사각형'을 클릭하여 첫 번째 사각형을 그려줍니다.

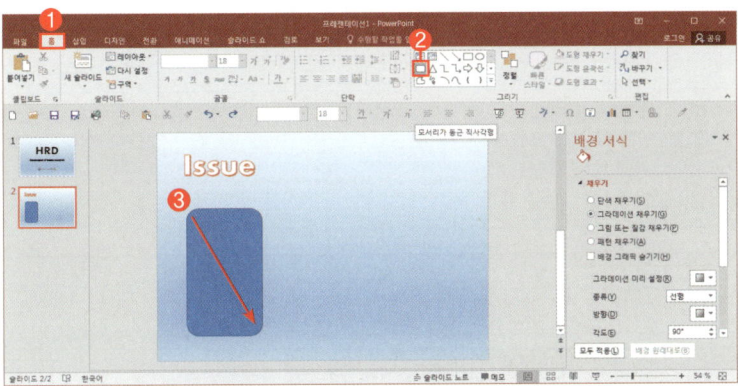

02 [홈] 탭 – [그리기] 그룹에서 '텍스트 상자'를 클릭하고 작업 영역에서 클릭합니다. 만약 도형을 클릭하면 도형에 텍스트 추가가 됩니다.

> **TIP** 슬라이드에 맞춤
>
> 텍스트 상자를 선택하고 도형을 클릭하면 도형을 텍스트 편집모드로 변경하게 됩니다. 독립된 텍스트 상자를 완성하기 위해서는 배경 부분을 클릭한 후 텍스트를 입력하고 이동시키는 것이 좋습니다.

03 'H'를 입력하고 [그리기 도구] – [서식] 탭 – [WordArt 스타일] 그룹의 자세히 버튼을 클릭하고 '채우기 – 황금색, 강조 4, 부드러운 입체'를 선택합니다. 글꼴은 'Arial Black', 크기는 '96', '굵게'로 변경한 후 모서리가 둥근 사각형 상단으로 이동시킵니다.

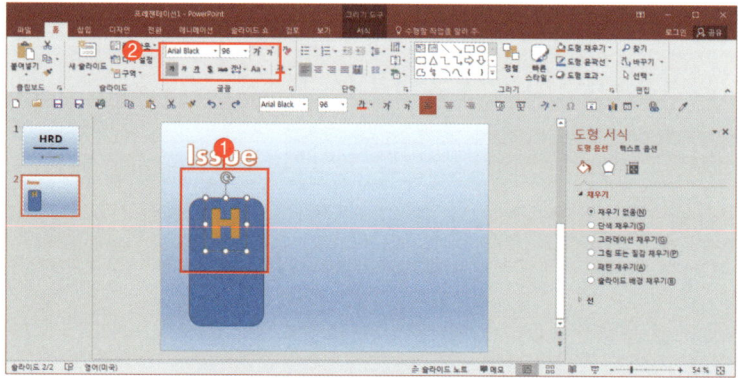

04 모서리가 둥근 사각형을 선택하고 'Human' Enter '(사람)'을 입력합니다.

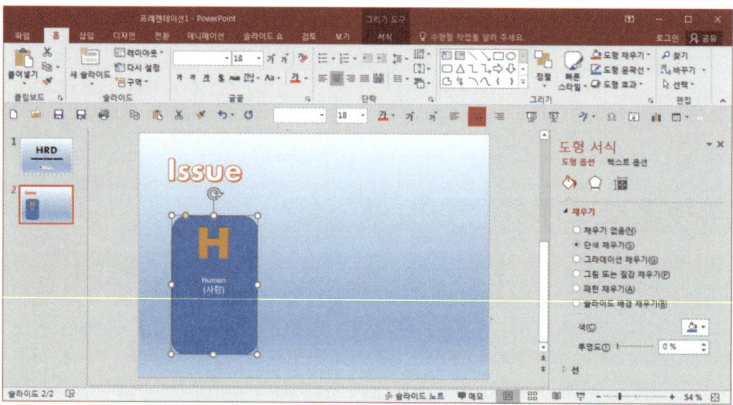

4) 이미지 삽입하고 자르기

01 하단에 들어갈 사람 이미지는 [삽입] 탭의 [이미지] 그룹의 [온라인 그림]을 선택하고 검색어에 '사람'을 입력하고 검색 버튼을 클릭합니다. 검색된 결과에서 스크롤바를 이용해 원하는 이미지를 찾습니다.

02 사람 이미지가 삽입되면 모서리가 둥근 사각형 아래로 이동합니다.

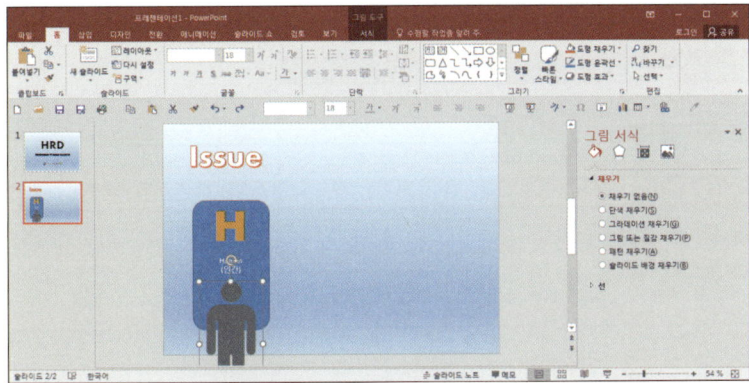

03 이미지 일부를 제거해 보겠습니다. [그림 도구] – [서식] 탭 – [크기] 그룹 – [자르기]를 선택합니다. 이미지 경계까지 자르기 영역을 조절합니다.

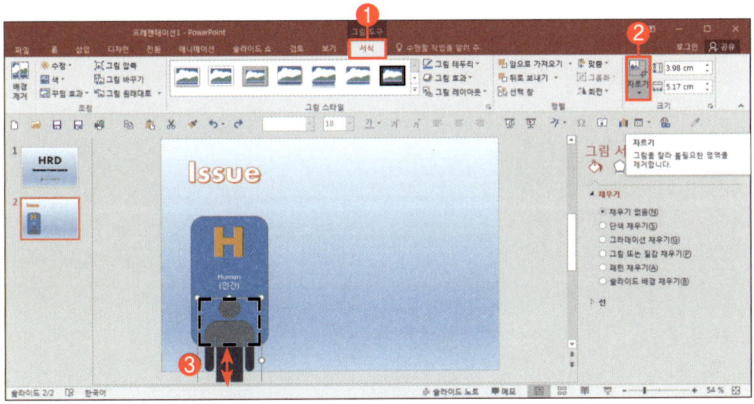

5) 디자인을 고려하여 텍스트 크기와 도형 서식 적용하기

01 'H' 글자와 사람 이미지 크기에 맞춰 모서리가 둥근 사각형의 글꼴 크기를 '32'로 변경합니다.

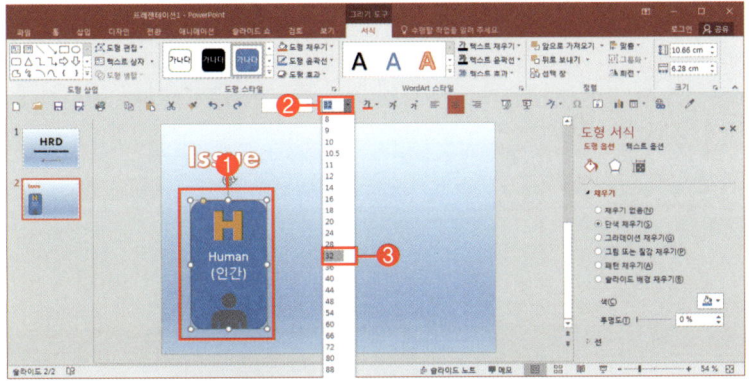

02 모서리가 둥근 사각형을 [서식] 탭 - [도형 스타일] 그룹에서 도형 스타일을 '반투명 - 회색-50%, 강조 3, 윤곽선 없음'으로 변경해서 첫 번째 도형을 완성합니다.

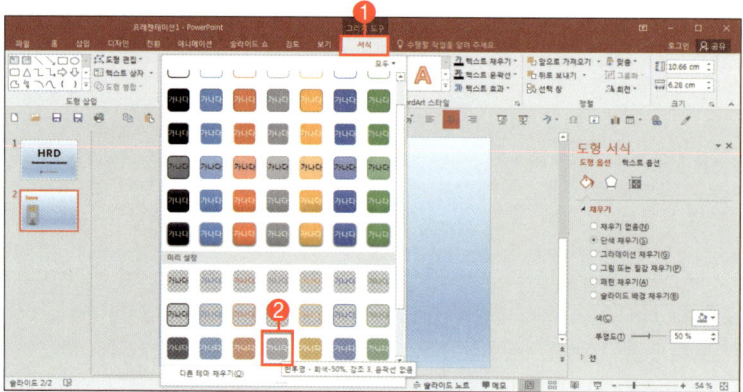

6) 개체 복사 및 텍스트 수정하기

01 완성된 첫 번째 개체를 모두 선택합니다.

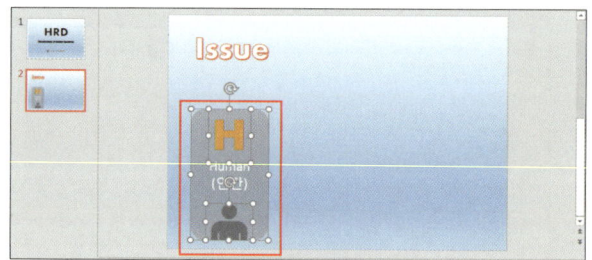

02 Ctrl+마우스 드래그를 이용해서 두 개 더 복사하고 위치를 조절합니다.

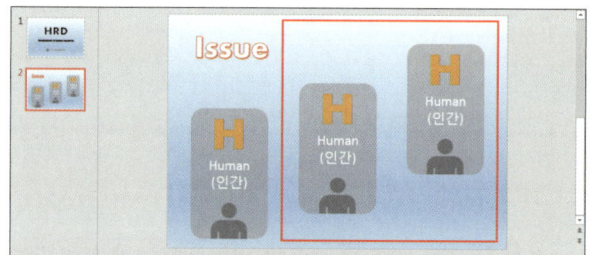

03 복사된 도형의 글자도 그림과 같이 변경합니다.

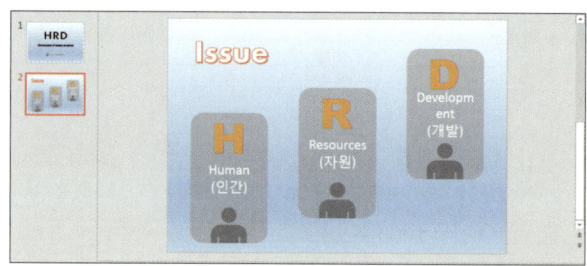

7) 그림 바꾸기 및 텍스트 한 줄로 바꾸기

01 두 번째 도형의 아래 부분 사람 이미지를 선택하고 마우스 오른쪽 버튼을 누르고 팝업 메뉴에서 '그림 바꾸기'를 선택합니다.

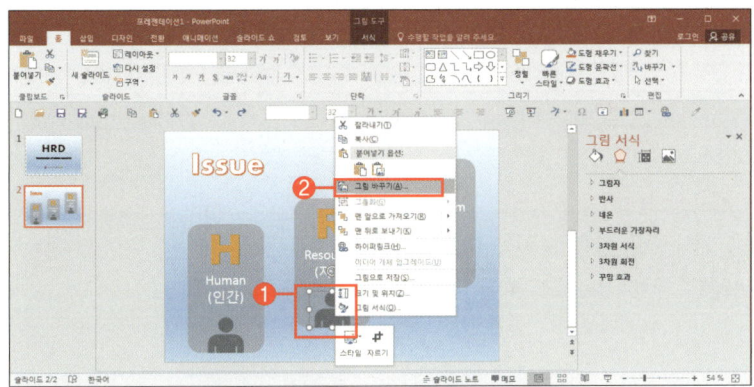

02 검색어에 'resources'를 입력하고 검색 버튼을 클릭합니다. 스크롤바를 이용해서 해당 이미지를 검색하고 원하는 이미지를 찾았으면 [삽입]을 클릭합니다.

03 세 번째 도형의 사람 이미지도 선택한 후 마우스 오른쪽 버튼을 클릭한 후 '그림 바꾸기'를 선택하고 'development'를 검색합니다. 검색 결과 중 유형을 '일러스트레이션'으로 변경하고 이미지를 선택한 후 [삽입]을 클릭합니다.

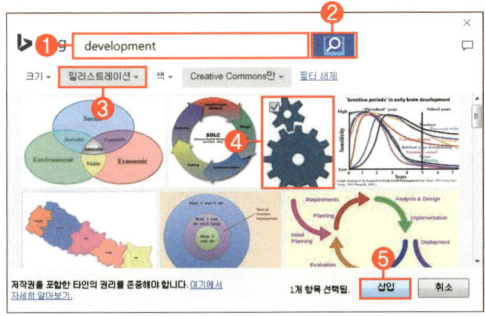

04 세 번째 도형의 'Development' 글자가 한 줄로 되도록 변경해보겠습니다. 세 번째 모서리가 둥근 사각형을 선택하고 [도형 서식] 작업 창의 '크기 및 속성'을 선택하고 스크롤바를 아래로 이동해 '도형의 텍스트 배치'를 선택 해제합니다. 2번째 슬라이드를 마무리했습니다.

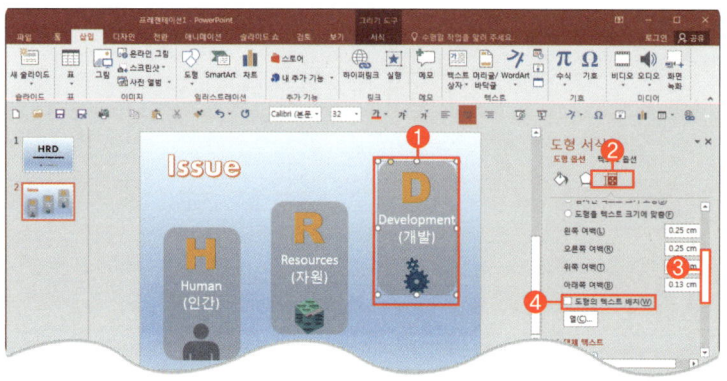

8) 빈 화면 레이아웃 및 개체 재활용하기

01 3번 슬라이드는 빈 화면에 작성해보겠습니다. [새 슬라이드]의 '빈 화면'이나 Ctrl + M 을 누르고 [레이아웃]을 '빈 화면'으로 설정해도 됩니다.

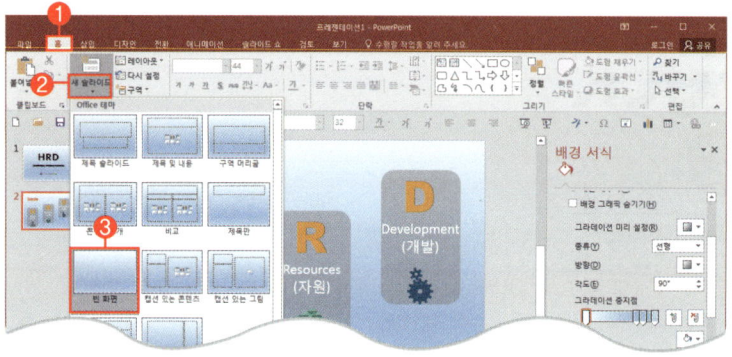

02 2번 슬라이드로 이동해서 제목으로 사용할 'H', 'R', 'D'를 Shift +마우스 클릭으로 추가 선택합니다. [홈] 탭 - [클립보드] 그룹의 복사(Ctrl + C)를 선택합니다.

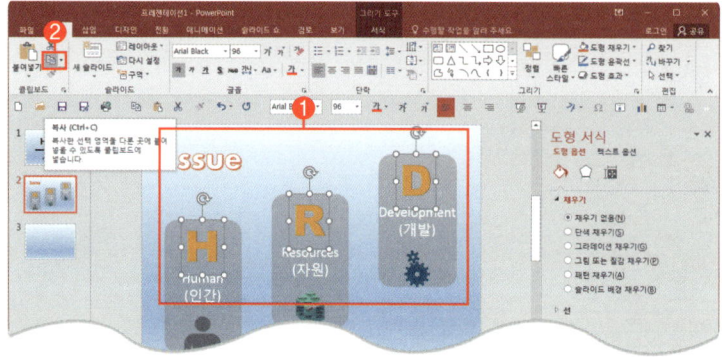

03 3번 슬라이드를 선택하고 붙여넣기(Ctrl+V)를 합니다. 'H'와 'D'를 'R'과 같은 높이에 등간격으로 위치시킵니다. 개체를 이동하면 자동으로 등간격 안내선이 나타납니다.

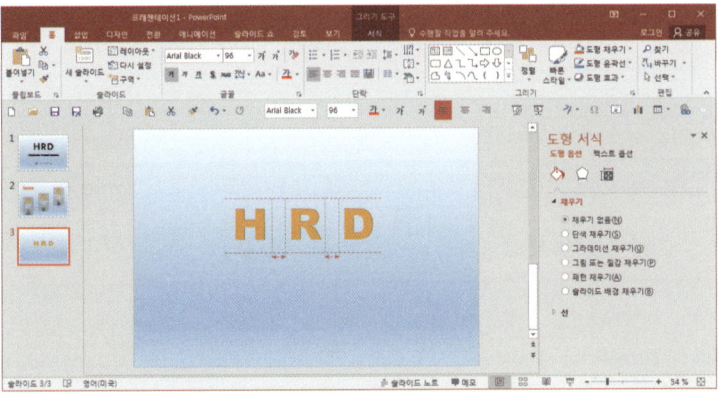

9) 온라인 그림 삽입하고 도형에 맞춰 자르기

01 [삽입] 탭 – [이미지] 그룹 – [온라인 그림]을 클릭하고 검색어에 '교육'을 입력하고 검색 버튼을 클릭합니다. 결과 중 유형을 '일러스트레이션'으로 변경한 후 이미지를 선택하고 [삽입]을 클릭합니다.

02 삽입된 이미지를 원형으로 잘라보겠습니다. [그림 도구] – [서식] 탭 – [크기] 그룹 – [자르기] – [도형에 맞춰 자르기]를 선택하고 기본 도형의 '타원'을 선택합니다.

03 타원으로 잘려진 그림을 원 형태로 크기를 조절하고 그림과 같이 위치를 이동합니다.

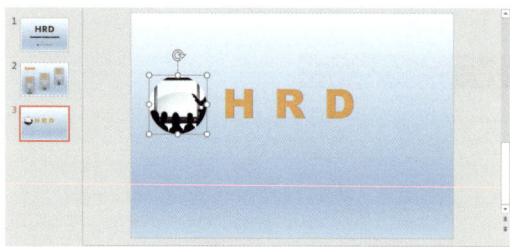

04 첫 번째 이미지를 Ctrl+마우스 드래그로 복사해 5개의 원형 그림을 만듭니다.

05 두 번째 그림부터 마우스 오른쪽 버튼을 클릭하고 팝업 메뉴의 '그림 바꾸기'를 선택합니다.

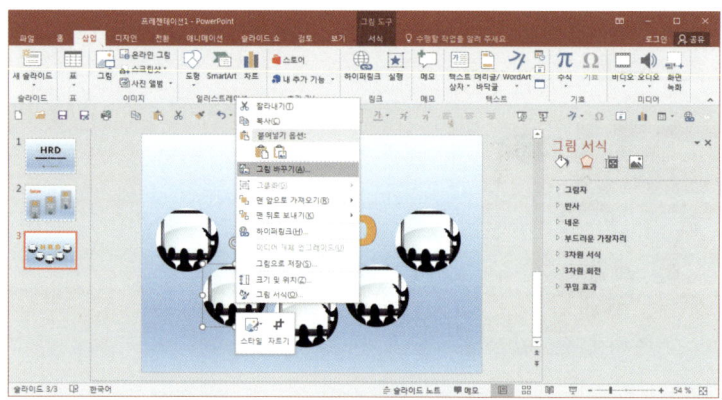

06 '훈련'으로 검색한 후 이미지 중 유형을 '일러스트레이션'으로 변경하고 이미지를 선택 후 [삽입]을 클릭합니다. 삽입된 타원 이미지를 첫 번째 원 위에 올려놓고 크기를 맞춘 후 원래 위치로 이동시킵니다. 세 번째 이미지는 '발전', 네 번째 이미지는 '개발'과 개발 위에 겹쳐놓은 이미지 '사람'입니다.

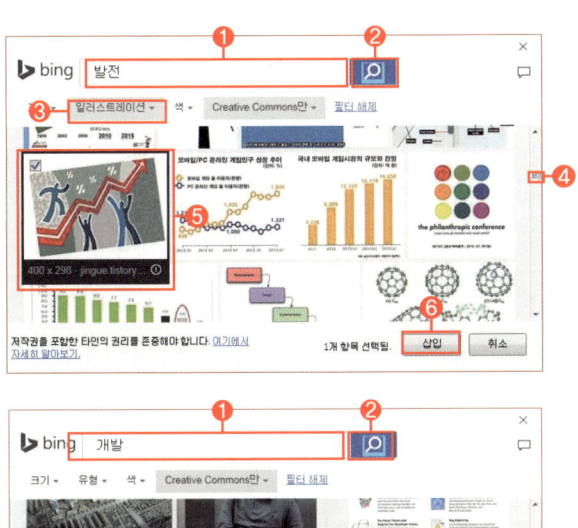

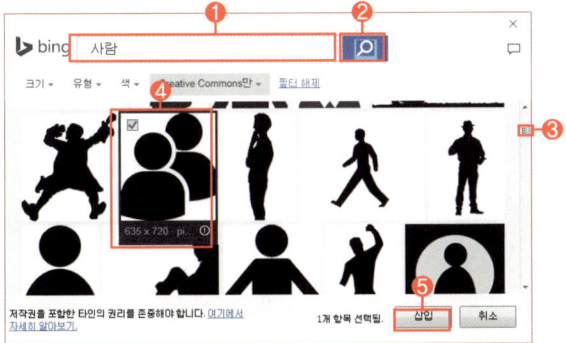

07 마지막 원 이미지도 '이력서'로 검색된 이미지를 삽입합니다.

10) 입체 효과 및 텍스트 입력

01 이미지가 삽입이 된 5개의 원을 모두 선택합니다.

02 [그림 도구] – [서식] 탭 – [그림 스타일] 그룹 – [그림 효과] – [입체 효과]의 '둥글게'를 선택합니다. 원형으로 삽입된 그림에 입체 느낌이 추가 된 것을 확인할 수 있습니다.

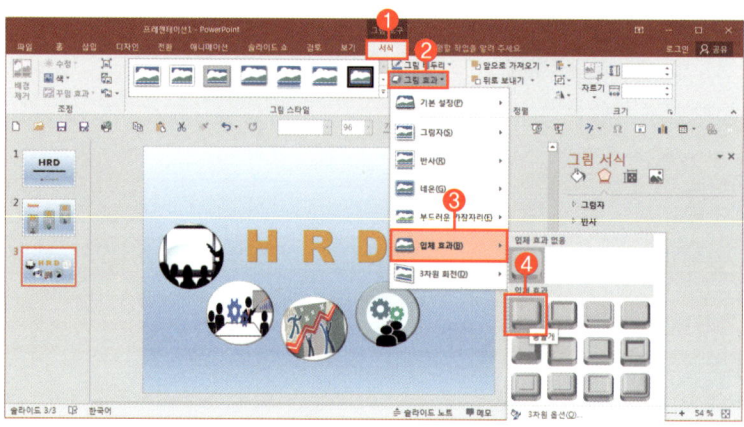

03 왼쪽 원 아래에 텍스트 상자를 이용해 '교육'을 입력한 후 Ctrl + 마우스 드래그로 다른 도형 아래로도 복사합니다.

04 복사된 '교육' 텍스트를 각각 '훈련', '육성', '역량개발', '경력관리'로 변경하여 3번 슬라이드를 완성하였습니다.

11) 콘텐츠 2개 레이아웃 및 텍스트 서식 복사

01 4번 슬라이드는 콘텐츠 2개를 이용하여 만들어 보도록 하겠습니다. [새 슬라이드] – '콘텐츠 2개'를 선택합니다.

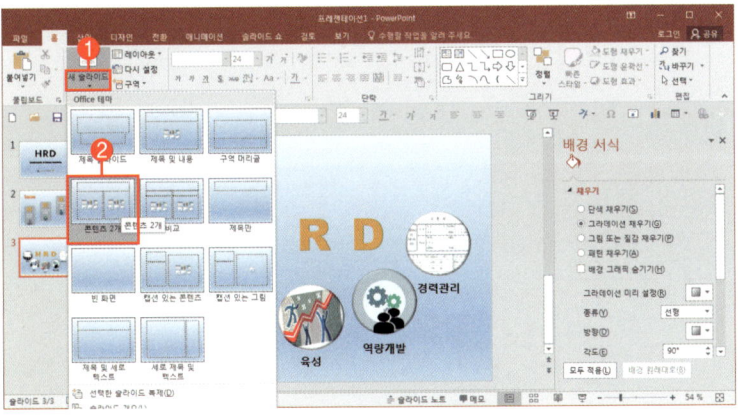

02 제목에 '교육 만족도'를 입력하고 2번 슬라이드로 이동합니다. 제목을 선택하고 [홈] 탭 – [클립보드] 그룹 – [서식 복사]를 클릭합니다. 또는 빠른 실행 도구 모음의 [서식 복사]를 클릭해도 됩니다.

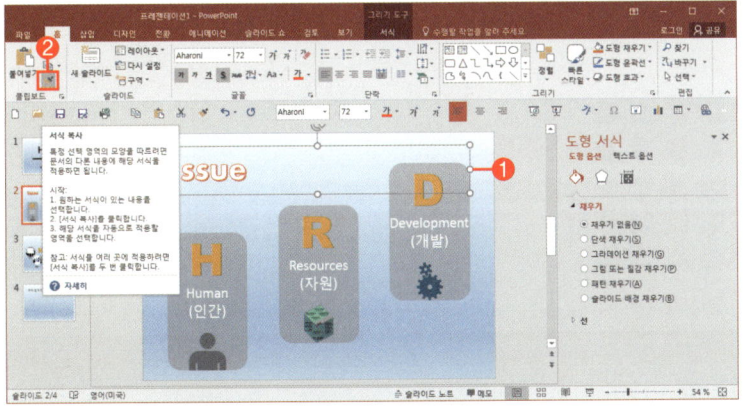

03 4번 슬라이드로 이동해 제목을 클릭하면 서식이 붙여넣기 됩니다. 서식 복사를 더블클릭하면 서식을 여러번 붙여넣기 할 수 있습니다.

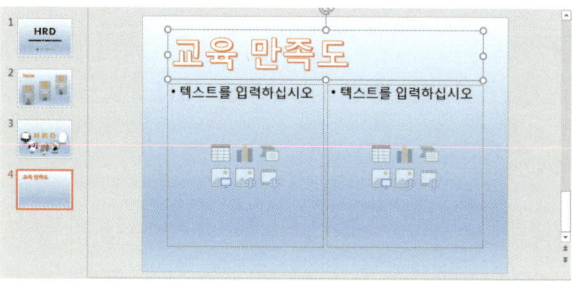

12) 도형에 텍스트 입력 및 편집하고 텍스트 슬라이드 마무리하기

01 콘텐츠 2개에 각각 해당 문장을 아래 그림을 참고해서 입력합니다. 입력된 텍스트 상자를 모두 선택하고 줄 간격을 '1.5'로 변경합니다.

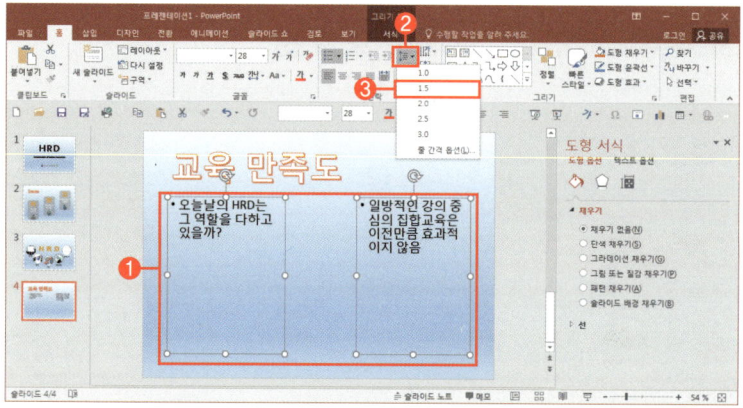

02 다음으로 왼쪽 글상자부터 채우기를 도형 스타일로 변경합니다. [그리기 도구] − [서식] 탭 − [도형 스타일] 그룹의 자세히 버튼을 누르고 '강한 효과 − 파랑, 강조 1'을 선택합니다.

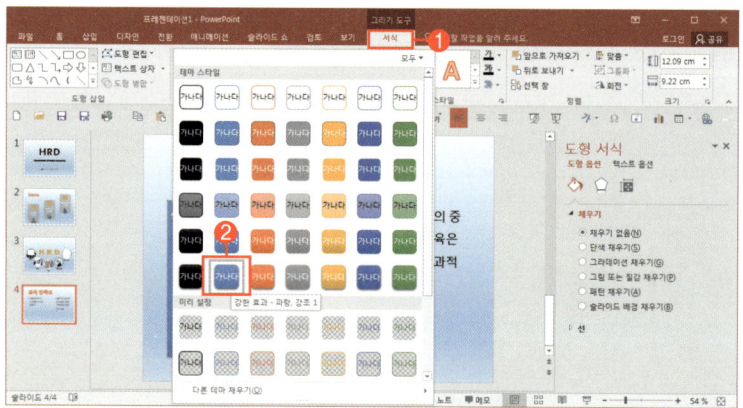

03 오른쪽 텍스트 상자도 같은 방법으로 '강한 효과 - 검정, 어둡게 1'을 적용합니다.

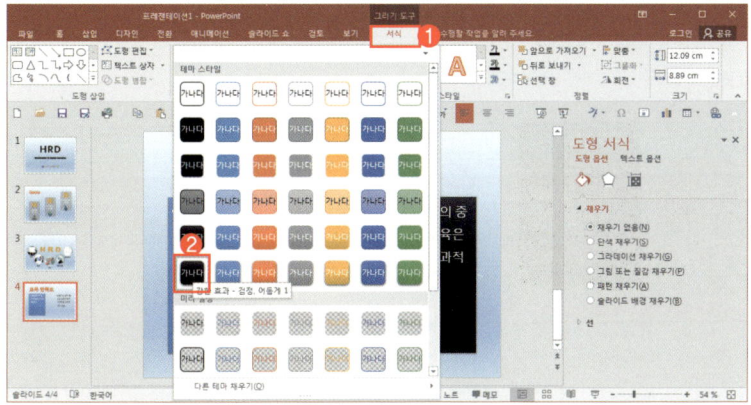

04 두 텍스트 상자를 모두 선택하고 [도형 스타일] 그룹의 [도형 효과] - [기본 설정] - [미리 설정] 그룹의 '기본 설정 4'를 선택하여 입체 느낌을 추가합니다.

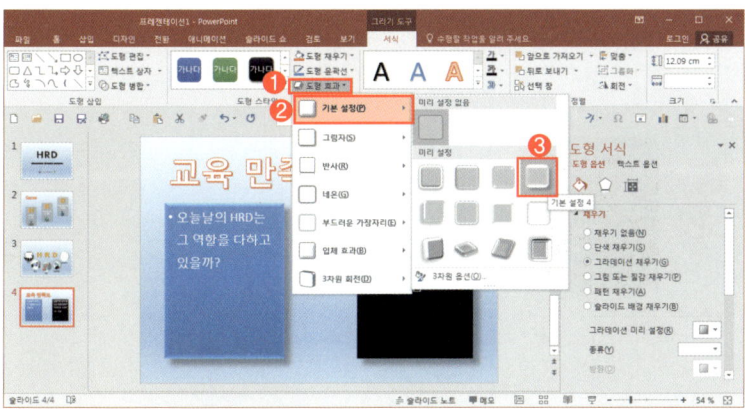

05 다음은 두 도형 사이에 화살표를 추가해 보겠습니다. [삽입] 탭 - [이미지] 그룹 - [온라인 그림]을 클릭합니다. 검색어에 '화살표'를 입력하고 검색 버튼을 클릭한 후 결과 중 유형을 '일러스트레이션'으로 변경합니다. 이미지를 선택하고 [삽입]을 클릭합니다.

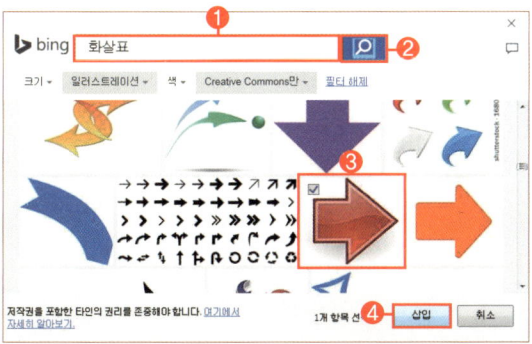

Part.2 저작도구 파워포인트 • 185

06 삽입된 화살표의 크기와 위치를 변경하고 좌우 텍스트 상자의 글꼴 색을 '주황', 크기 '32'로 일부 변경합니다.

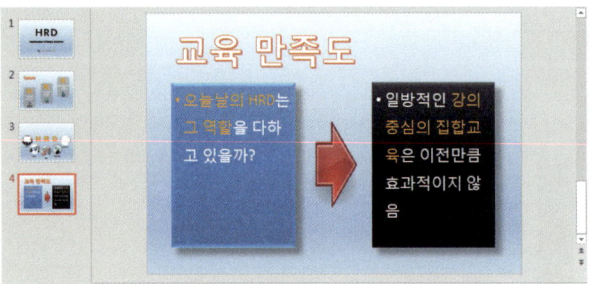

13) 제목 및 세로 텍스트 레이아웃

01 5번 슬라이드는 '제목 및 세로 텍스트' 레이아웃으로 추가합니다.

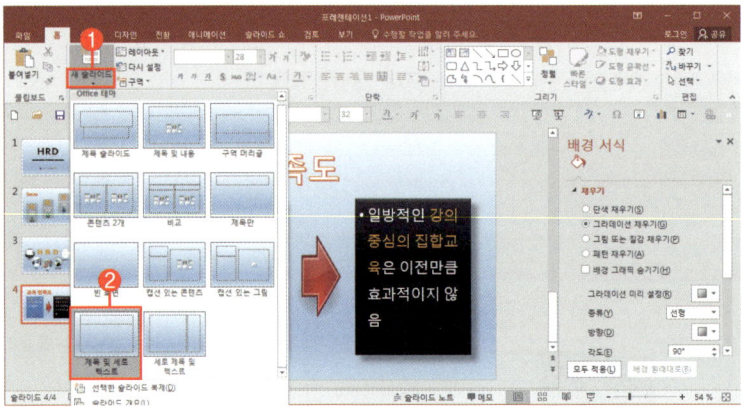

02 추가된 슬라이드의 제목은 '현행 HRD의 문제점'으로 입력한 후 4번 슬라이드의 제목 서식을 복사하여 붙여넣기 합니다. 텍스트 상자에는 아래 그림을 참고해서 세로 방향 텍스트를 입력합니다.

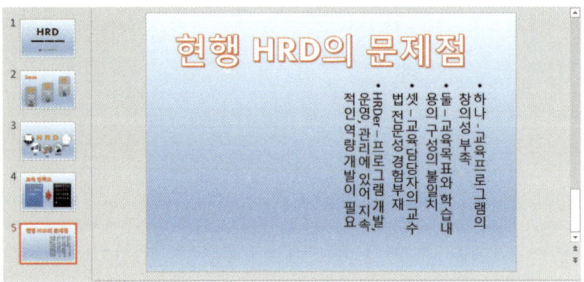

03 입력된 텍스트의 크기는 '40', 각각의 강조된 부분은 WordArt 스타일에서 '채우기 - 주황, 강조 2, 윤곽선 - 강조 2'와 '채우기 - 파랑, 강조 1, 그림자'로 변경하여 5번 슬라이드를 완성합니다.

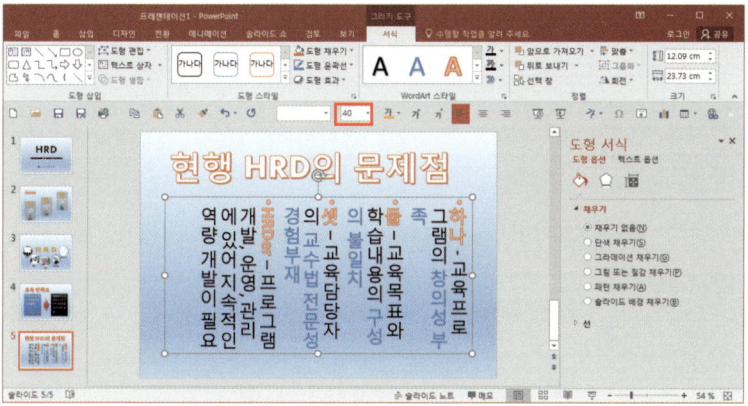

14) 제목 슬라이드 레이아웃으로 마무리하기

01 6번 슬라이드는 '제목 슬라이드'로 추가합니다.

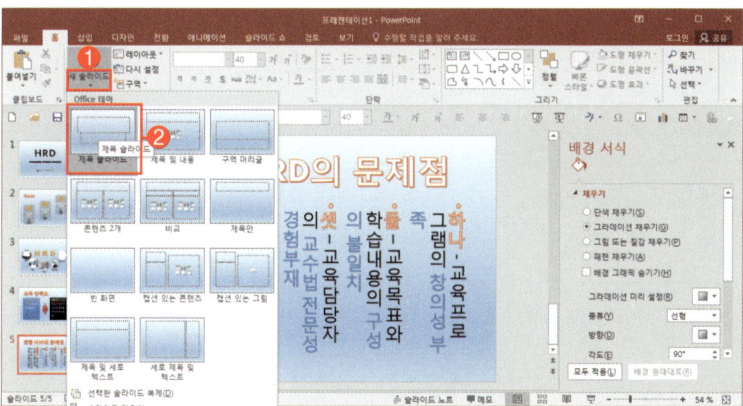

02 제목 텍스트에 'Q & A'를 입력하고 1번 슬라이드의 제목 서식을 복사합니다. 텍스트 상자를 '중간 맞춤'으로 세로 가운데 맞춤하여 6번 슬라이드를 마무리합니다.

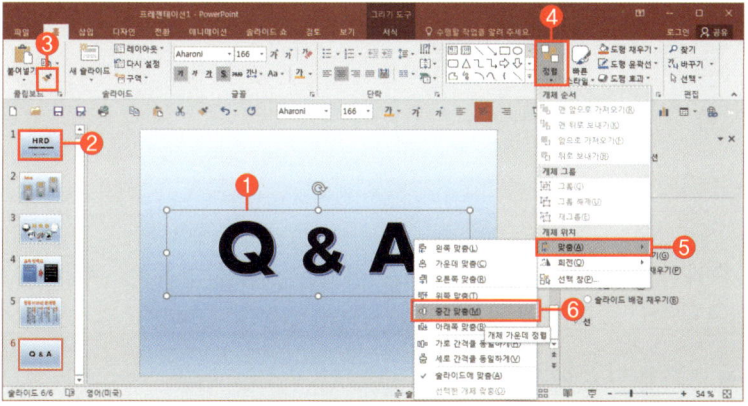

03 7번 슬라이드도 6번 슬라이드와 같은 방법으로 완성합니다. 글꼴 크기는 '166'으로 세로 가운데 맞춤까지 완성해 프레젠테이션을 마무리합니다.

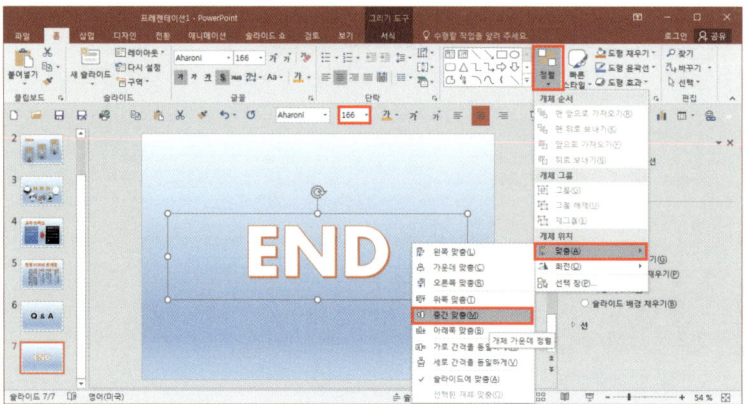

15) 파일 저장하기

01 [파일] 탭 - [저장]을 클릭하고 'HRD' 이름으로 저장합니다.

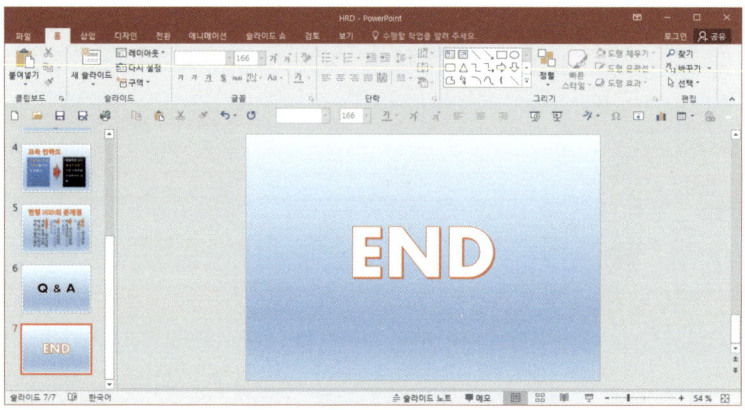

지금까지 온라인 그림을 이용하여 여러 종류의 슬라이드 레이아웃을 적용한 프레젠테이션 만들기를 실습해 보았습니다.

3. 사진 앨범

여러 장의 이미지를 각 슬라이드에 나누어 삽입하려면 반복되는 작업을 여러 번 수행해야 합니다. 사진 앨범은 이러한 작업을 간단하게 그림 레이아웃과 프레임 모양만 지정하여 완성할 수 있습니다. 테마를 적용하여 앨범 모양을 다양하게 변경할 수 있습니다.

결과 미리 보기

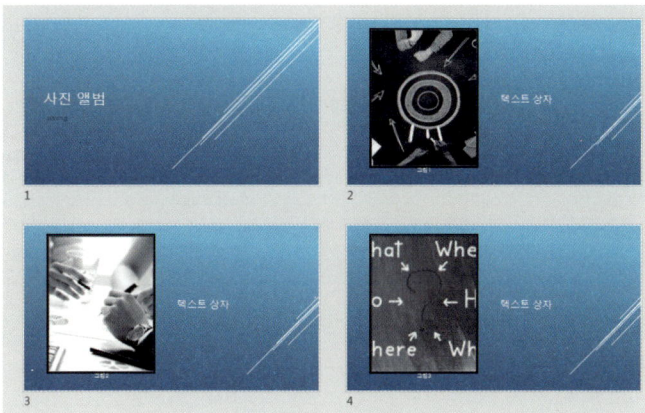

1) 사진 앨범 만들기

사진 앨범으로 만들 이미지들은 하나의 폴더를 생성해서 미리 저장해 두어야 합니다.

01 [삽입] 탭 – [이미지] 그룹 – [사진 앨범] – [새 사진 앨범]을 선택합니다.

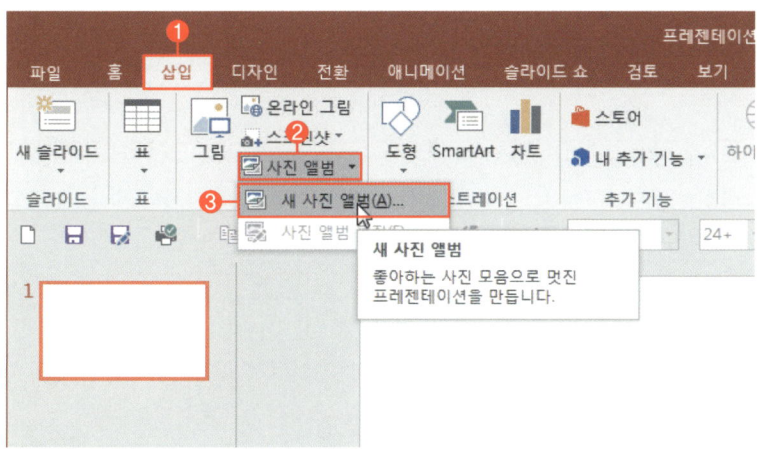

02 [사진 앨범] 대화상자에서 [파일/디스크]를 클릭합니다.

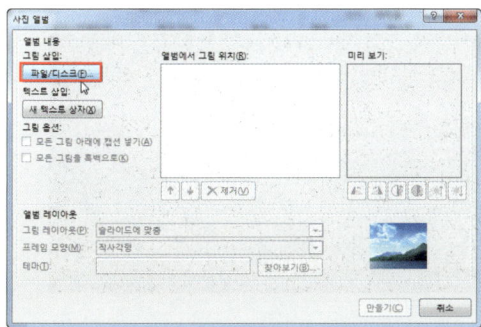

03 그림 파일을 선택하고 [삽입]을 클릭합니다.

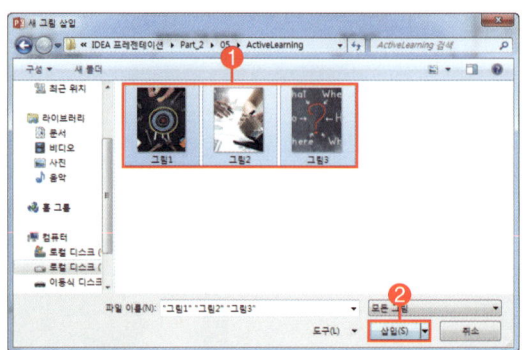

04 그림 레이아웃은 '그림 2개'로 프레임 모양을 '복합형 프레임, 검정'으로 설정합니다. 앨범에서 그림위치의 '그림1'을 선택하고 [새 텍스트 상자]를 클릭합니다.

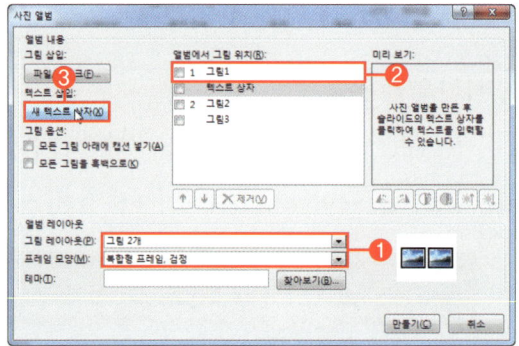

05 같은 방법으로 '그림2', '그림3' 다음에도 '텍스트 상자'를 추가하고 [만들기]를 클릭합니다.

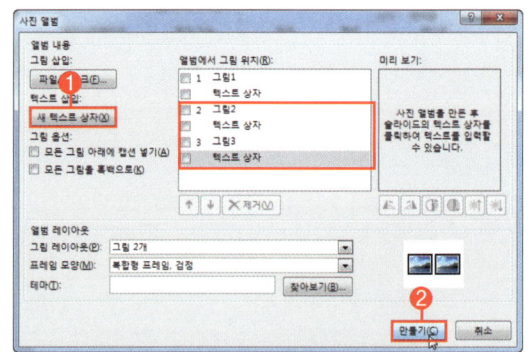

06 사진 앨범이 만들어진 것을 확인할 수 있습니다.

2) 사진 앨범 편집하기

 만들어진 사진 앨범을 편집해 보겠습니다. 원하는 모양으로 사진을 더 추가하거나, 테마를 적용하는 등 변경이 가능합니다.

01 [삽입] 탭 - [이미지] 그룹 - [사진 앨범] - [사진 앨범 편집]을 클릭합니다(사진 앨범이 만들어진 후에만 활성화 됩니다).

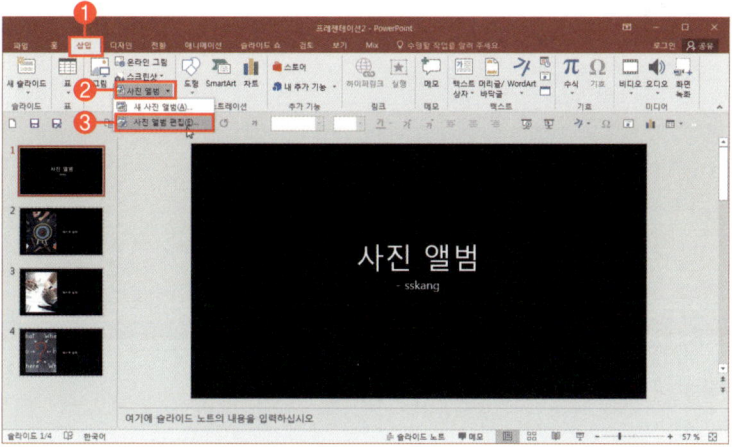

02 테마 [찾아보기]를 클릭하고 지정된 테마 폴더에서 'Slice'를 선택합니다.

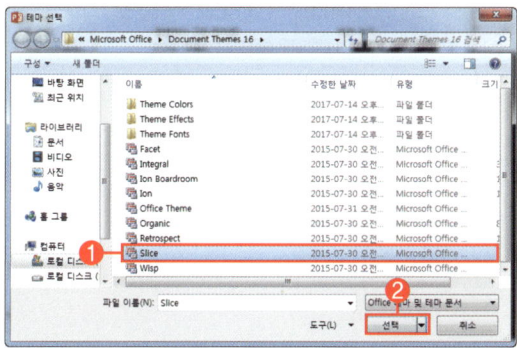

03 '모든 그림 아래에 캡션 넣기'와 '모든 그림을 흑백으로'를 선택하고 [업데이트]를 클릭합니다.

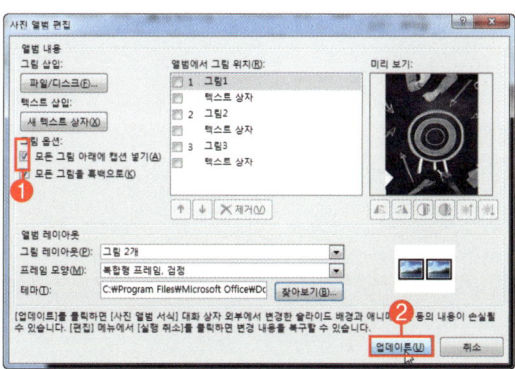

04 편집이 완료된 사진 앨범을 확인할 수 있습니다.

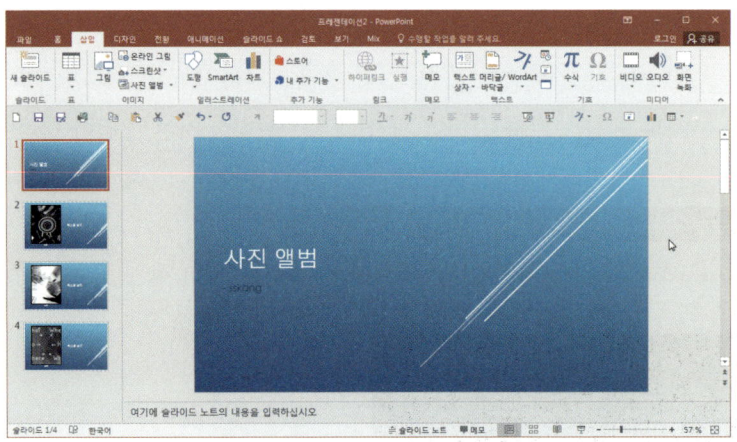

본 장에서는 그림파일들을 이용해서 프레젠테이션을 구성하였습니다. 시각적으로 많은 전달력을 가지고 있는 이미지를 잘 활용하여 소기의 목적을 달성할 수 있습니다.

> **TIP 스크린 샷**
>
> 미리 열려있는 창을 이미지로 변환하거나 최근 비활성 창의 일부를 캡처하여 파워포인트에 이미지로 삽입할 수 있습니다.
>
>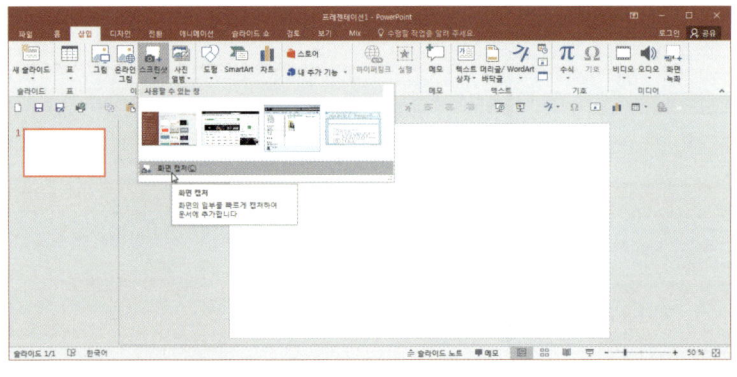

 실전문제

1. 다음 출력 형태와 조건을 처리해서 새 파일을 완성하시오.

출력 형태

① 파일 : 'PowerPoint 시작' 서식 파일
② 1번 슬라이드 : 타원 - 도형 채우기(투명), 도형 윤곽선(흰색, 3pt), 부제목 - 균등분할 정렬
③ 2번 슬라이드 : 타원 - 도형 채우기(자주, 분홍), 도형 윤곽선(진한보라, 진한 빨강) 갈매기형 수장 - 도형 채우기(진한 빨강), 도형 윤곽선(투명) 에티켓 그림 - 아이콘.png, 매너 그림 - 특수문자(삽입-기호-글꼴:Wingdings2)
④ 3번 슬라이드 : 타원 - 도형 채우기(그림1.jpg, 그림2.jpg, 그림3.jpg)
⑤ 4번 슬라이드 : 그림 삽입 - 그림4.png, 그림5.png
⑥ 5번 슬라이드 : 타원 - 도형 채우기(그림6.png)
⑦ 6번 슬라이드 : 온라인 그림 - '비즈니스 매너'로 검색되는 임의의 이미지 삽입

2. 다음 출력 형태와 조건을 처리해서 '비즈니스 매너2' 사진앨범을 완성하시오.

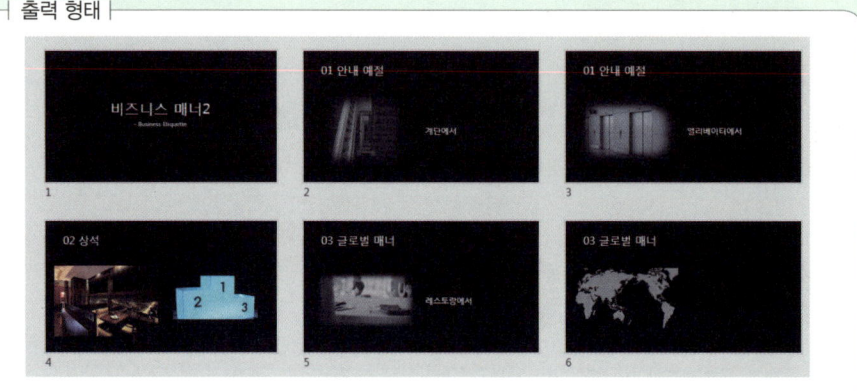

① 파일 : 새 프레젠테이션으로 시작
② 이미지 폴더 : 05₩Business₩의 모든 그림 파일
③ 그림 레이아웃 : 제목을 가진 그림2개
④ 새 텍스트 상자 : 그림7.png, 그림8.png, 그림11.png 아래에 삽입
⑤ 각 슬라이드의 텍스트를 완성합니다.

▶ 참고 : 05/완성/실전1-비즈니스 매너.pptx, 실전2-사진 앨범.pptx

표와 차트를 활용한 슬라이드

프레젠테이션은 프로그램 특성에 따라 많은 수치 데이터를 사용할 수 있는데 숫자의 나열은 가독성도 좋지 않고 한눈에 들어오지 않습니다. 이럴 때 표와 차트를 이용하면 각 계열의 비교와 분석이 훨씬 쉽습니다. 이번 섹션에서는 표와 차트를 만들고 활용하는 방법에 대해 알아보겠습니다.

1. 표 기능

다음 예제의 표를 작성하여 보겠습니다.

소매판매액 중 온라인쇼핑 거래액 비중

구분	2015년	2016년	2017년		
	6월	6월	4월	5월	6월
소매판매액(A)	295,049	320,975	327,661	340,653	328,896
온라인쇼핑거래액(B)	43,719	52,491	60,874	63,380	62,360
온라인쇼핑거래액1(C)	36,250	41,834	49,541	51,485	50,268
비중(B/A)	14.8	16.4	18.6	18.6	19.0
비중(C/A)	12.3	13.0	15.1	15.1	15.3

1) 표 삽입하기

01 표 삽입은 내용 개체에서 [표 삽입]을 클릭하거나 [삽입] 탭 – [표] 그룹 – [표] – [표 삽입]을 클릭하고 열과 행의 개수를 입력하여 삽입 또는 원하는 만큼 드래그하여 삽입합니다. 표의 열과 행의 개수가 일정하지 않을 때에는 가장 많은 열과 행의 개수로 표를 만든 후 '셀 병합'을 실행합니다.

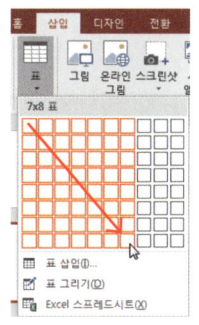

02 [표 삽입] 창이 나타나면 열 개수에 '6', 행 개수에 '7'을 입력하고 [확인]을 클릭합니다.

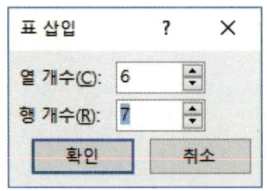

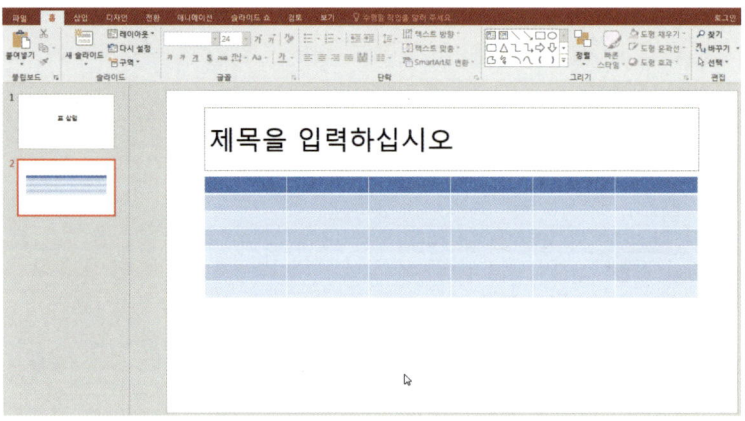

03 표가 삽입되면 1열의 1행과 2행을 드래그하여 블록을 설정한 후 [표 도구] – [레이아웃] 탭 – [병합] 그룹 – [셀 병합]을 클릭하거나 마우스 오른쪽 버튼을 클릭한 후 [셀 병합]을 클릭합니다.

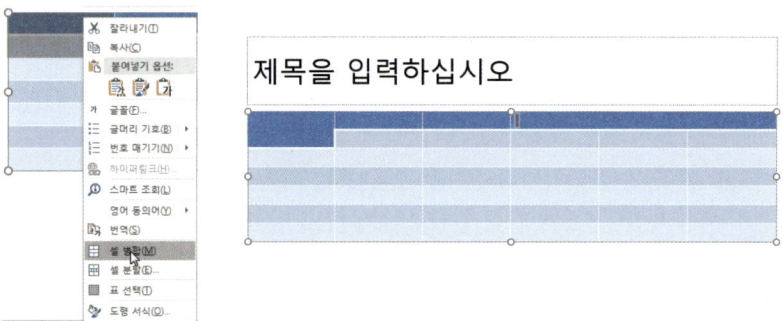

04 표의 1행의 4~6열을 블록 지정한 후 같은 방법으로 [셀 병합]을 실행합니다.

05 그림과 같이 내용을 셀에 입력합니다. 셀의 이동은 방향키나 Tab, Shift + Tab 키를 이용하면 편리합니다.

구분	2015년	2016년	2017년		
	6월	6월	4월	5월	6월
소매판매액(A)	295,049	320,975	327,661	340,653	328,896
온라인쇼핑거래액(B)	43,719	52,491	60,874	63,380	62,360
온라인쇼핑거래액(C)	36,250	41,834	49,541	51,485	50,268
비중(B/A)	14.8	16.4	18.6	18.6	19.0
비중(C/A)	12.3	13.0	15.1	15.1	15.3

06 표 전체를 마우스를 이용하여 블록을 설정하고 [홈] 탭 - [글꼴] 그룹에서 글꼴은 '굴림', 크기 '20', [단락] 그룹의 [맞춤]은 '가운데 맞춤'으로 설정합니다.

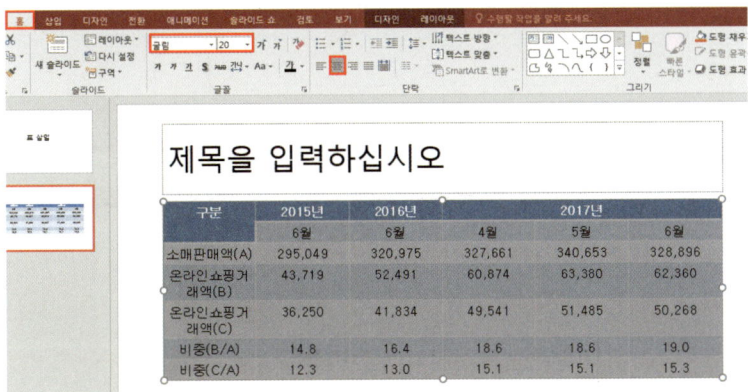

2) 표 셀 편집하기

01 '구분' 열의 폭이 좁습니다. '구분'과 '2015년' 열의 구분선을 오른쪽으로 드래그하여 적당하게 크기를 조절합니다.

구분	2015년	2016년	2017년		
	6월	6월	4월	5월	6월
소매판매액(A)	295,049	320,975	327,661	340,653	328,896
온라인쇼핑거래액(B)	43,719	52,491	60,874	63,380	62,360
온라인쇼핑거래액(C)	36,250	41,834	49,541	51,485	50,268
비중(B/A)	14.8	16.4	18.6	18.6	19.0
비중(C/A)	12.3	13.0	15.1	15.1	15.3

02 '2열'에서 '6열'까지 블록을 설정한 후 [표 도구] – [레이아웃] 탭 – [셀 크기] 그룹 – [열 너비를 같게]를 클릭하여 열 너비를 모두 동일하게 만듭니다(행도 같은 방법으로 적용하면 됩니다).

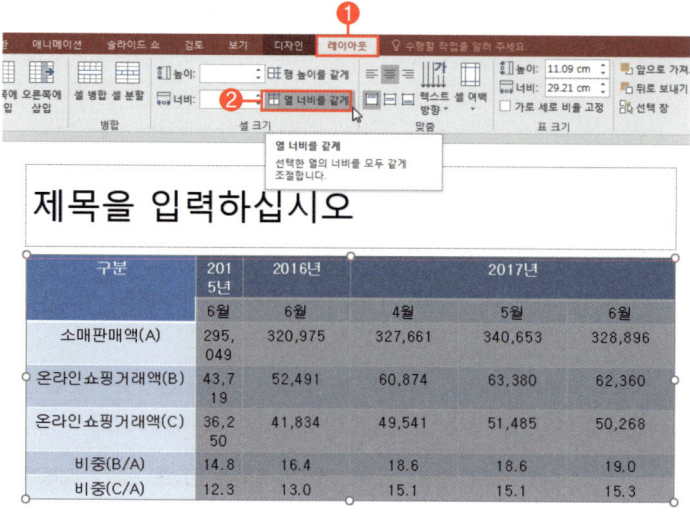

03 '1행'을 블록으로 설정한 후 글꼴 '맑은 고딕', 크기 '22', 글자색 '검정, 텍스트1'로 설정합니다. '구분' 필드명이 셀에 위쪽 부분에 정렬되어 있으므로 [표 도구] – [레이아웃] 탭 – [맞춤] 그룹 – [세로 가운데 맞춤]을 클릭합니다.

* 1행은 '필드명' 또는 '표제행' 이라고 합니다.

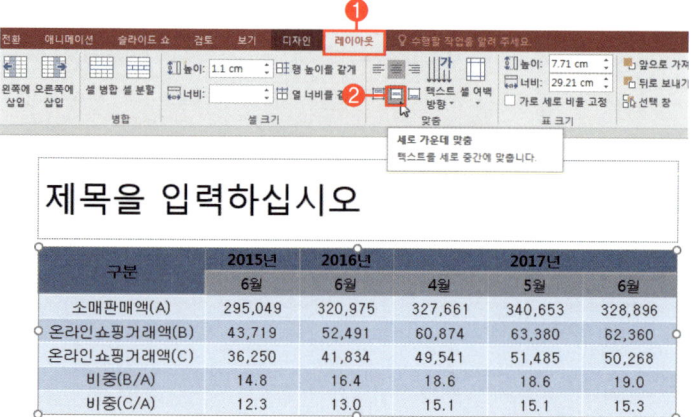

04 [표 도구] – [디자인] 탭 – [표 스타일] 그룹 – [음영]을 클릭한 후 '노랑'으로 음영색을 지정합니다.

05 표 전체를 블록으로 설정한 후 [표 도구] – [디자인] 탭 – [표 스타일] 그룹 – [테두리]를 클릭한 후 '모든 테두리'를 클릭합니다.

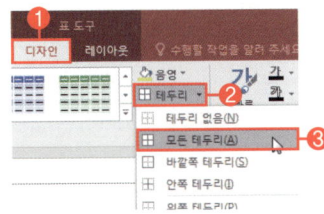

구분	2015년	2016년	2017년		
	6월	6월	4월	5월	6월
소매판매액(A)	295,049	320,975	327,661	340,653	328,896
온라인쇼핑거래액(B)	43,719	52,491	60,874	63,380	62,360
온라인쇼핑거래액(C)	36,250	41,834	49,541	51,485	50,268
비중(B/A)	14.8	16.4	18.6	18.6	19.0
비중(C/A)	12.3	13.0	15.1	15.1	15.3

06 표 전체를 블록으로 설정하고 [표 도구] – [디자인] 탭 – [테두리 그리기] 그룹에서 펜 색은 '빨강', 펜 두께는 '3pt'를 선택합니다. [테두리]를 클릭한 후 '바깥쪽 테두리'를 클릭합니다.

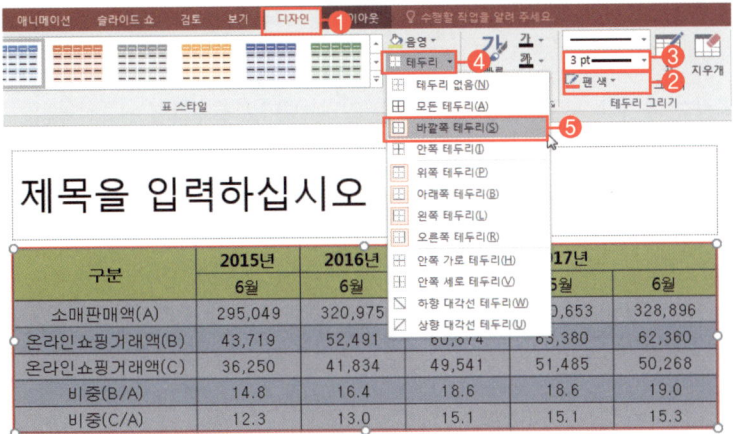

07 '2행'에서 '4행' 전체를 블록으로 설정하고 '위쪽 테두리'와 '아래쪽 테두리'를 적용합니다.

구분	2015년	2016년	2017년		
	6월	6월	4월	5월	6월
소매판매액(A)	295,049	320,975	327,661	340,653	328,896
온라인쇼핑거래액(B)	43,719	52,491	60,874	63,380	62,360
온라인쇼핑거래액(C)	36,250	41,834	49,541	51,485	50,268
비중(B/A)	14.8	16.4	18.6	18.6	19.0
비중(C/A)	12.3	13.0	15.1	15.1	15.3

08 '구분' 필드를 블록으로 지정한 후 '오른쪽 테두리'를 적용합니다.

구분	2015년	2016년	2017년		
	6월	6월	4월	5월	6월
소매판매액(A)	295,049	320,975	327,661	340,653	328,896
온라인쇼핑거래액(B)	43,719	52,491	60,874	63,380	62,360
온라인쇼핑거래액(C)	36,250	41,834	49,541	51,485	50,268
비중(B/A)	14.8	16.4	18.6	18.6	19.0
비중(C/A)	12.3	13.0	15.1	15.1	15.3

09 커서를 '비중(C/A)' 셀로 이동하고, [표 도구] – [레이아웃] 탭 – [행 및 열] 그룹 – [아래에 삽입]을 클릭하여 맨 아래에 행을 추가합니다.

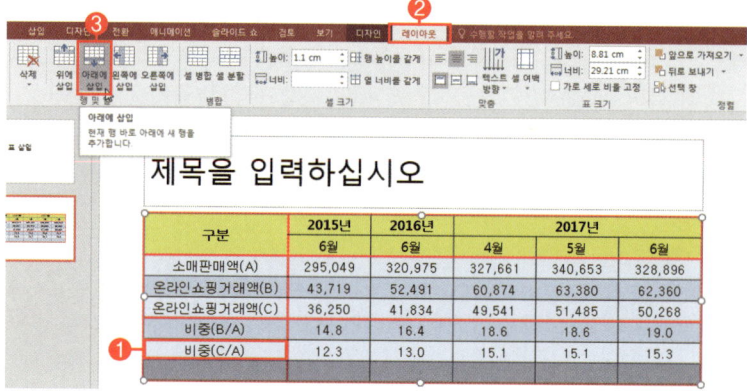

10 '4월' 열 전체를 블록으로 설정한 후 [표 도구] – [레이아웃] 탭 – [행 및 열] 그룹 – [삭제]를 클릭하고 '열 삭제'를 클릭하여 '4월' 열 필드를 삭제합니다.

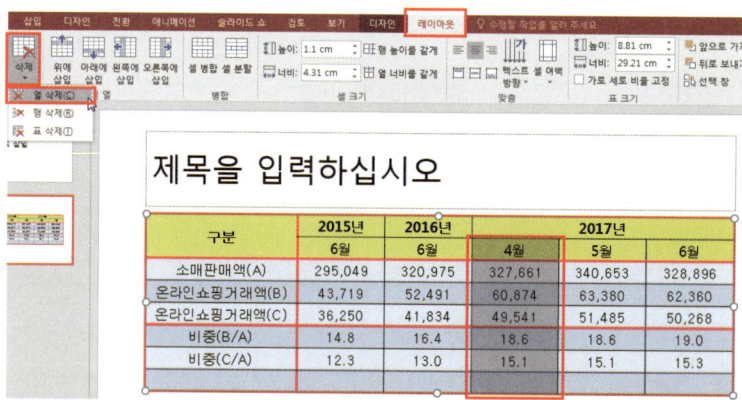

11 '구분' 필드의 맨 마지막 행에 '비고'라고 입력한 후 마지막 행 '2~5열'까지 블록으로 설정한 후 [표 도구] – [디자인] 탭 – [테두리 그리기] 그룹에서 펜 두께 '1 pt', 펜 색 '검정'을 선택하고, [표 스타일] 그룹에서 [테두리] – [상향 대각선 테두리]를 클릭하여 대각선을 긋습니다.

※ 'x' 모양을 넣으려면 '하향 대각선 테두리'와 '상향 대각선 테두리'를 모두 선택하면 됩니다.

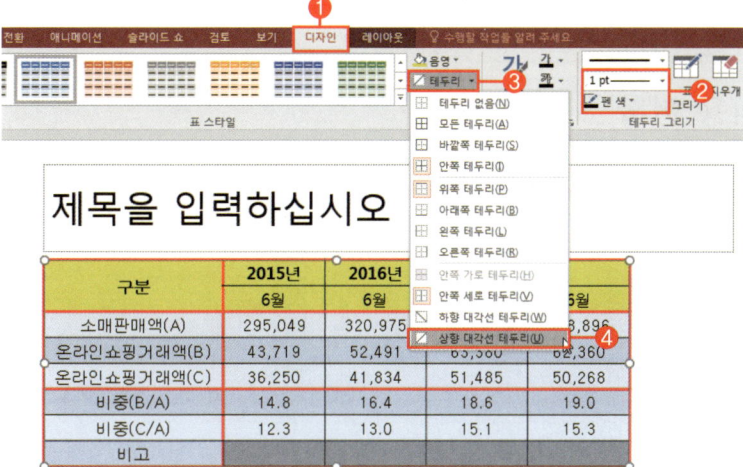

12 [제목을 입력하십시오] 개체 틀 안을 클릭한 후 '소매판매액 중 온라인쇼핑 거래액 비중'을 입력합니다. 개체 틀을 선택한 후 글꼴 '궁서', 크기 '44', 글꼴 색 '파랑, 텍스트1'로 지정합니다.

2. 차트 기능

수치로 가득한 데이터들을 계열별로 비교 분석하는데 가장 효과적인 도구 중에 하나가 차트입니다. 수치 데이터들을 각종 도형으로 표현되기 때문에 눈에 확 띄고 가독성이나 계열간의 비교 분석에 있어 청중들에게 효과적입니다.

> **TIP** 차트 구성 요소
>
>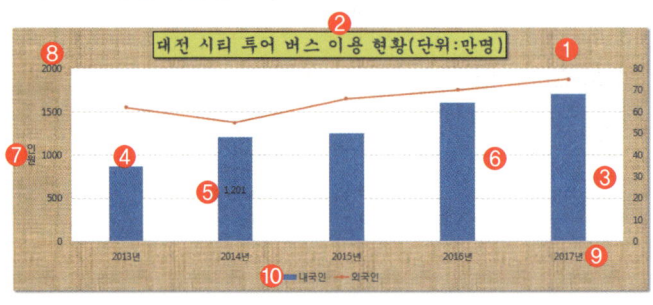
>
> ❶ **차트 영역** : 차트 전체를 의미하고 이 영역을 선택한 후 글꼴이나 크기를 변경하면 차트의 모든 요소 데이터에 반영된다.
> ❷ **차트 제목** : 차트의 제목에 해당하는 부분입니다.
> ❸ **그림 영역** : 데이터 계열이 표시되는 영역으로 항목과 레이블로 구성됩니다.
> ❹ **데이터 계열** : 데이터 시트에 입력된 값을 그래프(도형)로 표시합니다.
> ❺ **데이터 레이블** : 데이터 계열의 값, 계열 이름, 옵션 이름 등을 표시할 수 있습니다.
> ❻ **눈금선** : 각 축의 눈금선을 표시합니다.
> ❼ **세로 축 제목** : 차트의 수직(값 또는 항목) 제목을 표시합니다.
> ❽ **세로(값) 축** : 차트의 수직 좌표입니다.
> ❾ **가로(항목) 축** : 차트의 수평 좌표입니다.
> ❿ **범례** : 각 데이터 계열에 대한 이름을 도형과 함께 표시합니다.

1) 차트 만들기

01 콘텐츠 개체 틀에서 [차트 삽입]을 클릭하거나 [삽입] 탭 - [일러스트레이션] 그룹 - [차트]를 클릭합니다.

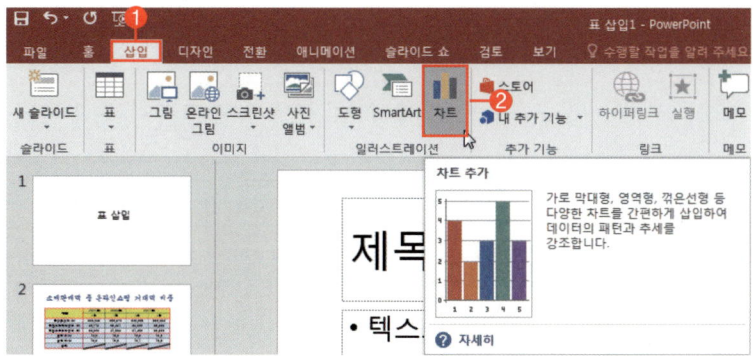

02 [차트 삽입] 대화상자가 나타나면 원하는 모양의 차트 종류를 선택합니다. 여기서는 세로 막대형에서 '묶은 세로 막대형'을 선택합니다.

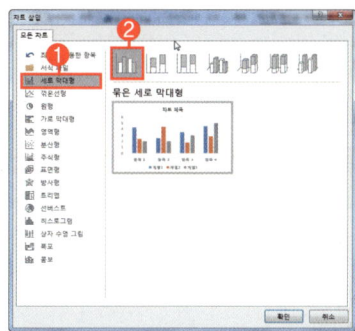

03 엑셀 '시트' 창이 열리고 차트에 삽입할 계열들을 셀에 맞춰 그림과 같이 입력합니다.

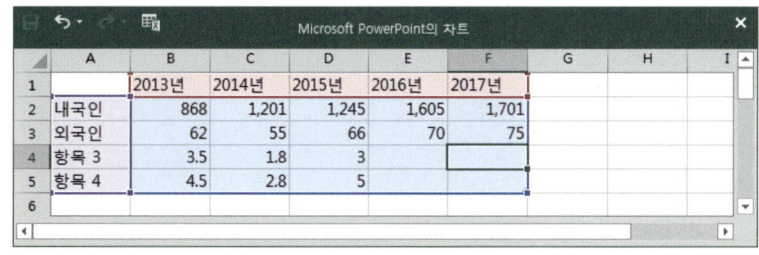

※엑셀 시트에서 파란색 테두리가 보이는데 이 상자 안에 있는 내용들만 차트에 반영됩니다. 기존의 데이터를 삭제하지 않고 영역을 변경하면 나머지 데이터를 제외 시킬 수 있습니다.

04 '파란색' 테두리의 오른쪽 아래 모서리 부분을 위로 드래그하여 '항목 3'과 '항목 4'는 제외시키고 [닫기]를 눌러 엑셀 시트를 종료합니다.

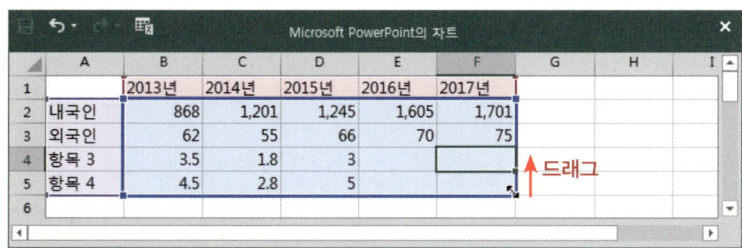

05 제목 개체 틀에 '버스 이용 현황'이라고 입력합니다.

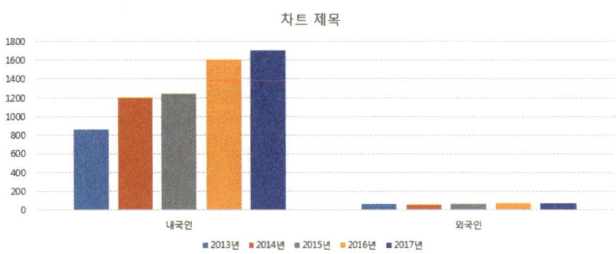

06 [차트 도구] – [디자인] 탭 – [데이터] 그룹 – [데이터 선택]을 클릭합니다. [데이터 원본 선택] 대화상자에서 [행/열 전환]을 클릭 후 [확인]을 클릭하여 데이터의 행과 열을 전환합니다.

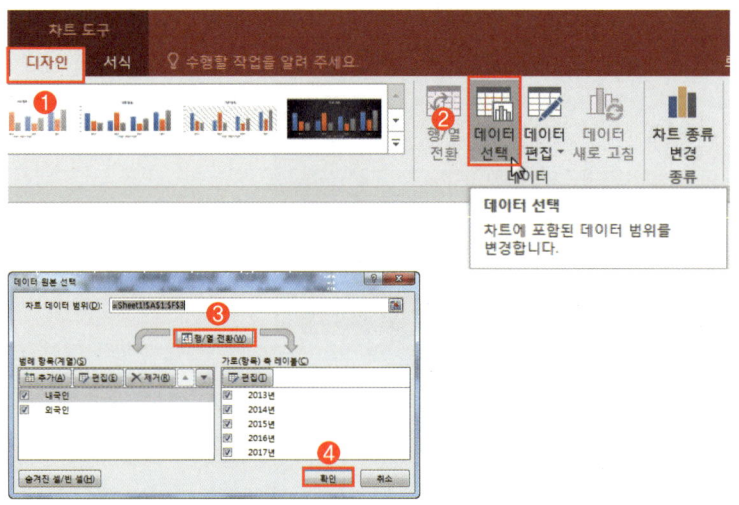

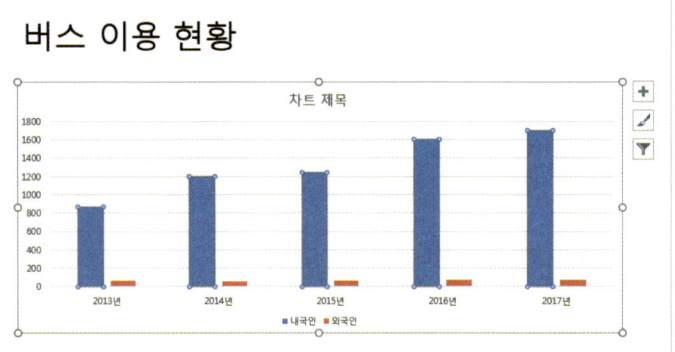

* 가로(항목) 축을 추가하거나 제거할 경우 행/열 전환 버튼을 이용하여 계열과 자리를 바꾼 다음 추가 또는 제거한 후 원래대로 전환하여 편집이 가능합니다.

2) 차트 편집

01 차트 제목을 '대전 시티 투어 버스 이용 현황(단위:만명)'을 입력하고 차트 제목 개체 창을 선택합니다. [차트 도구] - [서식] 탭 - [도형 채우기]에서 '노랑', [도형 윤곽선]은 '검정, 텍스트1', [도형 효과] - [그림자] - [바깥쪽]에서 '오프셋 대각선 오른쪽 아래'를 클릭합니다.

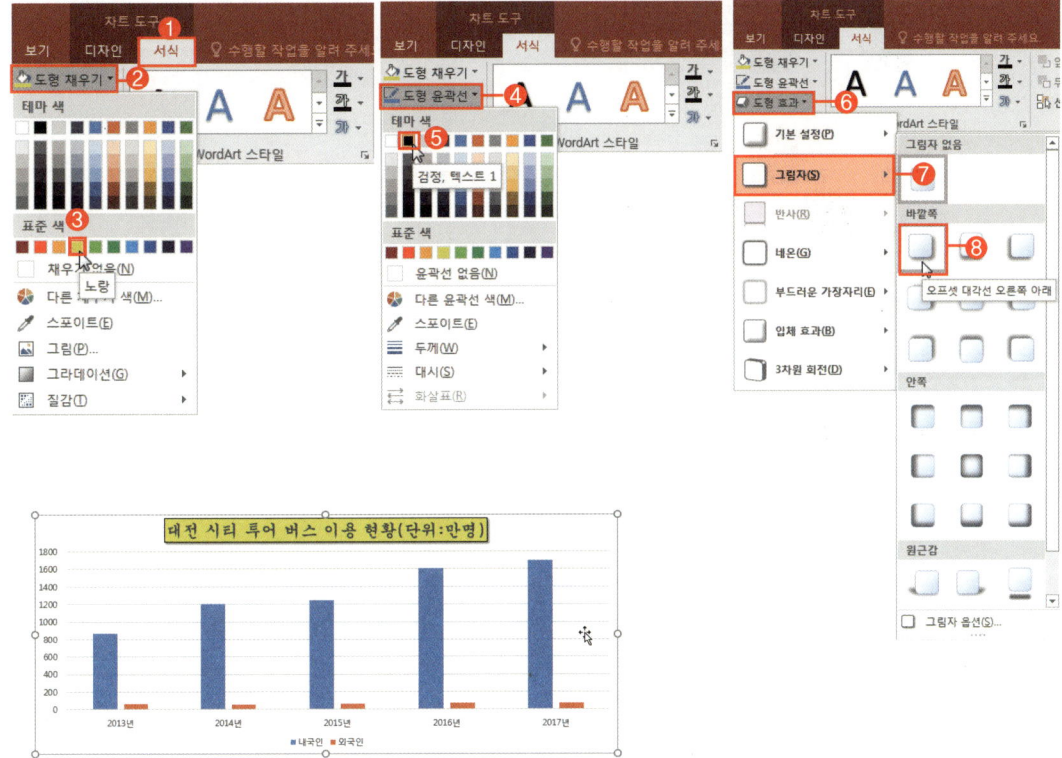

02 차트 영역을 선택하고, [차트 도구] - [서식] 탭 - [도형 채우기] - [질감]에서 '파피루스', [도형 윤곽선]은 '검정, 텍스트1', [도형 효과] - [그림자] - [바깥쪽]에서 '오프셋 대각선 오른쪽 아래'를 클릭합니다.

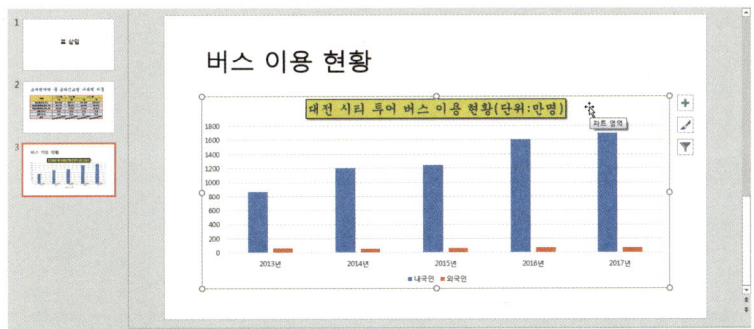

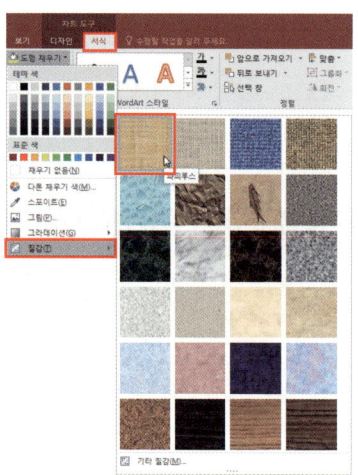
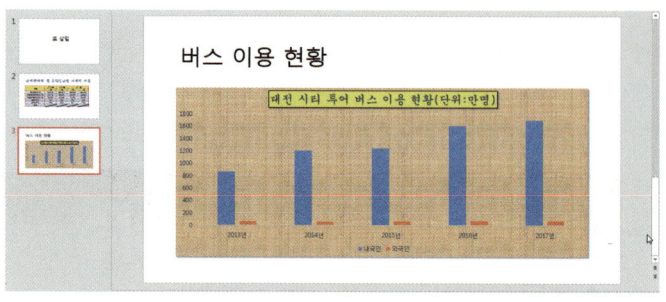

03 그림 영역을 선택하고, [차트 도구] – [서식] 탭 – [도형 채우기]에서 '흰색, 배경 1'을 클릭합니다.

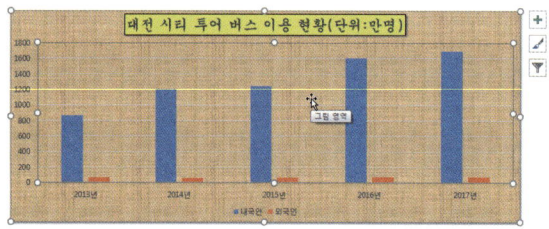

04 그림 영역에서 '2014년' 계열의 '내국인' 막대 모양 그래프를 천천히 두 번 클릭하여 막대를 선택합니다. 한 번 클릭하면 파란색 막대 즉 '내국인' 데이터 요소 계열이 모두 선택됩니다.

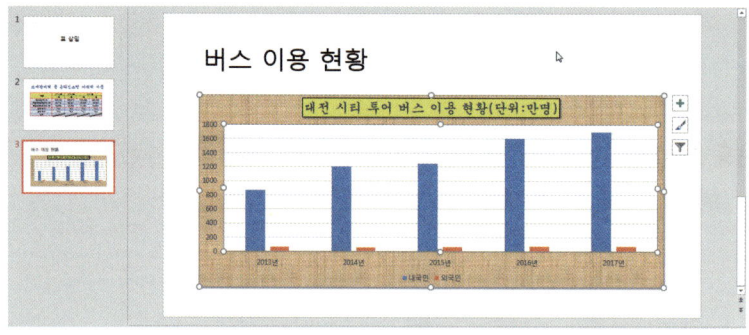

05 [차트 도구] – [디자인] 탭 – [차트 요소 추가]에서 [데이터 레이블]은 '가운데'를 클릭합니다.

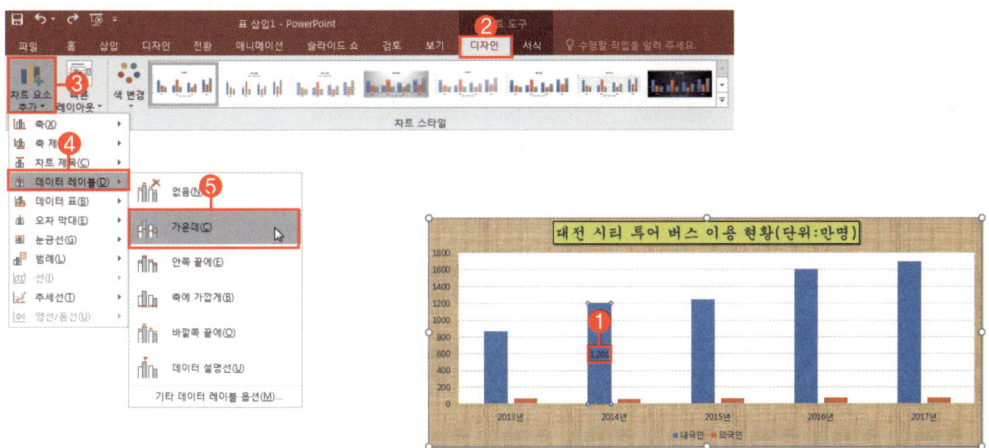

06 [차트 도구] – [디자인] 탭 – [차트 요소 추가] 그룹에서 [범례]는 '위쪽'을 클릭하여 범례의 위치를 변경합니다.

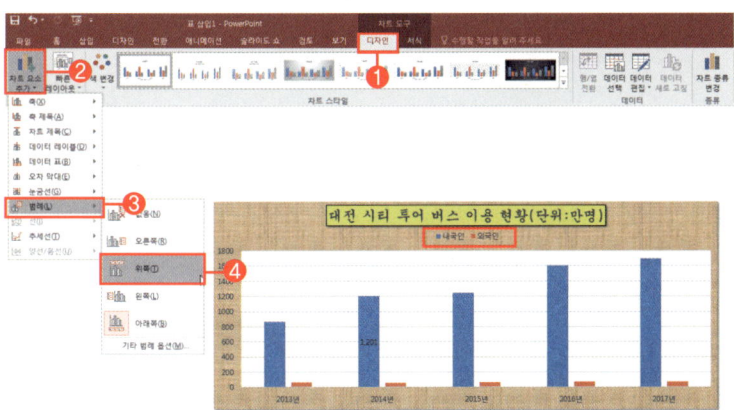

07 [차트 도구] – [디자인] 탭 – [차트 요소 추가]에서 [축 제목]의 '기본 세로'를 클릭하여 범례의 위치를 변경합니다. 축 제목은 '인원'을 입력합니다.

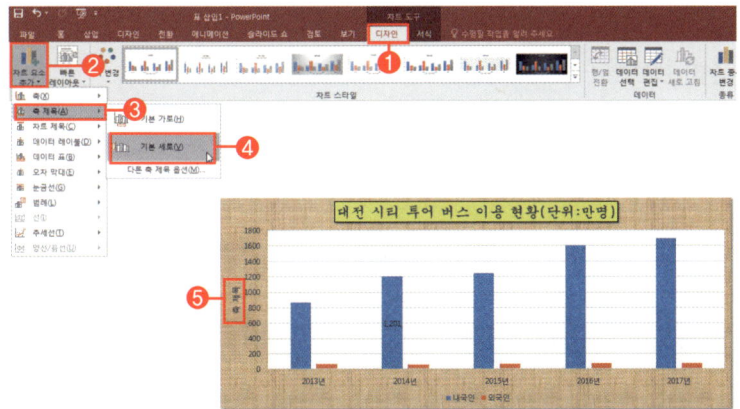

08 축 제목 개체 틀을 더블클릭하거나 선택한 후 [차트 도구] – [서식] 탭 – [현재 선택 영역] 그룹에서 [선택 영역 서식]을 클릭하면 화면 오른쪽에 [축 제목 서식] 작업 창이 나타나며 [크기 및 속성]을 클릭하고 텍스트 방향을 '세로'로 설정합니다.

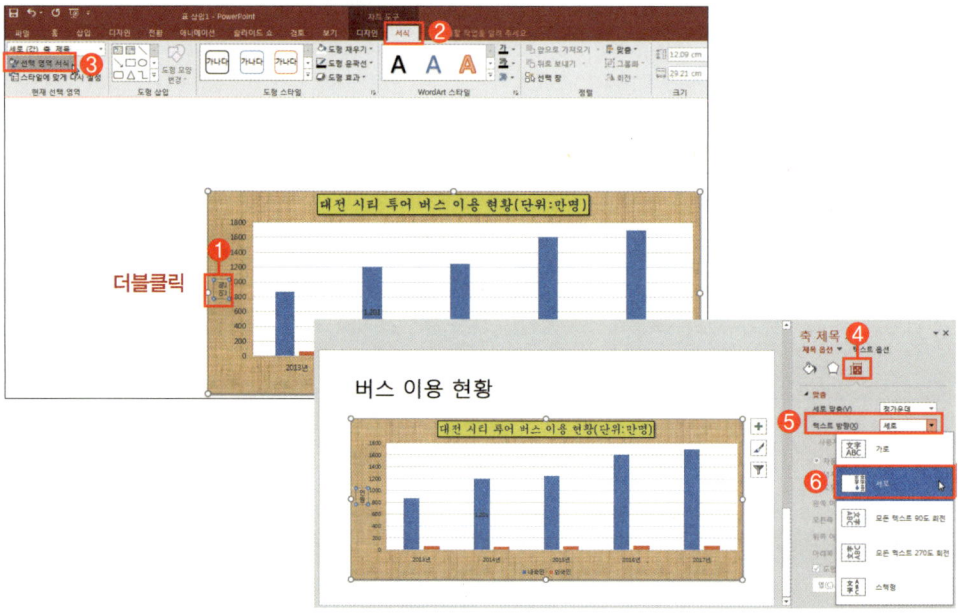

09 세로(값) 축 주 눈금선 개체 틀을 더블클릭하고 오른쪽 [주 눈금선 서식] 작업 창에서 '대시 종류'를 '파선'을 클릭합니다.

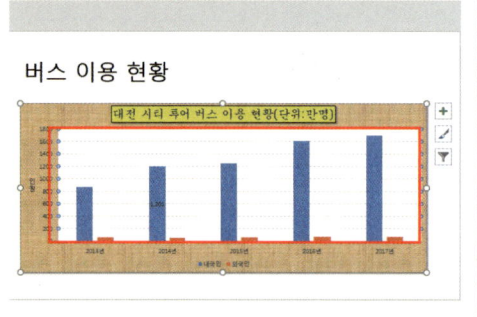 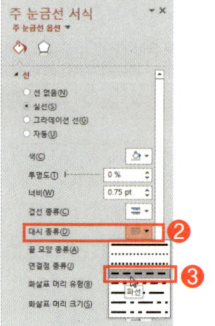

10 [차트 도구] - [디자인] 탭 - [차트 요소 추가]에서 [데이터 표]를 '범례 표지 포함'을 클릭하여 데이터 표를 차트에 표시합니다. '범례 표지'는 '내국인', '외국인' 글씨 앞에 나타나는 도형을 말합니다.

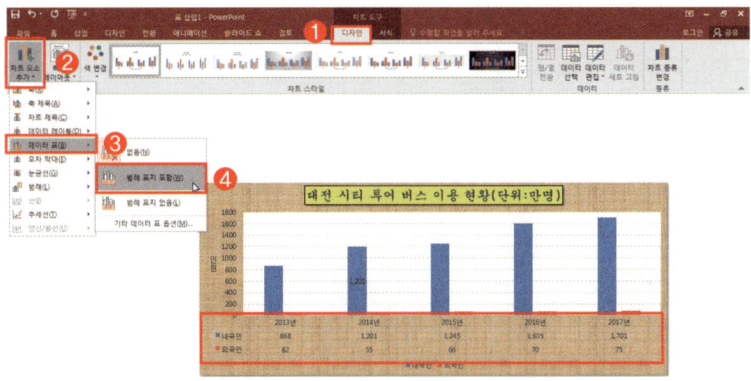

11 [가로 (항목) 축] 개체 틀을 더블클릭하고 오른쪽 [축 서식] 작업 창에서 축 옵션의 경계는 '최대 : 2000'을, '단위 : 500'을 입력하여 축 단위를 '500'씩 표시하고 최대 '2000'까지 표시하게 설정합니다.

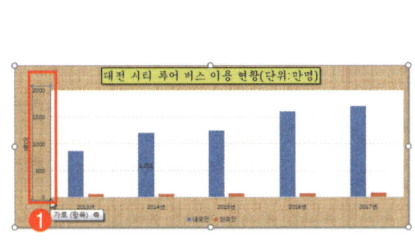 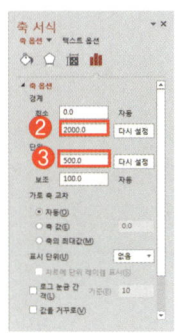

3) 혼합 차트로 변경하기

혼합 차트란 위의 예제 차트와 같이 데이터 계열의 값의 차이가 현저히 클 경우 데이터 비교 분석이 어려워 어느 한 계열의 차트 종류를 '꺾은선 형' 등의 차트로 변경한 차트를 말합니다.

01 차트 내 임의의 '외국인' 계열의 막대 그래프를 클릭하여 '외국인' 계열을 선택합니다.

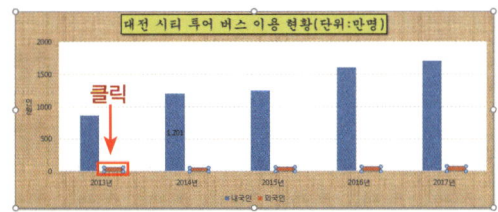

02 마우스 오른쪽 버튼을 클릭하고 [데이터 계열 서식]을 클릭하거나 [차트 도구] – [서식] 탭 – [현재 선택 영역] 그룹에서 [선택 영역 서식]을 클릭하면 화면 오른쪽에 [데이터 계열 서식] 작업 창이 나타납니다. '데이터 계열 지정 : 보조 축'을 설정합니다.

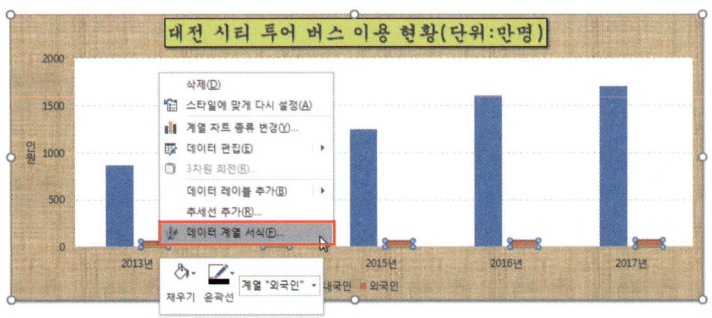

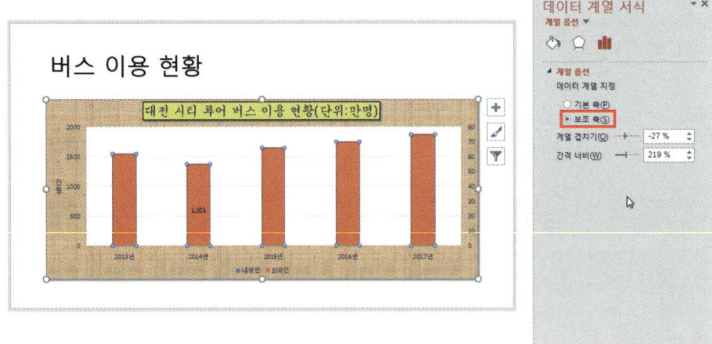

03 마우스 오른쪽 버튼을 클릭하고 [계열 차트 종류 변경]을 클릭하거나 [차트 도구] – [디자인] 탭 – [종류] 그룹에서 [차트 종류 변경]을 클릭합니다.

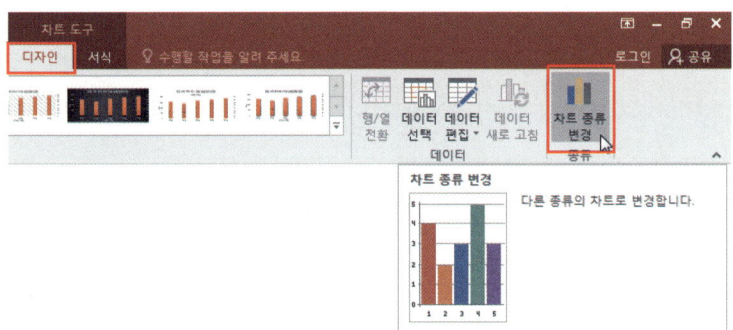

04 [차트 종류 변경] 대화상자에서 [꺾은선형]을 선택하고 '외국인'의 '표식이 있는 꺾은선형'을 선택하고 [확인]을 클릭합니다.

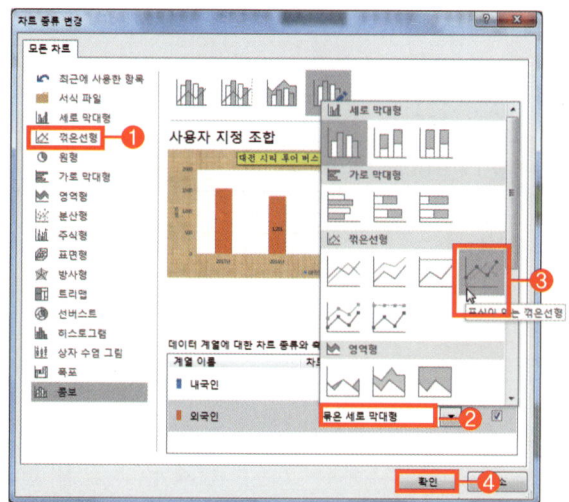

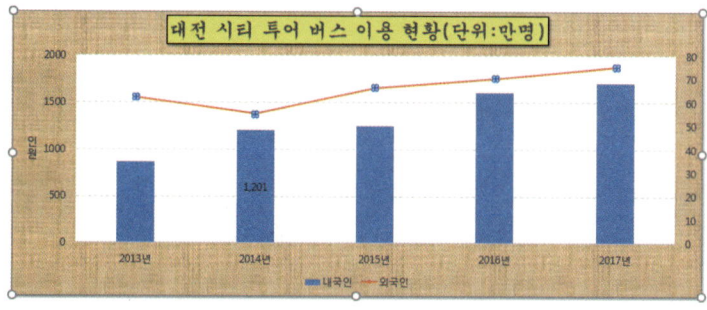

 실전문제

1. 다음 출력 형태와 조건을 처리해서 '실전1-10월 달력.pptx' 파일을 완성하시오.

   ┤ 출력 형태 ├

   ① 2번 슬라이드 : 제목 - 텍스트 상자(HY목판L, 72pt, '황금색 강조4, 25% 더 어둡게') 표 스타일 - '보통스타일 2 - 강조 6' SUN, MON … - 맑은 고딕, 18pt 국군의 날 … - 굴림, 20pt, 빨강 말풍선 도형1 - '그라데이션 채우기 - 주황, 강조2, 25% 더 어둡게' 말풍선 도형2 - 도형 채우기('자주, 도형 윤곽선 - 흰색')

2. 다음 출력 형태와 조건을 처리해서 '기업 정보화 평가' 파일을 완성하시오.

   ┤ 출력 형태 ├

   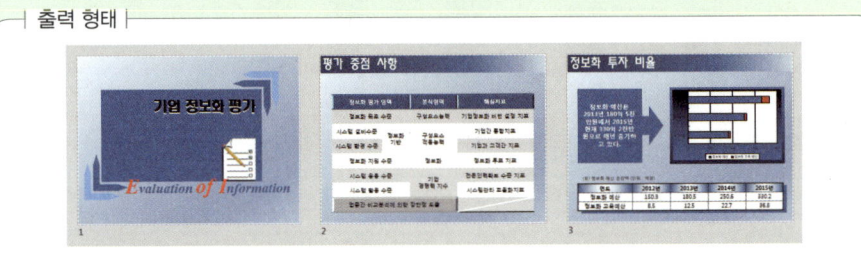

   ① 파일 : 새 프레젠테이션을 이용
   ② 배경 : 그라데이션(선형 대각선)
   ③ 1번 슬라이드 : 도형, 도형의 점 편집을 이용, 온라인 그림 삽입, 텍스트(기업 정보화 평가 - HY헤드라인M, 44pt), Evaluation of Information - Times New Roman, 66pt, 44pt)
   ④ 2번 슬라이드 : 표 삽입(표 스타일 - 보통 스타일 3-강조 1, 1행 - 셀 입체 효과 - 둥글게, 8행 - 셀 입체 효과 - 볼록하게, 대각선)
   ⑤ 3번 슬라이드 : 차트 - 누적 가로 막대형, 표의 2013년~2015년 데이터를 이용
   ⑥ 나머지는 출력 형태를 참고해서 완성합니다.

   ▶ 참고 : 06/완성/실전1-10월 달력.pptx, 실전2-기업 정보화 평가.pptx

비디오와 오디오를 활용한 슬라이드

프레젠테이션 할 때 내용에 적합한 동영상과 오디오 파일을 활용하면 정보 전달을 효과적으로 할 수 있으며 청중들에 관심과 이해도를 높일 수 있어 다이내믹한 프레젠테이션을 작성할 수 있습니다.

1. 동영상 파일 제작 및 가져와서 활용하기

동영상 파일을 프레젠테이션에 삽입하기 위해서는 적당한 동영상 파일을 미리 준비해 놓아야 합니다. 만약 인터넷에 있는 동영상 파일이라면 '하이퍼링크'를 통해 주소를 공유하거나 먼저 내 PC에 동영상 파일을 다운로드 해야 합니다.

> **TIP** 파워포인트에서 지원하는 동영상 파일형식
> - wmv : 윈도우 미디어 비디오 파일
> - avi : 동영상을 PC에서 구현하기 위한 마이크로소프트사의 기술과 그 기술을 이용해 만들어진 영상 파일
> - asf : 네트워크를 통해 비디오 콘텐츠를 스트리밍 할 수 있는 파일
> - mpg : 동영상을 압축하고 코드로 표현하는 방법의 표준 동영상 파일
> - swf : 어도비사의 플래시 소프트웨어가 만들어 내는 벡터 그래픽 파일

- 실습예제 – 동영상 삽입과 링크.pptx
- 동영상 : G20 대한민국.mp4, 올림픽 챔피언 수호랑.mp4

1) 비디오 파일 삽입하기

01 콘텐츠 개체 틀에 '비디오 삽입' 아이콘을 클릭하거나 [삽입] 탭 – [미디어] 그룹에서 [비디오]의 '내 PC의 비디오'를 클릭합니다.

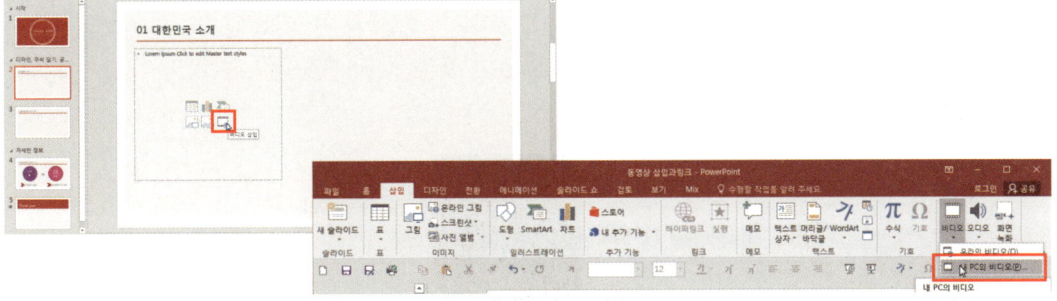

02 [비디오 삽입] 대화상자가 나타나면 동영상 파일이 저장되어 있는 경로로 이동하고 원하는 파일 'G20 대한민국' 파일 선택 후 [삽입]을 클릭합니다.

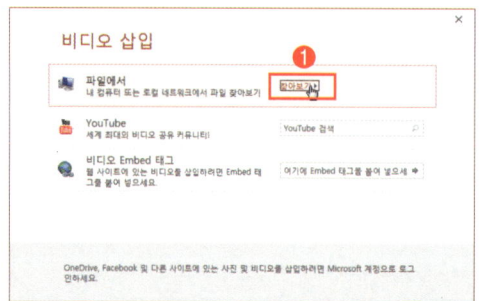 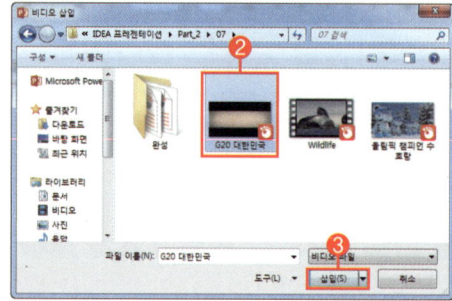

03 동영상 파일이 삽입되면 조절점을 이용하여 크기와 위치를 조절합니다.

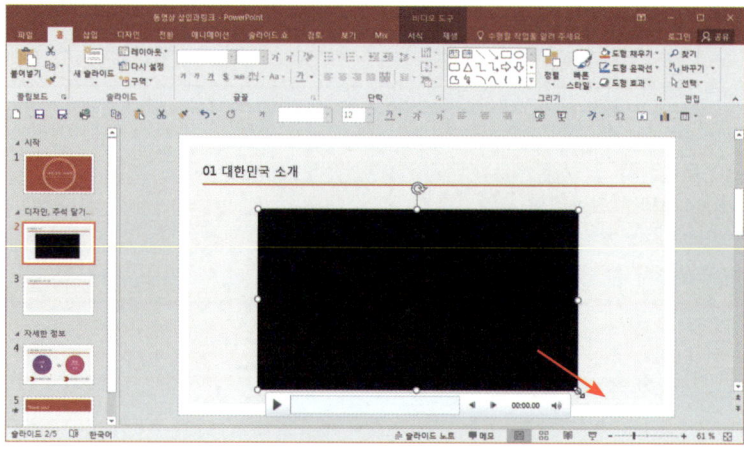

04 [비디오 도구] – [서식] 탭 – [비디오 스타일] 그룹에서 '복잡한 프레임, 검정'을 클릭합니다.

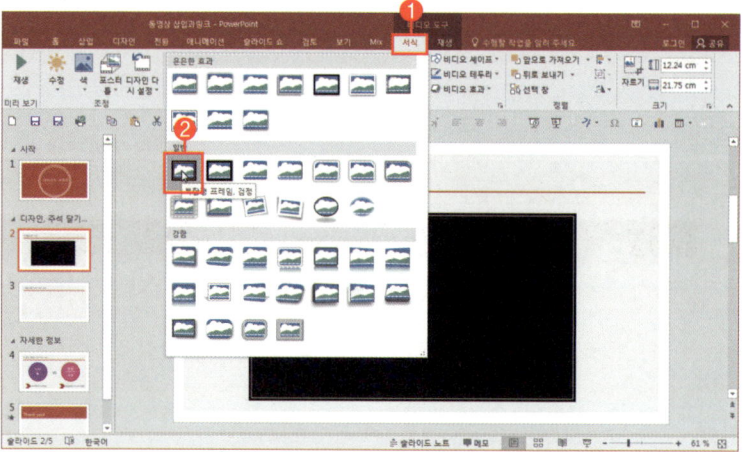

> **TIP** [비디오 도구] – [비디오 스타일] 그룹
> - 비디오 쉐이프 : 재생할 화면의 쉐이프(모양)를 결정합니다.
> - 비디오 테두리 : 재생할 화면의 테두리 색을 결정합니다.
> - 비디오 효과 : 비디오에 '그림자', '네온', '반사' '3차원 회전'과 같은 시각적 효과를 적용합니다.

05 [비디오 도구] – [재생] 탭 – [비디오 옵션] 그룹의 [시작]에서 '자동 실행'을 선택합니다('자동 실행'은 '슬라이드 쇼'를 할 때 해당 슬라이드가 재생되면 바로 동영상 파일이 재생이 되고 '클릭할 때'를 선택하면 마우스로 클릭할 때 재생됩니다).

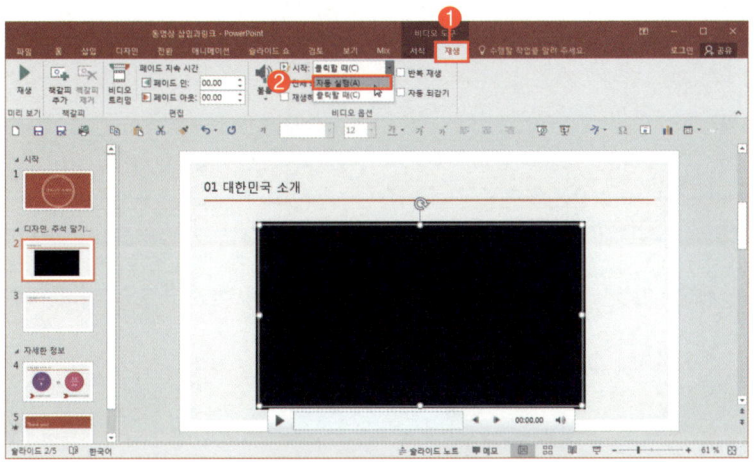

06 재생 화면 밑의 진행 바에서 원하는 시간대로 이동한 후 [비디오 도구] – [재생] 탭 – [책갈피] 그룹에서 '책갈피 추가'를 클릭하여 책갈피를 추가합니다.

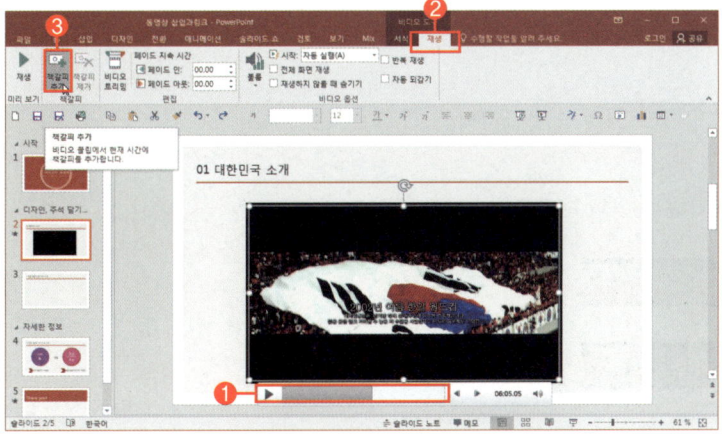

2) 인터넷 동영상에 링크하기

01 3번 슬라이드로 이동합니다. [삽입] 탭 – [미디어] 그룹 – [비디오] – '온라인 비디오'를 클릭합니다.

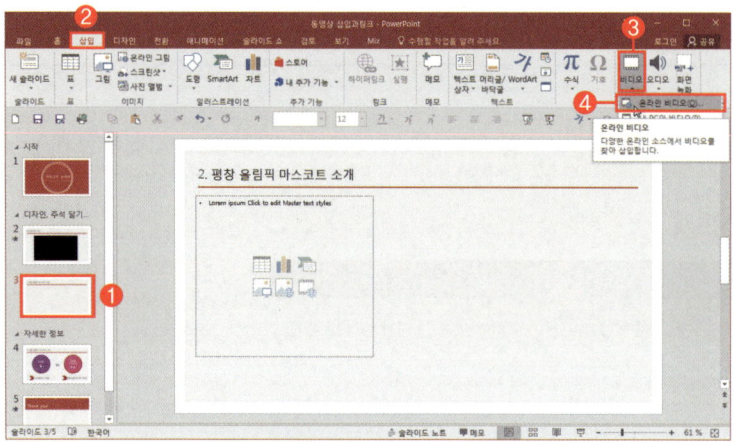

02 [비디오 삽입] 대화상자가 나타나면 [YouTube] 검색란에 '평창 올림픽 마스코트'라고 입력한 후 Enter 를 누릅니다.

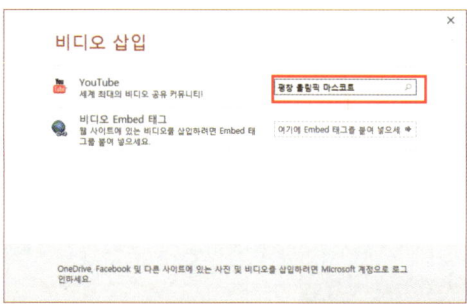

03 원하는 동영상 파일을 선택한 후 [삽입]을 클릭합니다.

04 동영상 개체 틀을 원하는 크기와 위치로 조절합니다.

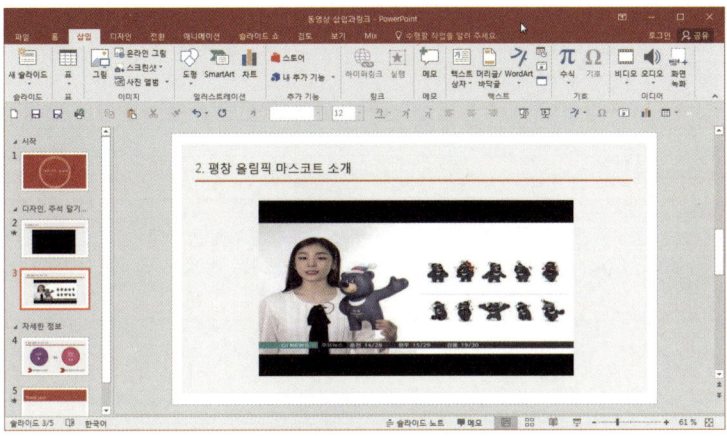

3) 다양한 오디오 삽입 및 활용하기

01 4번 슬라이드로 이동합니다. [삽입] 탭 – [미디어] 그룹 – [오디오]의 '내 PC의 오디오'를 클릭합니다.

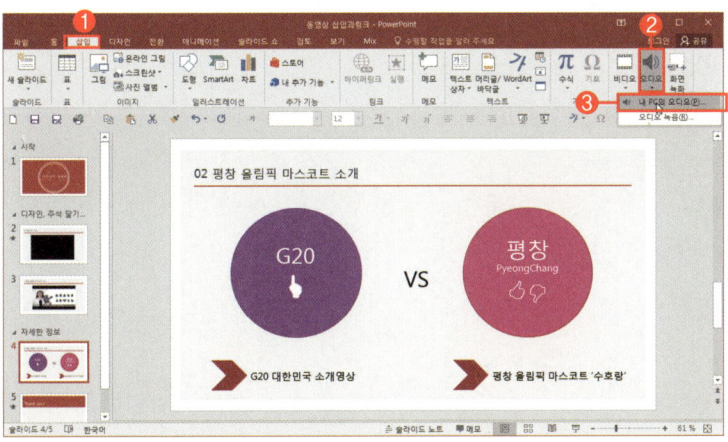

02 [오디오 삽입] 대화상자가 나타나면 경로로 이동하여 'Lily.mp3' 파일을 선택한 후 [삽입]을 클릭합니다.

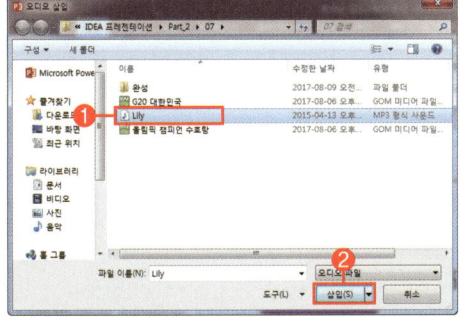

03 오디오 파일이 삽입되면 스피커 모양의 아이콘이 나타나는데 적당한 위치로 이동합니다.

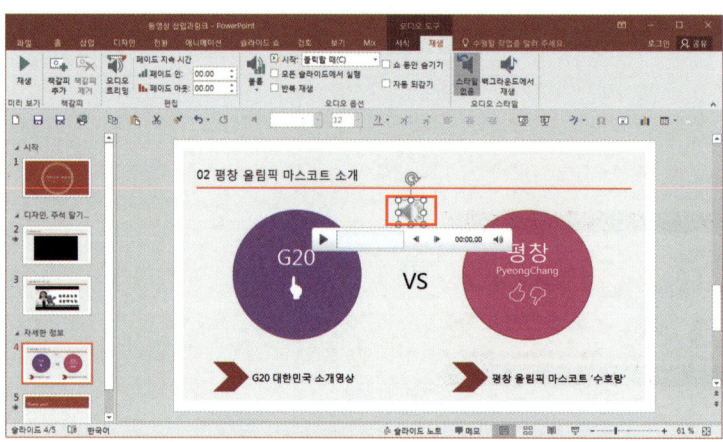

04 [오디오 도구] – [재생] 탭 – [오디오 옵션] 그룹의 [시작]에서 '자동 실행'을 선택합니다. '자동 실행'은 '슬라이드 쇼'를 할 때 해당 슬라이드가 재생되면 바로 오디오 파일이 재생되고 '클릭할 때'를 선택하면 마우스로 클릭할 때 재생됩니다.

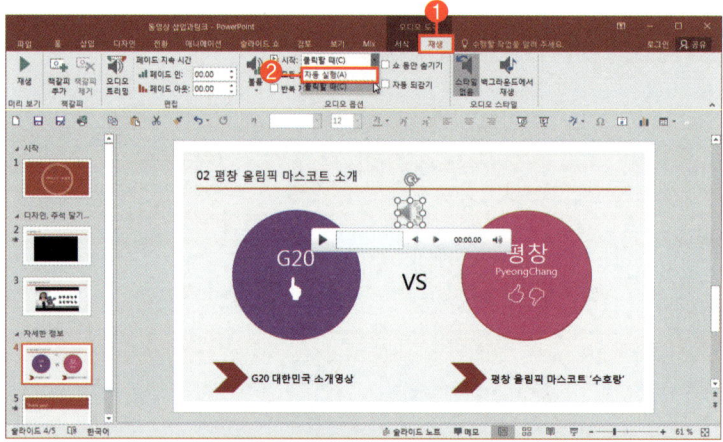

4) 하이퍼링크로 동영상 다시보기

01 'G20' 도형을 선택하고 [삽입] 탭 - [링크] 그룹 - [하이퍼링크]를 클릭합니다.

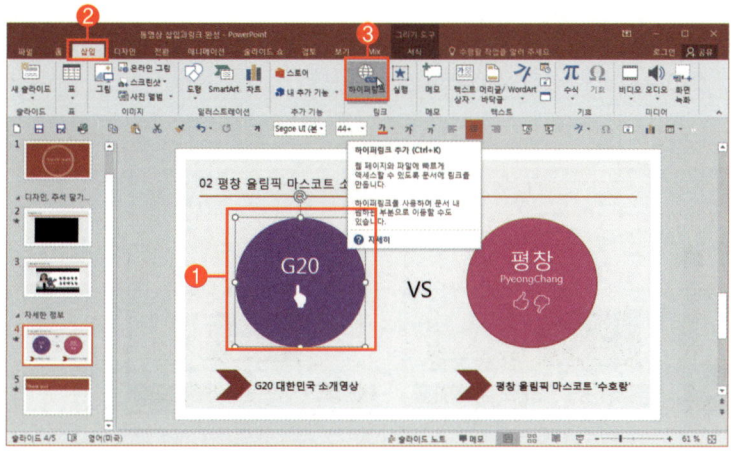

02 [하이퍼링크] 대화상자에서 연결 대상을 '현재 문서'로 선택하고, 이 문서에서 위치 선택에서 '2. 슬라이드2'를 선택한 후 [확인]을 클릭합니다.

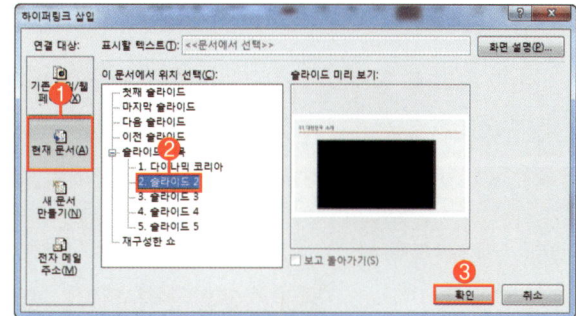

03 같은 방법으로 '평창' 도형도 하이퍼링크를 '3. 슬라이드3'으로 설정합니다. 원하는 슬라이드로 이동해 정보를 확인할 수 있습니다.

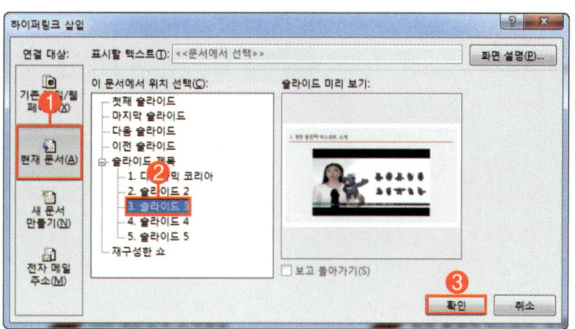

> **TIP**
> 하이퍼링크 실행은 슬라이드 쇼 보기에서 확인이 가능합니다.

 실전문제

1. 다음 출력 형태와 조건을 처리해서 '실전1-동영상 앨범.pptx' 파일을 완성하시오.

① 2번 슬라이드 : 동영상 파일을 자동 실행, 전체 화면 재생으로 설정

② 3번 슬라이드 : YouTube에서 대한민국으로 검색되는 동영상을 삽입, 클릭할 때 재생

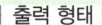 출력 형태

2. 다음 출력 형태와 조건을 처리해서 '실전2-인터넷 비즈니스.pptx' 파일을 완성하시오.

① 1번 슬라이드 : 'Maid with the Flaxen Hair.mp3' 파일을 삽입, 자동 실행, 쇼 동안 숨기기

② 2번 슬라이드 : 'Sleep Away.mp3' 파일을 삽입, 클릭할 때 재생

출력 형태

▶참고 : 07/완성/실전1-동영상 앨범.pptx, 실전2-인터넷 비즈니스.pptx

애니메이션과 전환, 슬라이드 쇼

프레젠테이션의 목적에 맞는 발표에 꼭 필요한 것이 애니메이션과 전환 효과라 할 수 있습니다. 발표자의 유창한 발표 실력으로 청중을 압도할 수도 있지만 일부를 강조하거나 청중이 발표자의 말에 더 집중할 수 있도록 적절한 애니메이션과 전환은 전달력을 높여줍니다.

1. 종류별 애니메이션

애니메이션 효과는 전체 개체에 적용하기보다 적절한 순간에 강조하고자 하는 곳에 사용하는 것이 좋습니다. 프레젠테이션을 시작하는 곳이나 내용이 문장으로 이루어져 전달력이 떨어지는 곳, 핵심적인 부분의 강조나 단계적인 설명 등에 적합합니다. 즉 슬라이드의 구성요소를 강조할 때 사용합니다.

1) 나타내기

나타내기 효과는 슬라이드 쇼 실행 시 화면에 나타나 있지 않은 개체가 진행 과정에서 나타나면서 동작을 표시합니다. 나타내기 효과를 이용하여 'NCS.pptx' 파일의 제목 슬라이드를 구성해보겠습니다.

01 'NCS.pptx' 파일을 불러옵니다. 1번 슬라이드의 제목 'Ncs 국가직무능력표준'을 선택하고 [애니메이션] 탭 – [애니메이션] 그룹 – [자세히] – [나타내기]에서 '바운드'를 선택합니다.

02 [타이밍] 그룹의 시작 옵션을 '이전 효과와 함께'를 선택합니다.

03 재생 시간을 '2'초로 변경합니다(재생 시간에 '2'를 입력하고 Enter 를 누르면 2초입니다).

04 삽입되어 있는 그래픽 개체를 선택하고 '날아오기' 효과를 적용합니다.

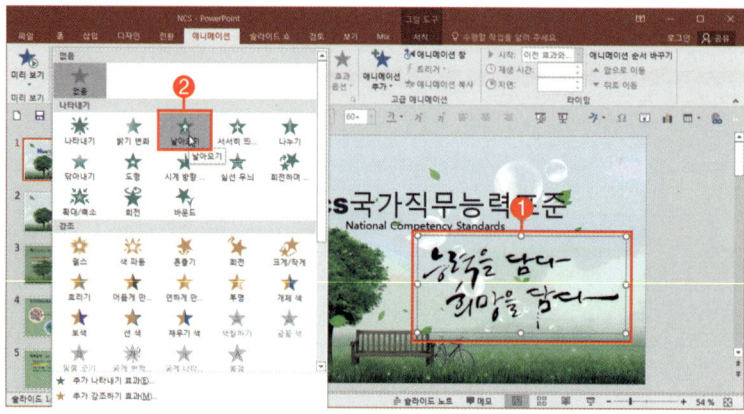

05 [타이밍] 그룹에 시작 옵션을 '이전 효과 다음에'를 적용합니다.

06 재생 시간은 '0.5'초로 설정합니다.

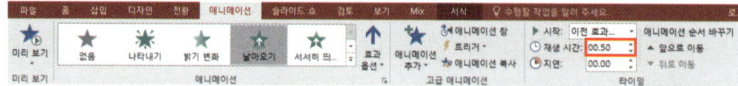

　프레젠테이션을 시작할 때 강조하기 위한 애니메이션은 분산된 시선을 집중시키는 효과가 있습니다. 사운드를 추가하면 더 효과적입니다.

TIP 사운드 추가하기

[애니메이션] 탭의 [고급애니메이션] 그룹 – [애니메이션 창]을 클릭합니다. 앞에서 적용한 애니메이션이 순서대로 나열되어 있습니다. 첫 번째 제목에 적용된 애니메이션을 선택하고 '효과 옵션'을 선택한 후 [바운드] 대화상자에서 [효과] 탭의 소리 옵션을 '금전 등록기'로 선택. 그래픽 개체를 선택하고 같은 방법으로 [날아오기] 애니메이션 창에서 소리를 '바람 가르는 소리', 바운드 종료를 '0.3초'로 변경합니다.

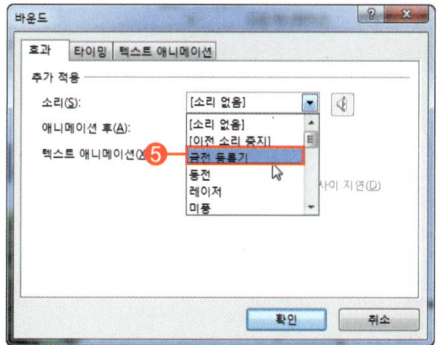
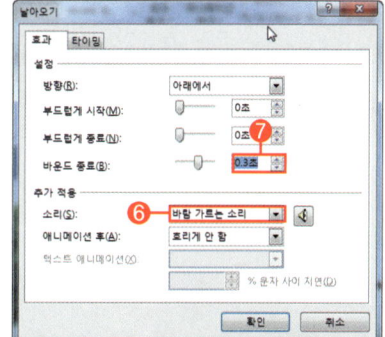

옵션이 변경되기 전보다 더 실감나는 쇼를 진행 할 수 있습니다. 애니메이션 작업 창은 애니메이션 순서 바꾸기, 소리를 적용하거나 애니메이션을 삭제하는 등 세밀한 편집이 가능합니다.

2) 강조

강조 애니메이션은 기존에 있는 개체를 강조, 정보 흐름을 제어하고 청중의 관심을 증가시키는 좋은 방법입니다. 개별 슬라이드나 슬라이드 마스터 또는 사용자 지정 슬라이드 레이아웃에 효과를 적용할 수 있습니다. 두 번째 슬라이드의 육각형 도형에 강조 애니메이션을 적용해보겠습니다.

01 왼쪽부터 순서대로 선택하고 첫 번째 도형은 [애니메이션] 탭 – [애니메이션] 그룹 – [강조] – [크게/작게]를 선택합니다.

02 삽입된 강조 애니메이션에 재생 시간을 '0.5'초로 변경합니다.

03 두 번째 도형도 [애니메이션] 탭 – [애니메이션] 그룹 – [강조] – [크게/작게]를 선택하고 재생 시간 또한 '0.5'초로 변경합니다. 같은 슬라이드 내에 같은 효과를 적용하여 통일감을 주는 것이 좋습니다. 예제는 서로 다른 세 가지 유형을 소개합니다.

04 세 번째와 네 번째 육각형 도형은 각각 [애니메이션] 탭 – [애니메이션] 그룹 – [강조] – [물결]을 적용합니다.

05 다섯 번째 육각형 도형은 [강조] – [개체 색] 애니메이션을 적용합니다.

06 두 번째 슬라이드의 애니메이션이 마무리 되었으면 Shift + F5 를 이용하여 [현재 슬라이드부터] 미리보기를 확인합니다.

3) 끝내기

나타내기 애니메이션의 반대로 기존에 존재하는 개체를 애니메이션이 적용되면 사라지게 하는 경우에 주로 사용되며, 슬라이드 장수가 늘어나는 것을 보안할 수 있습니다. 4번 슬라이드에 끝내기 나타내기 효과를 조합하여 애니메이션을 적용해보겠습니다.

01 4번 슬라이드의 '산업 현장' 도형 위에 있는 작은 도형들을 드래그하여 선택합니다. 이때 산업 현장 도형은 선택되지 않도록 합니다.

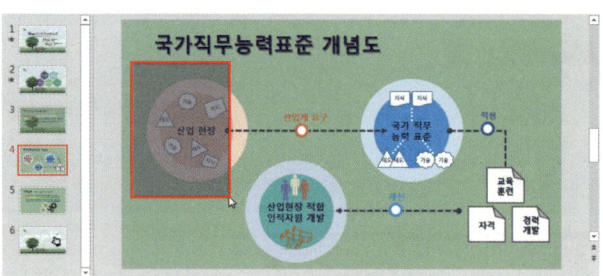

02 [애니메이션] 탭 – [애니메이션] 그룹 – [끝내기] – [회전]을 적용합니다.

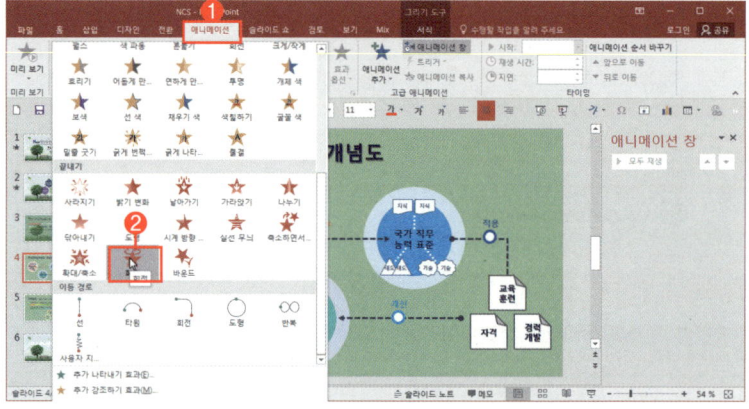

03 '국가 직무 능력 표준' 도형 위에 6개의 도형과 3개의 선을 Shift +마우스 클릭으로 모두 선택합니다.

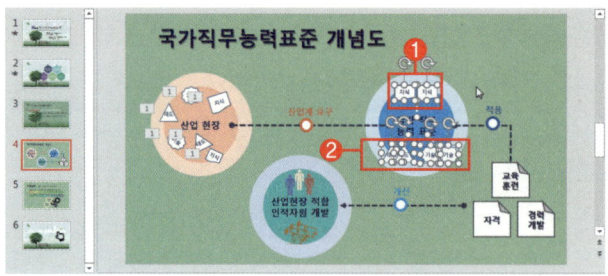

04 [애니메이션] - [추가 나타내기 효과] 대화상자를 호출합니다.

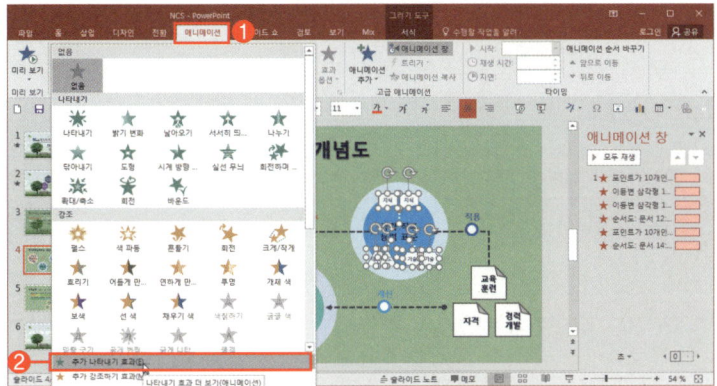

05 [나타내기 효과 변경] 대화상자에서 '바람개비' 효과를 선택하고 [확인]을 클릭합니다.

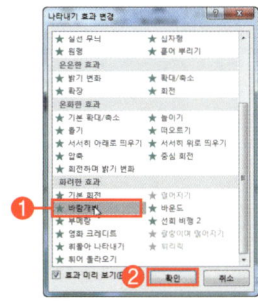

06 모서리가 접힌 사각형 도형 3개를 선택하고 [바운드] 나타내기 효과를 적용합니다.

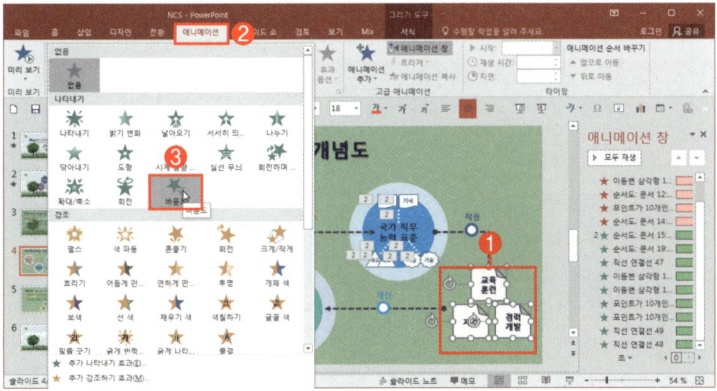

07 [바운드] 애니메이션은 [타이밍] 그룹에서 재생 시간 옵션을 '1'초로 변경합니다.

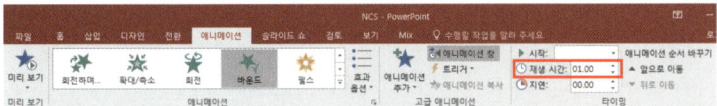

08 '산업현장~' 도형 위의 그래픽 개체 6개를 선택합니다.

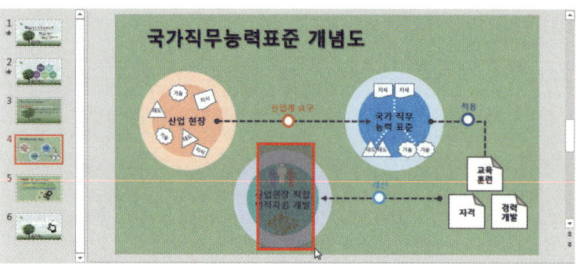

09 [나타내기] - [회전하며 밝기 변화] 애니메이션을 적용합니다.

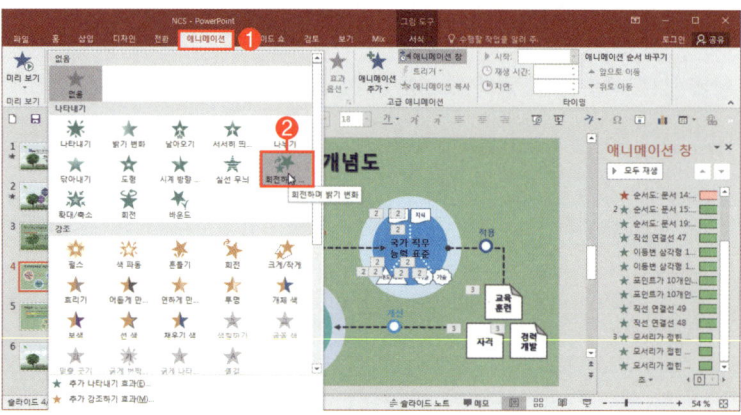

10 모든 애니메이션이 적용되면 재생 순서에 따라 개체에 번호가 적용되어 있는 것을 볼 수 있습니다. 순서 번호는 애니메이션 탭이 활성화되었을 경우에만 나타납니다.

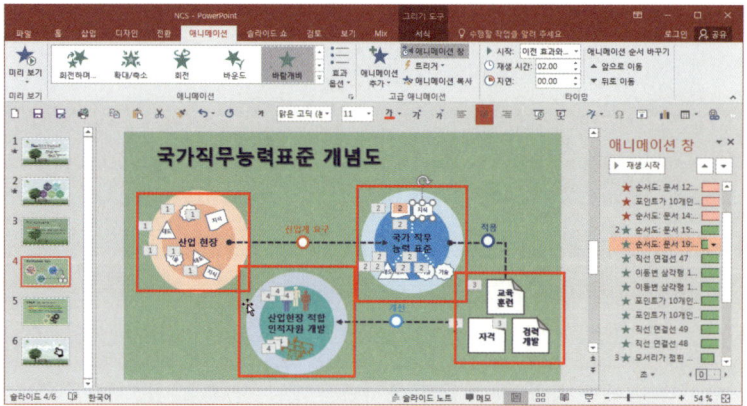

내용 설명과 발표 시간 등을 참고하여 재생 시간, 시작 옵션, 강조를 위한 소리를 넣어서 애니메이션을 마무리합니다.

4) 이동 경로

효과적으로 내용을 전달하기 위해 슬라이드 개체를 순서대로 이동할 수 있도록 이동 경로 애니메이션 효과를 적용할 수 있습니다. 선, 타원, 회전, 도형, 반복, 사용자지정 모양의 이동 경로가 주어지며 설정한 후 변경 가능합니다. 5번 슬라이드의 스마트 아트와 그래픽 개체에 이동 경로 애니메이션을 적용해 보겠습니다.

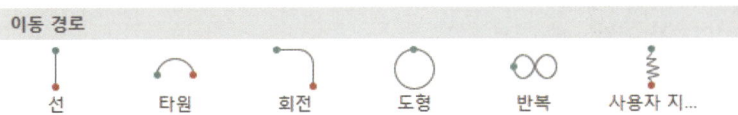

01 '원형 화살표 프로세스형' 스마트아트를 선택하고 [애니메이션] 탭 – [애니메이션] 그룹 – [이동 경로] – [타원]을 클릭합니다.

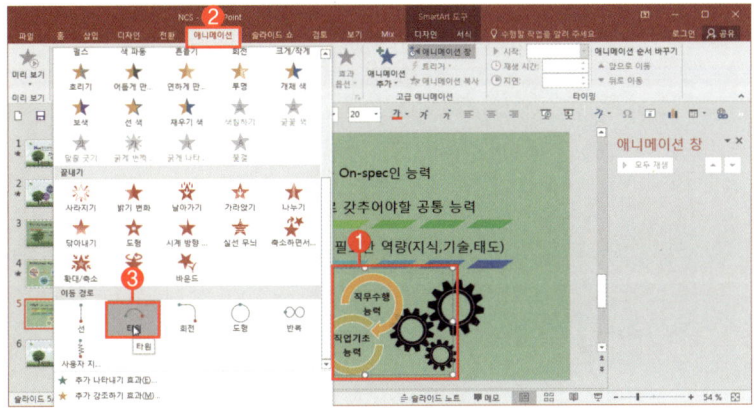

02 초록색 원형 시작점을 마우스로 끌어서 왼쪽으로 이동합니다.

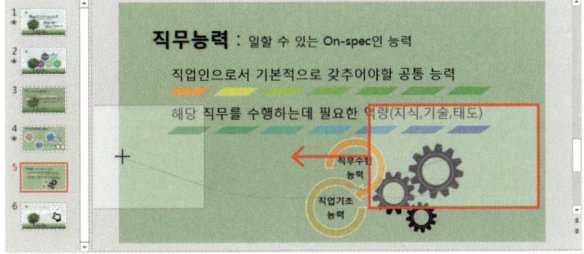

03 경로 위에서 마우스 오른쪽 버튼을 클릭해 '점 편집'을 선택합니다.

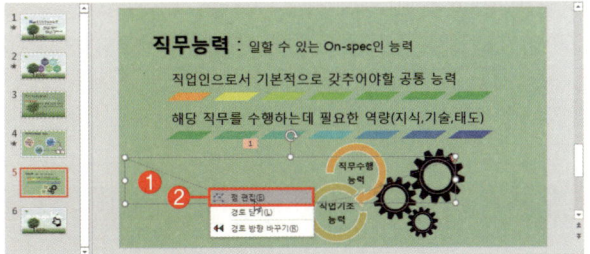

04 총 5개의 제어점이 표시되면 원하는 위치로 이동해서 물결 모양을 완성합니다. 이때 제어점 곡률은 제어점에 붙어 있는 제어 스틱으로 조절할 수 있습니다.

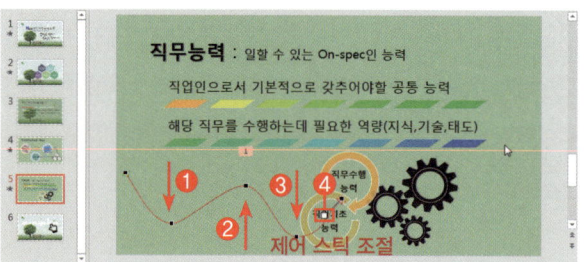

05 그래픽 개체를 선택하고 [이동 경로] 그룹의 [선]을 선택합니다. 기본적으로 아래로 이동하는 경로가 생성됩니다.

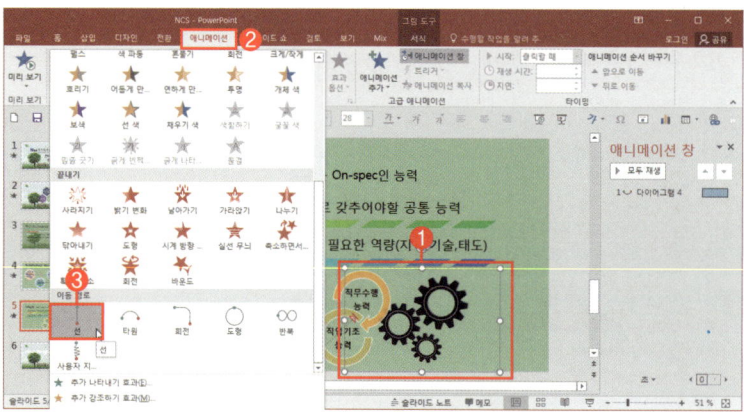

06 경로 끝의 빨강 원형 끝점을 끌어서 왼쪽으로 이동합니다. 편집이 완료된 시작점과 끝점은 삼각형 모양으로 변경됩니다. 이때는 두 점이 같이 이동됩니다. 삼각형 모양일 때 선을 다시 클릭하면 원형으로 변경되어 끝점을 이동할 수 있습니다.

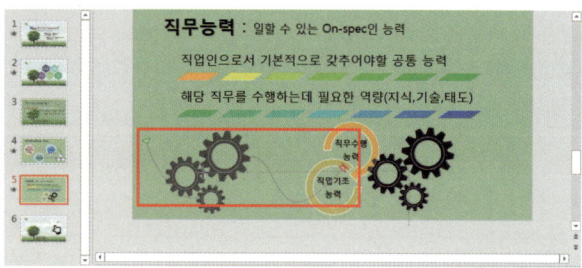

07 환성된 애니메이션은 순서대로 번호 1, 2가 생성되었습니다.

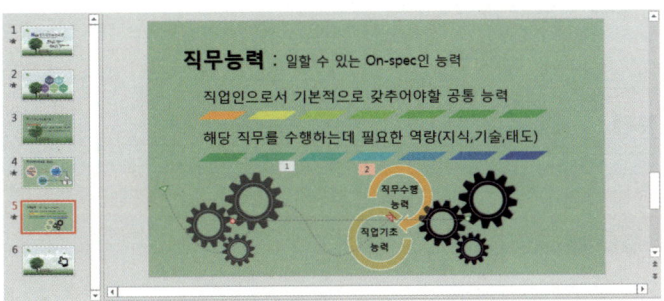

> **TIP** OLE 동작 애니메이션
>
> 위의 예제에서 6번 슬라이드가 마지막입니다. 6번 슬라이드를 다음 프레젠테이션과 연결하고 싶을 때 또는 일부 OLE 개체로 삽입된 차트나 이미지를 편집하고 싶을 때 사용할 수 있는 기능입니다. 'NCS.pptx' 파일을 'HRD.pptx' 파일과 연결해 보겠습니다.
>
> 01   먼저 'HRD.pptx' 파일을 삽입해 보겠습니다. [삽입] 탭 – [텍스트] 그룹의 [개체]를 클릭합니다.
>
>
>
> 02   [개체 삽입] 대화상자에서 '파일로부터 만들기' 옵션을 선택합니다. [찾아보기]를 클릭한 후 '08WHRD.pptx' 파일을 찾아 선택하고 [확인]을 클릭합니다.
>
> * 찾아보기 옆에 연결 옵션을 체크하면 원본 파일과 연결되어 더블 클릭으로 원본 파일을 열어 수정할 수 있게 됩니다.
>
>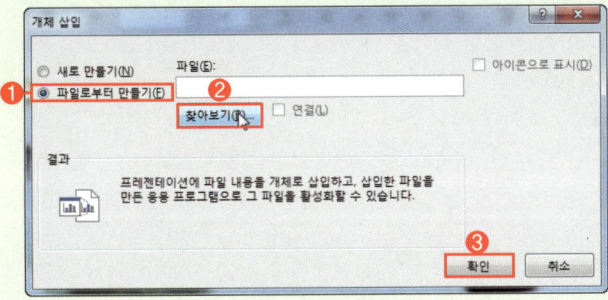

03 삽입된 개체를 확인하고 크기를 줄입니다.

04 [애니메이션] 탭 – [애니메이션] 그룹 – [OLE 동작]을 선택합니다.

05 [OLE 동작 변경] 대화상자에서 편집이나 열기로 변경할 수 있습니다. 파워포인트를 열기 할 때는 표시나 편집이 크게 차이 나지 않습니다. 차트, 비트맵 이미지 삽입의 경우 편집도 가능합니다.

06 쇼 보기에서 링크로 열기가 가능합니다.

2. 전환 효과와 효과 옵션

　전환 탭은 슬라이드 쇼를 진행하는 동안 다이내믹한 쇼를 위해 화면 단위로 이동할 때 사용합니다. 전환 효과를 적용한 후 전환 속도와 재생 소리 등을 추가로 설정할 수 있습니다. 한 프레젠테이션에 많은 종류의 전환 효과를 사용하는 것보다 통일감 있게 모든 슬라이드에 동일한 효과를 적용하고 강조하고자 하는 슬라이드만 다른 효과를 적용하는 것이 좋습니다. 전환 탭은 미리보기, 슬라이드 화면 전환, 타이밍 그룹으로 구성되어 있습니다. '세일즈 판매 전략(구역).pptx' 파일을 이용하여 구역별로 다른 전환 효과를 적용하여 보겠습니다.

1) 구역별 전환 효과와 소리 적용

01 '세일즈 판매 전략(구역).pptx' 파일을 불러옵니다. 1~3번 슬라이드가 포함된 '기본 구역'을 선택합니다. [전환] 탭 - [슬라이드 화면 전환] 그룹의 [화려한 효과] - [등장하기] 효과를 선택합니다.

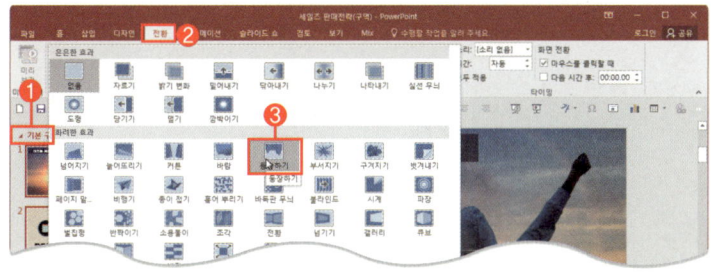

02 슬라이드 축소 영역의 선택된 슬라이드 번호 아래에 애니메이션 적용을 의미하는 날아오는 별 모양이 생성되었습니다. [전환] 탭 - [타이밍] 그룹 - [소리]를 '레이저'로 변경합니다.

03 4~6번 슬라이드가 포함된 '고객관리의 중요성' 구역 이름을 선택합니다. [전환] 탭 – [슬라이드 화면 전환] 그룹 – [화려한 효과]에서 '늘어뜨리기' 효과를 선택합니다.

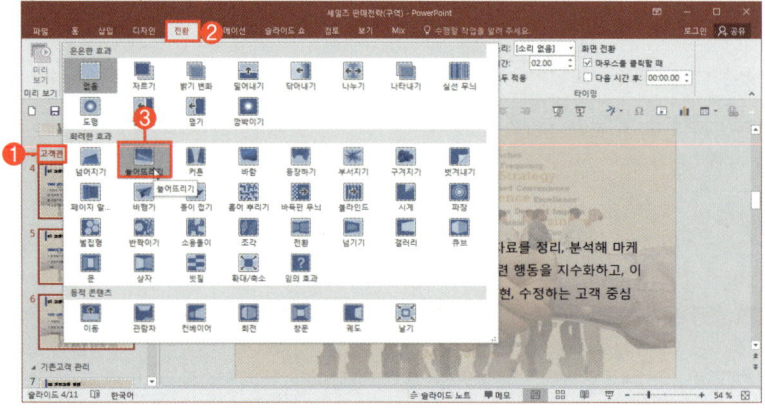

04 소리는 '요술봉'으로 설정합니다.

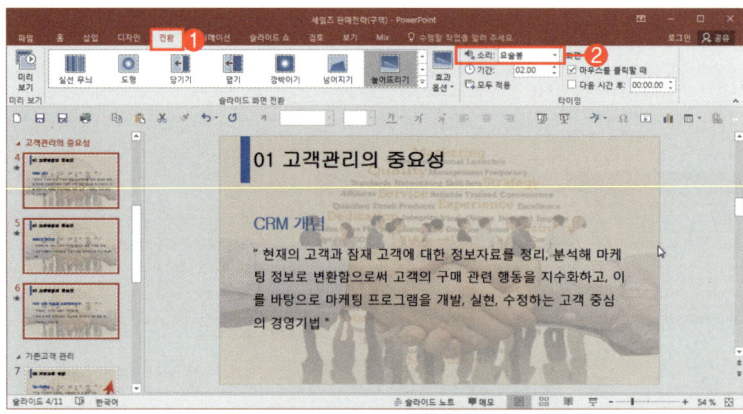

05 7~8번 슬라이드가 포함된 '기존고객 관리' 구역에는 '넘어지기' 효과를 적용합니다.

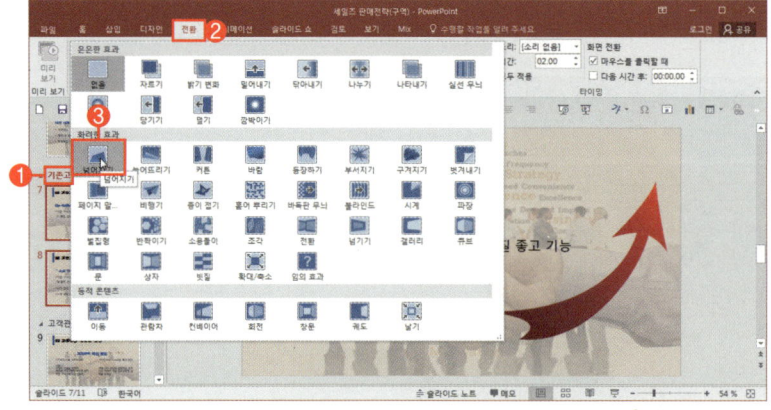

06 '흡입기' 소리를 적용합니다.

07 9~10번 슬라이드가 포함된 '고객관리 전략과 방법' 구역에는 '구겨지기' 효과를 적용합니다.

08 소리는 '전압'을 적용합니다.

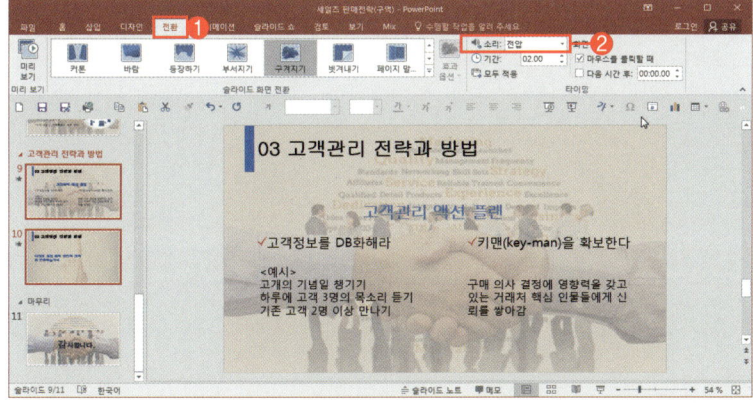

09 마무리 구역에는 '소용돌이' 전환 효과를 적용합니다.

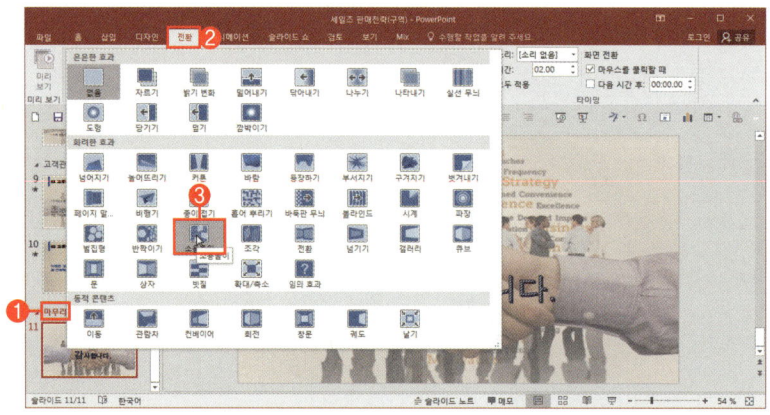

10 마지막 슬라이드의 소리는 '박수'로 설정하고 '4초' 동안 진행하도록 기간을 변경합니다.

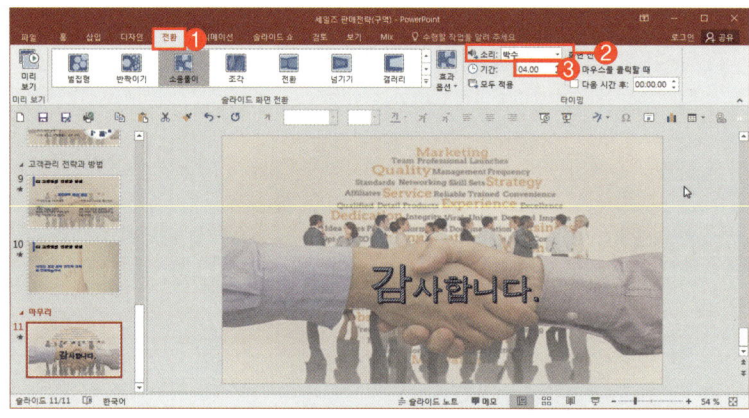

　일반적으로 한 프레젠테이션에서 같은 전환 효과를 적용할 경우 첫 번째 슬라이드에 적용한 후 타이밍 그룹의 [모두 적용]을 이용합니다. 타이밍 그룹의 '마우스를 클릭할 때'를 해제하면 '다음 시간 후' 옵션을 이용하여 자동으로 화면이 전환되도록 설정할 수 있습니다. 이 경우 미리 설명 시간을 충분히 연습해야합니다.

> **TIP** 효과별 화면 전환 종류
>
> 화면 전환 효과는 기본적으로 은은한 효과, 화려한 효과, 동적 콘텐츠로 구성되어있습니다. 필요에 따라 각각의 효과를 선택 가능합니다. 자주 사용하는 효과는 마우스 오른쪽 버튼을 클릭해 빠른 실행도구 모음에 추가하고 사용할 수 있습니다.
>
>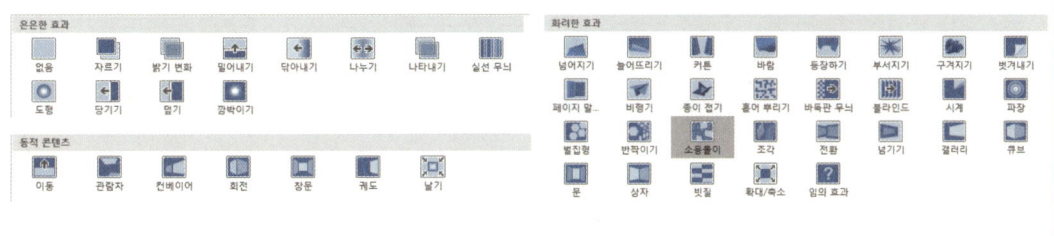

3. 슬라이드 쇼

실제 발표를 진행하기 위한 메뉴들이 들어있습니다. 슬라이드 쇼를 시작하거나 쇼를 재구성할 수 있으며 발표하기 전에 예행연습 및 미리 슬라이드 쇼를 녹화도 할 수 있습니다. 슬라이드 쇼 시작, 설정, 모니터 그룹으로 구성되어 있습니다.

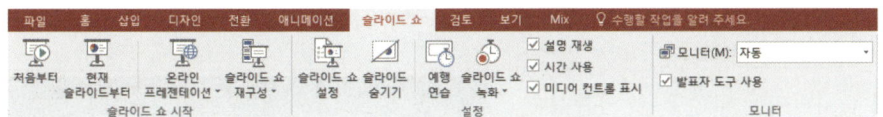

1) 처음부터

1번 슬라이드부터 쇼 보기를 진행하는 메뉴입니다. F5 단축 메뉴를 이용할 수 있습니다.

01 [슬라이드 쇼] 탭 – [슬라이드 쇼 시작] 그룹 – [처음부터]를 클릭합니다.

02 슬라이드 쇼가 시작됩니다. 마우스 클릭이나 키보드의 Enter, ↓ 을 이용하여 다음 슬라이드로 쇼를 진행할 수 있습니다.

03 쇼를 진행하는 중에 순서를 건너뛰고 싶을 경우 '모든 슬라이드 보기' 메뉴를 이용할 수 있습니다. 마우스 오른쪽 버튼을 클릭해 '모든 슬라이드 보기' 메뉴를 클릭합니다.

04 구역과 구역별 슬라이드를 확인할 수 있습니다. 원하는 슬라이드를 클릭하면 바로 쇼 보기로 전환됩니다.

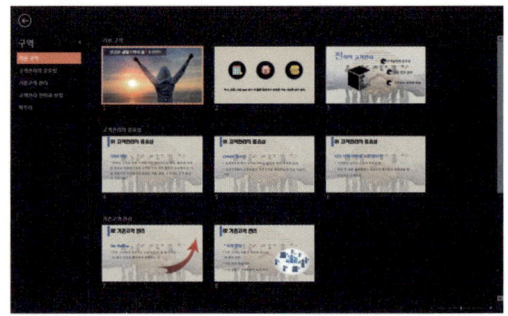

> **TIP** 슬라이드 쇼 보기 메뉴
>
> 왼쪽 하단에 슬라이드 쇼 보기 메뉴가 마우스를 움직이면 활성화 됩니다. 순서대로 이전, 다음, 레이저 포인터 및 펜 도구, 모든 슬라이드 보기, 화면 확대, 나머지 메뉴 등으로 구성되어있습니다.
>
>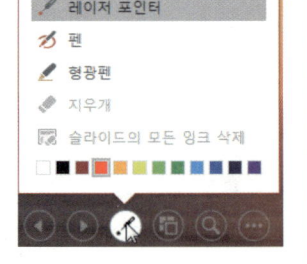
>
>

05 '확대' 메뉴를 이용하여 원하는 부분을 확대해서 크게 설명할 수 있습니다.

06 확대된 결과이며 마우스 포인터가 손 모양으로 변경되어 원하는 부분으로 이동하면서 설명할 수 있습니다.

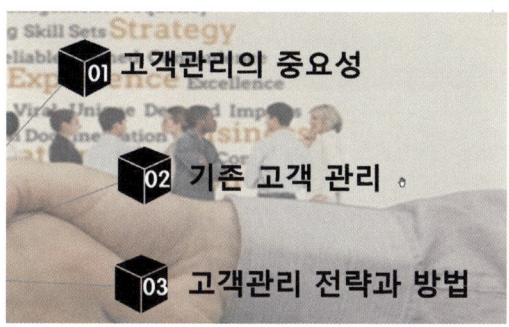

07 쇼 보기 메뉴 또는 마우스 오른쪽 버튼을 클릭하고 '발표자 도구 표시'를 클릭합니다.

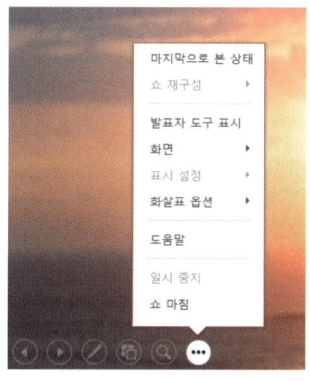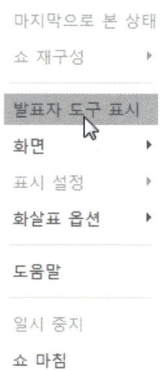

08 발표자 도구는 듀얼 모니터를 사용하는 경우 한 모니터에 전체 화면 슬라이드 쇼를 표시하고 다른 모니터에서는 다음 슬라이드와 발표자 노트, 타이머 등의 미리보기 기능을 표시하여 발표자를 돕는 기능입니다. 모니터가 하나인 경우에는 아래 그림과 같이 한 모니터에 표시됩니다. 단축키는 Alt + F5 입니다.

> **TIP** 온라인 프레젠테이션
>
> 다른 사람이 웹 브라우저에서 사용자의 슬라이드 쇼를 볼 수 있는 무료 공개 서비스 입니다. Microsoft 계정이 필요하며 무료로 이용할 수 있는 서비스입니다.
>
>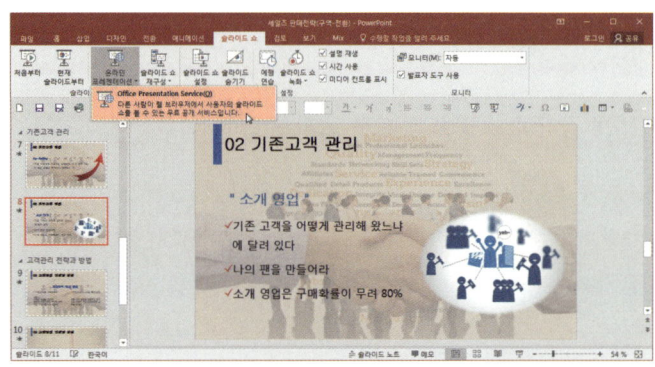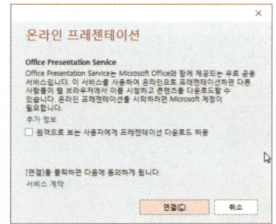

2) 슬라이드 쇼 재구성

　같은 내용의 프레젠테이션을 대상을 달리하거나 제한 시간이 다를 경우 일부 내용을 재배치하여 순서 및 양을 조절할 경우 사용합니다. 상황에 따라 슬라이드를 자유롭게 재구성할 수 있으며, 재구성한 슬라이드만 쇼 보기나 인쇄를 할 수도 있습니다.

01 [슬라이드 쇼] 탭 - [슬라이드 쇼 시작] 그룹 - [슬라이드 쇼 재구성] - [쇼 재구성]을 클릭합니다.

02 [쇼 재구성] 대화상자가 나타나면 [새로 만들기]를 클릭합니다.

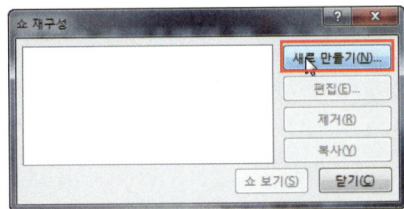

03 [쇼 재구성 하기] 대화상자에서 슬라이드 쇼 이름에 '세일즈 전략'이라고 입력합니다. 그리고 프레젠테이션에 있는 슬라이드에서 1, 2, 5, 8, 9, 11번 슬라이드만 선택하고 [추가]를 클릭합니다.

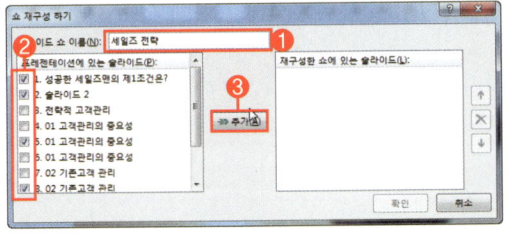

04 재구성한 쇼에 있는 슬라이드가 새로 6장으로 구성된 것을 확인하고 [확인]을 클릭합니다.

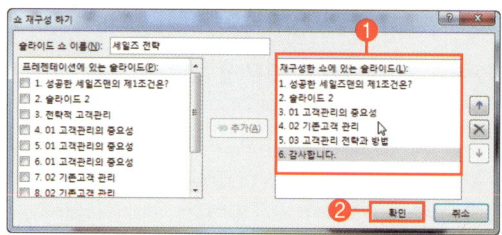

05 '세일즈 전략' 이름의 새로운 쇼가 확인됩니다. [쇼 보기]를 클릭하면 세일즈 전략 쇼를 확인할 수 있습니다.

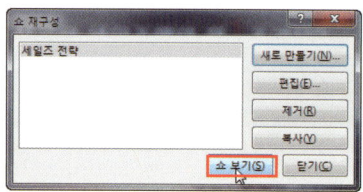

06 재구성된 '세일즈 전략'은 [슬라이드 쇼 재구성] 메뉴에서 선택하여 실행할 수도 있습니다.

쇼 재구성은 특징이나 구성에 따라 여러 개를 만들어 사용할 수 있습니다.

3) 슬라이드 쇼 설정, 슬라이드 숨기기

프레젠테이션의 기본 쇼 옵션을 설정하고 슬라이드 쇼를 재구성하는 방법 등을 설정합니다. 슬라이드 쇼를 진행하는데 필요한 쇼 형식, 슬라이드 표시, 표시 옵션, 화면 전환 등의 다양한 옵션을 확인하고 변경합니다.

01 [슬라이드 쇼] 탭 – [설정] 그룹 – [슬라이드 쇼 설정]을 클릭합니다.

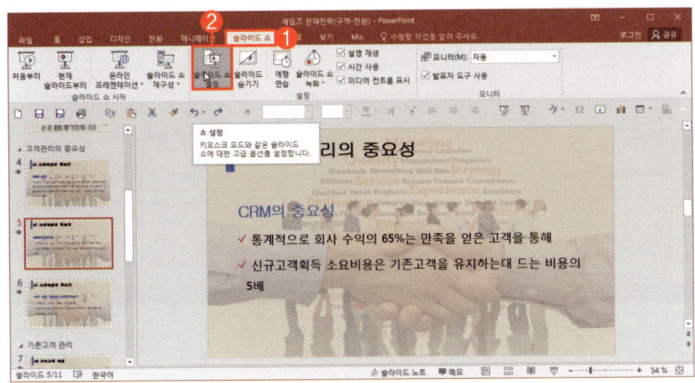

02 [쇼 설정] 대화상자에서는 다양한 옵션들을 확인하고 변경할 수 있습니다.

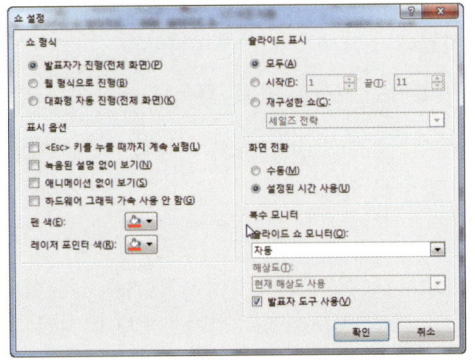

03 앞에서 재구성한 '세일즈 전략'을 슬라이드 표시 그룹의 재구성한 쇼 옵션에서 선택합니다. 다른 설정은 기본 설정인 상태에서 [확인]을 클릭합니다.

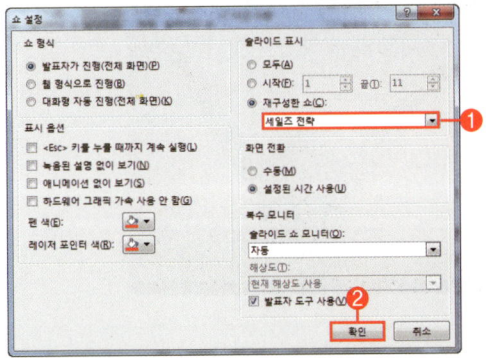

04 재구성한 '세일즈 전략'에 포함된 5번 슬라이드를 선택하고 [슬라이드 숨기기] 명령을 선택합니다. 슬라이드 숨기기는 실제 슬라이드는 삭제되지 않고 쇼 보기에서 5번 슬라이드가 제외됩니다.

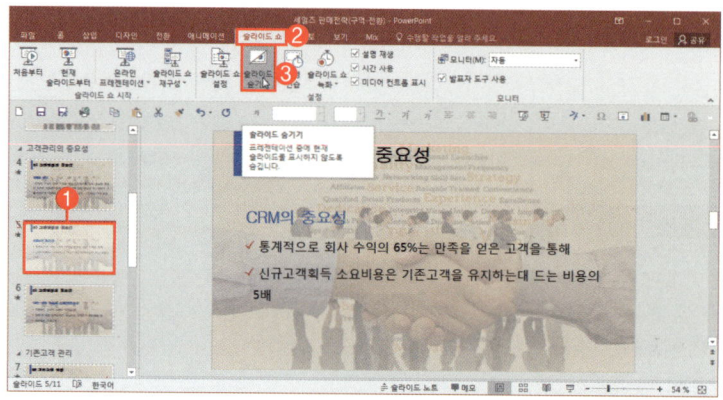

처음부터 슬라이드 쇼 보기를 진행하면 새로 구성한 '세일즈 전략' 쇼에서 5번 슬라이드를 제외한 5장의 슬라이드만 쇼 보기가 진행되는 것을 확인할 수 있습니다.

4) 예행연습, 슬라이드 녹화

전체 프레젠테이션에 소요되는 시간을 예측하기 위한 방법으로 예행연습과 슬라이드 쇼 녹화를 실행할 수 있습니다. 예행연습 기능을 통해 각 슬라이드의 진행시간과 전체 프레젠테이션 진행시간을 확인하고 저장할 수 있습니다. 슬라이드 녹화 기능은 진행시간뿐만 아니라 오디오를 녹음할 수도 있고 녹화한 후 설명을 제거할 수도 있습니다.

01 [슬라이드 쇼] 탭 - [설정] 그룹 - [예행연습]을 실행합니다. 쇼 진행 왼쪽 상단에 '녹화되는 시간'과 '정지', '다음으로 진행' 버튼이 있습니다. 실제 발표하는 것과 같이 설명을 진행하고 설명이 끝나면 다음 버튼을 클릭합니다. 같은 방법으로 설명 시간을 카운트하고 다음 버튼을 눌러 진행합니다.

02 쇼 진행이 모두 끝나면 전체 쇼에 걸린 시간이 표시됩니다. 저장을 묻는 질문에 [예]를 클릭합니다.

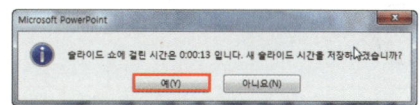

03 저장된 시간은 [보기] 탭 - [프레젠테이션 보기] 그룹 - [여러 슬라이드]를 클릭하면 확인할 수 있습니다. 저장된 정보는 슬라이드 쇼 보기를 실행하면 자동 진행됩니다.

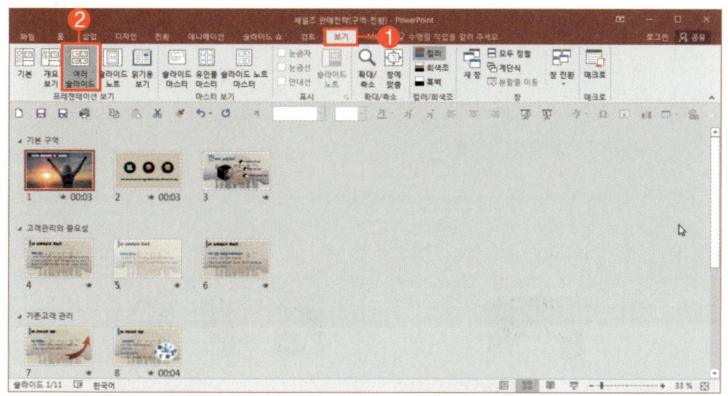

04 슬라이드 쇼 녹화 기능도 예행연습과 같이 실행하고 확인할 수 있습니다.

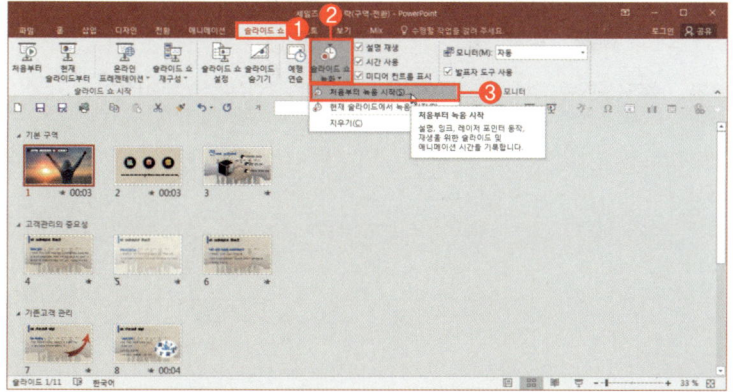

05 [슬라이드 쇼 녹화] 대화상자에서 [녹화 시작]을 클릭하면 녹화가 시작되고 쇼를 마치면 전체 시간과 각각의 슬라이드에 소요된 시간을 확인할 수 있습니다.

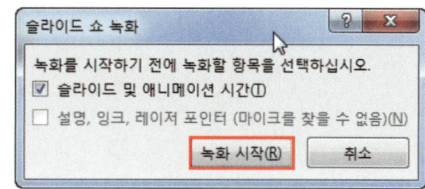

 녹화된 시간은 [슬라이드 쇼 녹화] 메뉴의 [제거]에서 삭제하고 다시 설정할 수 있습니다. 프레젠테이션을 가독성 있게 만드는 것도 중요하지만 발표로 전달하는 것 또한 매우 중요한 요소입니다. 여러 번 연습하여 시간과 진행 속도를 맞춰보기 바랍니다.

1. 다음 출력 형태와 조건을 처리해서 '실전1-사진앨범.pptx' 파일을 완성하시오.

　① 1번 슬라이드 : 제목, 부제목 – '서서히 띄우기' 애니메이션
　② 2번 슬라이드 : 제목, 이미지 – '서서히 띄우기' 애니메이션
　③ 3번 슬라이드 : 이미지 3장 – '회전하며 밝기 변화' 애니메이션
　④ 4번 슬라이드 : 이미지 4장 – '바람개비' 애니메이션
　⑤ 5번 슬라이드 : 이미지 3장, 캡션 2개 – '바운드' 애니메이션
　⑥ 6번 슬라이드 : 사진 – '크게/작게' 애니메이션

┤ 출력 형태 ├

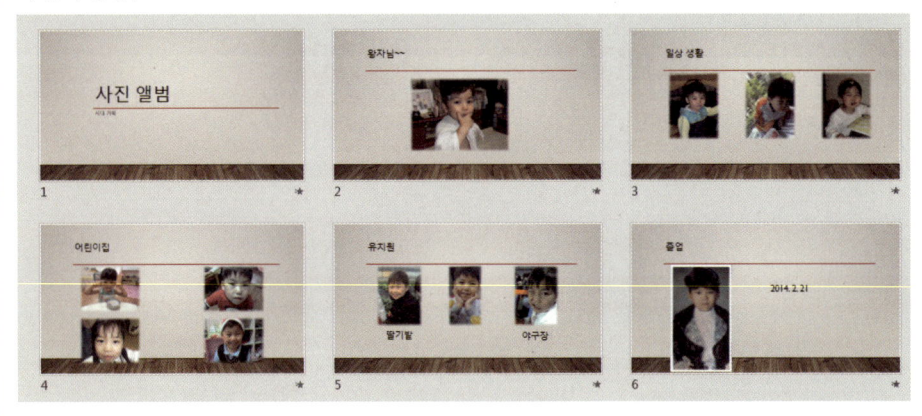

2. 다음 출력 형태와 조건을 처리해서 '실전2-비즈니스 매너2.pptx' 파일을 완성하시오.

① 2, 3, 5번 슬라이드 : '블라인드' 전환 효과 적용, '바람 가르는 소리' 소리
② 4, 6번 슬라이드 : '부서지기' 전환 효과 적용, '해머' 소리
③ 1, 7번 슬라이드 : '소용돌이' 전환 효과 적용, '요술봉' 소리

| 출력 형태 |

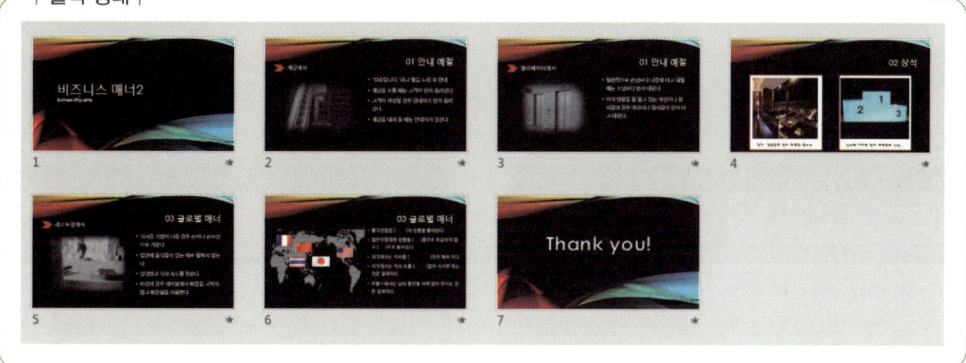

3. 다음 출력 형태와 조건을 처리해서 '실전3-인터넷 비즈니스.pptx' 파일을 완성하시오.

① 1번 슬라이드 : 2초의 녹화 시간 설정
② 2번 슬라이드 : 3초의 녹화 시간 설정
③ 3번 슬라이드 : 4초의 녹화 시간 설정

| 출력 형태 |

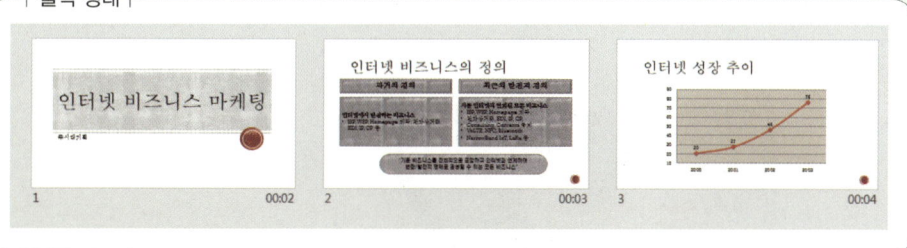

▶ 참고 : 08/완성/실전1-사진앨범.pptx, 실전2-비즈니스 매너2.pptx, 실전3-인터넷 비즈니스.pptx

프레젠테이션 공동 작업

프레젠테이션을 다른 사람과 공동으로 작업할 때 전달 사항을 메모 기능으로 정확한 위치에 필요한 주석을 달아 활용합니다. 또한 배포 전에 맞춤법 오류를 수정하고 다른 사람에게 검토를 의뢰할 수 있습니다. 검토 탭에 맞춤법 검사, 스마트 조회, 번역, 및 한자 변환과 메모 삽입, 비교와 잉크 입력, OneNote 연결 기능들이 있습니다.

1. 맞춤법 검사

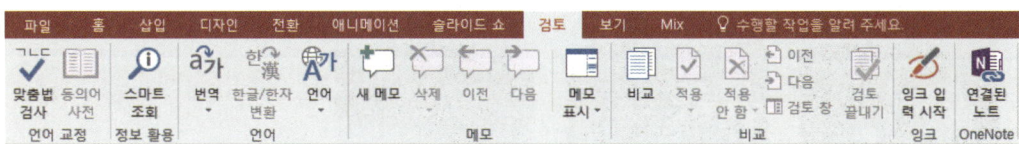

프레젠테이션 전체의 한영 맞춤법을 검사해서 오류를 찾아 교정할 수 있습니다. 기본적으로는 현재 슬라이드부터 검사하며, 마지막 슬라이드 검사 후 처음 슬라이드부터 다시 현재 슬라이드까지 검사합니다.

01 [검토] 탭 – [언어 교정] 그룹 – [맞춤법 검사]를 클릭합니다.

02 [맞춤법 검사] 작업 창이 열리고 첫 번째 오류 단어를 찾아줍니다. '지수화하고' 기본값으로 건너뛰기 합니다.

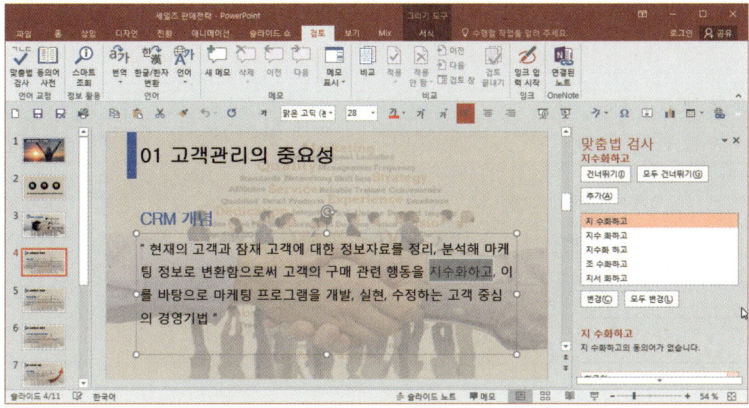

03 8번 슬라이드의 '구매확률이'를 검색하였습니다. '구매 확률이'를 선택하고 [변경]을 클릭합니다.

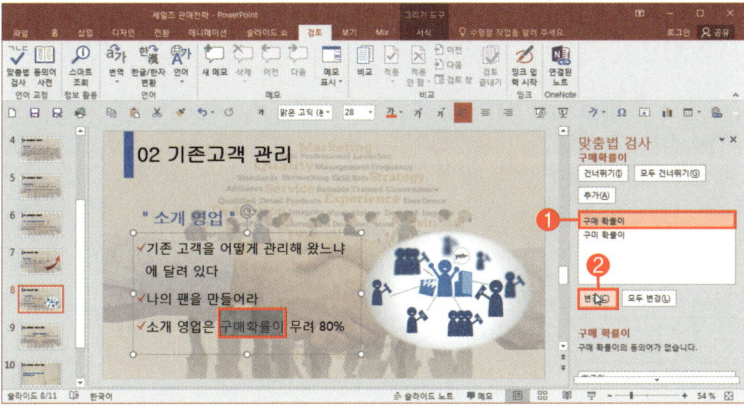

04 '키맨'은 건너뛰기 합니다.

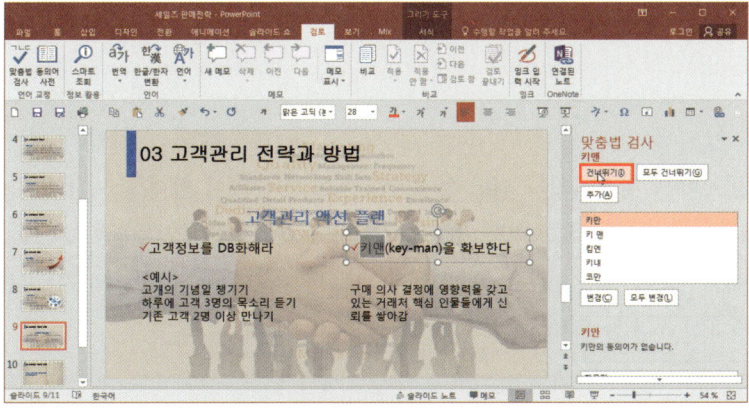

05 '쌓아감'도 건너뛰기 합니다.

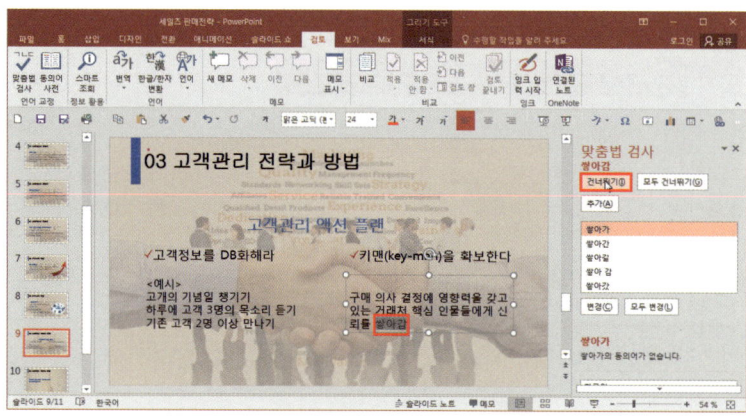

06 맞춤법 검사가 모두 끝나면 '맞춤법 검사가 모두 끝났습니다.' 대화상자가 나타납니다. [확인]을 클릭합니다.

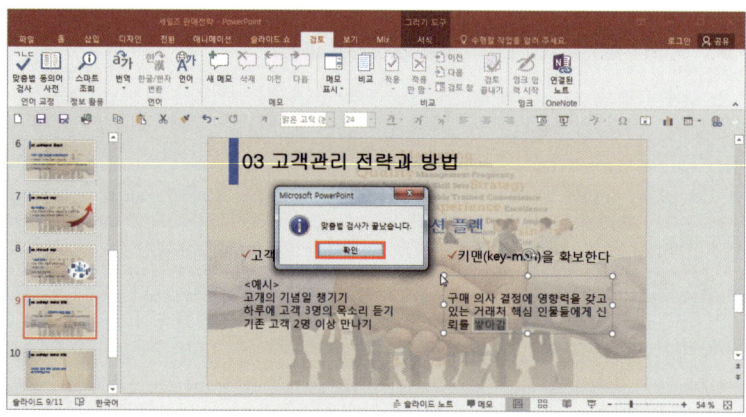

맞춤법 검사가 끝난 파일은 다시 검사할 경우 맞춤법 검사가 끝났다고 나타납니다.

2. 스마트 조회

　스마트 조회 기능은 파워포인트에서 벗어나거나 기타 웹 브라우저를 이용하여 검색을 하지 않고서도 단어의 정확한 정의를 찾을 수 있도록 도와주는 역할을 합니다. 스마트 조회 기능은 마이크로소프트 검색 엔진인 Bing을 기반으로 하고 있습니다. 또한 스마트 조회 기능은 PowerPoint 2016(또는 Office 365)의 인증 Activated 사용자만이 이용할 수 있습니다.

01 내용 개체의 'CRM'을 블록으로 지정한 후 [검토] 탭 – [정보 활용] 그룹 – [스마트 조회]를 클릭합니다.

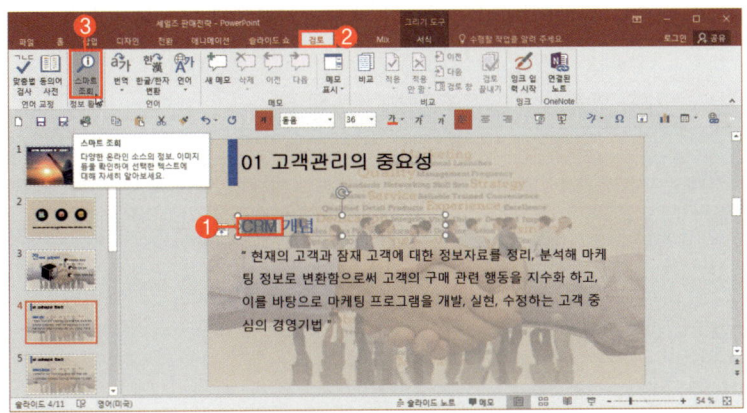

02 [정보 활용] 작업 창이 열리고 [탐색]과 [정의] 두 메뉴로 결과를 얻을 수 있습니다. 기본적으로 인터넷 익스플로러 Bing 검색엔진을 사용합니다.

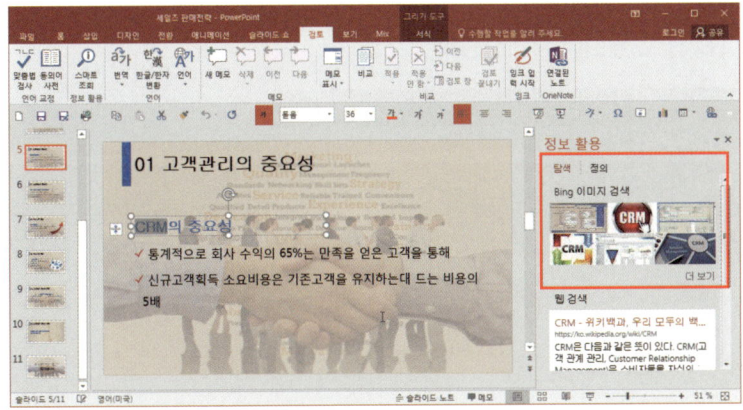

웹 검색 결과는 따로 인터넷 창을 열지 않아도 바로 검색 결과를 얻을 수 있습니다.

3. 메모

슬라이드에 메모를 삽입하면 사용자 이름과 메모를 작성한 날짜가 자동으로 표시됩니다. 메모가 삽입된 위치에는 메모 표시가 나타나고 메모 표시를 드래그하여 위치를 변경할 수 있습니다.

1) 메모 삽입

01 8번 슬라이드로 이동하고 그래픽 개체를 선택합니다. [검토] 탭 – [메모] 그룹 – [새 메모]를 클릭합니다.

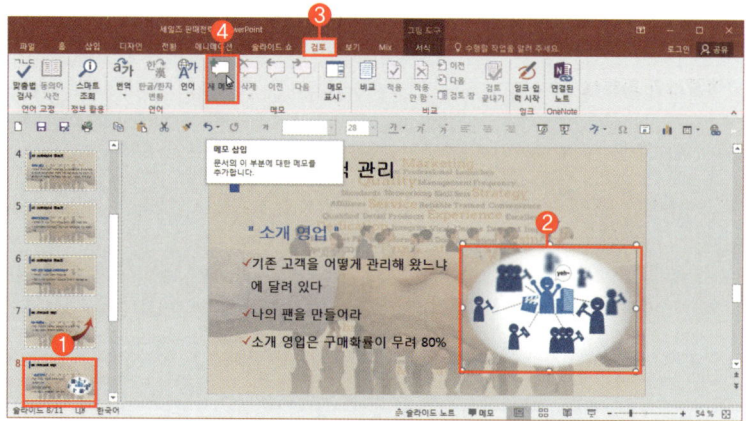

02 [메모] 작업 창이 열리고 작성자가 표시되어있습니다. '인적 네트워크 형성'을 입력하면 슬라이드에서 선택된 개체 오른쪽 상단에 메모 표식이 나타납니다.

03 10번 슬라이드로 이동합니다. 개체 선택 없이 [새 메모]를 클릭합니다. 새 메모에 '사례발표'를 입력합니다. 선택된 개체가 없으면 슬라이드 왼쪽 상단에 메모 표식이 생성됩니다.

04 텍스트 상자 마지막 부분을 클릭하고 [새 메모]를 실행한 후 [메모] 작업 창에 '핸드폰 판매전략 발표'를 입력합니다.

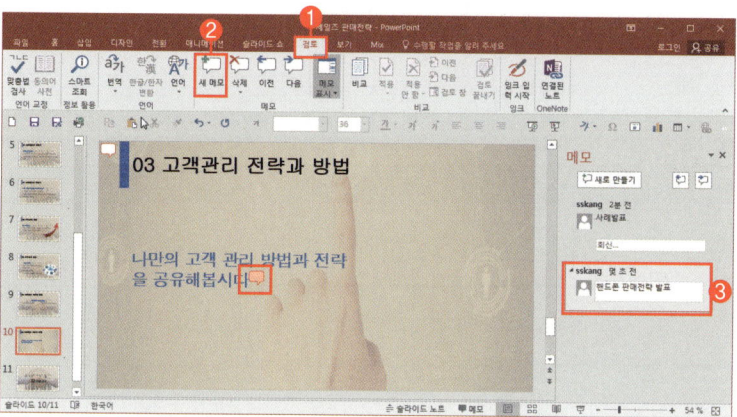

2) 메모 편집

01 기존에 삽입되어 있는 메모를 선택하면 [메모] 작업 창이 열리면서 메모 편집 모드가 됩니다.

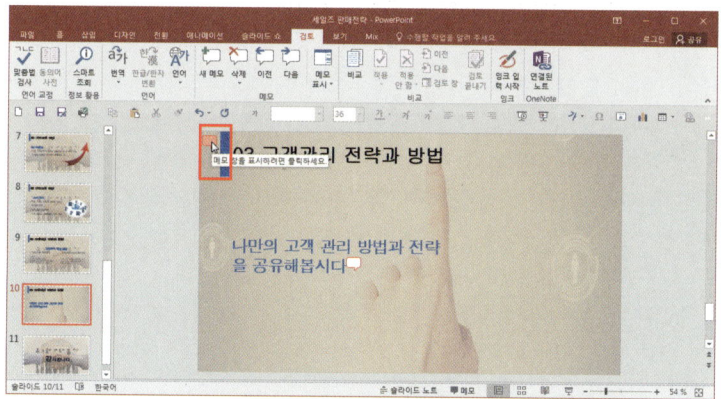

02 '사례발표'를 드래그하여 'A4 준비, 토론'을 입력하여 수정합니다.

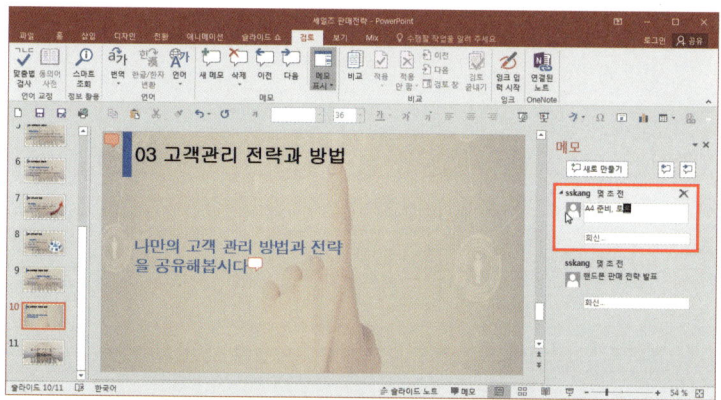

03 편집 중인 메모 표식을 마우스로 끌어서 위치를 옮길 수 있습니다. 제목 오른쪽 위치로 끌어다놓기 합니다.

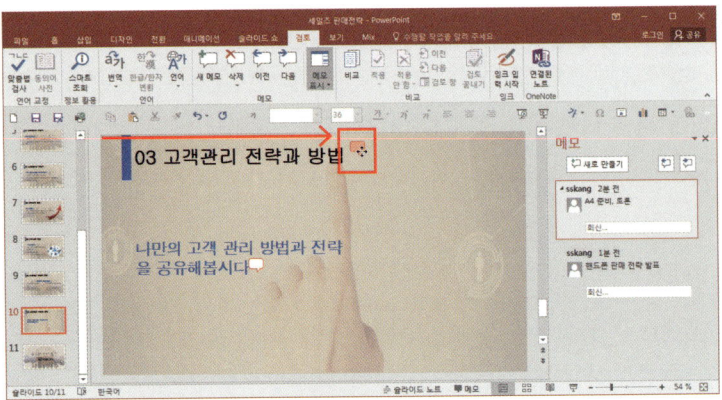

3) 메모 삭제

01 메모가 입력되어 있는 [메모] 작업 창에서 메모 오른쪽 상단에 마우스 포인터를 올려놓으면 삭제할 수 있는 표시가 나타납니다. [삭제]를 클릭하여 '핸드폰 판매전략 발표'를 삭제합니다.

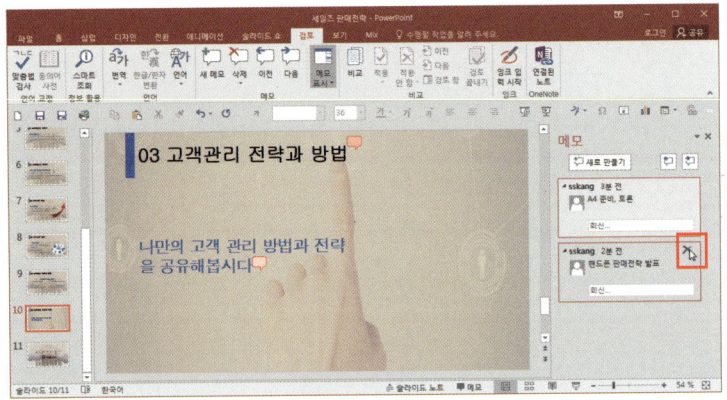

현재 편집중인 메모는 편집 중(🔲) 모양이고, 편집이 완료된 메모는 편집 완료(🔲) 모양입니다.

4. 잉크 입력 시작

　기존의 삽입된 이미지나 캡처된 이미지에 강조 표시를 하거나 직접 도형을 그려 넣을 수 있습니다. 펜 종류는 펜과 형광펜이 있으며 지우개, 올가미로 선택하기, 개체 선택 등의 기능을 이용할 수 있습니다. 도형으로 변환을 이용하면 기하학 도형을 쉽게 그릴 수 있습니다.

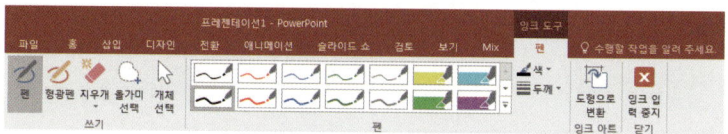

1) 도형으로 변환

01 [검토] 탭 - [잉크] 그룹 - [잉크 입력 시작]을 클릭해서 잉크 도구를 활성화합니다. 업데이트 가능한 365버전은 그리기 탭으로 [삽입] 탭 다음에 위치합니다.

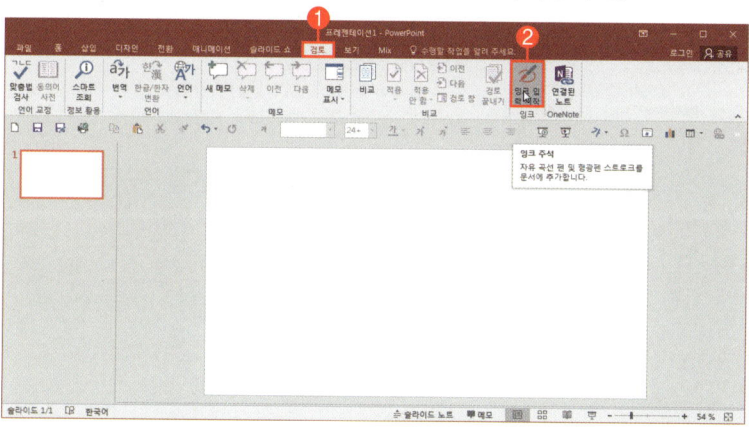

02 [잉크 도구] - [펜] 탭 - [쓰기] 그룹의 [펜]을 선택하고 [잉크 아트] 그룹의 [도형으로 변환]을 클릭합니다. 슬라이드에 삼각형을 그립니다.

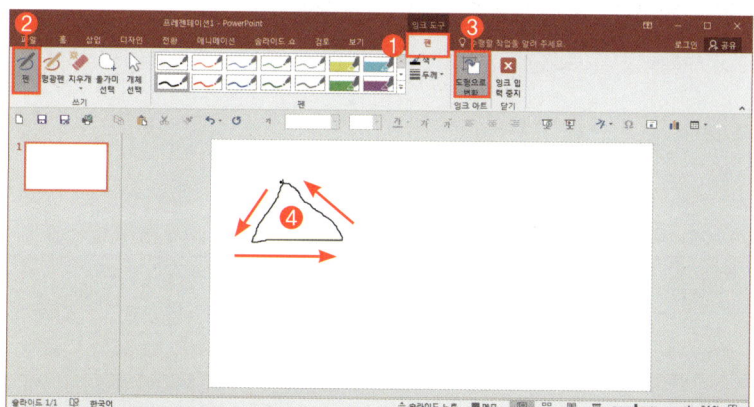

03 그려진 삼각형은 도형으로 변환됩니다.

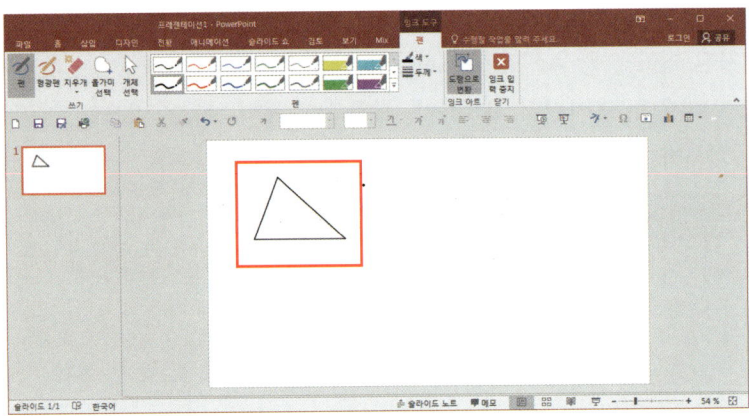

04 사각형을 마우스를 드래그하여 그립니다.

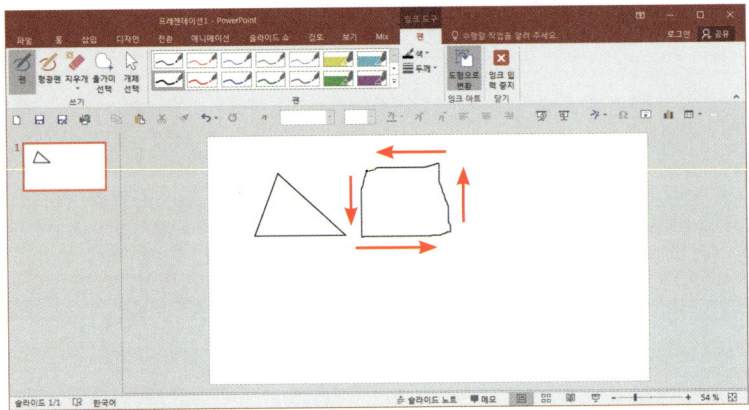

05 원도 같은 방법으로 그리면 정원이나 타원 형태에 가까운 원으로 완성됩니다.

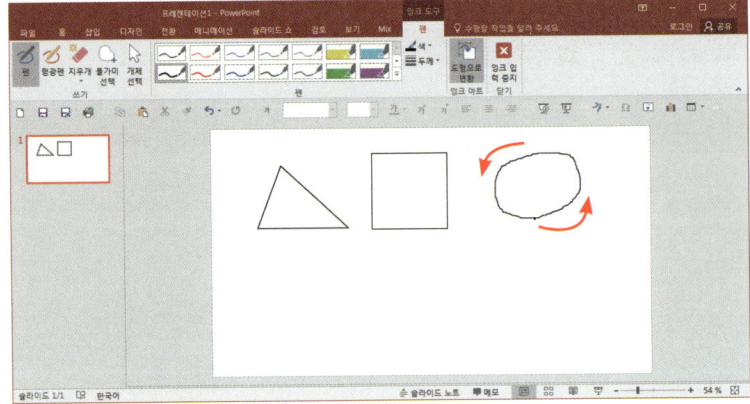

06 오각형도 꼭짓점이 5개이면 오각형으로 완성됩니다.

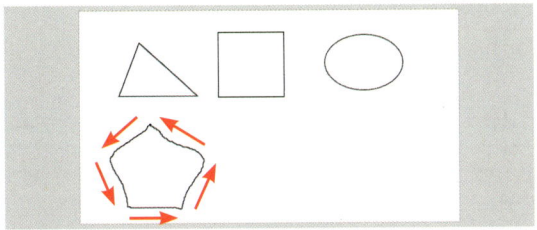

07 육각형 모양으로 꼭지점 6개를 그리면 6각형이 완성됩니다.

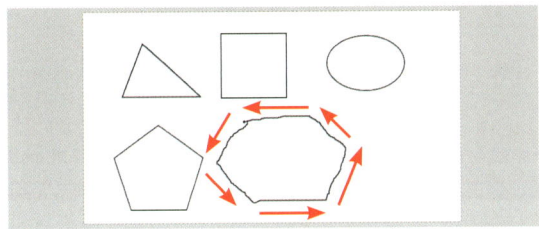

08 별 모양은 기하 도형이 아니라 선의 직선화는 이루어지지 않고 비슷하게 다듬어서 별 모양을 그릴 수 있습니다.

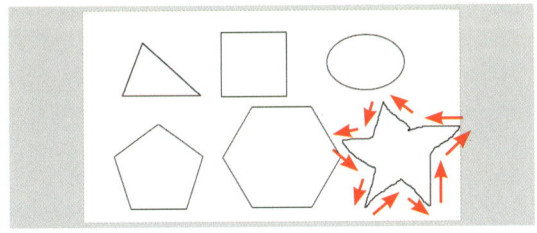

09 지우개를 선택하고 별 모양의 선을 클릭하면 별이 지워집니다.

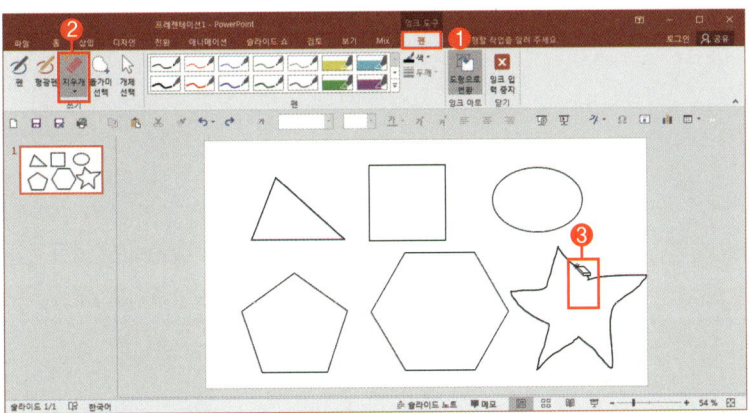

10 지워진 별 위치에 다이아몬드를 그립니다.

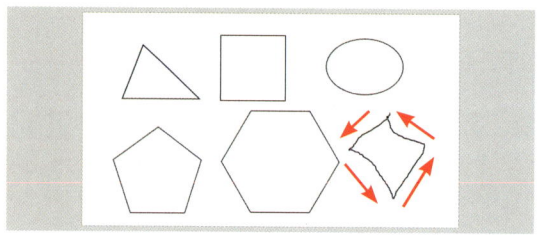

11 꼭지점이 4개로 다이아몬드형 도형이 완성됩니다.

검토 탭의 여러 가지 기능을 살펴보았습니다. 비교 기능은 프레젠테이션 두 개를 서로 비교하여 틀린 부분이나 변경된 부분을 확인할 수 있습니다. OneNote 연결 기능도 추가되어 유용하게 사용할 수 있습니다.

실전문제

1. 다음 출력 형태와 조건을 처리해서 '인터넷 비즈니스 마케팅.pptx' 파일을 수정하시오.

① 맞춤법 검사 실행
② '시대 기획', '개인적인' 맞춤법 수정

┤ 출력 형태 ├

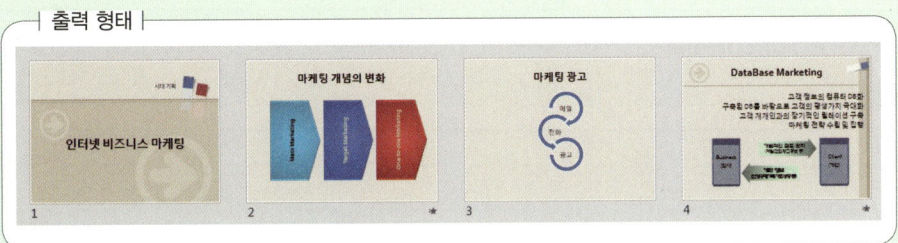

2. 다음 출력 형태와 조건을 처리해서 '실전2-인사예절.pptx' 파일을 수정하시오.

① 3번 슬라이드 : '목례' 텍스트를 스마트 조회 조회하고 결과를 복사하여 3번 슬라이드 노트 영역에 붙여넣기
② 4번 슬라이드 : 'Eye Contact & 스마일' 끝에 '상대방을 존중하는 눈빛으로…' 메모 삽입
③ 5번 슬라이드 : 텍스트 상자의 메모 삭제

┤ 출력 형태 ├

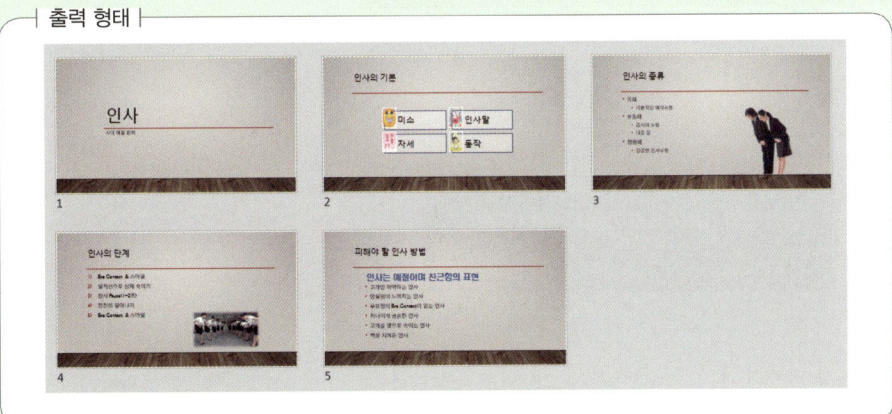

▶ 참고 : 09/완성/실전1-인터넷 비즈니스 마케팅.pptx, 실전2-인사예절.pptx

Section 10

머리글/바닥글 설정 및 인쇄 준비

프레젠테이션의 배포 준비를 위해서 기본적으로 저장, 공유, 인쇄 기능이 필요합니다. 여기에 배포용으로 설정하기 위해 암호나 최종본으로 표시는 안전하게 배포 준비를 할 수 있게 도와줍니다.

1. 머리글/바닥글

슬라이드에 날짜와 시간, 슬라이드 번호, 또는 문장을 추가하여 청중에게 배포되는 문서의 가독성을 높일 수 있는 기능입니다. 프레젠테이션 쇼를 진행할 때도 슬라이드의 작성 일자나 발표 일자 또는 슬라이드 번호 등의 정보는 청중에게 도움을 줄 수 있습니다.

1) 슬라이드

슬라이드를 기준으로 바닥글과 슬라이드 번호를 넣어보겠습니다.

01 [삽입] 탭 – [텍스트] 그룹 – [머리글/바닥글]을 클릭합니다.

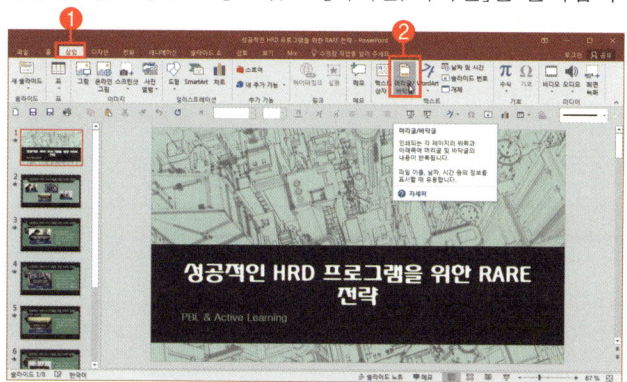

02 [머리글/바닥글] 대화상자에서 '슬라이드 번호'와 '바닥글'을 체크합니다. 그리고 바닥글에는 'Active Learning'을 입력합니다. 마지막으로 '제목 슬라이드에는 표시 안 함'을 체크하고 [모두 적용]을 클릭합니다.

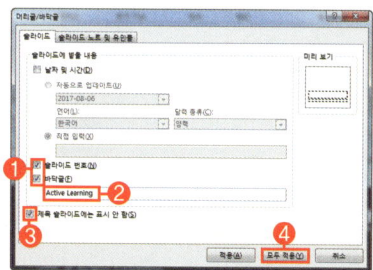

03 1번 슬라이드인 제목 슬라이드를 제외하고 나머지 슬라이드 아래에 바닥글 'Active Learning'과 슬라이드 번호가 적용된 것을 확인할 수 있습니다.

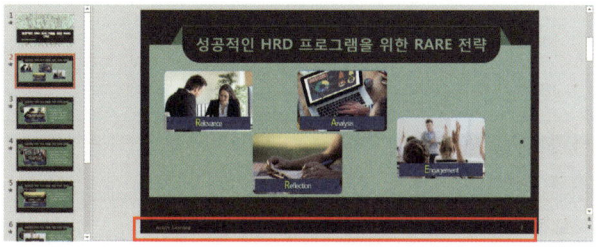

2) 슬라이드 노트 및 유인물

발표자를 위한 슬라이드 노트나 청중을 위한 유인물 인쇄 시 적용되는 머리글/바닥글을 설정할 수 있습니다. 슬라이드 노트나 유인물에 자동으로 업데이트되는 날짜와 페이지 번호를 적용해보겠습니다.

01 [삽입] 탭 - [텍스트] 그룹 - [머리글/바닥글]을 클릭합니다. [머리글/바닥글] 대화상자의 [슬라이드 노트 및 유인물] 탭을 클릭하고 '날짜 및 시간', '페이지 번호'를 체크하고 [모두 적용]을 클릭합니다.

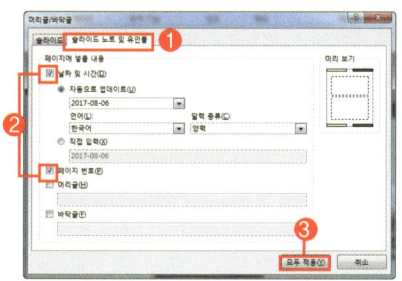

02 [파일] 탭 - [인쇄] - [전체 페이지 슬라이드]를 선택해서 '슬라이드 노트'로 변경합니다. 노트와 유인물은 인쇄 미리보기에서 확인합니다.

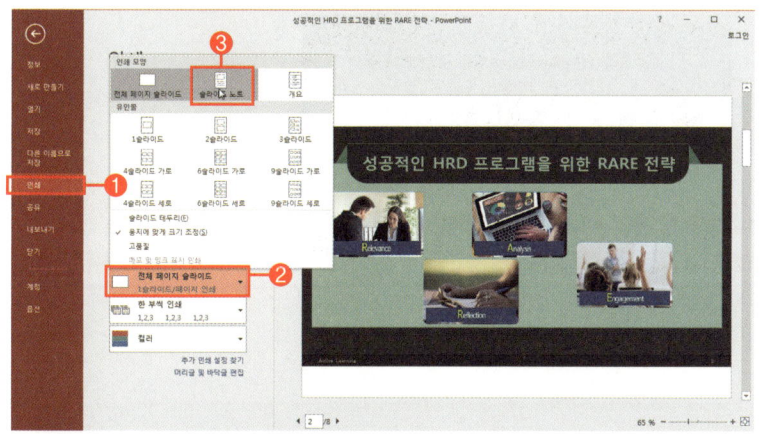

03 인쇄될 노트 슬라이드에 머리글 부분에 날짜가 바닥글 부분에 페이지 번호가 확인됩니다. 인쇄 버튼은 누르지 않고 눈으로 확인만 하겠습니다.

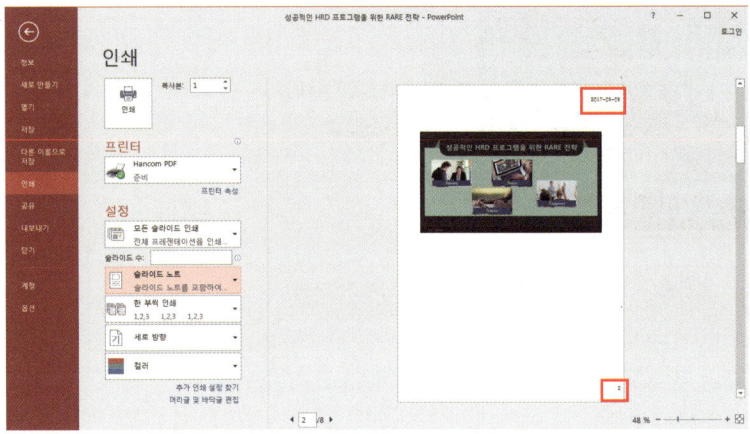

2. 인쇄 및 인쇄 설정

출력할 수 있는 인쇄 대상은 사용 목적에 따라 슬라이드, 슬라이드 노트, 유인물, 개요 등이 있습니다. 인쇄 미리보기에서 인쇄 옵션을 바로 설정할 수 있으며 결과를 확인하면서 부수(복사본), 드라이버, 페이지별 슬라이드 수 등도 바로 설정이 가능합니다. 인쇄를 위한 설정을 간단히 설명하겠습니다.

01 [파일] 탭 – [인쇄]를 클릭합니다.

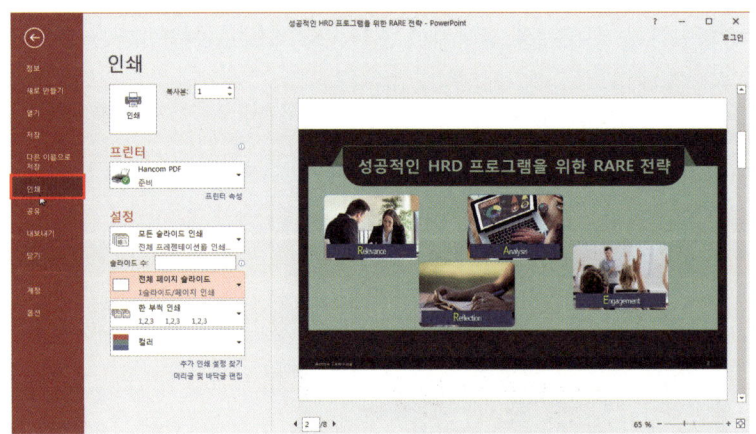

02 '전체 페이지 슬라이드' 부분을 '2슬라이드'로 변경합니다.

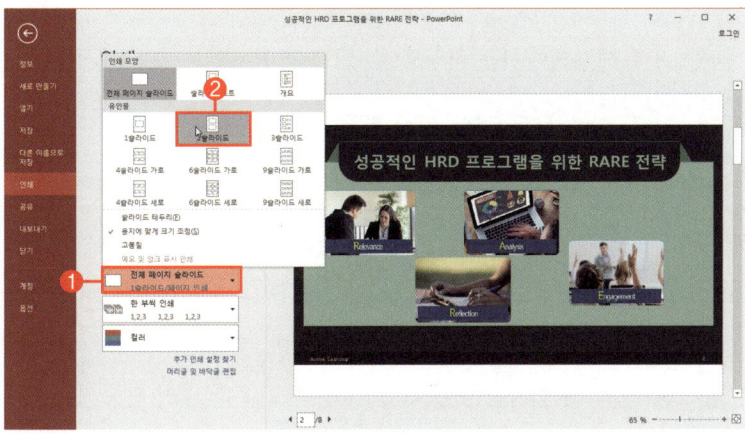

03 컬러를 선택해 '회색조'로 변경합니다.

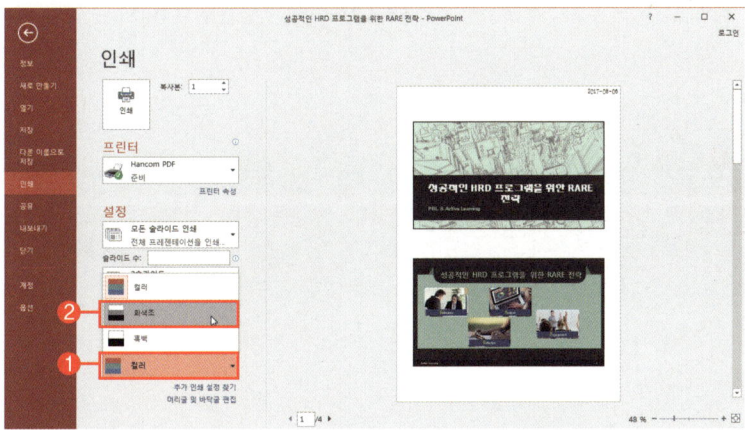

04 인쇄 결과물이 회색조로 변경된 것을 확인하고 [인쇄]를 클릭해 인쇄를 완료합니다.

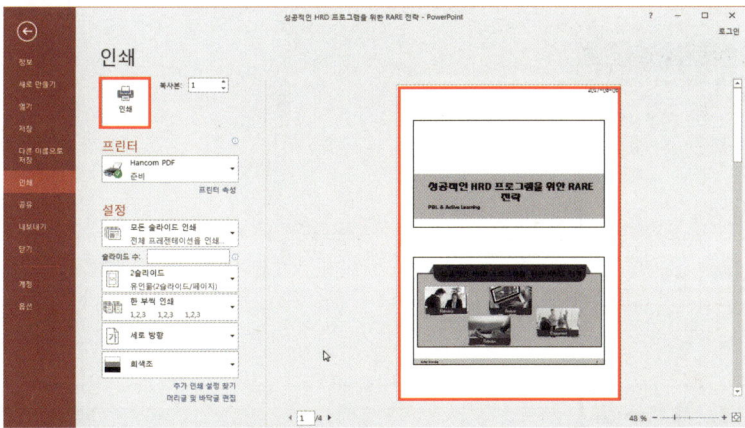

3. 저장/내보내기

파워포인트는 다양한 파일 형식으로 프레젠테이션을 저장할 수 있고 파워포인트 2016에서는 더 많은 형식이 지원됩니다. 내보내기 형식을 확인해보겠습니다.

1) PDF/XPS 문서 만들기

주로 배포용으로 사용되는 파일 포맷으로 PDF는 Adobe Systems의 PostScript 기반 전자 파일 형식입니다. 온라인으로 보거나 인쇄할 경우 의도한 형식이 그대로 유지되며, XPS 보다 다양한 플랫폼에서 뷰어가 가능합니다. XPS는 Microsoft의 새 전자문서 형식입니다. 하지만 더 많이 활용되는 PDF 포맷을 실습하겠습니다.

01 [파일] 탭 – [내보내기] – [PDF/XPS 문서 만들기] – [PDF/XPS 만들기] 클릭합니다.

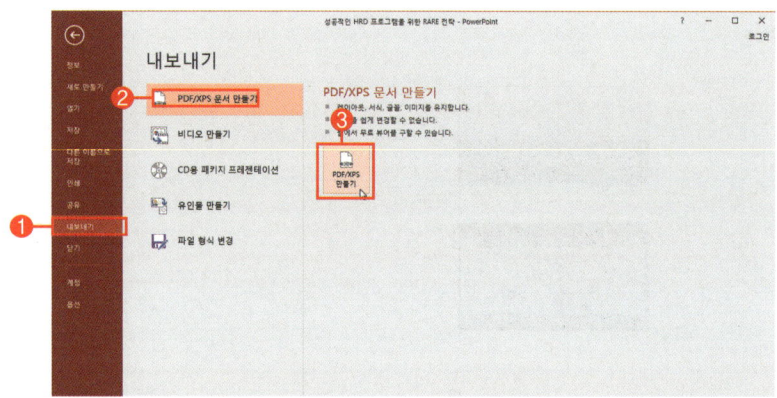

02 저장 위치를 설정하고 파일명과 옵션을 확인합니다. 파일 형식은 PDF, XPS 둘 중 선택이 가능합니다. [게시]를 클릭합니다.

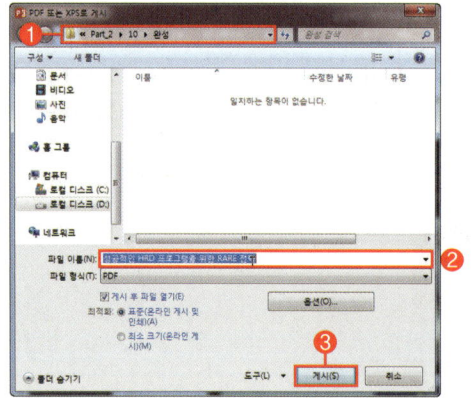

03 게시 중을 나타내는 작업 창이 나타납니다.

04 게시가 완료되면 옵션에서 선택한 것과 같이 파일 열기가 실행됩니다.

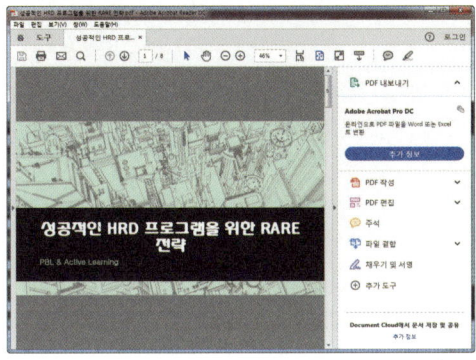

2) 비디오 만들기

디스크로 제작하거나 웹 또는 전자 메일로 업로드 할 수 있는 비디오 프레젠테이션을 저장합니다. MPEG-4 비디오와 Windows Media 비디오 형식을 선택할 수 있습니다.

01 [비디오 만들기] 메뉴의 프레젠테이션 품질을 '저품질'로 선택합니다. 경우에 따라 용량이 많으면 내보내기 시간이 많이 걸릴 수 있습니다.

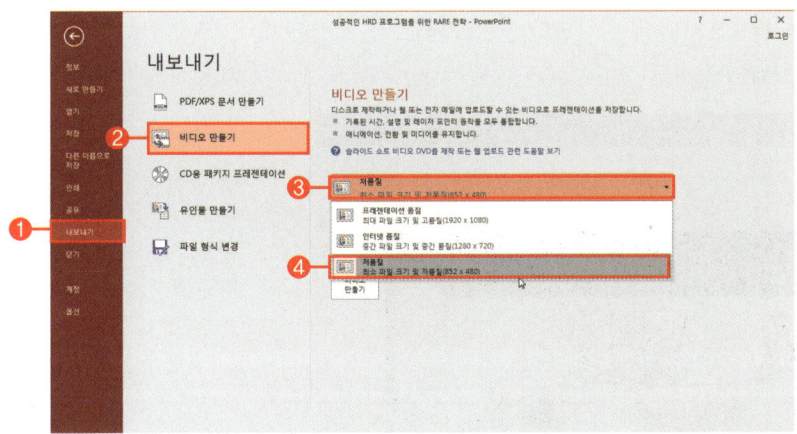

02 각 슬라이드에 걸리는 시간을 '3초'로 변경하고 [비디오 만들기]를 클릭합니다.

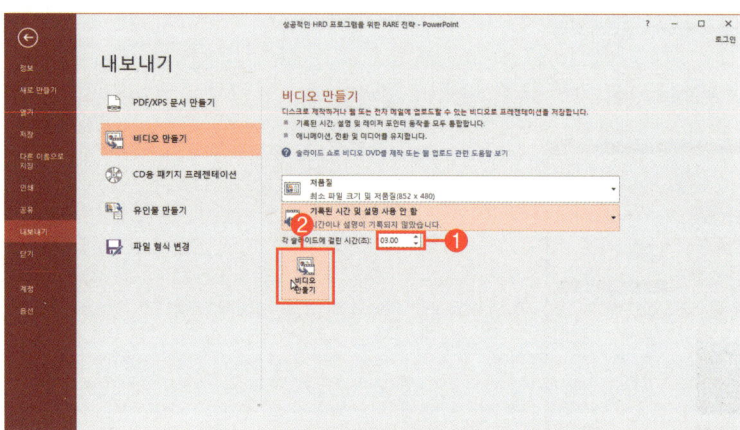

03 저장 위치를 찾아 저장합니다.

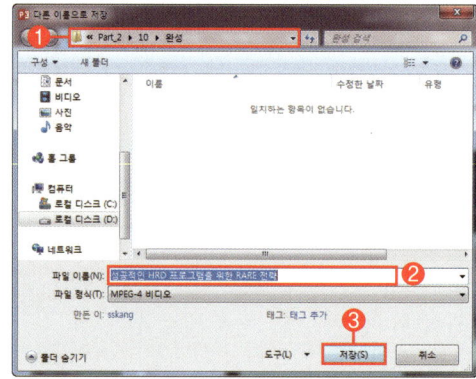

03 동영상을 생성하는 시간은 상태표시줄에 표시됩니다. 슬라이드에 시간을 많이 배정하면 동영상 파일이 생성되지 않을 수도 있습니다.

3) CD용 패키지 프레젠테이션

다른 컴퓨터에서 슬라이드 쇼를 진행할 수 있도록 프레젠테이션 파일과 관련 파일들을 CD에 저장하거나 다른 폴더에 복사합니다. 비디오, 사운드 및 글꼴과 같은 연결된 항목 등이 모두 포함됩니다.

01 [CD 패키지 프레젠테이션] - [CD용 패키지]를 클릭합니다.

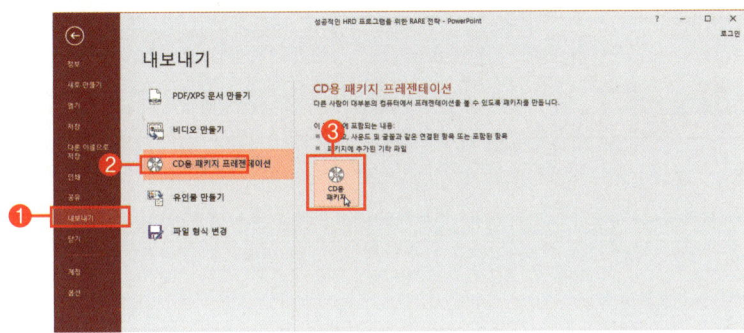

02 CD 이름에 'Active Learning'을 입력하고 [폴더로 복사]를 클릭합니다.

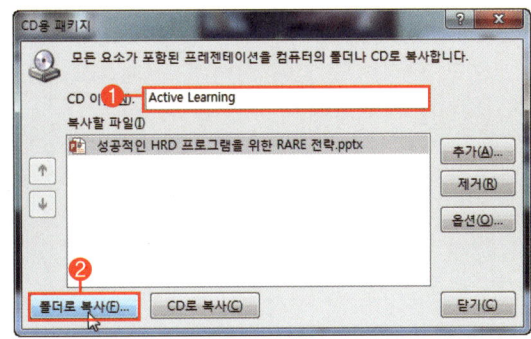

03 옵션에 선택되어 있는 모든 연결을 패키지로 포함시키겠는지 물어옵니다. [예]를 클릭합니다.

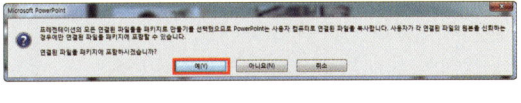

04 지정된 폴더에 완료되면 '프레젠테이션 패키지' 폴더가 생성됩니다. 폴더를 열어 확인합니다.

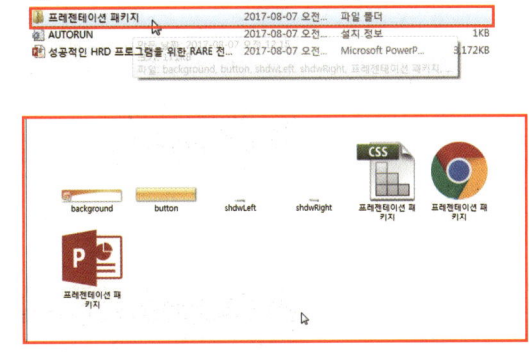

4) 유인물 만들기

프레젠테이션 파일을 Word 문서에서 편집 및 서식 기능을 사용하여 출력물을 편집하고자 할 때 사용합니다. 옵션을 이용하여 다양한 출력 형태를 만들 수 있습니다.

01 [유인물 만들기] – [유인물 만들기]를 클릭합니다.

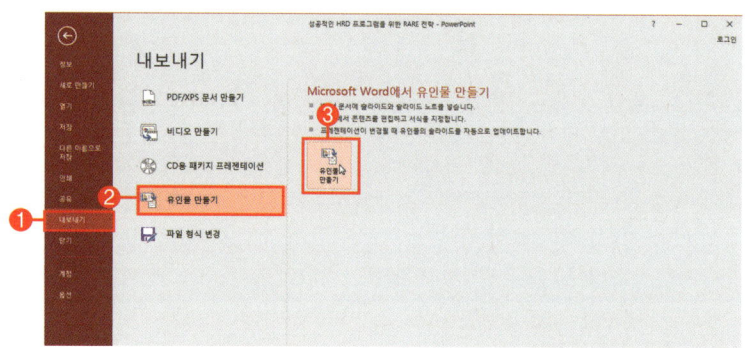

02 [Microsoft Word로 내보내기] 옵션이 나오면 '슬라이드 옆에 여백'을 선택하고 [확인]을 클릭합니다.

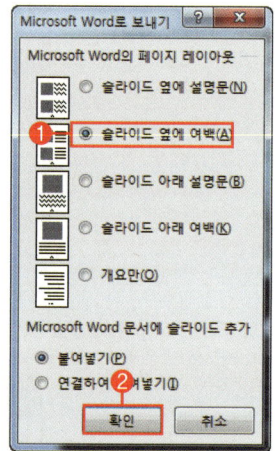

03 워드 파일로 바로 붙여넣기 됩니다.

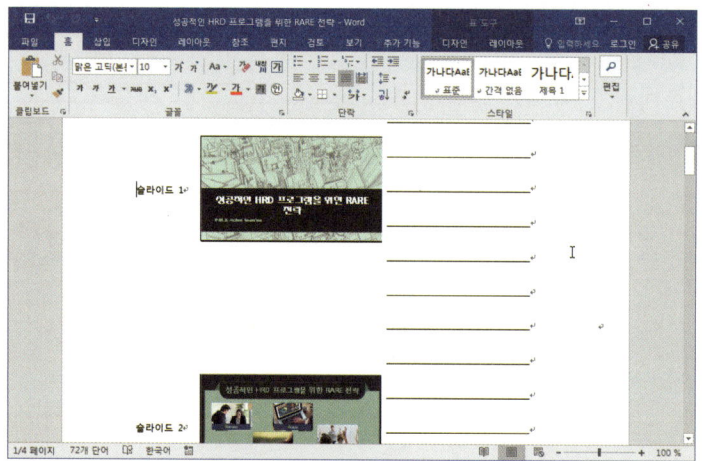

5) 파일 형식 변경(다른 이름으로 저장)

01 [파일 형식 변경] - [PNG(이동식 네트워크 그래픽)]을 클릭하고 [다른 이름으로 저장]을 클릭합니다.

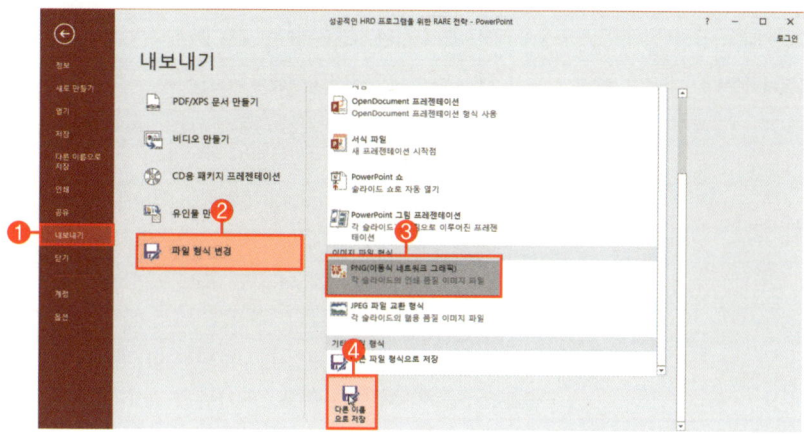

02 저장 위치로 이동하고 [저장]을 클릭합니다.

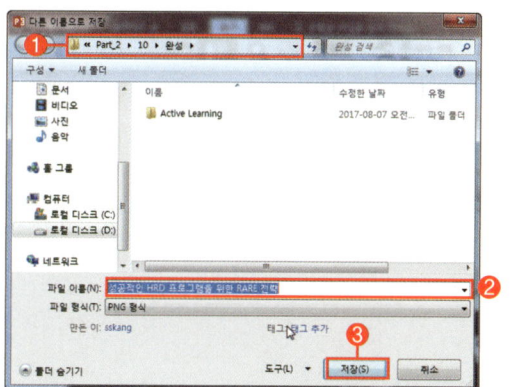

03 내보낼 슬라이드는 [모든 슬라이드]를 클릭합니다. 저장 위치에 파일 이름의 폴더가 생성되며, 슬라이드 모두 각각의 이미지로 저장된 것을 볼 수 있습니다.

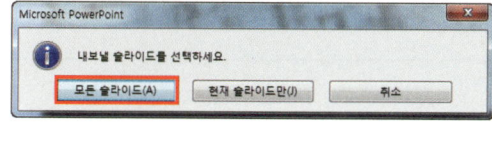
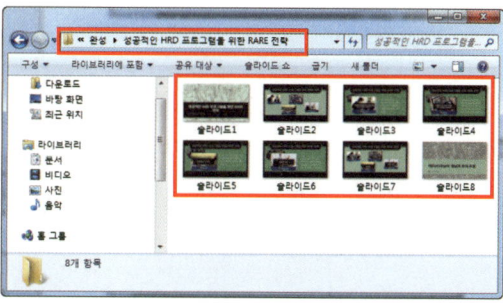

TIP 저장 파일 형식

파일 형식	확장자	설명
PowerPoint 프레젠테이션	*.pptx	PowerPoint 2007~2016 버전의 파일 형식
PowerPoint 매크로 사용 프레젠테이션	*.pptm	매크로를 포함한 프레젠테이션 파일 형식
PowerPoint 97-2003 프레젠테이션	*.ppt	PowerPoint 1997~2003 버전의 파일 형식
PDF	*.pdf	문서 서식이 보존되며 파일 공유가 가능한 Adobe Systems의 PostScript 기반의 전자 파일 형식
XPS 문서	*.xps	최종 형태로 문서를 교환하기 위한 Microsoft의 새 전자 문서 형식
PowerPoint 서식 파일	*.potx	새 프레젠테이션을 위해 미리 구성되어 있는 서식 파일
PowerPoint 매크로 사용 서식 파일	*.potm	매크로를 포함한 서식 파일로 새 프레젠테이션을 위해 구성되어 있는 서식 파일
PowerPoint 97-2003 서식 파일	*.pot	PowerPoint 1997~2003 버전의 서식 파일 형식
Office 테마	*.thmx	색 테마, 글꼴 테마 및 효과가 정의된 스타일 형식
PowerPoint 쇼	*.ppsx	항상 슬라이드 쇼 보기로 열리는 프레젠테이션 파일 형식
PowerPoint 매크로 사용 쇼	*.ppsm	항상 매크로 사용 슬라이드 쇼 보기로 열리는 프레젠테이션 파일 형식
MPEG-4 비디오	*.mp4	동영상 압축 파일 형식
Window Media 비디오	*.wmv	비디오로 저장되는 프레젠테이션 파일 형식
GIF(Graphics Interchange Format)	*.gif	웹 페이지에서도 사용 가능한 이미지로 슬라이드를 저장, 투명 배경을 지원하며 애니메이션 표현 가능
JPEG 파일 교환 형식	*.jpg	웹 페이지에서도 사용 가능한 이미지로 슬라이드를 저장, 1600만 화소를 지원하며 복잡한 이미지 표현 가능
PNG 형식	*.png	웹 페이지에서도 사용 가능한 이미지로 슬라이드를 저장, 투명 배경을 지원하는 형식
개요/서식 있는 텍스트	*.rtf	다른 응용프로그램과 호환 가능한 프레젠테이션 개요를 저장하기 위한 형식

 실전문제

1. 다음 출력 형태와 조건을 처리해서 '최고의 비즈니스맨.pptx' 파일을 완성하시오.

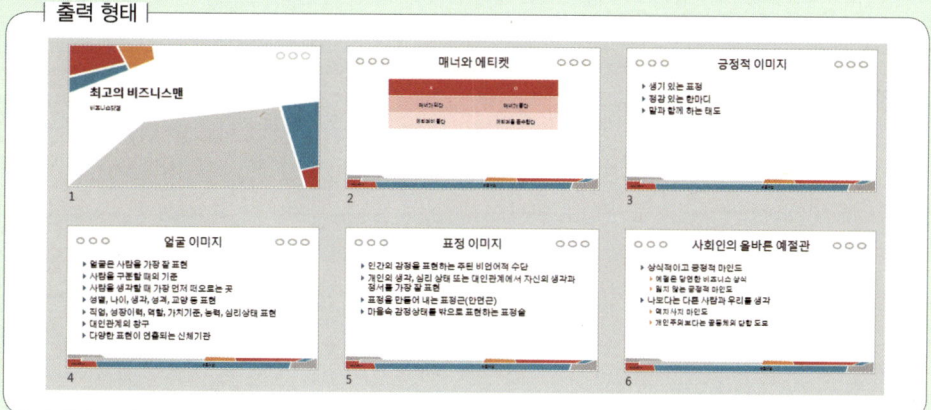

① 머리글/바닥글 : 모든 슬라이드(자동으로 업데이트 되는 날짜, 바닥글 – 비즈니스)
② 1번 슬라이드 : 제목 슬라이드에는 표시 안 함

2. 다음 출력 형태와 조건을 처리해서 '사업계획서' CD 패키지를 완성하시오.

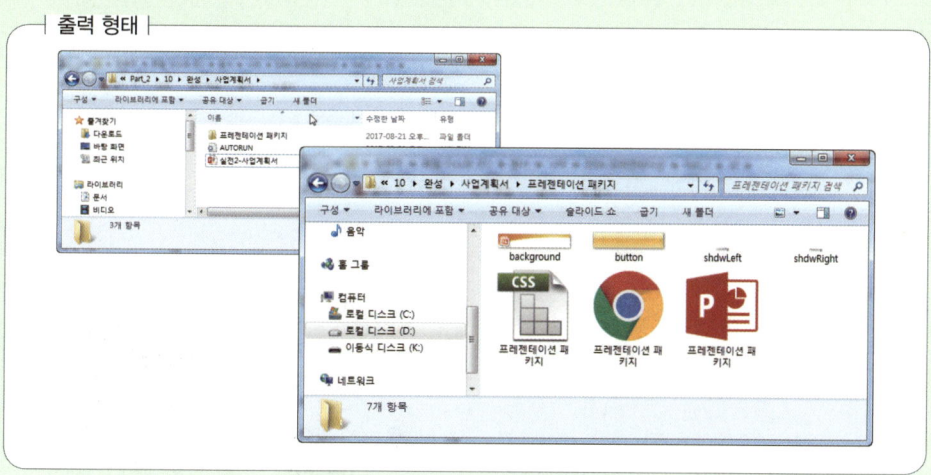

① 자료 파일 : 실전2-사업계획서.pptx
② CD 이름 : 사업계획서
③ 옵션 : 연결된 파일 제외
④ 폴더로 복사

▶ 참고 : 10/완성/실전1-최고의 비즈니스맨.pptx

Part 3
프레젠테이션 업그레이드 TIP

여러분, 이제 프레젠테이션에 대해 자신감이 생겼나요? PART 1, 2의 내용을 잘 이해했다면 문제없이 프레젠테이션을 준비할 수 있을 거라 확신합니다. 그런데 무언가 조금 아쉬운 생각이 든다고요? 왜 그런 생각이 들까요? 아마 제 생각에는 자신이 만든 PPT 자료가 어찌 보면 너무 일반화되고 정형화된 스타일이라고 느껴져서 그런 것은 아닐까요?

모처럼 오랜만에 친구들과 만남이 있는 날, 집에서 잘 차려입고 나섰다고 생각했는데 막상 모임 장소에 가보니 친구들의 차림새가 자신보다 멋있게 보였던 경험 누구나 있으시죠. 프레젠테이션도 마찬가지입니다. 각자 최선의 노력으로 PPT를 만들고 열심히 발표 준비도 했는데 다른 사람들이 프레젠테이션하는 모습을 보며 자신감이 떨어진 적도 있을 겁니다. 원래 남의 떡이 더 커 보이는 법입니다. 그러나 너무 의기소침하지 않기를 바랍니다. 대신 자신이 전하고자 하는 메시지를 정확하게 전달하려고 노력하고 설득 스피치를 열심히 훈련하기 바랍니다. 그렇게 하면 여러분이 기대하는 소정의 결과를 얻을 수 있습니다. 아, 그런데 여전히 불안하다고요? 그럼 남들이 미처 신경 쓰지 못하는 세심한 부분까지 한 번 더 고려해보길 바랍니다. 그래서 마지막으로 준비해보았습니다. 우리가 미처 생각하지 못했던 프레젠테이션의 격을 올리는 방법들에 대하여 알아보겠습니다.

이번 PART 3에서는 프레젠테이션 발표자료 제작에 유용한 여러 가지 정보를 공유하고자 합니다. 다음에 제시되는 다양한 Tip들을 잘 활용하여 기존의 파워포인트를 한층 더 업그레이드시켜 멋진 프레젠테이션을 성공리에 완수하기 바랍니다.

세련된 파워포인트로 거듭나기

1. 인포그래픽 활용하기

1) 인포그래픽 개요

인포그래픽^{Infographics} 이란, 정보^{information}와 그래픽^{graphic}, 이 두 단어가 결합된 합성어입니다.

　인포그래픽은 복잡한 데이터, 통계, 뉴스 등을 일러스트, 사진, 표, 이미지 등에 정보를 담아 표현하는 기법을 뜻합니다. 한마디로 콘텐츠를 시각적으로 표현한 것으로써 정보를 쉽고 빠르게 표현하기 위해 사용됩니다.

　인포그래픽은 실제 과거에도 다이어그램, 그래프 등과 같은 형태로 오래전부터 사용되어 왔습니다. 그러다가 대중매체의 다양화로 말미암아 더욱 확산되기 시작했습니다. 2000년대 초반부터 인터넷의 급속한 발달과 함께 2010년 스마트기기의 보급화로 인해 사람들은 정보의 홍수 속에 살아가게 되었습니다. 그렇기 때문에 짧은 시간에 양질의 정보를 습득하기 위해서는 가독성이 높은 자료들을 찾는 경향들이 생겨나기 시작했습니다. 그러한 사회적 요구에 부흥하며 정보를 전달하는 고급 스킬들이 등장했고 결국 정보를 그림에 담아 직관적으로 이해시키기 위한 인포그래픽이 큰 호응을 받기 시작한 것입니다.

　필자에게도 뇌리에 박혀있는 강력한 인포그래픽이 하나 있습니다. 바로 커피 레시피에 관한 것이었습니다. 간혹 커피숍에 가면 메뉴의 종류가 너무 많아 무엇을 골라야할지 고민스럽기도 하지만 대체 어떤 조합의 커피의 맛일까 궁금할 때가 있습니다.

그때 커피숍 한편에 큼지막하게 붙은 포스터를 본 기억이 있습니다. 그 포스터를 보고서야 "아하!"를 외치게 되었고 한 술 더 떠 커피 레시피를 아예 외우게 되었습니다. 만일 메뉴판에 커피 종류를 일일이 글로 적어놓았다면 한두 줄 읽다가 아예 메뉴판을 덮고 그냥 복잡하니까 '아메리카노 한 잔 주세요.'라고 주문했을 것입니다. 이처럼 인포그래픽의 효과는 강력합니다.

그런데 한 가지 염두에 두어야 할 사항은 멋진 인포그래픽을 만들기 위해서는 그래픽에 정보를 담는 과정에서 전반적으로 콘셉트(Concept)를 입혀야 한다는 점입니다. 다음 두 개의 자료를 비교해 보면 이해가 쉬울 것입니다.

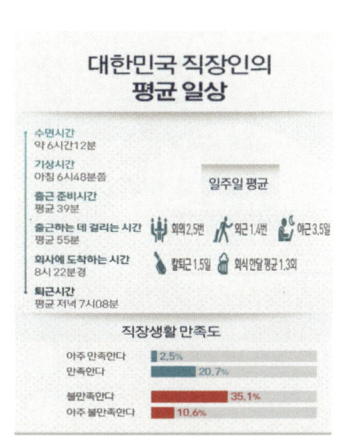
(a) 정보와 그래픽 표현

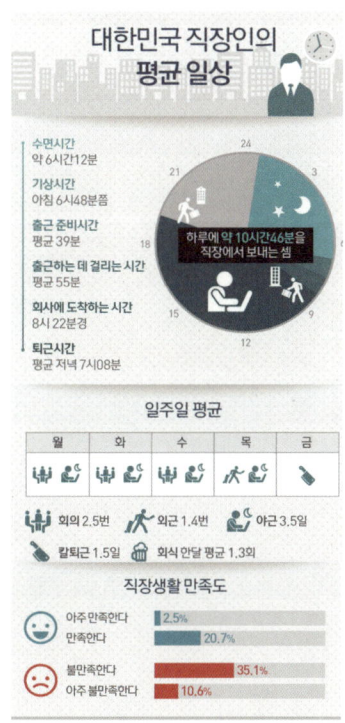
(b) 콘셉트 적용 표현

(a)는 단순히 인포그래픽의 스타일을 따랐지만 뭔가 허전함을 느끼게 됩니다. 반면 (b)는 전반적으로 내용과 그림, 그리고 배경, 핵심 이미지가 잘 어우러져 통일감을 주며 한눈에 확연히 메시지가 전달됩니다. 자, 이 두 가지 인포그래픽의 차이점은 무엇일까요. 바로 콘셉트를 입힌 스토리텔링입니다. (b)에

서는 배경에 대해 글로 상세히 표현하지 않았지만 스토리를 담는 이미지를 밑바탕에 깔아두어 전반적으로 주제를 이해하는데 도움이 되었습니다. 이때 주의할 점은 주제와 관련 없는 이미지는 절대 금물입니다. 그래픽을 너무 많이 사용하게 되면 주의가 산만해져 보이고 너무 많은 색채로 시각적으로 피로감을 느끼기 때문입니다. 따라서 전달하고자 하는 메시지를 잘 담을 수 있도록 콘셉트를 잘 구상하기 바랍니다.

인포메이션 공식: (정보 + 그래픽) × 콘셉트

2) 인포그래픽 활용 사례

인포그래픽은 각계각층에서 다양한 목적으로 활용되고 있는데 최근 공공기관에서는 자체적으로 해당 부서의 활동사항 및 공지내용 등을 국민에게 공식적으로 알리는데 인포그래픽을 적극 활용하고 있습니다. 과거 활자체로 많은 내용을 담은 전달내용들이 그래픽이 더해져서 깔끔하게 정리되어 보는 사람들로 하여금 명확한 메시지를 이해하는데 도움을 줍니다. 무슨 작업이던 좋은 결과물을 많이 봐야지만 안목이 높아집니다. 다음 제시된 관련 사이트에 꼭 접속하여 다양한 인포그래픽의 형태와 구성 콘셉트를 보고 학습하기 바랍니다.

인포그래픽 예시

행정안전부 홍보자료 http://www.mois.go.kr

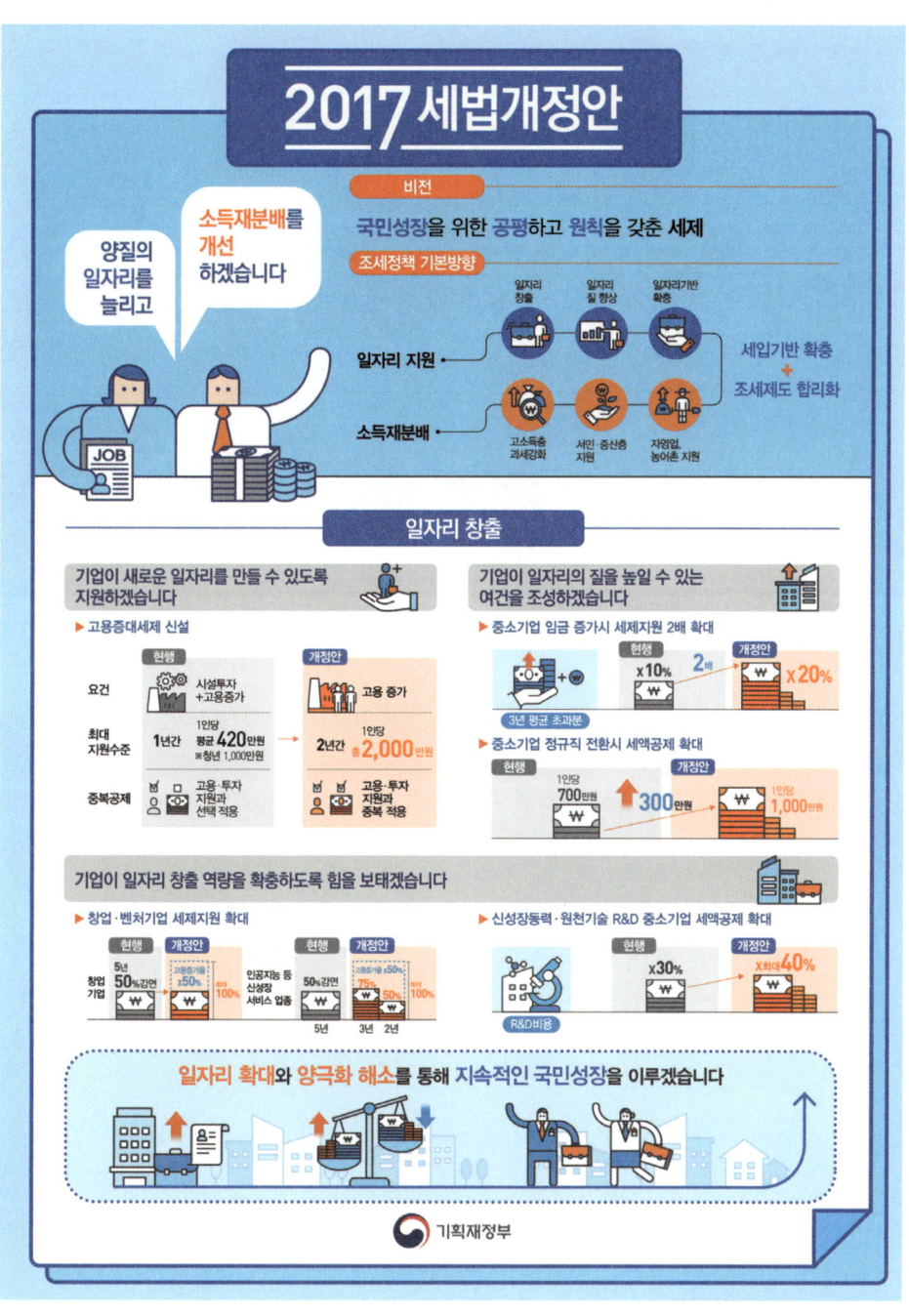

기획재정부 미디어자료
http://www.mosf.go.kr

관심 분야의 단어를 제시하고 구글에서 이미지 탭으로 검색
https://www.google.co.kr

여러분은 지금까지 인포그래픽 자료를 많이 보았을 것입니다. 그래서 어느 정도 안목이 높아졌을 것으로 예상하는데 '모방은 창조의 어머니'라는 말처럼 기존에 머릿속에 남아 있는 멋있는 인포그래픽의 잔상들을 떠올리면서 자신만의 독창적인 인포그래픽을 제작해보기 바랍니다.

3) 인포그래픽을 활용한 프레젠테이션

인포그래픽은 특히 프레젠테이션을 할 때 강력한 매력을 선사합니다. 간혹 백 마디 말보다 한 번의 강렬한 이미지가 훨씬 설득력 있게 다가올 때가 있습니다. 그렇기 때문에 프레젠테이션에서 인포그래픽을 사용하면 청중들이 메시지를 이해하는데 많은 도움이 됩니다. 더불어 흥미도 유발하여 주의집중에도 효과적입니다.

한 예로, 보통 프레젠테이션에서는 통계자료를 제시하여 주장에 대한 신뢰를 높이고자 합니다. 이때 슬라이드를 구성할 때 인포그래픽을 발표 자료에 일부 적절히 구성하는 것입니다. 일반적으로 파워포인트 슬라이드 구성은 본론에서 내용을 전달하므로 강조하고 싶은 내용을 인포그래픽 스타일로 구성하면 됩니다. 그렇게 인포그래픽을 적용한다면 훨씬 세련되고 가독성 높은 프레젠테이션을 구사할 있습니다. 그럼, 이제 보다 실질적인 내용으로 접근해 보겠습니다. 과연 어떻게 하면 인포메이션을 잘 활용할 수 있을까요? 그 해답은 의외로 간단합니다. 최근 인포그래픽을 손쉽게 제작할 수 있도록 도움을 주는 사이트가 많이 공개되고 있습니다. 편리성 측면과 완성도를 따지면 관련 사이트를 이용하는 것이 효율적입니다. 물론 자신의 아이디어를 온전히 녹여내어 세상에서 유일한 인포그래픽을 만드는 것은 매우 의미 있는 일입니다. 그러나 디자인관련 전공자가 아니면 많은 시간과 노력이 소요되므로 처음 인포그래픽을 접하는 입장이라면 다양한 인포그래픽 사이트를 먼저 경험하기를 권유합니다. 그리고 나서 추후 어느 정도 스킬이 높아졌을 때 전문도구를 활용하여 자신만의 인포그래픽을 개발하라고 추천하고 싶습니다. 그럼 지금부터 대표적인 인포그래픽 관련 사이트들을 차례대로 살펴보도록 하겠습니다.

① **인포그램(Infogram)**

인포그램 저작도구를 활용하면 사이트 내에서 쉽고 간편하게 인포그래픽과 차트를 제작할 수 있습니다. 무료계정으로 가입하면 결과물을 직접 다운로드 할 수 없는 제약이 있으나 링크주소를 제공하기 때문에 얼마든지 활용할 수 있습니다.

가. https://infogram.com 인포그램 사이트로 접속 후 로그인

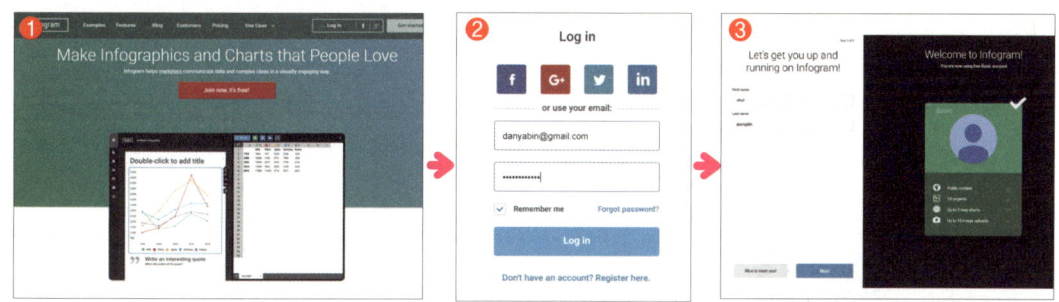

인포그램에서 사용할 이름을 설정

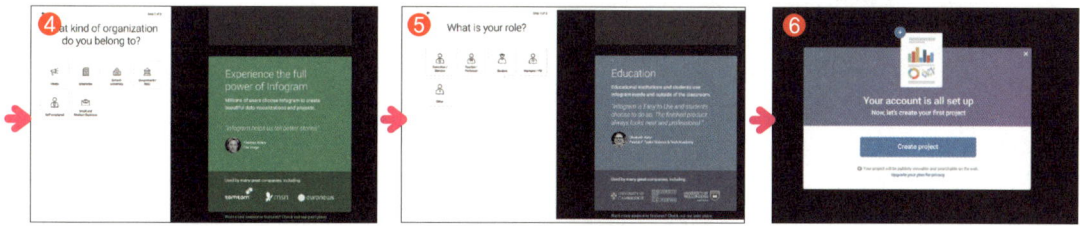

자신의 속해져있는 소속을 선택   자신의 역할, 직분을 선택

※ 알아둘 점
로그인 할 때, 제시되는 화면은 해당 사이트의 업데이트로 인해 항시 동일하지 않을 수 있습니다. 그렇기 때문에 이미지에 너무 신경쓰지 않아도 됩니다. 또한 모든 사이트는 로그인의 방식이 거의 유사하기 때문에 대표 gmail이나 facebook 계정을 미리 생성해놓으면 사이트마다 가입하는 수고를 덜 수 있습니다.

나. 로그인 되면 제작 화면이 나타나고, 간단한 예를 들어 인포그래픽을 제작해보겠습니다.

제작 예시) 인포그래픽 스타일의 통계자료 차트 만들기					
질문	당신은 사전 학습을 얼마나 하고 있나요?				
보기	30분 미만	30분~1시간	1시간~2시간	2시간~3시간	3시간 이상
응답	35%	47%	12%	4%	2%

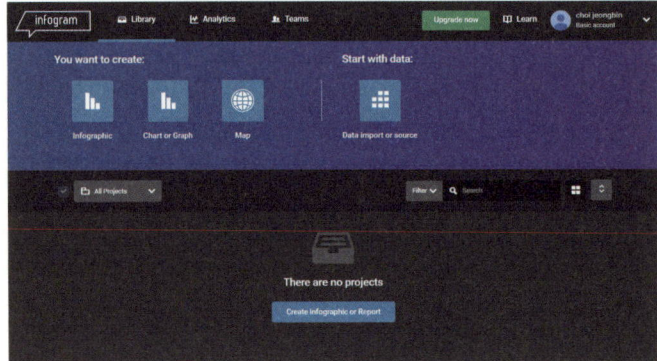

❶ 먼저, 제작 콘셉트를 설정해야 하는데 대표로 Inforgraphic, Chart or Graph, Map이 제시됩니다. 그런데 실제 제작 시에는 3가지 모두 메뉴로 추가 제공되기 때문에 그냥 Infogrphic을 선택해도 무방합니다.

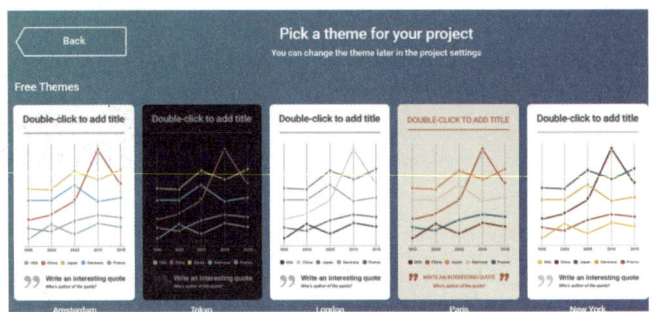

❷ 차트를 구성하기 위한 대표 테마는 무상으로 11가지를 제공합니다. 원하는 테마를 하나 선택하고 제목을 부여하면 됩니다.

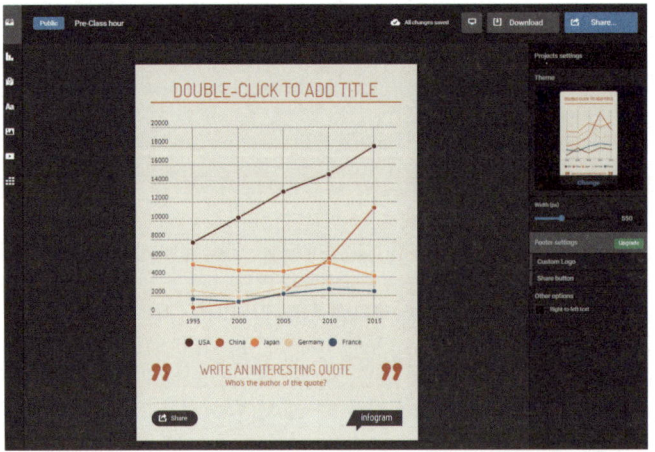

❸ 편집화면이 활성화되고 지금부터 자신이 원하는 차트의 종류, 지도, 텍스트, 그림, 동영상을 세부 메뉴를 통해 다양하게 구성할 수 있습니다.

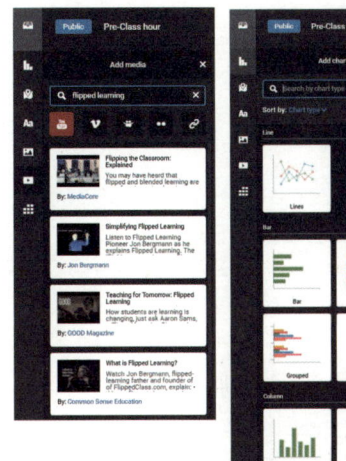  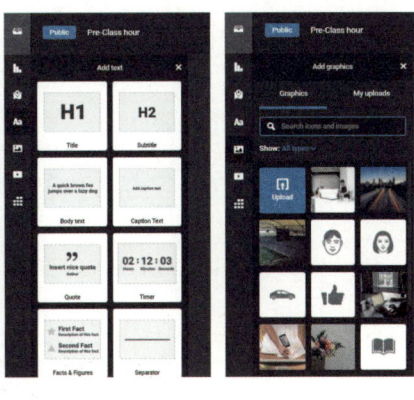

❹ 자료를 구성할 때 차트에 필요한 통계자료는 직접 입력해도 좋지만 엑셀 파일이 이미 있다면 복사해서 붙이는 방법도 가능합니다. 더불어 다양한 이미지를 추가할 수 있고 동영상은 인터넷이 가능한 환경에서 검색어를 통해 링크 시킬 수도 있습니다. 다양한 기능들을 연습해보기 바랍니다.

- 차트 – 아이콘 클릭, 차트 선택한 다음 해당 영역 더블 클릭 후 데이터 입력
- 이미지 – 아이콘 클릭, PC에 저장한 이미지 업로드
- 동영상 – 아이콘 클릭, 해당 동영상의 비디오나 유튜브 URL 입력
- 텍스트 – 아이콘 클릭, 해당 영역을 더블 클릭 후 텍스트 입력

[자료제작 Tip]
Main 타이틀, Sub 타이틀: 도입부 문구, 관련 차트와 어울리는 이미지 등 추가

[결과물 획득하기]
무료 계정에서는 이미지 파일(jpg, png)로 다운로드 할 수 없습니다. 그렇지만 share 공유는 가능합니다. 웹상에 URL를 제공하기 때문에 필요하다면 스크린을 복사하여 결과물을 활용하기 바랍니다.

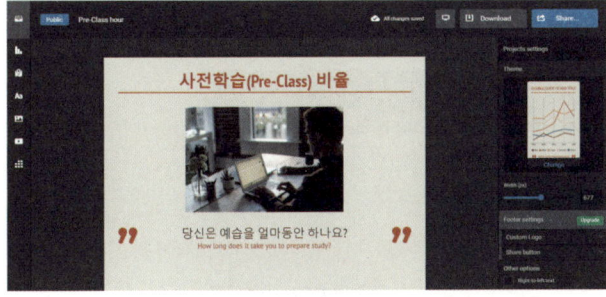

[최종 결과물 활용] – 파워포인트 슬라이드에 삽입

 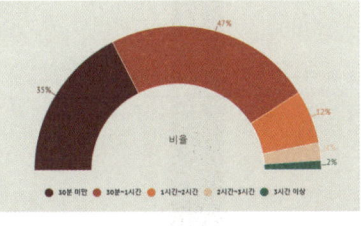

② **픽토차트**(piktochart)

픽토차트는 인포그래픽을 손쉽게 만들어주는 도구로써 기본으로 제공되는 템플릿은 초보자들에게 매우 활용도가 높습니다. 특히 홈페이지에 픽토차트 제작하는 방법에 대해 e-book으로 제공하고 있으니 세부 기능들에 대해 하나씩 연습해보기 바랍니다.

가. https://piktochart.com 픽토차트 사이트로 접속 후 로그인을 합니다. 로그인 방식은 앞에서 살펴본 인포그램과 유사합니다.

나. 로그인이 되면 제작 화면이 나타납니다.

픽토차트는 크게 '인포그래픽(Infographic)', '프레젠테이션 슬라이드(Presentation)', '인쇄용 자료(Printable)' 등 3가지 유형으로 제작할 수 있습니다. 3가지 모두 메뉴가 직관적으로 구성되어 있어 간편하게 자료들을 생성할 수 있습니다.

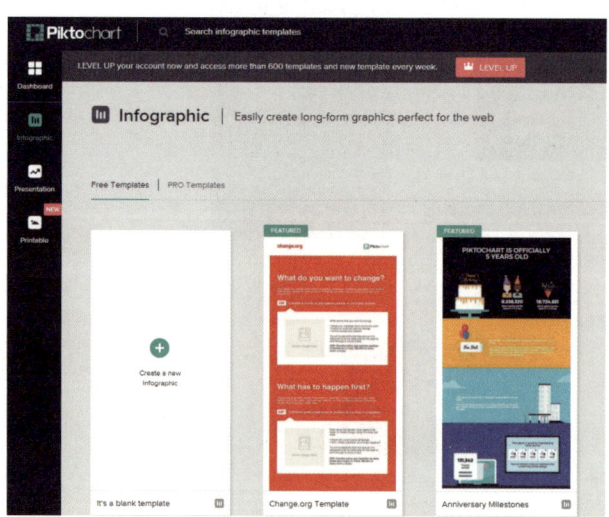

다. 지금부터 간단한 예를 통해 인포그래픽을 제작해보겠습니다.

여러분, 한번쯤 자기소개서를 써본 경험들 모두 있으시죠. 대부분 한글파일 이력서를 가지고 있을 것으로 생각됩니다. 한글파일은 많은 정보를 담을 수 있어 유용하지만 가끔 자신을 알리는 매력적인 자료가 필요할 때도 있습니다. 이제 인포그래픽으로 자신을 알리는 새로운 차원의 자기소개서를 작성해보면 어떨까요. 픽토차트 저작도구를 활용해서 세련되고 임팩트 있게 만들어 보겠습니다.

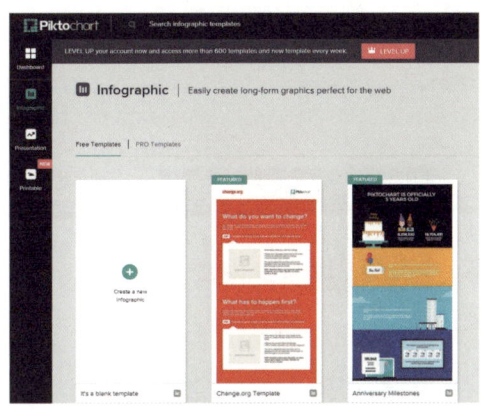

❶ 먼저, Infographic 메뉴에서 제공되는 템플릿을 확인합니다. 기본적으로 11개의 무료템플릿이 제공됩니다. 만일 스스로 창의적인 템플릿을 만들 경우 blank template을 선택하십시오.

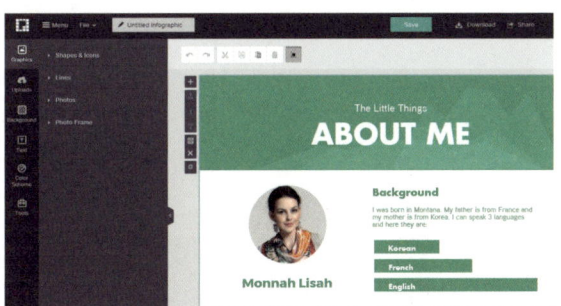

❷ 본 예제에서는 무료템플릿 중 마지막에 제공되는 '자기소개서(About me)' 양식을 선택하겠습니다. 템플릿 편집화면이 나타나면 화면 왼쪽에 제공되는 다양한 메뉴를 활용하여 편집할 수 있습니다.

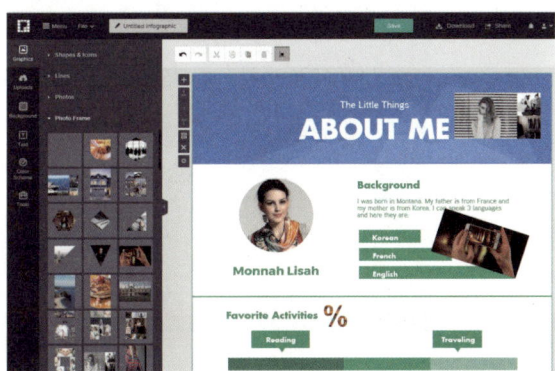

❸ 각각의 메뉴에 대해 하나씩 살펴보고 적용시켜 필요한 기능들을 추가하여 제작하기 바랍니다.

> **TIP** 픽토차트 메뉴 설명

1. Graphics

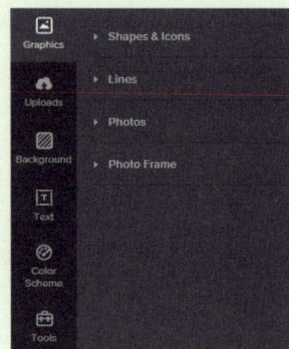

인포그래픽을 구성할 때 기본 템플릿이 제공되기는 하지만 세부적인 내용을 수정하고 싶을 때가 있습니다. 그럴 때에는 Graphics에서 제공되는 메뉴를 살펴보고 추가적으로 다양한 요소들을 구성하기 바랍니다.

• Shapes & Icons : 수백 개의 기본 도형 및 아이콘 제공

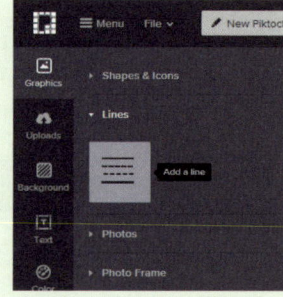

• Lines : 본문의 내용을 분류할 때 구분선 제공

• Photos : 29개의 다양한 테마로 구성하여 수백 개의 양질의 사진을 제공

• Photo Frame : 사진을 다양한 형태의 프레임으로 제공

2. Uploads

Uploads 메뉴는 말 그대로 외부에 저장되어 있는 이미지 자료를 캔버스(편집화면)에 탑재하기 위한 메뉴입니다. 기본적으로 Graphics 메뉴에 수록된 수많은 이미지들을 활용함에 불편은 없지만 꼭 필요한 특유의 이미지가 필요할 때도 있습니다. Resume를 만들 때 자신의 사진이 필요하겠죠? 그럴 때 이미지를 불러오는 메뉴입니다.

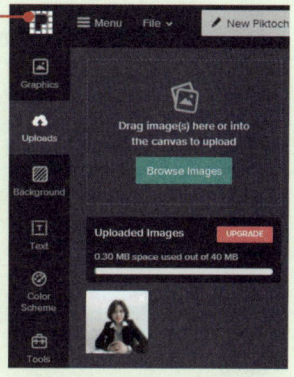

3. Background

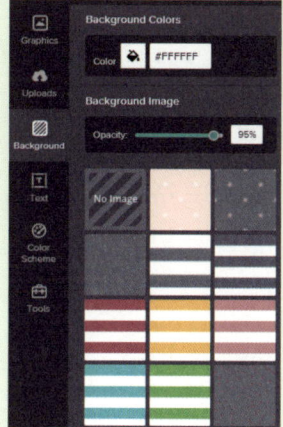

Background 메뉴는 캔버스(편집화면)에 배경을 넣기 위해 사용하는 메뉴입니다. 다양한 패턴의 바탕화면들이 제공되어 있으니 적절하게 배경을 설정하기 바랍니다. 단, 너무 화려한 패턴이나 강렬한 색상은 본문의 내용을 약화시킬 수 있기 때문에 파스텔톤의 부드러운 배경을 선택하기 바랍니다.

4. Text

Text 메뉴는 본문의 내용을 글로 구성할 때 필요한 글상자를 만들고 글꼴을 편집하는 기능을 담당합니다. 다양한 글꼴을 제공하고 있으나 한글은 기본서체만 표현됩니다. 그 점이 아쉽다면 [Text Frame] 메뉴를 활용하기 바랍니다. 이미지 프레임처럼 글꼴에도 프레임 틀을 입혀 상당히 멋진 글씨 이미지로 연출시킬 수 있습니다.

5. Color Scheme

Color Scheme 메뉴는 특별한 기능입니다. 캔버스를 구성할 때 사용자들은 각자의 스타일대로 다양한 이미지와 폰트들을 구성하게 됩니다. 그러다가 욕심이 지나쳐 너무 많은 내용을 이미지화하려다 보니 복잡하고 조잡하게 구성되는 경우가 종종 있습니다. 인포그래픽의 생명은 간결함과 임팩트에 있으므로 너무 많은 양념들은 도리어 해가 될 수도 있으니 주의해야 합니다. 이때 필요한 메뉴가 바로 Color Scheme 입니다. 이 메뉴를 선택하면 캔버스에 수록된 폰트와 이미지의 색 등이 조화롭고 균형 있게 재도색됩니다. 색 조합에 자신이 없는 비전문가들에게는 꿀과 같은 tip이 되기도 합니다.

6. Tools

Tools 메뉴는 본문의 내용 중 차트를 구성하거나 지도를 표기할 때 또는 비디오를 추가할 때 이용하는 기능입니다. 이중 비디오를 추가할 경우에는 파일로 탑재하면 대용량이 요구되므로 외부 URL을 연동시켜놓는 것이 바람직합니다.

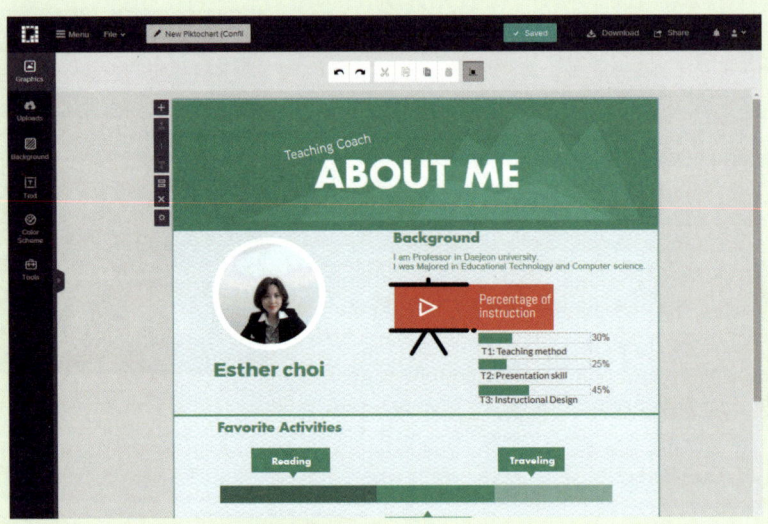

[자료제작 Tip]
자기소개서 구성시 Main 타이틀, 도입부 문구, 관련 차트와 어울리는 이미지 등 추가

[결과물 획득하기]
픽토차트에서는 이미지파일(jpg, png)로 다운로드할 수 있습니다. 물론 이메일이나 SNS로 공유도 가능합니다.

[최종 결과물 활용] – PNG 이미지 파일로 다운로드

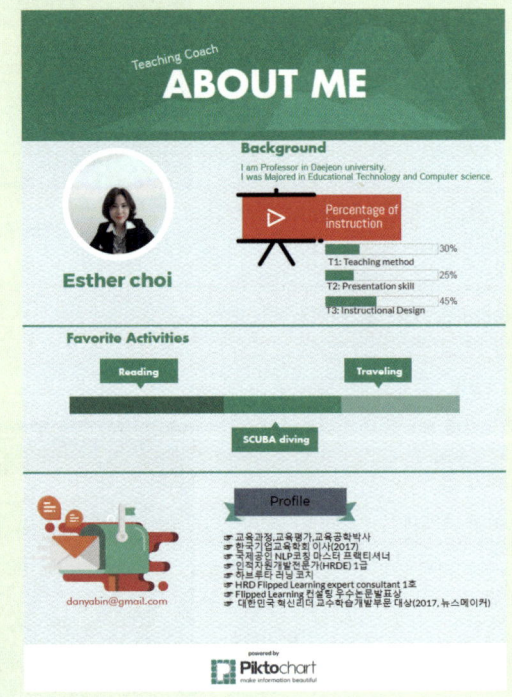

> **TIP** 알아두면 유용한 인포그래픽 사이트

• canva.com	이미 만들어진 PPT 템플릿을 제공. 자신들이 가지고 있는 이미지를 직접 활용해서 템플릿이나 아이콘을 만들 수 있음
• easel.ly	200만 개의 템플릿이 제공되어 자신이 원하는 스타일의 템플릿을 고를 수 있음
• venngage.com	리포트, 포스터, 프로모션 등 다양한 용도의 제작물을 만들 수 있음

> **TIP** 인포그래픽의 꽃, 픽토그램

픽토그램은 그림을 뜻하는 픽토(Picto)와 전보를 뜻하는 텔레그램(Telegram)의 합성어로 사물, 시설, 행위 등을 누가 보더라도 그 의미를 쉽게 알 수 있도록 만들어진 그림문자입니다.

픽토그램은 사용자가 직접 만들어도 되지만 인터넷에 무료로 제공되는 픽토그램도 많이 있습니다. 단, 사이트마다 무료와 유료를 잘 구분할 줄 알아야 합니다. 픽토그램은 잘 쓰면 파워포인트에 임팩트를 주기에 충분합니다. 다음에 소개하는 사이트들을 꼭 한번쯤 방문하여 다양한 픽토그램들을 확인하고 자신의 프레젠테이션에 적극 활용하기 바랍니다.

• flaticon.com 플랫아이콘	494,534개의 벡터 아이콘을 제공함. PSD, PNG, SVG, EPS 등 다양한 확장자로 구성되어 활용도가 높음
• freepik.com 프리픽	모두를 위한 그래픽 자료를 보유하고 있다고 슬로건을 내세울 만큼 엄청난 양의 이미지 자료와 높은 퀄리티를 자랑함
• graphicsbay.com 그래픽베이	그래픽 작업에 필요한 영감을 얻을 수 있는 사이트. 사이트에 접속해서 구경하는 것만으로 그래픽 안목이 높아질 만큼 완성도 높은 자료들이 많이 수록되어 있음
• iconfinder.com 아이콘파인더	1,890,153개의 아이콘을 보유하고 있으며 제목 그대로 원하는 아이콘을 찾아주는 사이트
• pinterest.com	핀터레스트이미지 공유 및 검색 사이트로써 이미지 중심의 SNS라고 요약할 수 있음. 핀터레스트는 전 세계인이 사용하고 있으며 감각적인 이미지들이 대량으로 수록되어 있음

2. 자신만의 로고 활용하기

'로고(Logo)'란 상품이나 기업 또는 각 조직들마다 그들을 대변하는 이미지를 형상화한 시각디자인의 일종입니다. 혹시 여러분은 자신만의 개성이 담긴 로고(Logo)를 갖고 있나요? 아마 대다수가 본인의 싸인(sign)은 있어도 로고까지는 없을 확률이 높습니다. 일반적으로 생각할 때 학생이기 때문에 또는 회사원이나 개인이기 때문에 그런 로고는 필요 없다고 생각할 수 있습니다. 그렇지만 지금은 자기 PR 시대로 자신을 대변하고 멋지게 표현할 수 있는 로고를 만들어서 경쟁력을 높이기 바랍니다.

1) 로고 만들기

로고도 인포그래픽과 마찬가지로 인터넷상에 얼마든지 무료로 제공하는 사이트들이 많이 있습니다. 이번 장에서는 로고 만들기의 대표 사이트인 'LOGASTER'를 통해 실제 로고를 제작하는 방법에 대해 알아보도록 하겠습니다.

가. https://www.logaster.com 로가스터 사이트로 접속 후 로그인을 합니다. 로그인 방식은 앞에서 살펴본 인포그래픽 제작 사이트들과 유사합니다.

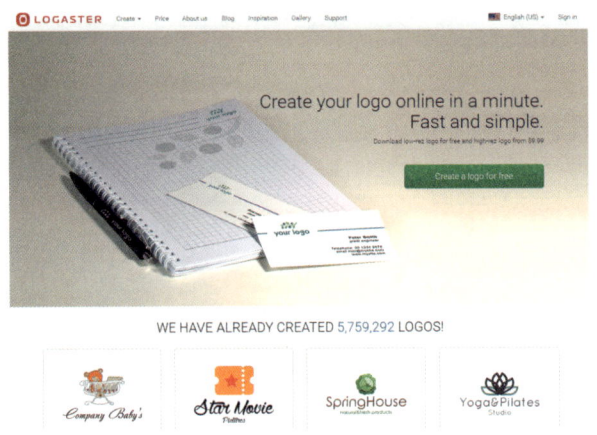

나. 로그인이 되면 제작 화면이 나타납니다.

로가스터는 크게 '로고(Logo)', '명함(Business card)', '봉투(Envelope)', 편지지/팩스 커버(Letterhead/Fax Cover), 파비콘(Favicon)* 등 5가지 유형으로 제작할 수 있으며 모든 메뉴가

---

* 즐겨찾기 아이콘 : 즐겨찾기(Favorites)와 아이콘(Icon)의 합성어로, 주소창에 조그만 아이콘으로 표시되어 있다. 아이콘 에디터로 16x16 크기의 적당한 아이콘을 만든 후 그 이름을 favicon.ico로 하고 웹 사이트의 루트 디렉터리에 갖다 넣으면 된다. [네이버 지식백과] 파비콘 [favicon] (IT용어사전, 한국정보통신기술협회)

직관적으로 구성되어 있어 간편하게 자료들을 제작할 수 있습니다. 이번 장에서는 로고가 대표 실습예제이므로 로고에 대한 설명을 진행하겠습니다. 먼저 주 메뉴인 [Create]를 클릭하면 첫 번째 하위 메뉴로 [Logo]가 확인됩니다. 로고를 클릭하세요.

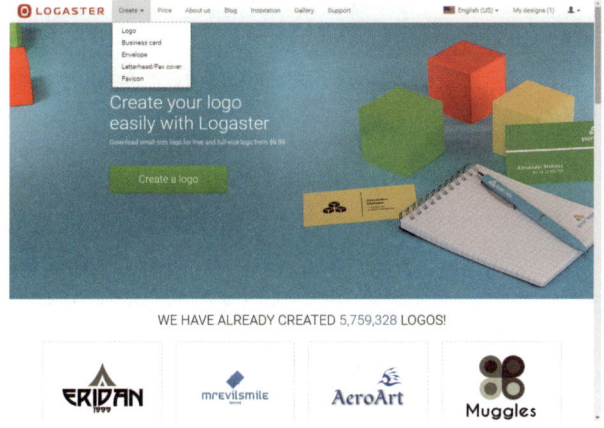

다. 지금부터 간단한 로고를 제작해보겠습니다.

로가스터 저작도구를 이용하면 클릭 몇 번에 멋진 로고를 만들 수 있습니다. 사이트에서 제공하는 다양한 아이콘과 폰트들을 조합하면 전문가 같은 로고가 생성됩니다. 그리고 완성된 로고는 다운로드로 내 컴퓨터에 저장할 수 있습니다.

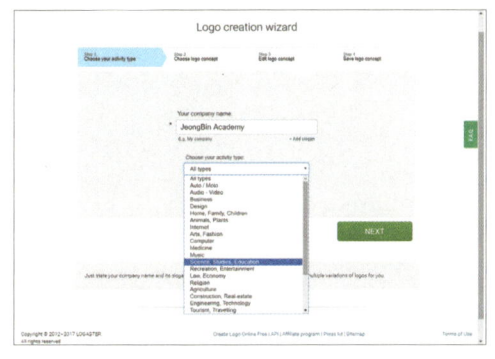

❶ 주 메뉴에서 로고를 클릭하면 총 4단계의 프로세스로 진행되는 메뉴 창들이 제시됩니다. Step 1에서는 로고에 새겨질 사용자의 글씨를 기입하고 다음으로 로고의 유형을 묻습니다. 저는 '정빈아카데미(JeongBin Academy)'를 로고에 사용하고 로고 유형은 '교육'으로 선택하겠습니다.

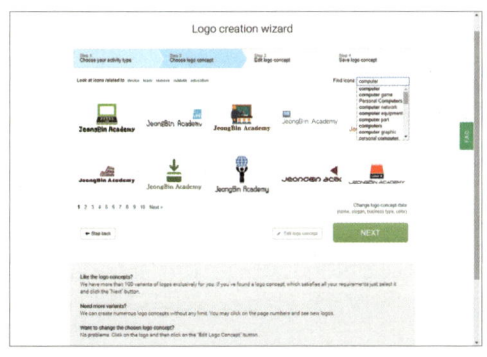

❷ Step 2로 넘어오면 로가스터에서 제공하는 여러 가지 샘플을 확인할 수 있습니다. 종류가 너무 많아서 일일이 모두 살펴보기 힘들 경우에는 Find Icons 메뉴를 이용하여 원하는 이미지만 추려서 다시 확인할 수 있습니다.

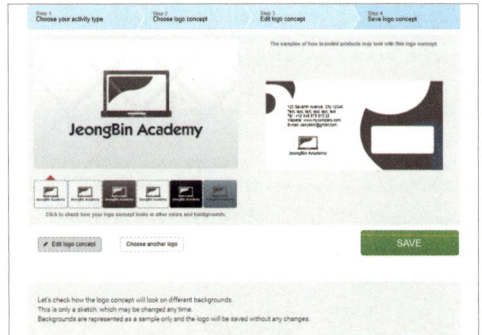

❸ 마음에 드는 하나의 이미지를 클릭하면 Step3로 진행이 됩니다. Step 3는 기본적으로 제공된 로고를 자신이 원하는 이미지로 세부 수정할 수 있는 편집 메뉴를 제공합니다.

❹ 로고와 회사명(대표 이름) 레이아웃도 수정할 수 있습니다. 더불어 슬로건(Slogan)을 추가로 삽입할 수 있으며, 레이아웃도 조정할 수 있습니다.

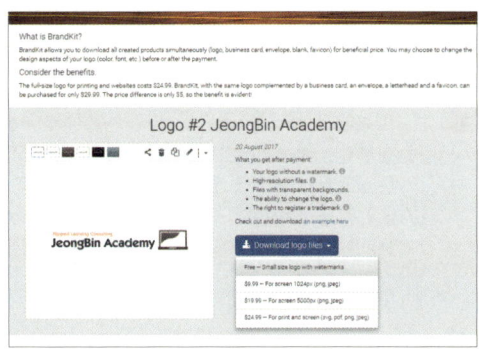

❺ 마지막 Step 4는 제작된 로고를 저장할 수 있고 무료 다운로드의 경우 작은 사이즈로만 가능합니다.

[완성된 로고] – 무료이지만 다양한 이미지(PNG)로 파일을 다운로드 받을 수 있음

> **TIP** 알아두면 유용한 로고 제작 사이트

• 로고 스퀘어 스페이스 https://logo.squarespace.com	아이콘과 텍스트가 합쳐진 로고를 만들 수 있음
• 비즈하우스 http://www.bizhows.com/cms/designcenter/logo_design	한글이 지원되고 깔끔한 반면 별도로 전용 디자인 편집프로그램을 설치해야 하는 번거로움이 있음
• 로고 가든 https://www.logogarden.com	감각적인 아이콘들이 많고 로고 제작 가이드 영상이 제공되어 초보자들도 쉽게 따라할 수 있음
• 로고메이커 http://www.logofactoryweb.com	1,318,157개의 로고가 공유되어 있어 다양한 형태의 로고를 확인하고 응용할 수 있음
• 쿨텍스트 https://cooltext.com	화려한 움직임과 다양한 색으로 텍스트 위주의 로고를 만들 수 있음

2) 로고 활용하기

로고는 파워포인트에서 마스터 슬라이드에 삽입하여 활용하면 좋습니다. 로고를 반복적으로 슬라이드에 노출시키면 청중들이 무의식적으로 이미지를 각인하게 되는 효과를 거둘 수 있습니다. 단 로고를 제작하거나 슬라이드에 삽입할 때에는 너무 화려하거나 튀지 않게 해야 합니다. 보통 로고는 슬라이드 상·하단 우측이나 좌측에 삽입하는 것이 일반적입니다. 그리고 또 한 가지 기억해야할 사항은 로고는 '슬라이드 마스터' 내에서 삽입해야합니다. 로고는 슬라이드마다 동일 위치에 변함없이 노출되어야 하기 때문에 슬라이드를 편집하면서 수정하지 못하게 '슬라이드 마스터' 안에 고정시키면 편리합니다. 그럼 슬라이드를 준비해서 로고를 삽입하는 과정에 대해 알아보겠습니다.

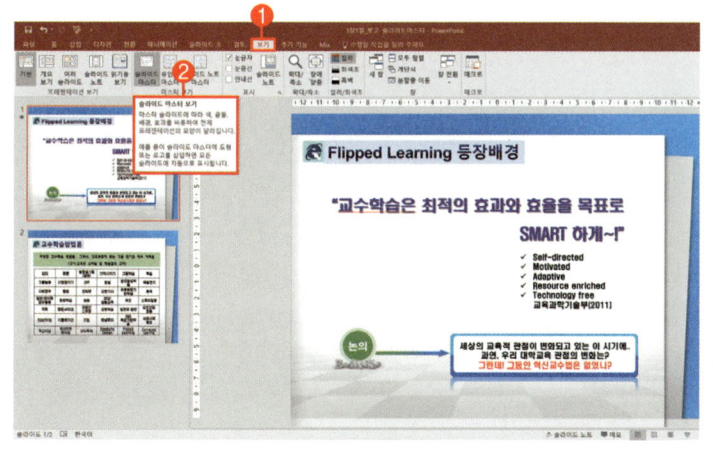

❶ 파워포인트에서 기존에 작성한 파일 하나를 불러옵니다. 그 다음 슬라이드 본문 상단에 로고를 삽입해 보겠습니다. [보기] 탭 – [마스터 보기] 그룹 – [슬라이드 마스터]를 클릭합니다.

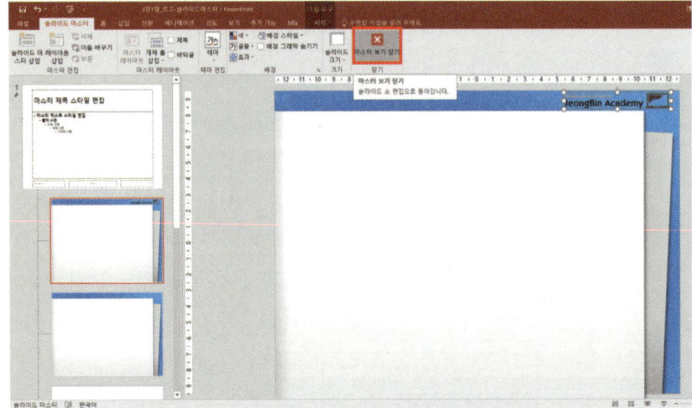

❷ 슬라이드 마스터 화면으로 전환되면 [삽입] 탭 - [그림]을 클릭해서 로고를 삽입하고 위치와 크기를 조정합니다. 마지막으로 [마스터 보기 닫기]를 클릭합니다.

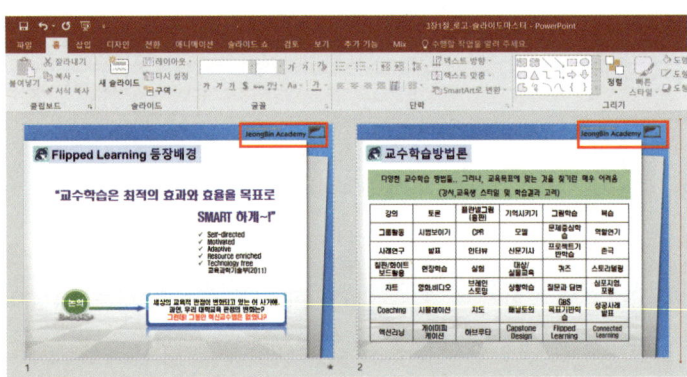

❸ 파워포인트 화면 우측 상단에 로고가 표기된 것을 확인합니다.

파워포인트 강력 추가 메뉴

이번 장에서는 파워포인트의 색다른 작업을 경험하기 위해 안내하겠습니다. 지금까지 파워포인트를 단순한 발표자료 도구로만 생각했다면 코끼리의 다리만 만져본 것입니다. 최근 소개되는 MS Office의 화려한 애플리케이션 추가 도구들은 가히 파워포인트의 혁신과도 같다고 볼 수 있습니다. 다음에 제시되는 확장 애플리케이션을 통해 파워포인트의 가능성을 다시 한 번 경험하기 바라며, 모쪼록 파워포인트의 강력한 숨은 매뉴얼을 활용하여 세련된 프리젠터로 거듭나기 바랍니다.

1. Office Mix로 동영상 제작하기

일반적으로 우리가 경험하고 사용하는 파워포인트는 초기 프로그램을 Set Up 하는 과정에서 기본적으로 제공하는 매뉴얼들을 사용합니다. 그러나 파워포인트에서 숨어 있는 도구 중에는 특별한 메뉴가 존재합니다. 바로 슬라이드를 생생하게 녹화할 수 있는 기능입니다. 특히 슬라이드의 내용을 녹화할 때는 사용자의 편의에 따라 프리젠터의 모습을 노출시킬 수도 있고 심지어 동영상 파일도 녹화 과정에 포함시킬 수 있습니다. 이러한 기능은 누구보다 학교 현장의 교사들에게 매우 유용하게 쓰일 것입니다. 그 이유는 최근 들어 가르치고 공부하는 방식이 변화되고 있기 때문입니다. 요사이 교육계의 핫이슈가 되고 있는 Flipped Learning(거꾸로 교실)을 들어본 적이 있나요?

Flipped Learning 정의
"학습자가 수업 전 자기주도적 학습으로 지식이나 정보를 습득하고, 교실수업에서는 교수자의 코칭 및 동료학습자들과의 협업체제를 기반으로 문제해결학습을 통하여 인성과 창의성을 길러내는 교수학습방법이다."
– 배움을 바로잡다. 플립드러닝(2017)

Flipped Learning의 정의

정의에서와 같이 Flipped Learning을 수행하기 위해서는 학생들이 학교 수업에 참여하기 전, 예습을 필수 전제 조건화 하고 있습니다. 사전 예습을 위해서는 학습 흥미도를 높이기 위해 교수자가 강의동영상을 필수로 학습자들에게 제공합니다. 이때 교수자들은 동영상강의를 제작하기 위해 저작도구를 활용해야 합니다. 대표적인 저작도구로는 자이닉스(Xinics COMMONS & LECTUREDECK), 캠타시아 스튜디오(Camtasia Studio), 닥줌(Doczoom C.I.S) 등이 해당합니다.

그러나 이들 동영상 저작도구들은 별도로 구매·설치해야 하는 부담이 따르며, 굳이 전문적인 동영상 저작도구를 활용하지 않는 정도의 작업이라면 파워포인트에서도 동영상을 쉽게 제작할 수 있습니다. 일종의 파워포인트의 확장 서비스팩 정도로 이해하면 됩니다. 더구나 Ms-Office 2013 및 365 버전부터는 무료로 프로그램을 업그레이드 할 수 있어 파워포인트 사용자들에게는 고무적인 일이 아닐 수 없습니다. 그럼 이제부터 파워포인트를 활용한 동영상을 제작 과정에 대해 알아보겠습니다.

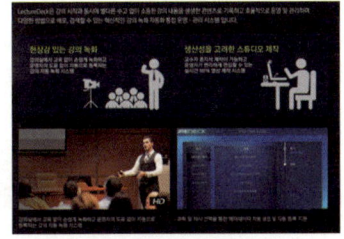

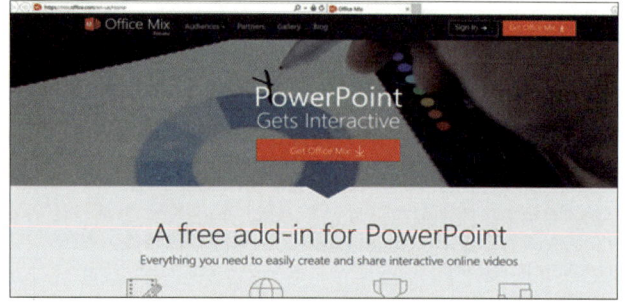

① 먼저, 파워포인트 강력 추가 도구 즉, Office Mix를 설치하기 위해 해당 사이트에 접속합니다.
http://mix.office.com

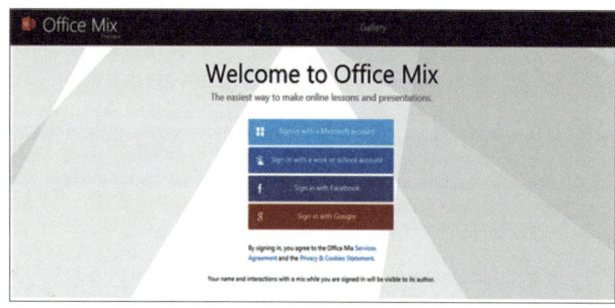

② Microsoft account, Work school account, Facebook, Google 등 다양한 경로를 통해 Office Mix에 로그인 합니다.

③ 로그인하면 자동으로 Office Mix를 실행할 수 있는 메뉴가 생성됩니다. Office Mix Preview Setup 내용을 살펴본 후 [Install]을 클릭합니다. 이때 파워포인트 프로그램을 실행하고 있었다면 종료하고 설치하는 것이 좋습니다.

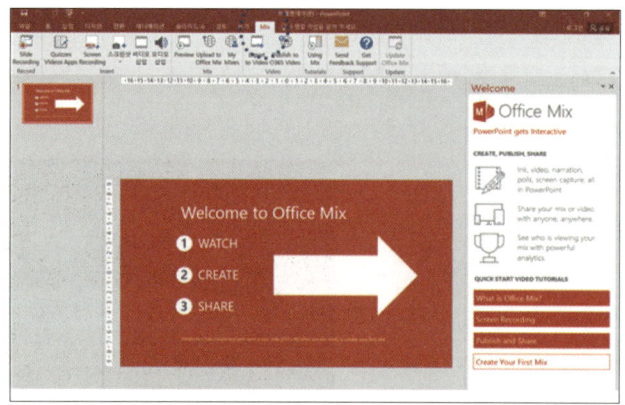

④ 정상적으로 Office Mix가 설치되었다면 자동으로 파워포인트 프로그램이 활성화됩니다. 메뉴를 살펴보면 마지막 탭에 [Mix] 메뉴가 추가된 것을 확인할 수 있습니다.

[Mix] 하위 메뉴는 총 15가지로 구성되는데 [Record/Insert/Mix/Video/Tutorials/Support/Update] 그룹으로 분류되어 있습니다. 이들 메뉴들의 기능을 간략히 설명하면 다음과 같습니다.

Record

❶ **Slide Recording** : 슬라이드를 넘기면서 동영상을 녹화할 수 있는 기능입니다. 녹화할 때는 다양한 펜 도구도 함께 사용할 수 있습니다.

Insert

❷ **Quizzes Videos Apps** : 온라인 콘텐츠로 파워포인트를 제공할 때 자료를 보는 사람들이 퀴즈, 질문, 설문 등을 할 수 있는 App을 추가할 수 있습니다. 시청자와의 상호 소통을 가능하게 만들어주는 기능입니다.

❸ **Screen Recording** : 컴퓨터 화면의 장면을 녹화 할 때 이용할 수 있습니다.

❹ **Screen Shot** : 사진처럼 화면을 캡처하는 기능입니다.

❺ **Insert Video** : 동영상 삽입 기능입니다.

❻ **Insert Audio** : 오디오 삽입 기능입니다.

Mix

❼ **Preview** : 미리보기 기능입니다.

❽ **Upload to Office Mix** : 온라인의 Office Mix Gallery에 업로드 하는 기능입니다.

❾ **My Mixes** : 개인이 제작한 Mix 파일을 확인할 수 있고 더불어 다른 사용자들의 작품도 감상할 수 있게 연동시켜줍니다.

Video

❿ **Export to Video** : Office Mix로 제작된 PPT 파일을 동영상 파일(mp4)로 만들어주는 기능입니다. 이 메뉴는 파워포인트 주 메뉴인 [파일] 탭 – [내보내기] – [비디오 만들기]에서도 같은 기능을 수행할 수 있습니다.

⓫ **Publish to Office 365 Video** : Office 365의 새로운 기능으로 Video의 Channels에 동영상을 업로드 하는 기능입니다. 여기에서 Office 365란 언제, 어디서나 온라인 버전의 Office와 PC/MAC 데스크톱 버전의 Office를 활용하여 문서를 자유롭게 편집, 저장, 공유할 수 있는 서비스를 뜻합니다.

Tutorials

⑫ Using Mix Tutorials : Office Mix를 사용자가 편리하게 사용할 수 있도록 간단한 활용 Tip을 공유하고 있습니다.

Support

⑬ Send Feedback : Mix를 사용하다가 의견이 생길 때 Office Mix 팀에게 e-mail을 보내달라는 Outlook 기능입니다.

⑭ Get Support : Office Mix를 사용하다가 질문이 생기거나 새로운 아이디어 또는 그에 대한 의견을 개진하고 싶을 때 Office Mix 사이트로 연동시켜주는 메뉴입니다.

Update

⑮ Update Office Mix : Office Mix에 대한 업데이트를 확인하고 적용하는 메뉴입니다.

MS Office Mix 주요 기능들에 대해 생생한 설명을 듣고 싶다면 MS에서 제공하는 Office Mix 튜토리얼 동영상 안내를 QR 코드로 확인해보세요

QR 코드 활용법 : 스마트 폰에서 QR 코드 관련 애플리케이션을 다운받아 아래 QR 코드를 찍으면 관련 영상으로 링크됩니다.

• What is Office Mix?
오피스 믹스의 대표 메뉴인 Record, Insert, Mix, Video, Tutorials 등의 기능들을 간략하게 안내

• Screen Recording
파워포인트 기능을 넘어 사용자 컴퓨터 화면에서 재생되고 있는 화면 및 동영상 등을 녹화하는 기능에 대한 설명

• Publish and Share
Upload to Mix 메뉴를 상세하게 설명, 오피스 믹스를 통해 제작한 사용자들의 저작물을 웹 갤러리에 업로드 하는 과정을 설명

2. Slide Recording

이제부터는 본격적으로 Office Mix의 대표 기능인 Slide Recording을 살펴보겠습니다. 참고로 나머지 메뉴들은 직·간접적으로 이미 활용해본 경험이 있거나 부가서비스 차원의 기능들이기 때문에 본 책에서는 Office Mix의 대표 매뉴얼인 슬라이드를 영상으로 제작하는 Slide Recording에 대해서 알아보겠습니다.

최근 들어 필자도 부쩍 PPT 슬라이드를 배경으로 자료를 녹화하는 일이 많아졌습니다. 보통 학생들에게 제공하는 강의 영상물을 제작하는 것이 대다수이고 간혹 SNS를 통해 저의 연구물을 발표하기도 합니다. 현대는 '1인 미디어시대'라 불릴 만큼 각계각층의 인사들이 자신들의 정보나 이야기를 활자체로만 남기지 않고 적극적으로 영상물을 열린 채널에 공유하고 있습니다. 디지털시대는 개인주의가 만연한 듯 보이지만 실제는 모두 연결되어 있어 웹상에서 더욱 유대관계를 맺고 있는 것이 특징입니다. 그로인해 새로운 기회를 창출하고 협업을 하며 창의적 결과물을 도출하기도 합니다.

이제 여러분도 다양한 경로를 통해 많은 사람들에게 자신의 이야기를 공유하여 가능성을 확대해보기 바랍니다. 그러려면 전달 매개체로써 PPT의 단순화된 고정 자료보다는 입체적인 동영상 자료가 필요하겠죠? 그럼 고가의 비용을 들여 영상을 제작해야할까요? 결론은 "아니다!"입니다. 이미 여러분들의 컴퓨터에 파워포인트 프로그램이 세팅되어 있다면 업데이트를 통해 Mix 추가 메뉴를 구성하고 Slide Recording으로 동영상을 제작하면 됩니다. 자, 그럼 파워포인트 슬라이드를 어떻게 영상물로 제작할 수 있는지에 대하여 예시를 통해 자세히 알아보겠습니다.

1) 슬라이드 준비

새로운 PPT 파일을 작성하여 저장하거나 기존에 제작한 파워포인트를 불러옵니다. [파일] 탭 - [불러오기] 메뉴를 선택해 해당 파일을 열어줍니다.

2) Slide Recording 메뉴 선택

Office 업데이트 결과 추가된 Mix 메뉴를 선택합니다.

[Mix] 탭 - [Slide Recording]을 선택하면 화면이 전환됩니다. 전환된 화면은 슬라이드를 녹화할 수 있도록 다양한 메뉴로 구성되어있습니다.

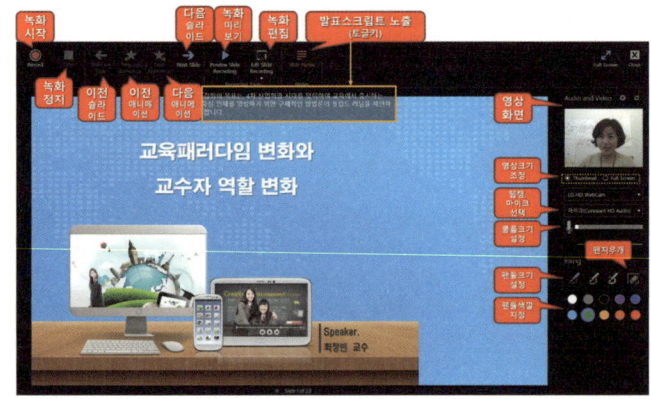

3) 녹화 시작

첫 번째 슬라이드를 배경으로 두고 [Record] 버튼을 클릭합니다. 이때 2번 준비 단계의 화면과 달리 실제 촬영에 필요한 메뉴로만 전환되므로 당황하지 마세요. 얼굴이 화면에서 없어진 듯하지만 실제로는 얼굴까지 녹화되고 있는 상황이므로 스피치에 신경을 쓰면서 프레젠테이션을 진행하면 됩니다. 더불어 필기도 자연스럽게 진행하기 바랍니다.

4) 미리보기 후 녹화 장면 편집

모든 슬라이드의 녹화가 마무리 되면 [정지] 버튼을 클릭합니다. 그러면 웹캠으로 촬영되고 있던 얼굴이 슬라이드에 다시 나타나게 됩니다. 이제부터는 촬영된 영상을 마지막으로 편집할 시간입니다. [Edit Slide Recording]을 클릭하고 편집 메뉴 [Trim Slide Recording]을 클릭합니다.

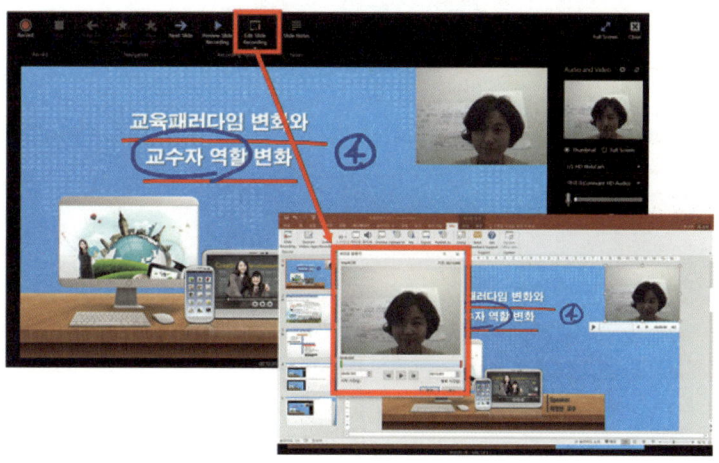

> **TIP** 편집 노하우
>
> 슬라이드를 바탕으로 영상을 녹화한다는 것은 생각보다 쉬운 작업이 아니지만 몇 번 연습하면 익숙해지므로 자주 녹화해보기 바랍니다. 그런데 한 가지 팁을 공유하자면 녹화 버튼을 클릭하기 전에 꼭 한번 전체 슬라이드를 펼쳐놓고 이야기 흐름을 머릿속에서 정리해보는 것입니다. 리허설은 영상 제작 전 필수 작업임을 명심하기 바랍니다.
>
> | | |
> |---|---|
> | Trim Slide Recording | 녹화된 슬라이드 장면을 분, 초 단위로 편집 |
> | Delete Slide Recording | 녹화된 슬라이드 중 해당 장면만 삭제 |
> | Delete All Recording | 녹화된 슬라이드 모두 삭제 |

5) 슬라이드 화면 정리

영상 녹화와 편집 작업을 모두 완료하고 우측 상단에 [Close] 버튼을 클릭하면 PPT 화면이 나타납니다. 그런데 초기 슬라이드 화면과 달리 녹화된 얼굴 영상과 설명 중 필기한 흔적이 함께 노출됩니다. 이제부터는 슬라이드에 얼굴 영상의 크기와 위치를 보기 좋게 조정만 하면 됩니다. 얼굴 영상을 더블클릭하면 [서식] 메뉴가 활성화 되는데 다양한 비디오 스타일을 설정할 수 있습니다.

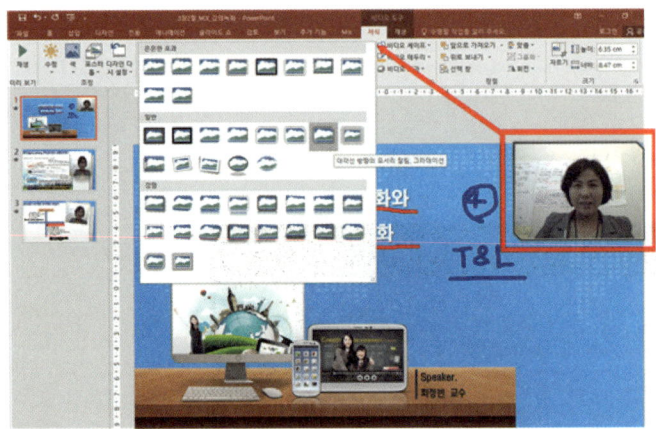

6) 슬라이드 비디오 파일 만들기

마지막 과정으로 영상이 입혀진 슬라이드를 PPT 파일로 저장하고 추가로 PPT 파일을 하나의 동영상(MP4) 파일로 제작하면 모든 과정이 마무리 됩니다. 기본적으로는 [파일] 탭 - [내보내기] - [비디오 만들기] - [비디오 만들기] 단계로 비디오를 생성할 수 있습니다.

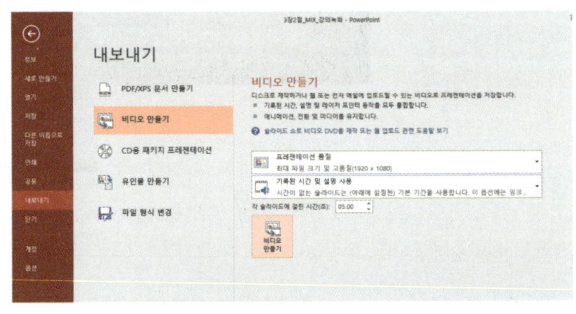

그러나 더 빨리 비디오로 만드는 방법도 있습니다. 바로 [Mix] 메뉴의 하위 [Export to Video]를 활용하는 것입니다. 어떤 방식이 되었던 상관없지만 동영상 변환 작업 시에는 시간이 다소 많이 소요됨을 감안하기 바랍니다.

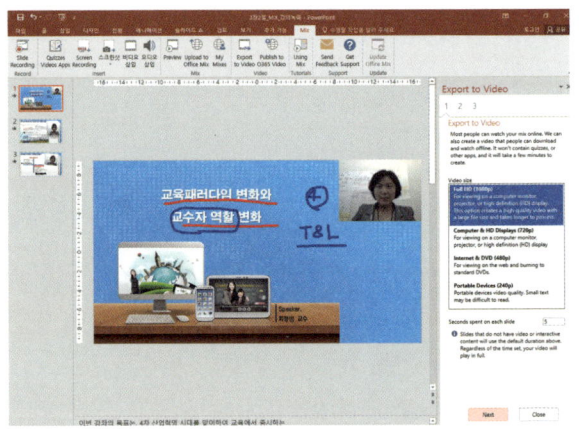

이상으로 파워포인트에서 슬라이드를 바탕으로 동영상을 제작하는 방법에 대해 알아보았습니다. 전반적인 제작 과정의 이해를 돕기 위해 필자가 직접 짧은 샘플 영상을 제작해보았습니다. 참고하기 바랍니다.